WITHDRAWN
University of
Illinois Library
at Urbana-Champaign

INDEX TO MULTILATERAL TREATIES

HARVARD LAW SCHOOL LIBRARY

INDEX TO MULTILATERAL TREATIES

A chronological list of multi-party international
agreements from the sixteenth century through 1963,
with citations to their text.

Vaclav Mostecky
Editor

Francis R. Doyle
Assistant Editor

Cambridge, Massachusetts
1965

Harvard Law School Library Publications

Bibliography of the Writings of Roscoe Pound, 1940–1960

Commercial Acquisition Sources (out of print)

Annual Legal Bibliography (vols. 1–5)

Current Legal Bibliography (vol. 6)

Doing Business Abroad (1962)

The following are distributed by Oceana Publications, Inc.:

Catalog of International Law and Relations

Index to Multilateral Treaties

Copyright © 1965
By the President and Fellows of Harvard College

Printed by the Harvard University Printing Office
Cambridge, Massachusetts, U.S.A.

Distributed by Oceana Publications, Inc.
Dobbs Ferry, New York

TABLE OF CONTENTS

Preface	v
List of abbreviations	vii
Chronological list of treaties	1
Subject and regional guide	253

PREFACE

The importance of treaties in international law parallels the importance of legislation or statutes in national law. Because of their multiplicity, no single volume or set of volumes contains the text of all international treaties. The objective of this publication is to facilitate the location of the text, preferable official, of multilateral treaties in the multitude of sources where such texts may be reproduced.

For the purposes of this index, multilateral treaties are those international agreements which have been signed by three or more international persons: the latter are either states or international organizations. A series of identical bilateral treaties may also constitute a multilateral treaty (e.g. Central Treaty Organization). The actual title given to the particular document by the parties is immaterial: it may be called treaty, convention, charter, agreement, pact, protocol, covenant, etc. Several more important declarations have been listed although they are not treaties in the strict meaning of the term. The index also contains references to recent draft treaties whether or not they have been signed. Amendments and additional protocols are treated in the same manner as the original conventions which they alter. Finally, uniform model statutes, submitted for adoption by national legislatures of a particular region (such as the Scandinavian countries or Africa), have also been included.

On the basis of these criteria, 3,859 items have been listed in this index. Chronologically, they range from 1596 through 1963. While the list is comprehensive for the period preceding 1960, it is necessarily incomplete for the most recent years because the texts of some treaties were not available in printed form at press time.

The list has been compiled from a large number of sources, including official gazettes, collections of statutes, treaty series, conference protocols and proceedings, documents of international organizations, unofficial collections, periodicals, and, in a few instances, monographs. Official sources in the major languages, particularly English, have been examined comprehensively and retrospectively to the first issue published: other sources have been systematically covered for the period following World War II. In all cases, the references have been limited to items available in the collections of Harvard University. A partial list of sources consulted appears in the "List of Abbreviations;" other titles are cited in full in the index itself.

The treaties indexed are listed in chronological order: (1) by date of signature; or (2) by the date on which the document was opened for signature; or (3) by the closing date of the conference which adopted the instrument. Draft conventions which could not be identified by exact date appear under the year in which they were submitted.

A typical entry includes:
(1) a consecutive identification number
(2) the date of signature
(3) a brief descriptive title of the treaty containing its key subject words [in English]
(4) the place of signature if the treaty is commonly identified by a reference to that place
(5) the area to which the treaty applies if it is regional
(6) a list of official and unofficial sources which carry the full text of the treaty
(7) the language(s) of the text.

In order to facilitate the location of treaties when the date of signature is not known to the user, an extensive "Subject and Regional Guide" has been provided. This guide is alphabetical and refers to item numbers of the chronological list. Each treaty is listed under one or more of the following:

(1) topic(s)
(2) area if regional, e.g. Americas, Arab States, Europe (North)
(3) country or city if it concerns a single state or territory, e.g. France, Franconia, Gdansk (Danzig)
(4) place of signature and date if it is commonly known by place, e.g. Lausanne Treaty [1923], Locarno Pact [1925], Mannheim Convention [1868]
(5) name of the person(s) instrumental in drafting the treaty if it is commonly known by such name, e.g. Bustamante Code, Kellogg-Briand Pact [1928]
(6) name of international organizations in English if the treaty is a charter or constitutional document of such an organization, e.g. Central American Economic Association, European Nuclear Energy Agency, International Trade Organization.

The subject analysis does not extend, however, to individual sections of a particular treaty. For example, if a commercial treaty provides for special arbitral procedure or if an economic integration convention creates a special tribunal, the subject guide will contain no specific entries under "arbitration" or "tribunals".

The status of each treaty as to its entry into force, number of ratifications, or its abrogation has been considered outside the scope of this index. Such information can usually be found with the official text of the treaty or in specialized official indexes such as the U.S. Department of State's Treaties in Force, in the Department of State Bulletin, and in various United Nations publications.

The Harvard Law School Library intends to publish additional lists of multilateral treaties in its Current Legal Bibliography and in separate cumulative supplements. The Reference Department of the Library will provide up-to-date information upon request.

The Editor wishes to thank Professors Milton Katz, Louis B. Sohn, and R.R. Baxter, whose encouragement and counsel proved valuable at every stage of this work.

May 1, 1965.

Vaclav Mostecky
Editor

LIST OF ABBREVIATIONS

AEG	Amtsblatt der Europäischen Gemeinschaften
Aitchison. Collection of Treaties	Aitchison, C. U. A collection of treaties, engagements and sanads relating to India. Calcutta, 1892
AJCL	American Journal of Comparative Law
AJIL	American Journal of International Law
AKRD	Amtsblatt des Kontrollrats in Deutschland
AMC	American Maritime Cases
app.	Appendix
Ar	Arabic
Archives dipl.	Archives Diplomatiques. Paris, 1861-1908
AS	Sammlung der Eidgenössischen Gesetze (Switzerland)
Aus	Austria
B Bl	Bundesblatt (Switzerland)
Belg	Belgium
BFSP	British and Foreign State Papers
BG Bl	Bundesgesetzblatt
BO (Arg)	Boletín Oficial (Argentina)
BO (Cabo Verde)	Boletím Oficial (Cabo Verde)
BO (Port)	Boletím Oficial (Portugal)
Bol	Boletín del Ministerio de Relaciones Exteriores
BU	Bulletin Usuel des Lois et Arrêtés (Belgium)
BU (San Marino)	Bollettino Ufficiale (San Marino)
Bulg	Bulgarian
Bull	Bulletin
Cam	Cambodian
Can	Canada
Cantillo	Cantillo, A. Tratados de España (1700-1843) Madrid, 1843
CAR	Central African Republic
Ch	Chinese
CIA	Carnegie Endowment for International Peace. Division of International Law. Conferencías Internaciónales Americanas
CL (Brazil)	Coleção das Leis (Brazil)
CL (Costa Rica)	Colección de Leyes (Costa Rica)
CL (Port)	Coleção Oficial de Legislação Portuguesa
Cmd	Great Britain. Parliament. Papers by command
Col. At. Int.	Coleção de Atos Internaciónais (Brazil)
Comecon	Council for Mutual Economic Assistance
Cong Rec	Congressional Record (United States)
Congo, Br.	Congo (Brazzaville)
CT	Collection des Traités (Japan)
Cz	Czech
Dan	Danish
Davenport. European Treaties	Davenport, F. G. European treaties bearing on the history of the United States and its dependencies. Washington, 1917-1937
DCA	Diario de Centro-America

DDR	Deutsche Demokratische Republik (German Democratic Republic)
De Clerq	De Clerq, A.J.H. and Jules. Recueil des traités de la France. Paris, 1864-1907
Decr	Decretos del Congreso Nacional (Honduras)
DO	Diario Oficial
doc	Documents
Dom. Rep	Dominican Republic
DSB	Department of State Bulletin (United States)
Dumont	Dumont, J. Corps Universel diplomatique du droit des gens. Amsterdam, 1726-1731
Dut	Dutch
Dz Ust	Dziennik Ustaw (Poland)
E	English
EAS	Executive Agreement Series (United States)
EBU	European Broadcasting Union
ECSC	European Coal and Steel Community
EEC	European Economic Community
Eur TS	European Treaty Series
External Affairs Review	External Affairs Review (New Zealand)
F	French
Fin	Finnish
For Rel	United States. Department of State. Foreign relations of the United States
Fr	France
G	German
Gac	Gaceta
Gaz	Gazette
GB	Great Britain
Ger	Germany (Federal Republic)
GO	Gaceta Oficial
Gr	Greek
GU	Gazzetta Ufficiale (Italy)
Guat	Guatemala
H	Hungarian
Heb	Hebrew
Hertslet. Commercial Treaties	Hertslet, E. Commercial treaties. London, 1875-1879
Hertslet. Map of Europe	Hertslet, E. Map of Europe by treaty. London, 1875-1891
Hond	Honduras
Hudson	Hudson, M O. International Legislation. Washington, 1931-1949
Ic	Icelandic
ICAO	International Civil Aviation Organization
ICAS	Carnegie Endowment for International Peace. Division of International Law. International Conferences of American States
ICJ	International Court of Justice
ICLQ	International and Comparative Law Quarterly
ILO	International Labor Office, International Labor Organization
IMCO	Intergovernmental Maritime Consultative Organization
Imperial Maritime Customs	China. Imperial Maritime Customs. Shanghai, 1908
Ire	Ireland
It	Italian, Italy
J	Japanese
JO	Journal Officiel
JOCE	Journal Officiel des Communautés Européennes
K	Korean

Lagemans	Lagemans, E. G. Recueil des traités et conventions conclus par le Royaume des Pays-Bas. The Hague, 1813-1916
Lao	Laotian
LAS	League of Arab States
Leggi	Leggi e Decreti (Italy)
Lesur	Annuaire historique universel. C. L. Lesur, ed. Paris, 1821-1866
LN	League of Nations
Lovt	Lovtidende (Denmark)
Lux	Luxemburg
Malgache	Madagascar
Malloy	Malloy, W. M. Treaties, conventions, international acts, protocols and agreements between the United States and other powers (1776-1919) Washington, 1910-1913
Martens R1	Martens, G. F. Recueil des principaux traités. Gottingue, 1791-1801
Martens S	Martens, G. F. Recueil des traités... Supplément. Gottingue, 1802-1828
Martens R2	Martens, G. F. Recueil des traités... 2. éd. Gottingue, 1817-1835
Martens NR	Martens, G. F. Nouveau recueil de traités. Gottingue, 1817-1841
Martens NS	Martens, G. F. Nouveaux suppléments au recueil de traités... Goettingue, 1839-1842
Martens (1st)	Martens, G. F. Nouveau recueil général de traités. Goettingue, 1843-1875
Martens (2d)	Martens, G. F. Nouveau recueil général de traités. 2. sér. Gottingue, 1876-1908
Martens (3d)	Martens, G. F. Nouveau recueil général de traités. 3. sér. Leipzig, 1909-1915
Martens et Cussy	Martens, K. Recueil manuel et pratique de traités... Leipzig, 1846-1857
Maur	Mauritania
Mem (Colombia)	Colombia. Ministerio de Relaciones Exteriores. Memoria
Mem (Lux)	Mémorial du Luxembourg
Mem (Panama)	Panama. Ministerio de Relaciones Exteriores. Memoria
Mitt Eurorat	Mitteilungen des Europarats
Mon (Belg)	Moniteur Belge
Mon (Congo, Leopoldville)	Moniteur Congolais (Leopoldville)
Mon (Haiti)	Moniteur (Haiti)
Mon (Rum)	Monitorul (Rumania)
Neumann	Neumann, L. Recueil des traités et conventions conclus par l'Autriche-Hongrie avec les puissances étrangères. Vienne, 1855-1912
Nor	Norwegian
Norsk Lovt	Norske Lovtidende (Norway)
NZ	New Zealand
NZJ	New Zealand. Parliament, House of Representatives. Journal
ODECA	Organización de Estados Centroamericanos
OECD	Organization for Economic Cooperation and Development
OEEC	Organization for European Economic Cooperation
OFS	Overenskomster med Fremmede Stater (Norway)
OG	Official Gazette (Philippines)
OJ	Offical Journal
Olivart	Olivart, R. de D. Tratados y documentos Internacionales de Espagña. Madrid, 1905-1912
Pak	Pakistan
Pasin	Pasinomie

PAULTS	Pan American Union. Law and Treaty Series
PAUTS	Pan American Union Treaty Series
PCIJ	Permanent Court of International Justice
Phil	Philippines
Pol	Polish
Port	Portugal, Portuguese
RG Bl	Reichsgesetzblatt
RO (Ecuador)	Registro Oficial (Ecuador)
RO (Paraguay)	Registro Oficial (Paraguay)
RO (Switz)	Recueil Officiel: Recueil de Lois Fédérales (Switzerland)
RU	Raccolta Ufficiale delle Legge... (Italy)
Rum	Rumania, Rumanian
SA	South Africa (Republic)
Savoie	Traités publics de la Royale Maison de Savoie avec les puissances étrangères... Turin, 1836-1861
Sbírka zákonů	Sbírka zákonů a nařízení (Czechoslovakia)
Sbornik dog SSSR	Sbornik deistvuiushchikh dogovorov, soglashenii i konventsii, zakliuchennykh SSSR s inostrannymi gosudarstvami (USSR)
Senate doc	United States. Senate. Executive documents
ser	Series
SO	Sveriges Overenskommelser med Frammande Makter (Sweden)
Sop S	Suomen Asetuskokoelman Sopimussarja Ulkovaltain Kanssa Tehdyt Sopinukset (Finland)
Sp	Spanish
SPC	South Pacific Commission
Staatsarchiv	Staatsarchiv (Germany)
Stat	United States. Statutes at Large
Stbld	Staatsblad (Netherlands)
St G Bl	Staatsgesetzblatt (Austria)
Supp	Supplement
Swe	Swedish
Switz	Switzerland
T	Turkish
TIAS	Treaties and other International Acts Series (United States)
Trat (Ven)	Tratados públicos (Venezuela)
Trat e Conv	Trattati e Convenzioni (Italy)
Tratados (Arg)	Tratados, convenciones, protocolos, actos, acuerdos internacionales (Argentina)
Trb	Tractatenblad (Netherlands)
TS	Treaty Series
UIT	Union Internationale des Télécommunications
Ukr	Ukrainian
UN	United Nations
UNESCO	United Nations Educational, Scientific and Cultural Organization
UST	United States. Treaties and other International Acts
V	Vietnamese
Ven	Venezuela
Vert BRD	Verträge der Bundesrepublik Deutschland. Series A (Germany)
Wenck	Wenck, F.A.W. Codex iuris gentium. Lipsiae, 1781-1795
Y	Yugoslav

CHRONOLOGICAL LIST OF TREATIES

1596

1. October 31
    League against Spain (Great Britain, France, Netherlands)
   Davenport. European Treaties 1:229 (F)
   Dumont 5(1):531 (Dut, F)

1609

2. June 17
    Armistice guarantee (France, Great Britain, Netherlands)
   Davenport. European Treaties 1:270 (F)
   Dumont 5(2):110 (F)

1648

3. October 24
    Peace of Westphalia (France, Holy Roman Empire, Netherlands, Spain)
   Dumont (pt. 6) 1:450 (Latin)

1654

4. December 15
    Defense Alliance (Cologne, Electors of Trèves, Bavaria, Bishop of Munster)
   Dumont 6(2):97 (F, G)

1655

5. May 10
    Maritime Treaty (France, Bremen, Lubeck, Hamburg)
   Dumont 6(2):103 (F)

1658

6. August 16
    Alliance (France, German Princes, Electors of Mayence and Cologne)
   Dumont 6(2):239 (F)

1659

7. May 21
    Peace between Sweden and Denmark (France, Great Britain, Netherlands)
   Dumont 6(2):252 (F)

1660

8. May 3
    Peace (Sweden, Poland, Austria and Brandenburg)
   Dumont 6(2):303 (G)

1663

9. March 5
    French garrison from Hamburg (France, Nassau, Saarbruck)
   Dumont 6(2):452 (F)

10. March 7
    Alliance: protocol (France, German Princes, Electors)
    Dumont 6(2):453 (G)

1665

11. September 9
    Subsidies and auxiliary troops (Holland, Brunswick, Luneburg)
    Dumont 6(3):46 (F, Dut)

1666

12. October 25
    Alliance (Denmark, Brandenburg, Holland, Brunswick-Luneburg)
    Dumont 6(3):134 (G)

1667

13. August 22
    Alliance (Brandenburg, Cologne, Brunswick-Luneburg)
    Dumont 7(1):57 (F)

1668

14. April 15
    Peace (France, Great Britain, Netherlands)
    Dumont 7(1):88 (F)

1669

15. May 7
    Guarantee of Spanish possessions (Great Britain, Netherlands, Sweden)
    Dumont 7(1):106 (F)
    Davenport. European Treaties 2:166 (F)

1672

16. April 26
    Religious Convention (Brandenburg, Palatinate of the Rhine, Duke of Newburg)
    Dumont 7(1):171 (F, G)

17. October 10
    Defense Alliance (Germany, Electors of Mayence, Trèves, Saxony)
    Dumont 7(1):210 (G)

1673

18. July 1
    Alliance and subsidies (Austria, Spain, Holland, Lorraine)
    Dumont 7(1):235 (F)

19. September 15
    Peace (Netherlands, Cologne, Münster)
    Dumont 7(1):243 (F)

20. October 6
    Alliance against Louis XIV (Austria, Spain, Holland, Lorraine)
    Dumont 7(1):244 (F)

1674

21. June 20
    Confederation, assistance and defense (Austria, Brunswick-Luneburg, Spain, Holland)
    Dumont 7(1):263 (F)

22. July 1
    Alliance (Austria, Brandenburg, Spain, Holland)
    Dumont 7(1):267 (F)

23. July 10
    Subsidies to Denmark (Denmark, Austria, Spain, Holland)
    Dumont 7(1):269 (F, Dut)

1675

24. January 26
    Subsidies (Brunswick-Lüneburg, Austria, Spain, Holland, Osnabrug)
    Dumont (pt. 1) 7:285 (F)

25. September 21
    Non-intervention of Brunswick in dispute concerning Sweden
    Dumont 7(1):305 (G)

1676

26. March 26
    Defense Alliance (Spain, Holland, Palatinate)
    Dumont 7(1):321 (Latin)

1679

27. February 5
    Alliance (France, Brunswick-Lüneburg, Zell et Walfembutel)
    Dumont 7(1):391 (F)

28. June 29
    Restoration of Pomerania to Sweden (Brandenburg, France, Sweden)
    Dumont 7(1):408 (F)

29. September 2
    Restoration of Rügen Island and Wiemar to Sweden (Denmark, France, Sweden)
    Dumont 7(1):419 (Latin)

1682

30. June 10
    Defense of the Empire (Austria, Franconia and the High Rhine)
    Dumont 7(2):23 (G)

31. September 14
    Confederation for the prevention of war (Brandenburg, Denmark, Münster)
    Dumont 7(2):36 (Latin)

1683

32. February 6
    Defense Alliance (Austria, Spain, Holland, Sweden)
    Dumont 7(2):55 (F)

33. March 18
    Mutual aid (Austria, Spain, Holland, Sweden)
    Dumont 7(2):57 (Latin)

1684

34. March 5
    Alliance (Austria, Poland, Venice)
    Dumont 7(2):71 (Latin)

1686

35. July 9
    League of Augsburg
    Dumont 7(2):131 (G)

1691

36. June 30
    Commerce and navigation (Denmark, Great Britain, Holland)
    Dumont 3(2):292 (F, G)

1692

37. June 30
    Hanoverian auxillary troops and subsidies (Brunswick-Lüneburg, Great Britain, Holland)
    Dumont 7(2):316 (G, F)

38. October 31
    Joint naval action in the Mediterranean (Spain, Great Britain, Netherlands)
    Dumont 7(2):320 (F)

1695

39. March 18
    Alliance against France (Austria, Great Britain, Holland, Münster)
    Dumont 7(2):347 (Latin)

1696

40. October 7
    Armistice in Italy (Austria, Spain, France, Savoy)
    Dumont 7(2):375 (F)

1697

41. January 23
    Frankfurt Association of 6 German states
    Dumont 7(2):377 (G)

1698

42. October 11
    Spanish succession (France, Great Britain, Netherlands)
    Dumont 2(7):442 (F)

1699

43. January 26
    Peace (Austria, Poland, Russia, Turkey, Venice)
    Dumont 2(7):448 (Latin)

1700

44. January 13
    Defense Alliance (Great Britain, Holland, Sweden)
    Dumont 7(2):475 (Latin)

45. March 25
    Spanish succession (France, Great Britain, Holland)
    Dumont 7(2):477 (F)

1701

46. January 20
    Defense Alliance subsidies (Denmark, Great Britain, Holland)
    Dumont 8(1):1 (F)

1701 (cont.)

47. April 6
    League for the conservation of peace in Italy (Spain, France, Savoy)
    Savoie 2:194 (F)

48. June 15
    Commerce (Denmark, Holland, Norway)
    BFSP 4:960 (F)

49. September 7
    Alliance - succession of Spain (Austria, Great Britain, Holland)
    Dumont 8(1):89 (Latin)
    Davenport. European Treaties 3:75 (Latin)

1702

50. February 24
    Alliance (Spain, France, Mantoue)
    Martens S I: ci (F)

51. May 8
    Alliance (Great Britain, Netherlands, Trèves)
    Dumont 8(1):114 (F)

1703

52. March 15
    Holstein auxillary troops subsidies (Great Britain, Holland, Holstein)
    Dumont 8(1):124 (F)

53. May 16
    Alliance (Great Britain, Netherlands, Portugal)
    BFSP 1:501 (E)
    Martens S I:1 (F)
    Davenport. European Treaties 3:96 (Latin)
    Dumont 8(1):127 (Latin)

54. August 16
    Alliance (Great Britain, Holland, Sweden)
    Dumont 8(1):132 (Latin)

1706

55. January 12
    Alliance (Venice, Zurich, Bern)
    Dumont 8(1):184 (Latin)

1707

56. March 16
    Evacuation of Lombardia
    Martens NS II: 569 (F)

1710

57. March 31
    Neutrality of the Empire (Germany, Great Britain, Holland)
    Dumont 8(1):249 (Latin)

58. August 4
    Troops to maintain the neutrality of the Empire (Germany, Great Britain, Holland)
    Dumont 8(1):254 (Latin)

1712

59. August 19
    Suspension of the war for 4 months (France, Spain, Great Britain)
    Dumont 8(1):308 (F)

60. November 7
    Suspension of the war for 4 months (France, Spain, Portugal)
    Dumont 8(1):312 (F)

1713

61. October 6
    Alliance against Sweden (Poland, Prussia, Russia)
    Dumont 8(1):407 (G)

1715

62. November 15
    Return of Netherlands to Austria (Austria, Holland, Great Britain)
    Dumont 8(1):458 (F)

1716

63. January 4
    Alliance (Great Britain, France, Netherlands)
    Davenport. European Treaties 4:12 (F)

64. September 28
    Commerce and navigation (France, Lübeck, Bremen, Hamburg)
    Dumont 8(1):478 (F)

1717

65. January 4
    Triple Alliance (France, Great Britain, Holland)
    Dumont 8(1):484 (F)

1718

66. April 21
    Return of deserters (Austria, France, Netherlands)
    Martens S I: 437 (F)

67. August 2
    Alliance (Great Britain, France, Austria, Netherlands)
    Davenport. European Treaties 4:13 (E, Latin)
    Dumont 8(1):531 (Latin)

1721

68. June 13
    Alliance (Great Britain, France, Spain)
    Davenport. European Treaties 4:27 (F)
    Dumont 8(2):34 (F)

1722

69. August 27
    Guarantees to Sardinia (France, Great Britain, Sardinia)
    Savoie 2:416 (F)

1725

70. September 3
    Alliance (Great Britain, France, Prussia)
    Davenport. European Treaties 4:37 (F)
    Dumont 8(2):127 (F)

1727

71. May 31
    Preliminary articles of alliance (Great Britain, France, Netherlands, Austria)
    Davenport. European Treaties 4:40 (E, Latin)
    Dumont 8(2):146 (Latin)

1729

72. November 9
    Peace, union, friendship and mutual defense (Spain, France, Great Britain)
    Davenport. European Treaties 4:46 (F)
    Dumont 8(2):158 (F)

1731

73. March 16
    Peace and alliance (Great Britain, Austria, Netherlands)
    Davenport. European Treaties 4:50 (E, Latin)
    Dumont 8(2):213 (Latin)

74. July 22
    Military occupation of Tuscany, Parma, Placentia (Austria, Spain, Great Britain)
    Cantillo. Tratados de España p. 263 (Sp)

1741

75. September 20
    Friendship and alliance (Spain, Saxony, Poland)
    Cantillo. Tratados de España p. 359 (Sp)

1743

76. May 4
    House of Schoenburg
    BFSP 26: 1307, 1322 (E)

77. September 13
    Defense Alliance (Austria, Great Britain, Sardinia)
    Savoie III:7 (F)
    Wenck 1:677 (E, F)

1745

78. January 8
    Quadruple Alliance (Austria, Great Britain, Holland, Poland-Saxe)
    Wenck II:171 (F)

79. May 1
    Alliance and union (Two Sicilies, Spain, France, Genoa)
    Cantillo. Tratados de España p. 373 (Sp)

1746

80. August 10
    Peace and commerce (Denmark, Algeria, Tripoli)
    Wenck III:19 (F, Dan)

1748

81. January 26
    Aid against France (Austria, Great Britain, Netherlands, Sardinia, Bohemia, Hungary)
    Savoie III:23 (F)
    Wenck 2:410 (F)

82. July 8
    Restitution of sea prizes (France, Great Britain, Holland)
    Wenck II:333 (F)

83. August 2
    Return of Russian troops by France (France, Great Britain, Holland)
    Wenck II:335 (F)

84. October 18
    Parma, Placentia
    BFSP 4: 82 (E)

85. December 4
    Execution of Treaty of Aix-la-Chapelle (Austria, Spain, France, Great Britain, Sardinia)
    Martens NS II: 609 (F)

1749

86. January 11
    Rules for evacuation (Austria, France, Netherlands, Bohemia, Hungary)
    Wenck II:428 (F)

1750

87. January 13
    Alliance (Austria, Russia, Great Britain)
    Martens S III: 26 (F)

1752

88. June 14
    Reciprocal guarantee of possessions in Europe (Austria, Spain, Sardinia)
    Cantillo. Tratados de España p. 412 (Sp)
    Savoie III:128 (Latin)
    Wenck 2:707 (F, Latin)

1756

89. December 31
    Neutrality (France, Austria, Russia)
    Martens S III: 33 (F)

1760

90. March 17
    Neutrality of Baltic Sea (Denmark, Sweden, Russia)
    Martens S III: 42 (F)

1762

91. November 3
    Preliminary peace: 7 Years War (Great Britain, France, Spain)
    Martens R2 1: 92 (F)

1763

92. February 10
    Peace (Spain, France, Great Britain)
    Martens R1 I: 33; R2 1: 104 (F)

93. February 10
    Newfoundland fisheries
    BFSP 1: 422 (E, F)

94. June 10
    Placentia
    BFSP 2: 959 (F)
    Martens R1 1:80 (F); R2 1:97 (F)

1768

95. May 27
    Renunciation by Denmark to the Crown of Hamburg (Denmark, Russia, Hamburg)
    Martens R1 1:210 (G); R2 1:597 (G)

1772

96. October 30
    Abolition of escheat (Denmark, Mecklenburg, Stelitz)
    Martens R2 2:217 (G)

1781

97. October 9
    Capitulation of Yorktown (United States of America, France, Great Britain)
    Martens R1 2:177 (F); R2 3:359 (F)

1782

98. November 12
    Maintainance of peace in Geneva (Bern, France, Sardinia)
    Martens R1 2:301 (F); R2 3:486 (F)

1785

99. July 23
    Association of the German princes
    Martens R1 2:553; R2 4:18 (F)

1790

100. December 10
     Provinces of Belgium
     Martens R1 3:342; R2 4:535 (F)

1791

101. July 25
     Alliance (Austria, Spain, Prussia, Russia)
     Martens R1 5:5; R2 5:236 (F)

102. July 28
     Line of succession (German States)
     Martens NS 1:254 (G)

1795

103. October 24
     Polish succession (Austria, Prussia, Russia)
     Martens R2 6:171 (F)

1797

104. October 17
     Peace (Germany, Austria, France)
     Martens R1 7:208 (F); R2 6:420 (F)

1800

105. June 5
     Evacuation of Genoa (Austria, Great Britain, France)
     Martens R1 7:392 (F); R2 7:67 (F)

106. December 16
     Armed neutrality
     BFSP 1: 327 (F)

1801

107. February 9
     Peace (Germany, Russia, France)
     Martens R1 7:538 (F); R2 7:296 (F)

108. March 18
     Capitulation of the French garrison at Abukir (France, Great Britain, Turkey)

109. June 27
     Evacuation of Egypt by France
     Martens S 2:502; R2 7:22 (F)

110. August 29
     Capitulation of Alexandria
     Martens S 2:535; R2 7:368 (F)

1802

111. March 27
     Peace (Spain, France, Great Britain, Netherlands)
     Martens S 2:563; R2 7:404 (F)

112. August 28
     Independence of Valais (Switzerland, Italy, France)
     De Clercq 1:603 (F)

1806

113. July 12
     Confederation of the Rhine
     Martens S 4:292; R2 8:480 (F)

1808

114. September 9
     Debts and pensions: Franconia (Baden, Bavaria, Hesse, Prince Primate, Wurtemberg)
     Martens (1st) 3:169 (G)

1809

115. May 4
     Debts: Schwabach (Baden, Bavaria, Wurtemberg)
     Martens NR 1:171 (G)

116. November 15
     Extradition of conscripts (Bavaria, Rhine Confederation)
     Martens (1st) 1:222 (G)

1813

117. April 29
     Rhine navigation
     De Clercq 2:379 (F)

118. June 27
     Alliance (Prussia, Austria, Russia)
     BFSP 1:68 (F)

119. October 21
     Allied occupation (Austria, Great Britain, Sweden, Prussia, Russia)
     Martens NR 1:646 (F)

1814

120. February 15
     European peace
     BFSP 1:119 (F)

121. March 1
     Alliance (Great Britain, Austria, Prussia, Russia)
     BFSP 1:121 (E, F)
     Martens NR 1:683 (F)

122. March 31
     Capitulation of Paris
     BFSP 1:130 (F)
     Martens NR 1:693 (F)

123. April 11
     Bonaparte family exile
     BFSP 1:134, 140 (E, F)
     Martens NR 1:696 (F)

124. April 23
     Suspension of arms
     BFSP 1:143 (E, F)
     Martens NR 1:706 (F)

125. April 27
     Armistice with Italy
     BFSP 1:1010 (F)
     Martens NR 1:716 (F)

1814 (cont.)

126. May 30
     Peace
     Martens NR 1:13 (F)

127. June 14
     Union of Holland and Belgium
     Martens NS 1:330 (F)
     Hertslet. Map of Europe 1:40 (E)

128. June 29
     Military forces (Austria, Great Britain, Prussia, Russia)
     Martens (1st) 2:40 (F)

129. July 14
     Arrangement of family (Nassau, Prince of Orange, King of Netherlands)
     Martens (1st) 2:23 (G)

130. September 22
     Congress of Vienna: protocol
     Martens NS 1:334 (F)

1815

131. January 3
     Alliance against Russia and Prussia (Austria, France, Great Britain)
     Martens NS 1:368 (F)

132. February 8
     Abolition of African slave trade
     BFSP 3:971 (F)
     Martens NR 2:432 (F)
     De Clercq 2:450 (F)

133. March 19
     Diplomatic agents: rank
     BFSP 2:179 (F)
     Martens NR 2:449 (F)
     Hertslet. Map of Europe 1:64 (E)
     Serres. Manuel pratique de protocole (1960) p. 438 (F)
     Korovin. Mezhdunarodnye dogovory (1924) p. 18 (R)
     Cahier. Le droit diplomatique contemporain (1962) p. 470 (F)

134. March 20
     Helvetic Confederation
     BFSP 2:142 (F)
     Martens NR 2:456 (F)

135. March 24
     Free navigation of rivers
     BFSP 2:162 (F)
     Martens NR 2:434 (F)
     Hertslet. Map of Europe 1:75 (E)

1815 (cont.)

136. March 25
    Quadruple Alliance
    BFSP 2:443 (E,F)
    Martens NR 2:112 (F)

137. March 29
    Cessions to Geneva
    BFSP 2:149 (F)
    De Clercq 2:478 (F)
    Hertslet, Map of Europe 1:70 (E)

138. April 15
    Foreign claims against France
    (Austria, France, Great Britain,
    Prussia, Russia)
    Martens NR 3:417 (F)
    BFSP 5:179 (E,F)
    De Clercq 3:126 (F)

139. April 24
    Military convention (Austria, Prussia)
    BFSP 2:991 (F)

140. April 30
    Alliance (Great Britain, Austria,
    Prussia, Russia)
    BFSP 2:452 (E,F)

141. May 3
    Free City of Cracow
    BFSP 2:74 (F)
    Martens NR 2:251 (F)
    Hertslet. Map of Europe 1:120 (E)

142. May 19
    Russian-Dutch loan
    BFSP 2:378 (E,F)
    Martens NR 2:290 (F)
    Hertslet. Map of Europe 1:149 (E)

143. May 20
    Annexation of Genoa and Placentia
    Martens NR 2:298 (F)
    BFSP 2:152 (F); 2:392 (E,F); 2:959 (F)

144. May 31
    Formation of Netherlands
    BFSP 2:136 (F); 2:385 (E)
    Martens NR 2:327 (F)

145. June 8
    Germanic Confederation
    BFSP 2:114 (F,G)
    Martens NR 2:353 (G)
    Hertslet. Map of Europe 1:200 (E)

1815 (cont.)

146. June 9
    Act of Congress of Vienna
    BFSP 2:3,6 (F)
    Martens NR 2:361 (F)
    Hertslet. Map of Europe 1:208 (E)
    Anchieri. La Diplomazia Contemporanea
    (1959) p. 5 (It)
    Korovin. Mezhdunarodnye dogovory (1924)
    p. 13 (R)

147. June 9
    Congress of Vienna: Rhine navigation
    European Yearbook (1957) 3:138 (F)
    Martens NR 2:416 (F)

148. June 10
    Territorial treaty (Congress of Vienna)
    BFSP 2:831 (F)

149. June 19
    Peace: protocol (Austria, France,
    Great Britain, Portugal, Prussia,
    Russia, Sweden)
    BFSP 2:549 (F)
    Hertslet, Map of Europe 1:286 (E)

150. July 3
    Suspension of hostilities
    BFSP 3:193 (F)

151. July 10
    Subsidies (Anhalt-Dessau, Bernburg
    Coethen, Great Britain)
    Martens (1st) 2:195 (E)
    BFSP 2:484 (E)

152. July 26
    Abolition of slave trade
    BFSP 3:196 (F)
    Martens NR 2:602 (F)

153. August 2
    Prison guard of Napoleon (Austria,
    Great Britain, Prussia, Russia)
    Martens (1st) 2:579 (F)

154. September 26
    Holy Alliance
    BFSP 3:211 (F)
    Martens et Cussy 2:656 (F)
    Hertslet. Map of Europe 1:317 (E)
    Anchieri. La Diplomazia Contemporanea
    (1959) p. 24 (It)
    Korovin. Mezhdunarodnye dogovory (1924)
    p. 16 (R)

155. November 5
    Protectorate of Ionian Islands
    BFSP 3:250 (E,F)
    Martens NR 2:663 (F)
    Hertslet. Map of Europe 1:337 (E)

1815 (cont.)

156. November 20
     Alliance (Great Britain, Austria, Prussia, Russia)
     BFSP 3: 273 (E, F)

157. November 20
     Peace and friendship (Great Britain, Austria, Prussia, Russia, France)
     BFSP 3:280 (E)
     Martens NR 2:682 (F)

158. November 20
     Occupation (Great Britain, Russia, Prussia, France)
     BFSP 3:298 (E, F)

159. November 20
     Pecuniary claims (Great Britain, Austria, Russia, Prussia)
     BFSP 3: 293 (E, F)

160. November 20
     Private claims (Great Britain, Russia, Prussia, France, Austria)
     BFSP 3: 315 (E, F)

161. November 20
     Neutralization of Switzerland
     BFSP 3: 359 (F)
     Martens NR 3: 406 (F)
     AJIL supp 3: 106 (E)
     Hertslet. Map of Europe 1: 412 (E)
     Anchieri. La Diplomazia Contemporanea (1959) p. 26 (It)

162. November 21
     Territorial arrangement of Europe (Austria, France, Great Britain, Prussia, Russia)
     BFSP 3:215 (F)

163. November 21
     Fortification of Netherlands, Germany and Savoy
     BFSP 3:249 (F)
     Martens (1st) 3:406 (F)

1817

164. June 10
     Parma, Placentia, Guastalla and Lucca
     BFSP 4: 75 (E, F)
     Martens NR 4: 416 (F)
     Hertslet. Map of Europe 1: 524 (E)
     Cantillo. Tratados de España p. 794 (Sp)

1818

165. November 3
     France: pecuniary claims
     BFSP 6:11 (F)
     De Clercq 3:166 (F)

166. November 12
     Evacuation of French territory (Austria, France, Great Britain, Prussia, Russia)
     BFSP 6:16 (F)
     De Clercq 3:176 (F)

167. November 14
     Toll of Elsfleth
     Martens NR 4:553 (F)
     De Clercq 3:174 (F)

168. November 15
     Holy Alliance: protocol
     BFSP 6: 18 (F)
     Martens NR 4: 648 (F)
     Anchieri. La Diplomazia Contemporanea (1959) p. 27 (It)

169. November 21
     Diplomatic agents: rank
     BFSP 5: 1090 (F)
     Martens NR 4: 648 (F)
     Hertslet. Map of Europe 1: 575 (E)
     Serres. Manuel pratique de protocole (1960) p. 439 (F)
     Korovin. Mezhdunarodnye dogovory (1924) p. 19 (R)
     Cahier. Le droit diplomatique contemporain (1962) p. 470 (F)

1819

170. February 2
     Payments by France (Austria, France, Great Britain, Prussia, Russia)
     Martens NR 4:556 (F)
     BFSP 6:20 (F)
     De Clercq 3:200 (F)

171. July 10
     Baden territory
     BFSP 7:61 (F)
     Martens NR 4:634 (F)

172. July 20
     General territorial arrangements (Austria, Great Britain, Prussia, Russia)
     BFSP 7:3 (F)
     Martens NR 4:604 (F)
     De Clercq 3:206 (F)

1820

173. January 8
     Piracy and slave trade
     Aitchison. Collection of treaties 11: 245 (E)
     Khalil. The Arab states and the Arab League 2: 657 (E)
     Hurewitz. Diplomacy in the Near and Middle East 1: 89 (E)

174. May 15
     Germanic Confederation
     BFSP 7:399 (F)
     Martens NR 5:466 (F, G)

1821

175. June 23
     Navigation on the Elbe
     BFSP 8:953 (E)
     Martens 5:714 (F)

176. June 23
     Cargoes on the Elbe
     BFSP 8:964 (E)

177. July 24
     Military occupation (Austria, Prussia, Russia, Sardinia)
     Martens (1st) 5:658 (F)

1822

178. July 12
     Slave arbitration
     BFSP 11: 772 (E, F)

179. August 31
     Extradition (Lübeck, Mecklenburg, Schwerin, Oldenburg)
     Martens (1st) 6:111 (G)

180. November 28
     Abolition of slave trade
     BFSP 10:109 (F)
     De Clercq 3:301 (F)

181. December 14
     End of military occupation (Austria, Prussia, Russia, Sardinia)
     Martens (1st) 5:663 (F)

1823

182. July 1
     Central America: Declaration of Independence
     BFSP 11: 874 (E)
     Ortez Colindres. La Republica Federal de Centro America (1963) p. 257 (Sp)

183. September 9
     Navigation of the Weser
     Martens NR 6:325 (G)

184. September 10
     Navigiation on the Weser
     Martens (1st) 6:299 (G)

1824

185. September 18
     Navigation on the Elbe
     Martens (1st) 6:588 (G)

186. November 22
     Federal Republic of Central America: constitution
     Ortez. Colindres. La Republica Federal de Centro America (1963) p. 272 (Sp)
     BFSP 13:725 (E)

1825

187. December 5
     Commerce-Central America
     TS 39, Stat 8:322 (E, Sp)
     Martens (1st) 6:826 (E)
     BFSP 13:838 (E, Sp)

188. December 21
     Navigation on the Weser
     Martens NR 6:840 (G)

1826

189. March 18
     Commerce (Great Britain, Norway, Sweden)
     BFSP 13:12 (E, Swe)
     Martens NR 6:912 (F)
     Martens NS 2:453 (E, Swe)

190. May 14
     Lapland boundary
     BFSP 13: 1034 (F)
     Martens NR 6: 1014 (F)

1826 (cont.)

191. July 15
     Union, league, and perpetual confederation (Latin America)
     Mendez Pereira. Bolivar y las relaciones interamericanas (1960) p. 337 (Sp)

192. November 15
     Succession of Saxe-Gotha, Altenburg.
     Martens (1st) 6:1080 (G)

1827

193. March 14
     Commerce (Prussia, Sweden, Norway)
     BFSP 14:736 (F)
     Martens NR 7:138 (F)

194. July 6
     Pacification of Greece
     Martens NR 7:282 (E, F)
     BFSP 14:632 (E, F)

195. October 18
     Greece: atrocities
     BFSP 14:1050 (E)

1828

196. July 19
     French expedition to Morocco (France, Great Britain, Russia)
     BFSP 16:1083 (F)

197. September 7
     Landing of Egyptian troops in Morocco (Egypt, France, Great Britain, Russia)
     Martens (1st) 9:32 (G)

198. September 24
     Commerce (Association of Cassel)
     BFSP 15:1266 (E)
     Martens (1st) 7:691 (G)

199. September 26
     Customs (Bavaria, Hohenzollern, Wurtemberg)
     Martens (1st) 7:703 (G)

200. September 29
     Commerce (Association of Cassel)
     Martens (1st) 7:731 (G)
     BFSP 16:1216 (E)

1828 (cont.)

201. December 11
     Commerce (Association of Cassel)
     Martens (1st) 7:767 (G)

202. December 12
     Insular and continental boundaries of Greece
     BFSP 17:405 (F)

1829

203. March 22
     Boundaries of Greece (France, Great Britian, Russia)
     De Clercq 3:533 (F)
     BFSP 16:1095 (F)

204. May 27
     Commerce and customs (German States)
     BFSP 16:542 (F)
     Martens (1st) 8:90 (G)

205. October 11
     Commerce (German States)
     Martens (1st) 8:157 (G)

206. December 26
     Customs (German States)
     Martens (1st) 8:180 (G)

1830

207. January 7
     Frontier commerce (German States)
     Martens (1st) 8:232 (G)

208. January 21
     Commerce (German States)
     Martens (1st) 8:235 (G)

209. February 3
     Greece: sovereignty
     BFSP 17:191 (F)

210. February 20
     Conditional acceptance of Prince Leopold to throne of Greece
     BFSP 17:203 (F)

211. March 27
     Commerce and customs (German States)
     Martens (1st) 8:334 (G)

1830 (cont.)

212. July 1
    Guarantee to catholics in Greece (France, Great Britain, Greece, Russia)
    De Clercq 3:575 (F)

213. September 30
    Vagabonds (German States)
    Martens (1st) 9:186 (G)

214. December 20
    Unification of Holland and Belgium
    Lesur app. 1830:163 (F)

1831

215. January 20
    Separation (Belgium and Holland)
    BFSP 18:759 (F)
    Martens NR 10:158 (F)
    De Clercq 4:3 (F)

216. January 25
    Customs agreement (Bavaria, Saxe-Weimar, Wurtemberg)
    Martens (1st) 9:193 (G)

217. January 27
    Belgian affairs
    BFSP 18:761 (F)
    Martens NR 10:164 (F)
    De Clercq 4:6 (F)

218. March 30
    Navigation on the Rhine
    BFSP 19:88 (F)

219. March 31
    Navigation on the Rhine: Convention of Mayence
    BFSP 18:1076 (F)
    Martens NR 9:252 (G)
    Hertslet. Map of Europe 2:848 (E)

220. April 17
    Belgian fortresses
    BFSP 18:921 (F)

221. November 15
    Separation. Holland
    BFSP 18:645 (E, F)

222. December 14
    Belgian fortresses
    BFSP 18:664 (E, F)

1832

223. May 7
    Sovereignty of Greece
    BFSP 19:33 (E, F)
    Martens NR 10:550 (F, G)
    AJIL supp 12:68 (E)
    Hertslet. Map of Europe 2:893 (E)

224. July 21
    Greek boundaries
    BFSP 22:934 (E, F)

1833

225.
    Uniform law of import, export and transit (German States)
    Martens (1st) 12:574 (G)

226. March 22
    Customs association of Thuringia
    BFSP 20:472 (E)
    Martens NR 11:525 (G)
    Archives Diplomatiques 1862, 8:220 (F)

227. March 30
    Customs (German States)
    Martens (1st) 11:57 (G)
    BFSP 20:505 (E)

228. April 11
    Customs association of Thuringia
    Martens (1st) 11:615 (G)

229. April 11
    Customs association of Thuringia
    Martens (1st) 11:606 (G)

230. April 30
    Greek succession
    Martens (1st) 13:93 (F)

231. May 10
    Customs association of Thuringia
    Martens (1st) 11:574 (G)
    BFSP 20:507 (E)

232. May 11
    Customs association of Thuringia
    Martens (1st) 11:584 (G)
    BFSP 20:513 (E)

233. May 21
    Commercial relations: Belgium
    BFSP 20:282 (E, F)

234. October 31
    Customs tariffs (German States)
    Martens 7:736, 778 (F, G)

1834

235. January 4
    Extradition for political matters in Poland (Austria, Prussia, Russia)
    Lesur app 1833:145 (F)

236. April 22
    Pacification: Spain and Portugal
    BFSP 22: 124 (E, F, Sp, Port)

237. April 22
    Quadruple alliance against Don Carlos and Don Miguel
    Martens (1st) 11:808 (F, Sp)

238. May 26
    Removal of Don Carlos and Don Miguel from Portugal
    BFSP 22: 1343 (E)

239. August 18
    Quadruple alliance against Don Carlos and Don Miguel: protocol
    Martens (1st) 12:716 (F)
    BFSP 22:134 (E, F, Sp, Port)

240. December 1
    Navigation on the Rhine
    BFSP 23:641 (F)
    Martens (1st) 12:734 (G)

1835

241. July 30
    Navigation on the Neckar (German States)
    Martens (1st) 4:280 (G)

242. August 1
    Navigation on the Rhine: supplementary articles 15 and 16
    De Clercq 4:308 (F)

1836

243. November 30
    Commerce: Peru-Bolivian Confederation
    BFSP 24: 517 (E, Sp)
    TS 274, Stat 8: 487 (E)
    Malloy 4: 71 (E, Sp)

1837

244. August 25
    Finance and budget (German States)
    Martens (1st) 14:292 (G)

245. November 1
    Commerce (German States)
    Martens (1st) 14:333 (G)

246. November 1
    Repression of contraband (German States)
    Martens (1st) 14:338 (G)

247. November 1
    German customs system
    Martens (1st) 14:342 (G)

248. November 1
    Reciprocal commerce (German States)
    Martens (1st) 14:370 (G)

1838

249. January 18
    Railroad: Mannheim-Darmstadt-Frankfurt
    Martens (1st) 15:351 (G)

250. May 8
    Commerce (Russia, Sweden, Norway)
    BFSP 27: 779 (F)
    Martens NR 15: 580 (F)

251. November 16
    Foreign claims in Colombia
    BFSP 28: 235 (E)

1839

252. January 21
    Commerce (German States and Netherlands)
    BFSP 28: 221 (F)

253. April 19
    Separation of Belgium from the Netherlands
    BFSP 27: 990 (F)
    Martens NR 16: 770 (F)
    Hertslet. Map of Europe 2: 979 (E)

254. April 19
    Neutrality of Belgium
    BFSP 27: 1000 (F)
    Hertslet. Map of Europe 2: 996 (E)

1839 (cont.)

255. August 16
     Navigation of the Weser
     Martens (1st) 2:572 (G)

1840

256. July 9
     Navigation on the Rhine
     Martens (1st) 1:153 (G)

257. July 15
     Quadruple Alliance
     BFSP 28: 342 (F)
     Martens (1st) 1: 156 (F)

258. September 17
     Pacification (Levant)
     BFSP 28:345, 348 (F)

259. September 21
     Navigation on the Rhine
     Martens (1st) 1:386 (G)

260. October 22
     Commerce (Prussia, Belgium, Netherlands)
     BFSP 29: 854 (F)

261. October 31
     Copyright (Austria, Sardinia, Tuscany)
     BFSP 31: 1125 (E)

1841

262. January 14
     Nuremberg-Leipzig railway (German States)
     Martens (1st) 4:556 (G)

263. March 2
     Commerce (Great Britain, Prussia, Bavaria, etc.)
     BFSP 29: 1202 (E, G)

264. April 10
     Railroad Magdebourg to Minden by way of Brunswick and Hanover (German States)
     Martens (1st) 2:31 (G)

265. May 1
     Commerce (Bremen, Sweden, Norway)
     BFSP 30: 1339 (F)
     Martens (1st) 2: 48 (F, G)

1841 (cont.)

266. May 1
     Commerce (Hamburg, Sweden, Norway)
     BFSP 29: 1195 (F)

267. May 8
     Continuation of Zollverein Customs Union
     BFSP 37:1444 (E)
     Martens NRG 2:67 (G)
     Archives dipl. 1862 8:240 (F)

268. July 10
     Closing of the Turkish Straits
     De Clercq 4:597 (F)

269. July 13
     Turkish Straits
     BFSP 29: 703 (F)
     Martens (1st) 2: 128 (F)
     Anchieri. La Diplomazia Contemporanea (1959) p. 405 (It)

270. December 17
     Commerce (German States)
     Martens (1st) 2:357 (G)

271. December 20
     Railroad Halle to Cassel
     Martens (1st) 2:385 (G)

272. December 20
     Abolishing slave trade
     BFSP 30:269 (E, F)
     De Clercq 15:324 (F)

1842

273. July 1
     Rules of navigation on the Neckar
     Martens (1st) 4:630 (G)

274. July 1
     Monetary Convention (German States)
     Martens (1st) 4:629 (G)

275. September 17
     Peace Treaty (Jammu, China, Tibet)
     Indian Society of International Law. The Sino-Indian boundary (1962) p. 3 (E)

276. October 15
     Navigation on the Rhine: supplementary articles
     Martens (1st) 3:589 (F)

1843

277. April 1
    Commerce (Norway, Oldenburg, Sweden)
    Staatsarchiv 74:131 (G)

278. May 24
    Meshes of nets and size limits of catch
    BFSP 31:165 (E, F)

279. August 30
    Navigation of the Elbe: revision procedure
    Martens (1st) 5:530 (G)

1844

280. April 13
    Navigation on the Elbe
    BFSP 32:20, 22, 24 (E)
    Martens (1st) 6:370, 464, 473 (G)
    Hertslet. Map of Europe 2:742, 1036 (E)

281. August 30
    Rhine Navigation: supplementary articles
    De Clercq 5:196 (F)

282. September 1
    Commerce (Belgium, Prussia, Zollverein)
    BFSP 33:742 (F)

283. October 16
    Navigation of the Lahn River
    Martens (1st) 7:420 (G)

284. November 28
    Parma, Placentia
    BFSP 33:186 (E)

1845

285. October 3
    Slave trade
    BFSP 34:813 (F)

286. October 4
    Navigation on the Rhine
    BFSP 34:1294 (F)

287. December 4
    Railroad between Hanover and Minden
    Martens (1st) 8:619 (G)

1846

288. May 30
    Rhine navigation
    Martens (1st) 9:172 (F, G)

289. September
    Navigation (Austria, Mecklenburg-Schwerin, Oldenburg)
    Martens (1st) 9:347 (F)

290. October 3
    Slave trade (Austria, Great Britain, Prussia, Russia)
    BFSP 34:813 (F)

291. October 10
    Commerce (Mecklenburg-Schwerin, Sweden, Norway)
    Martens (1st) 9:471 (G)

292. November 6
    Cracow
    BFSP 35:1088 (F)
    Martens (1st) 9:374 (F, G)

1847

293. March 20
    Peace, amity, and commerce (China, Sweden, Norway)
    BFSP 56:109 (E)

294. May 21
    Civil War: Portugal
    BFSP 35:1110 (F)

295. July 1
    Copyright: Thuringia Association
    BFSP 35:17 (F)

296. August 19
    Rhine navigation: supplementary articles
    De Clercq 5:556 (F)

297. September 25
    Commerce (Netherlands, Sweden, Norway)
    BFSP 36:1143 (F)

298. November 3
    Customs Union (Roman States, Sardinia, Tuscany)
    BFSP 36:1179 (E)

1848

299. October 8
    International service of railroads
    (Belgium, France, Prussia)
    De Clercq 5:618 (F)

1849

300. July 3
    Free navigation for the Po River
    BFSP 38:130 (E)
    Martens (1st) 14:525 (G)

1850

301. April 20
    Commission for the International Transport by Railway
    De Clercq 6:4 (F)

302. July 25
    German Union of Telegraphic Lines
    Neumann 5:196 (G)

303. August 2
    Danish monarchy
    BFSP 42:868 (F)

1851

304. May 1
    Establishment of railways (Austria, Italian States)
    Neumann 5:328 (It)

1852

305. February 3
    Sanitary Convention
    De Clercq 6:141 (F)

306. May 8
    Succession to Crown of Denmark
    BFSP 41:13 (F)
    Martens (1st) 17 pt. 2:313 (F)
    Hertslet. Map of Europe 2:1151 (E)

307. June 10
    Extradition (United States, Prussia, German States)
    Archives dipl 1869:1191 (F)
    BFSP 59:265 (E)
    Martens (1st) 19:49 (E)
    Malloy 2:1501 (E)

1852 (cont.)

308. August 9
    Customs (Austria, Modena, Parma)
    Neumann 5:705 (It)

309. September 14
    Commerce (Lubeck, Sweden, Norway)
    BFSP 44:913 (F)
    Martens (1st) 16 pt. 1:216 (F)

310. November 20
    Greek succession
    BFSP 41:36 (E)
    Hertslet. Map of Europe 2:1156 (E)

311. December 14
    International transport by rail
    De Clercq 6:240, 252 (F)

1853

312.
    Similar rules of neutrality (Scandinavia)
    SO (1878) 11:262 (F)

313. February 8
    Navigation of the Elbe
    Neumann 6:130 (G)

314. April 4
    Thuringia Association: continuation
    BFSP 46:1141 (E)
    Martens (1st) 16 pt. 1:267 (G)
    Archives dipl. 1862, 8:269 (F)

315. December 5
    Peace in the East (Austria, France, Great Britain, Prussia)
    De Clercq 6:400 (F)

1854

316. February 29
    Halting contraband on Lake Constance
    Neumann 6:164 (G)

317. March 12
    Alliance (France, Great Britain, Turkey)
    BFSP 44:5 (F)
    Martens (1st) 15:565 (F)
    Hertslet. Map of Europe 2:1181 (E)

1854 (cont.)

318. April 9
    Non-evacuation of the Danubian principalities by Russia (Austria, France, Great Britain, Prussia)
    BFSP 44:82 (F)

319. June 27
    Loan to Turkey
    BFSP 45: 18 (F)
    Hertslet. Map of Europe 2: 1234 (E)

320. December 2
    Alliance (Great Britain, Austria, France)
    BFSP 44: 22 (F)
    Martens (1st) 15: 600 (F)
    Hertslet. Map of Europe 2: 1221 (E)

1855

321. January 26
    Cooperation of Sardinia in the war against Russia (France, Great Britain, Sardinia)
    De Clercq 6:494 (F)
    BFSP 45:46 (F)

322. June 27
    Turkish loan guarantee (France, Great Britain, Turkey)
    De Clercq 6:556 (F)

323. June 29
    Transmission of telegraphic correspondence (Belgium, France, Prussia)
    De Clercq 6:559 (F)

324. August 13
    Conditions for the exchange of prisoners (France, Great Britain, Russia)
    De Clercq 6:575 (F)

325. November 21
    Guarantee by France and Great Britain to maintain the integrity of the thrones of Sweden and Norway against Russia (France, Great Britain, Sweden)
    De Clercq 6:585 (F)
    BFSP 45:33 (F)
    Martens (1st) 15:628 (F)

326. December 29
    Transmission of telegraph dispatches (Belgium, Spain, France, Sardinia, Switzerland)
    De Clercq 6:591 (F)

1856

327. February 1
    Preliminary peace with Russia (Austria, France, Great Britain, Sardinia, Turkey, Russia)
    De Clercq 7:21 (F)

328. March 14
    Crimean armistice
    De Clercq 7:56 (F)

329. March 30
    Treaty of Paris
    BFSP 46: 8 (F)
    Martens (1st) 15: 770 (F)
    Hertslet. Map of Europe 2: 1250 (E)
    Anchieri. La Diplomazia Contemporanea (1959) p. 37 (It)
    Korovin. Mezhdunarodnye dogovory (1924) p. 21 (R)

330. March 30
    Neutralization of Black Sea and Danube River
    AJIL supp 3:114 (E)
    DeClerq 7:71 (F)
    Martens (ist) 15:786 (F)
    BFSP 46:22 (F)

331. March 30
    Straits of the Dardanelles
    BFSP 46: 18 (F)
    Martens (1st) 15: 782 (F)
    Hertslet. Map of Europe 2: 1266 (E)

332. March 30
    Aland Islands
    BFSP 46: 23 (F)
    Martens (1st) 15: 788 (F)
    Hertslet. Map of Europe 2: 1272 (E)

333. April 14
    Mediation before war
    BFSP 46: 133 (F)

334. April 15
    Guarantees: Ottoman Empire
    BFSP 46: 25 (F)
    Martens (1st) 15: 790 (F)

335. April 16
    Maritime war: Declaration of Paris
    BFSP 46: 26 (F)
    Martens (1st) 15: 791 (F)
    Hertslet. Map of Europe 2: 1282 (E)
    Anchieri. La Diplomazia Contemporanea (1959) p. 42 (It)
    Korovin. Mezhdunarodnye dogovory (1924) p. 29 (R)
    Krigens-Rett (1962) p. 5 (F, Nor)
    Moore. Digest of International Law 7: 561 (E)

1856 (cont.)

335 cont. Skubiszewski. Materialy do cwiczen z prawa miedz. pub. (1961) 2:95 (Pol)
U.S. Dept. of the Army. International Law (1962) 2:275 (E)

336. May 13
   Evacuation of Ottoman Territory
   BFSP 46:27 (F)
   Martens (1st) 16 pt. 2:5 (F)
   Hertslet. Map of Europe 2:1286 (E)

337. November 29
   Changing the course of the Rhine between Mayence and Bingen
   De Clercq 7:192 (F)

1857

338. January 6
   Bessarabian frontier
   BFSP 47:92 (F)
   Herslet. Map of Europe 2:1298 (E)

339. March 14
   Redemption of sound dues
   BFSP 47:24 (F)
   De Clercq 7:259 (F)
   Martens (1st) pt. 2, 16:345 (F)

340. May 21
   Export of Guano (France, Great Britain, Peru)
   De Clercq 7:269 (F)

341. May 26
   Neufchatel and Valengin
   BFSP 47:40 (F)
   Herslet. Map of Europe 2:1316 (E)

342. June 19
   Bessarabian frontier
   BFSP 47:60 (F)
   Martens (1st) 16 pt. 2:11 (F)
   Hertslet. Map of Europe 2:1320 (E)

343. September 19
   Commerce (Argentina, Prussia, Zollverein)
   BFSP 47:1277 (E)

344. November 7
   Danube navigation
   BFSP 57:786 (F)
   Martens (1st) pt 2, 16:75 (F)

345. November 17
   Commerce (Persia, Sweden, Norway)
   BFSP 75:906 (F)

1858

346. April 28
   Turko-Russian frontier in Asia
   BFSP 50:1000 (F)
   Hertslet. Map of Europe 2:1325 (E)

347. May 7
   Bridge to Cologne across the Rhine (France, German States)
   De Clercq 7:385 (F)

348. June 30
   Telegraph (Belgium, France, Prussia)
   De Clercq 7:430 (F)

349. August 19
   Organization of Moldavia and Wallachia
   BFSP 48:70 (F)
   Martens (1st) 16 pt. 2:50 (F)
   Hertslet. Map of Europe 2:1329 (E)

350. September 1
   Telegraphic corresponsdence (Belgium, France, Netherlands, Sardinia, Switzerland)
   De Clercq 7:499 (F)

351. October 26
   Telegraph (Austria, Switzerland, German States)
   Lagemans 5:52 (Dut)

1859

352. July 8
   Armistice (Austria, France, Sardinia)
   BFSP 49:362 (F)
   Martens (1st) 16 pt, 2:513 (F)
   De Clercq 7:615 (F)

353. July 20
   Yachts and pleasure boats (France, German States)
   De Clercq 7:622 (F)

354. August 8
   Armistice (Austria, France, Sardinia)
   De Clercq 7:634 (F)

355. September 6
   Organization of Moldavia and Wallachia
   BFSP 49:457 (F)
   Martens (1st) 17 pt, 2:82 (F)

356-376

1859 (cont.)

356. November 10
     Peace: Treaty of Zurich (Austria, France, Sardinia)
     BFSP 49:364 (F)
     Martens (1st) 16 pt. 2:516 (F)
     De Clercq 7:643 (F)

357. November 21
     Boundary along the River Po
     BFSP 50: 1019 (E)
     Hertslet. Map of Europe 2: 1414 (E)

1860

358. January 30
     Telegraph (Austria, Prussia, Russia)
     Lagemans 5:76 (G)

359. April 3
     Rhine navigation
     De Clercq 7:37 (F)

360. April 3
     Bridge across the Rhine at Mayence (German States)
     De Clercq 8:38 (F)

361. April 17
     Montenegro boundary
     BFSP 61: 1059 (E)
     Hertslet. Map of Europe 2: 1437 (E)

362. August 3
     Pacification of Syria
     BFSP 50: 8 (F)
     Hertslet. Map of Europe 2: 1451 (E)

363. September 5
     Pacification of Syria
     BFSP 50: 6 (F)
     Hertslet. Map of Europe 2: 1455 (E)

1861

364. February 19
     Syrian affairs
     De Clercq 8:170 (F)

365. March 19
     Occupation of Syria
     BFSP 51: 287 (F)

366. June 9
     Lebanon: government
     BFSP 51: 287 (F)

1861 (cont.)

367. June 22
     Redemption of the Stade toll
     BFSP 51: 27 (F)
     Hertslet. Map of Europe 2: 1471 (E)
     Martens (1st) 17:419 (F)

368. September 2
     Commerce (China, German States)
     BFSP 51:1248 (F)

1862

369. February 17
     Commerce (Siam, German States)
     BFSP 53:741 (E)
     Martens (1st) 19:215 (E)

370. February 19
     Peace (Spain, France, Great Britain, Mexico)
     De Clercq 8:392 (F)

371. June 14
     Commerce (Italy, Sweden, Norway)
     BFSP 57: 313 (F)

372. September 4
     Serbia (Austria, France, Great Britain, Italy, Prussia, Russia, Turkey)
     BFSP 52:1141 (F)
     Hertslet. Map of Europe 2:1515 (E)

1863

373. May 16
     Termination of Bavarian Order of Succession to Throne of Greece
     BFSP 53: 144 (F)
     Hertslet. Map of Europe 2: 1535 (E)

374. May 27
     Greek succession
     BFSP 53: 145 (E)
     Hertslet. Map of Europe 2: 1537 (E)

375. June 5
     Greek succession
     BFSP 53: 148 (F)
     Hertslet. Map of Europe 2: 1539 (E)

376. June 26
     Greek independence
     BFSP 53: 149 (F)
     Hertslet. Map of Europe 2: 1544 (E)

1863 (cont.)

377. July 13
   Accession to the throne of Greece
   BFSP 53: 28 (F)
   Martens (1st) 17 pt. 2: 79 (F)
   Hertslet. Map of Europe 2: 1545 (E)
   AJIL supp 12: 75 (E)

378. July 16
   Redemption of the Scheldt toll
   BFSP 53: 8 (F)
   Hertslet. Map of Europe 2: 1563 (E)
   Martens (1st) pt. 2, 17:223 (F)

379. August 3
   Scheldt Toll
   BFSP 53:17 (E, F)

380. August 3
   Title of the sovereign of Greece
   BFSP 53: 31 (F)
   Hertslet. Map of Europe 2: 1561 (E)

381. September 1
   Commerce (Liberia, Sweden, Norway)
   BFSP 101: 466 (E)

382. October 13
   Title of the Sovereign of Greece
   BFSP 53: 32 (F)
   Hertslet. Map of Europe 2: 1564 (E)

383. November 14
   Ionian Islands Protectorate: renunciation
   Hertslet. Map of Europe 2: 1569 (E)

384. December 17
   Extradition (Portugal, Norway, Sweden)
   Archives dipl. 1870:709 (F)

385. December 17
   Seamen deserters (Portugal, Sweden, Norway)
   Archives dipl. 1870:707 (F)

1864

386. March 29
   Union of Ionian Islands with Greece
   BFSP 54: 11 (F)
   Martens (1st) 18: 63 (F)
   Hertslet. Map of Europe 3: 1589 (E)

387. May 16
   Telegraph Europe to America
   De Clercq 9:22 (F)

1864 (cont.)

388. May 16
   Telegraph (Latin America)
   De Clercq 9:25 (F)
   Archives dipl. 1866, 3:156 (F)

389. June 18
   Conditions of Peace: Civil War (Uruguay)
   BFSP 66: 1226 (E)

390. June 28
   German customs and trade associations
   Archives dipl. 1865 1:398 (F)

391. June 28
   Sugar beet duty (Thuringia Association)
   Archives dipl. 1865 1:401 (F)

392. June 28
   Equalization of duties (Thuringia Association)
   Archive dipl. 1865 1:415 (F)

393. June 28
   Tobacco and wine duty (Thuringia Association)
   Archives dipl. 1865 1:420 (F)

394. June 28
   Moldavia and Wallachia
   BFSP 57:529 (F)
   Martens (1st) 18:161 (F)
   Herslet. Map of Europe 3:1613 (E)
   De Clercq 9:46 (F)
   Archives dipl. 1865 2:383 (F)

395. July 18
   Armistice (Austria, Denmark, Prussia)
   Archives dipl. 1864 4:381 (F)

396. August 1
   Preliminary peace (Austria, Denmark, Prussia)
   Archives dipl 1864 4:382 (F)

397. August 22
   Wounded in war (in field)
   BFSP 55: 43 (E, F)
   Martens (1st) 18: 607 (F)
   AJIL supp 1:90 (E)
   Malloy 2: 1903 (E)
   TS 377, Stat. 22: 940 (E, F)

398. September 6
   Lebanon: government
   BFSP 61: 1023 (F)

1864 (cont.)

399. October 3
    Peace (Austria, Denmark, Prussia)
    BFSP 54: 522 (F)
    Martens (1st) 17 pt. 2: 474 (F)

400. October 22
    Shimonoseki indemnities
    TS 184, Stat 14: 665 (E)

401. October 30
    Evacuating Jutland (Austria, Denmark, Prussia)
    BFSP 54:531 (F)
    Archives dipl. 1864 4:339 (F)

402. November 8
    Sugar (Belgium, France, Great Britain, Netherlands)
    De Clercq 9:137 (F)
    Archives dipl. 18:65, 3:291 (F)

403. November 21
    Rules of navigation and of police applicable to the Lower Danube
    Martens (1st) 18:118 (F)

1865

404. May 1
    Alliance (Uruguay, Brazil, Argentina)
    BFSP 55: 83 (F)

405. May 1
    Peace: protocol (Austria, Denmark, Prussia)
    Archives dipl. 1865 4:5 (F)

406. May 16
    States of the Zollverein
    BFSP 57:1184 (E)

407. May 17
    Telegraph
    BFSP 56: 295 (F)

408. May 31
    Cape Spartel Light
    BFSP 55: 16 (F)
    Malloy 1: 1217 (E)
    TS 245, Stat. 14: 679 (E)
    Martens (1st) 20: 350 (F)
    AJIL supp 6: 14 (E)

409. July 10
    Alliance (Colombia, Chile, Ecuador, Salvador, Bolivia)
    Archives dipl. 1865 4:114 (F)

1865 (cont.)

410. November 2
    European Commission of the Danube
    BFSP 55:93 (E)
    Martens (1st) 18:144 (F)

411. December 23
    Latin Monetary Union
    BFSP 56: 207 (F)

1866

412. March 5
    Emigration of coolies (China, France, Great Britain)
    Imperial Maritime customs 1:275 (E, F, Ch)

413. March 24
    Hesse-Homburg succession
    Archives dipl. 1866 3:228 (F)

414. June
    Wallachia and Moldavia: election of ruler
    De Clercq 9:485 (F)
    Archives dipl 1867, II, 611 (F)

415. June 25
    Tariff regulations of Japan
    BFSP 58:317 (E)
    TS 188 (E)
    Malloy 1:1012 (E)
    De Clercq 9:548 (F)

416. July 4
    Sugar (Belgium, Great Britain, France)
    Archives dipl 1867 1:37 (F)
    De Clercq 9:558 (F)

417. August 18
    North German Confederation: alliance
    BFSP 56:1041 (E)
    Archives dipl 1866 4:188 (F)

418. December 15
    Navigation of the Pruth (Austria, Rumania, Russia)
    Archives dipl 1873 2:574 (F)
    Martens (1st) 20:296 (F)

1867

419. February 3
    Commerce (German States)
    Archives dipl 1868 2:539 (F)

1867 (cont.)

420. February 5
    Military organization of South Germany
    Archives dipl. 1867 3:1096 (F)

421. April 8
    Telegraph
    De Clercq 9:273 (F)

422. May 8
    Thuringian customs union: duty on salt
    Hertslet. 13:725 (E)
    Archives dipl. 1868 2:450 (F)

423. May 11
    Neutralization of Luxembourg
    BFSP 57: 32 (F)
    Martens 18: 445 (F)
    AJIL supp 3: 118 (E)
    Hertslet. Map of Europe 3: 1801 (E)

424. June 4
    Zollverein
    Martens (1st) 19:123 (G)
    Archives dipl. 1868 1:92 (F)

425. June 14
    North German Confederation
    Hertslet. Map of Europe 3:1807 (E)
    Archives dipl. 1868 1:15 (F)

426. June 26
    Military Convention (German States)
    Archives dipl. 1868 1:34 (F)

427. July 8
    Zollverein customs union: protocol
    Archives dipl. 1868 1:92 (F)

428. July 9
    Uniform system of weights and measures, and money
    De Clercq 15:503 (F)

429. July 18
    Waldeck and Pyrmont
    Archives dipl. 1868 1:137 (F)

430. July 31
    Sugar manufacture at Cologne
    Hertslet. Commercial treaties 13:128 (E)

431. August
    Exchange of works of art
    De Clercq 10:18 (F)

432. August 6
    Military Convention (Prussia, Waldeck, Pyrmont)
    Archives Dipl 1868 1:154 (F)

1867 (cont.)

433. September 22
    Lake Constance
    Archives Dipl 1870 2:723 (F)

434. October 31
    Postal Convention (France, Norway, Sweden)
    De Clercq 9:752 (F)
    Archives Dipl. 1868 2:600 (F)

435. November 23
    Postal Convention (German States)
    Archives Dipl. 1868 4:1590, 1600 (F)

1868

436. January 11
    Postal Convention (Netherlands, Norway, Sweden)
    Archives Dipl. 1868 3:1161 (F)

437. March 9
    Commerce and customs (Austria, North German States, Prussia, Zollverein)
    Archives Dipl. 1869 1:152 (F)

438. April 30
    European Danube Commission: loan guarantee
    Hertslet. Commercial Treaties. 12:1207 (F)
    Archives Dipl 1868 4:1669 (F)
    De Clercq 9:69 (F)

439. April 30
    Postal Convention (Norway, Russia, Sweden)
    Archives Dipl 1873 1:609

440. May 8
    Commerce and navigation (North German States, Rumanian States, Zollverein)
    Archives Dipl 1869 3:1199 (F)

441. May 18
    Commerce (Siam, Sweden, Norway)
    BFSP 69: 1135 (E)

442. June 2
    Extradition (Austria-Hungary, Norway, Sweden)
    Neuman and Plason 5:511 (F)

443. July 21
    Telegraph
    BFSP 59: 322 (F)

1868 (cont.)

444. July 22
     Telegraph
     Declercq 10:156, 158 (F)

445. July 27
     Government of Lebanon
     BFSP 61:1029 (F)
     Declercq 10:158 (F)

446. October 10
     Defense (Baden, Bavaria, Wurtemburg)
     Archives Dipl 1869, 4:1495 (F)

447. October 17
     Rhine navigation (Convention of Mannheim)
     BFSP 59: 470 (F)
     Martens (1st) 20: 355 (F)
     European Yearbook (1956) 2: 258 (F)
     Trb 1955: 161 (F, Dut)
     JO (Fr) 1869: 75 (F)

448. October 20
     Wounded in war: navy
     BFSP 73: 1113 (E, F)
     Martens (1st) 18: 612 (F)
     AJIL supp 1:92 (E)
     Malloy 2: 1907 (E)
     TS 377-A, Stat. 22: 946 (E, F)

449. October 25
     Telegraph (Austria, German States)
     Archives Dipl 1873, 2:639 (F)
     Neumann and Plason 6:146 (G)

450. November 10
     Postal Convention (German States, Italy
     Archives Dipl 1873, 2:501 (F)

451. December 11
     Use of explosive projectiles in time of war
     BFSP 58: 16 (F)
     Martens (1st) 18: 474 (F)
     Krigens - Rett (1962) p. 6 (F, Nor)
     AJIL supp 1: 95 (E)
     Phillimore. International law. 3d ed. (1885) 3: 160 (E)
     U.S. Dept. of the Army. International law (1962) 2: 277 (E)

1869

452. January 9
     Commerce (Great Britain, German States)
     Hertslet. Commercial treaties 13:623 (E)

1869 (cont.)

453. January 19
     Danube River Project: loan guarantee
     DeClercq 10:255 (F)

454. February 18
     Greek-Turkish Conflict: Paris Peace Conference
     De Clercq 10:222 (F)
     Archives Dipl 1869, IV, 1659, 1665, 1674, 1685, 1691, 1696, 1734 (F)
     Neumann and Plason 6:189 (F)
     Martens (1st) 18:80 (F)

455. May 13
     Commerce (North German Confederation, Prussia, Switzerland, Zollverein)
     Archives Dipl 1873, 2:682 (F)

456. June 1
     Silk and tea duties
     BFSP 70:1271 (E)
     Nihon gaiko bunsho Jan-May 1869 (1954) V. 2 (1):441 (E, J)

457. June 4
     Extradition (France, Sweden, Norway)
     BFSP 61: 518 (F)

458. June 11
     International Association of Hotel Owners
     Archiv für das Recht der internationalen Organisationen 3: 173 (G)

459. July 6
     Public property (German states)
     Archives Dipl 1869, 4:1492 (F)
     BFSP 61:106 (E)

460. August 27
     Commerce and customs: protocol (North Germany, Prussia, Switzerland, Zollverein)
     Archives Dipl 1873, 2:734 (F)

461. August 28
     Commerce (Prussia, etc., Mexico)
     BFSP 68: 1055 (E)

462. August 31
     Telegraph (South America)
     DeClercq 10:312 (F)
     Archives Dipl 1870, 1:313 (F)

463. October 5
     Sugar
     Hertslet. Commercial Treaties 13:142 (F)

464. October 13
     St. Gotthard Railway
     Martens (1st) 19: 82 (F)

1869 (cont.)

465. November 26
     Commerce (Prussia etc., Mexico)
     BFSP 68: 1062 (E)

1870

466. June 22
     Abolition of the Elbe dues
     BFSP 63: 594 (F)
     Martens (1st) 20: 345 (F)

467. August 4
     Money exchange regulation (Belgium, France, Greece, Switzerland)
     DeClercq 10: 375 (F)

468. August 26
     Commerce (Prussia, etc., Mexico)
     BFSP 68: 1063 (E)

469. August 27
     Construction of a railroad (Austria-Hungary, Bavaria, Liechtenstein, Switzerland)
     Neumann and Plason 7: 94 (G)

1871

470. January 17
     Inviolability of treaties
     BFSP 61: 1198 (F)
     Hertslet. Map of Europe 3: 1904 (E)

471. February 9
     Danube River tolls (Austria-Hungary, Rumania, Russia)
     Neumann and Plason 7: 212 (F)

472. February 9
     Navigation of the Pruth
     Neumann and Plason 7: 186 (F)
     BFSP 63: 989 (F)

473. March 13
     Treaty of London (Turkish Straits)
     BFSP 61: 1193 (F)
     Martens (1st) 18: 273 (F)
     Anchieri. La Diplomazia Contemporanea (1959) p. 406 (It)

474. March 13
     Treaty of London: European Commission of the Danube
     BFSP 61: 7 (F)
     Martens (1st) 18: 303 (F)
     Hertslet. Map of Europe 3: 1919 (E)

1871 (cont.)

475. April 10
     International Finance Commission for Tunisia (France, Great Britain, Italy)
     De Clercq 15: 547 (F)

476. April 11
     Armistice: Spain, Bolivia etc.
     BFSP 66: 740 (E)

477. July 5
     Titles of the Emperor of Austria-Hungary
     De Clercq 10: 489 (F)

478. October 28
     St. Gotthard Railroad
     Archives Dipl 1875, 2: 105 (F)

479. December 28
     Telegraph (Austria-Hungary, Germany, Netherlands)
     Neumann and Plason 7: 370 (G)

1872

480. January 14
     Telegraph
     BFSP 66: 975 (F)
     Trat e Conv 4: 217 (F)
     DeClercq 11: 1 (F)
     Archives Dipl (1875) 52: 151 (F)

481. February 27
     Pruth Navigation: classification of vessels
     Neumann and Plason 7: 451 (F)

482. April 20
     Telegraph (Europe to America)
     De Clercq 10: 576 (F)
     Archives Dipl 1874, 1: 88 (F)

483. July 25
     Postal service (Austria-Hungary, Bavaria, Wurtemburg)
     Archives Dipl 1875, 2: 311 (F)
     Neumann and Plason 7: 525 (G)

1873

484. February 24
     Consular jurisdiction (Tripoli)
     BFSP 65: 732 (F)

485. March 25
     Postal service (Germany, Norway, Sweden)
     Archives Dipl 1875, 4: 26 (F)

1873 (cont.)

486. April 22
     Lebanon: governor
     Neumann and Plason 7:579 (F)
     BFSP 63:227 (F)

487. May 27
     Monetary Convention (Scandinavia)
     Martens (2nd) 1:290 (Dan)

488. June 26
     Extradition (Great Britain, Sweden, Norway)
     BFSP 63:175 (E)
     Martens (2nd) 1:570 (E)

489. November 3
     Commerce (Austria-Hungary, Sweden, Norway)
     BFSP 63:964 (F)
     Martens (2nd) 1:539 (F)

1874

490. January 31
     Latin Monetary Union
     BFSP 65:479 (F)

491. August 27
     Brussels Conference: rules of war
     BFSP 65:1110 (F)
     AJIL supp 1:96 (E)

492. October 9
     General Postal Union
     BFSP 65:13 (F)
     Martens (2nd) 1:651 (F)
     Stat 19:577 (E,F)
     DeClercq 11:257 (F)
     Trat e Conv 5:201 (F)

1875

493. April 19
     Slave trade (Great Britain, Samoa, etc.)
     BFSP 66:650 (E)

494. May 20
     International Bureau: weights and measures
     BFSP 66:562 (F)
     Martens (2nd) 1:663 (F)
     TS 378, Stat 20:709 (E,F)
     Malloy 2:1924 (E)
     Olivart. Tratados de España 7:49 (F, Sp)
     Netherlands. Weights and measures law.
       Ijkwet 1937 (1962) p. 299 (Dut)

1875 (cont.)

495. July 22
     Telegraph
     BFSP 66:19 (F)
     Martens (2nd) 3:614 (F)
     AJIL supp 7:276 (E)

496. August 11
     Sugar duties
     BFSP 66:1070 (E)

1876

497. January 27
     General Postal Convention: French and British colonies
     DeClercq 11:425 (F)
     Hertslet. Commercial Treaties 15:172 (F)
     Archives Dipl 1876-77, 3:155 (F)
     Neumann and Plason 8:280 (F)

498. January 29
     Sugar duties
     DeClercq 11:427 (F)

499. February 21
     Suez Canal navigation
     Hertslet. Commercial Treaties 15:579 (E)
     Neumann and Plason 10:245 (F)

500. August 9
     Sugar duties
     Hertslet. Commercial Treaties 14:197 (F)

1877

501. March 31
     Reforms in Bosnia, Herzegovina, Bulgaria, Serbia, Montenegro
     BFSP 68:823 (F)
     Martens (2nd) 3:174 (F)
     Hertslet. Map of Europe 4:2563 (E)

502. July
     Debts of "Daïra" Lands of Khedive
     BFSP 69:651 (F)

503. July 30
     Independence of Paraguay
     BFSP 68:463 (E)

504. August 10
     Return to France of the St. Barthelemy Islands
     De Clercq 12:35 (F)
     Archives Dipl 1876-77, 3:326 (F)

1878

505. January 19
    Extradition (Germany, Sweden, Norway)
    BFSP 70: 1147 (E)

506. January 31
    Armistice (Rumania, Russia, Serbia, Turkey)
    BFSP 69: 727 (F)
    Martens (2nd) 3: 241 (F)
    Hertslet. Map of Europe 4: 2661 (E)

507. March 4
    Commerce (France, Norway, Sweden)
    DeClercq 12:83 (F)
    Archives Dipl 1876-77, 3:339 (F)

508. June 1
    Universal Postal Union
    BFSP 69: 210 (F)
    Stat 20: 734 (E, F)
    De Clercq 12:94 (F)
    Hertslet. Commercial Treaties 14:1007 (E)
    Archives Dipl 1878-79, 1:286 (F)

509. June 1
    Bills of exchange with a declared valuation
    DeClercq 12:127 (F)
    Archives Dipl 1878-79, 1:319 (F)

510. June 1
    Postal money orders
    DeClercq 12:134 (F)
    Archives Dipl 1878-79, 1:333 (F)

511. June 4
    Transportation of goods by rail
    Archives Dipl 1888, 3:155 (F)

512. July 5
    Greek frontiers
    BFSP 69:1013 (F)

513. July 13
    Settlement of affairs in the east
    BFSP 69:749 (F)
    Hertslet. Map of Europe 4:2759 (E)
    AJIL supp 2:401 (E)
    Anchieri. La Diplomazia Contemporanea (1959) p. 51 (It)
    Korovin. Mezhdunarodnye dogovory (1924) p. 33 (R)
    Martens (2nd) 3:449 (F)

514. September 17
    Measures against the Phylloxera vastatrix
    BFSP 69: 619 (F)

1878 (cont.)

515. November 5
    Monetary convention (Belgium, France, Greece, Italy, Switzerland)
    BFSP 70: 162 (F)

516. December 11
    Commerce (France, Norway, Sweden)
    DeClercq 12:373 (F)

517. December 17
    Rumanian-Bulgarian frontier
    Neumann and Plason 11:911 (F)

1879

518. February 2
    Telegraph (Germany, Austria-Hungary, Bavaria, Württemberg)
    Neumann and Plason 11:41 (G)

519. June 20
    Monetary convention (Belgium, France, Greece, Italy, Switzerland)
    BFSP 70: 170 (F)

520. July 28
    Telegraph
    BFSP 70: 62 (F)
    Martens (2nd) 4: 422 (F)

521. August 14
    Eastern Rumelian boundary: Bulgaria
    BFSP 70: 1274 (F)

522. August 19
    Boundary: Serbia
    BFSP 70: 1319 (F)

523. September 20
    Danubian frontier of Bulgaria
    BFSP 70: 1282 (F)

524. November 8
    Inland taxes: China
    BFSP 72: 391 (E)

525. December
    Rumanian-Bulgarian frontier
    Neumann and Plason 11:892 (F)

1880

526. March 14
    Telegraph (Spain, France, Portugal)
    DeClercq 12:532 (F)

1880 (cont.)

527. March 25
    Telegraph (Austria-Hungary, Bosnia, Serbia)
    Neumann and Plason 11:662 (F)

528. March 30
    Telegraph (Belgium, France, Netherlands)
    DeClercq 12:543 (F)

529. March 31
    Egyptian debts
    Hertslet. Commercial treaties 15:142 (F)

530. April 18
    Montenegro boundary
    BFSP 71:1208 (F)

531. April 24
    Alexandria: port duties
    Neumann and Plason 11:708 (F)

532. May 17
    Russo-Turkish frontier in Asia
    Hertslet. Map of Europe 4:2957 (E)

533. May 31
    Telegrams
    BFSP 71:29

534. July 1
    Greco-Turkish frontier
    DeClercq 12:577 (F)

535. July 3
    Diplomatic protection in Morocco
    BFSP 71:639 (F)
    Martens (2nd) 6:624 (F)
    TS 246, Stat 22:817 (E, F)
    Malloy 1:1220 (E)
    AJIL supp 6:18 (E)

536. August 11
    Asiatic frontier (between Russia and Turkey)
    BFSP 72:1324 (F)

537. September 21
    Greek-Montenegro boundary
    Hertslet. Map of Europe 4:2994 (E)

538. November 3
    Exchange of parcel post
    BFSP 71:356 (F)

1881

539. March 21
    Telegram charges (France, Spain, Great Britain)
    De Clercq 13:11 (F)
    Hertslet. Commercial Treaties 15:180 (F)

540. March 30
    Payment of taxes in Morocco
    BFSP 72:636 (F)
    Cmd 3163 (1882) (E, F)

541. April 18
    Exchange of parcel post
    DeClercq 13:15 (F)

542. May 19
    Navigation on the Danube
    BFSP 78:325 (E)
    Martens (2nd) 9:254 (F)

543. May 24
    Turk-Greek boundary
    BFSP 72:382, 387, 526 (F)
    Martens (2nd) 6:753 (F)
    De Clercq 13:32 (F)
    Hertslet 15:421 (F)

544. May 28
    Navigation on the Danube
    BFSP 72:7 (F)
    Martens (2nd) 8:207 (F)
    Hertslet. Map of Europe 4:3053 (E)

545. June 12
    Relief of distressed seamen (Italy, Sweden, Norway)
    Martens (2nd) 8:595 (F)

546. June 14
    Greco-Turkish boundary
    Neumann and Plason 13:1 (F)

547. July 12
    Relief of distressed seamen (Great Britain, Sweden, Norway)
    BFSP 72:19 (E)
    Martens (2nd) 8:695 (E, F)
    Cmd 2941 (1881) (E, F)

548. September 17
    Parcel post service (Germany, Belgium, Denmark, etc.)
    DeClercq 13:77, 78, 79 (F)

549. October 29
    North Sea fisheries
    BFSP 72:1207 (F)

1881 (cont.)

550. November 3
    Phylloxera vastatrix
    BFSP 73:323 (F)

551. November 27
    Greco-Turkish boundary
    Neumann and Plason 13:46 (F)

552. December 30
    Commerce (France, Sweden, Norway)
    BFSP 72:325 (F)
    Martens (2nd) 9:173 (F)

1882

553. May 6
    North Sea fisheries: police
    BFSP 73:39 (F)
    Martens (2nd) 9:556 (F)

554. May 20
    Triple Alliance
    BFSP 121:1018 (F)
    Anchieri. La Diplomazia Contemporanea (1959) p. 60 (It)

555. June 25
    Affairs of Egypt
    BFSP 73:1179 (F)
    Hertslet. Map of Europe 4:3088 (E)

556. July 18
    Parcel post (France, Tunis, Turkey)
    DeClercq 15:650 (F)

557. August 7
    Affairs of Egypt
    BFSP 74:254 (F)

558. August 14
    Affairs of Egypt
    BFSP 74:255 (F)

1883

559. March
    Navigation on the Danube
    BFSP 74:1231 (F)

560. March 10
    Navigation on the Danube
    BFSP 74:20 (F)
    Martens (2nd) 9:392 (F)
    Hertslet. Map of Europe 4:3104 (E)

1883 (cont.)

561. March 15
    Commerce (Spain, Sweden, Norway)
    BFSP 74:702 (F)

562. March 20
    Industrial property
    BFSP 74:44 (F)
    Cmd 4043, Commercial 1884:28 (E)
    TS 379, Stat 25:1372 (E, F)
    TIAS 4931, UST 13:1 (E, F)
    Martens (2nd) 10:133 (F); (2nd) 30:449 (F, G)
    Malloy 2:1935 (E)
    AJIL supp 4:143 (E)
    RG Bl (Ger) 1903:148 (G)

563. March 22
    Triple Alliance
    BFSP 121:1016 (E)

564. April 23
    Declaration for the maintenance of the European Commission of the Danube
    Hertslet, Map of Europe 4:3125 (E)
    Martens (2nd) 10:616 (F)

565. May 8
    Administration of Lebanon
    BFSP 74:932 (F)

566. May 9
    Railway convention
    BFSP 74:155 (F)

567. May 15
    Navigation treaty (Spain, Sweden, Norway)
    BFSP 74:709 (F)

568. September 29
    Portuguese sovereignty
    BFSP 75:808 (E)

569. September 29
    Municipal Board (Apia, Samoa)
    BFSP 74:84 (E)

570. October 13
    Privileges of commercial travelers (Great Britain, Sweden, Norway)
    BFSP 74:85 (F)

1884

571. February 15
    Guarantee of artistic property (France, Norway, Sweden)
    DeClercq 14:325 (F)

1884 (cont.)

572. March 3
     Customs (Egypt, Sweden, Norway)
     BFSP 75:557 (F)

573. March 14
     Submarine cables
     BFSP 75:356 (F)
     Martens (2nd) 11:281 (F)
     TS 380, Stat 24:989 (E, F)
     Russia. Treaties. Sbornik mezhd. Konventsii (1959) p. 220 (R)
     Malloy 2:1949 (E)
     Singh. British Shipping Laws (1963) 8:275 (E)

574. March 15
     North Sea fisheries
     DeClercq 15:728 (F)

575. June 3
     Settlement of differences (Egypt, Abyssinia, Great Britain)
     BFSP 75:620 (E)

576. August
     Finances of Egypt
     BFSP 75:189 (F)

577. November 15
     Affairs in Africa
     BFSP 75:1178 (F)
     Martens (2nd) 10:199 (F)

1885

578. February
     Affairs in Africa
     BFSP 76:1021 (F)

579. February 10
     Regulation of mutual relations (Congo, Norway, Sweden)
     BFSP 76:580 (F)
     Martens (2nd) 10:379 (F)

580. February 26
     Slave traffic in Africa
     BFSP 76:4 (F)
     Martens (2nd) 10:414 (F)
     AJIL supp 3:7 (E)

581. March 17
     Navigation on the Suez Canal
     BFSP 76:345 (F)
     Cmd 4339 (1885) (E, F)
     Martens (2nd) 11:88 (F)

1885 (cont.)

582. March 18
     Finances of Egypt
     BFSP 76:348 (F)
     Cmd 4341 (1885) (E, F)
     Martens (2nd) 11:94 (F)

583. March 21
     Universal Postal Union
     BFSP 76:21, 29 (F)
     Stat 25:1339 (E, F)

584. March 21
     Parcel post
     DeClercq 15:762 (F)

585. March 21
     Registered letters
     DeClercq 15:758 (F)

586. March 21
     Postal payment of negotiable instruments
     DeClercq 17:153 (F)

587. March 21
     Postal money orders
     DeClercq 15:760 (F)

588. April 10
     Commerce (Portugal, Sweden, Norway)
     BFSP 76:163, 171 (F)

589. April 11
     Defense Alliance (Central America)
     BFSP 77:463 (E)

590. June
     Freedom of navigation (Suez Canal)
     BFSP 77:159 (F)

591. June 30
     Rhine Basin: salmon fishing
     Archives Dipl 1886, 4:5 (F)

592. July 17
     Commerce (Argentina, Sweden, Norway)
     BFSP 82:963, 968 (F)
     Trat (Arg) 10:125 (Sp)

593. July 25
     Finances of Egypt
     BFSP 76:351 (F)
     Martens (2nd) 11:97 (F)
     Cmd 4447 (1885) (E, F)

594. July 29
     Commerce (Mexico, Norway, Sweden)
     BFSP 76:197 (F)

1885 (cont.)

595. September 17
    Telegraph
    BFSP 76:597 (F)
    Martens (2nd) 12:205 (F)

506. September 18
    Copyright
    Archives Dipl 1885, 4:259 (F)

597. November 6
    Latin Monetary Union
    BFSP 76:315 (F)
    Martens (2nd) 11:65 (F, G)

598. November 19
    Standard of concert pitch
    Trat e Conv 10:727 (It)

599. December 12
    Latin Monetary Union
    BFSP 76:324 (F)

600. December 15
    Commerce (Mexico, Norway, Sweden)
    Archives Dipl 1888, 4:250 (F)

1886

601. March 3
    Treaty of Peace: Bucharest (Bulgaria, Serbia, Turkey)
    BFSP 77:634 (F)
    Martens (2nd) 14:284 (F)
    Hertslet. Map of Europe 4:3151 (E)

602. March 15
    Exchange of official journals
    BFSP 77:888 (F)
    TS 382, Stat 25:1469 (E, F)
    Malloy 2:1962 (E)
    AJIL supp 4:184 (E)

603. March 15
    Exchange of official documents
    LNTS 24:213 (E, F)
    BFSP 77:886 (F)
    TS 381, Stat 25:1465 (E, F)
    Martens (2nd) 14:285 (F)
    Malloy 2:1959 (E)
    AJIL supp 4:181 (E)

604. April 5
    Eastern Rumelia
    BFSP 77:384, 386 (F)
    Martens (2nd) 15:181 (F)
    Hertslet. Map of Europe 4:3154 (E)

1886 (cont.)

605. April 19
    Slave trade in Africa
    DeClercq 17:162 (F)

606. May 11
    Industrial property
    BFSP 77:1037 (F)

607 May 15
    Trains subject to customs inspection
    Martens (2nd) 22:42 (F, G)

608. May 15
    Technical unity of railways
    De Clercq 17:347 (F)

609. June 23
    Telegraph (Austria-Hungary, Bosnia, Montenegro)
    Neumann and Plason 13:82 (F)

610. July 17
    International transport of goods by rail
    Archives Dipl 1888, 4:160 (F)

611. July 25
    North Sea liquor traffic
    Archives Dipl 1887, 4:291; 1888, 1:66, 147 (F)

612. September 4
    Telegraph (Austria-Hungary, Bosnia, Serbia)
    Neumann and Plason 13:88 (F)

613. September 9
    Copyright (Bern)
    BFSP 77:22 (F)
    RGBl (Ger) 1887:493 (G)
    Cmd 5167, Switzerland 1887: 1 (E)
    Martens (2nd) 12:173 (F, G)
    Olivart. Tratados de España 9:169 (F, Sp)
    Möhring. Quellen des Urheberrechts, vol. 1 (F, G)
    UNESCO. Lois et traités sur le Droit d'Auteur. 3:2021 (1962) (F)
    UNESCO. Repertorio universal de derecho de autor (1960) 2:2658 (Sp)

614. September 9
    International Copyright Union
    Archives Dipl 1886, 4:157 (F)
    BFSP 77:22 (F)
    Martens (2nd) 12:173 (F, G)
    Trat e Conv 11:75 (F)

615. November 4
    Finances of Egypt
    DeClercq 17:277 (F)

1886 (cont.)

616. December
    Protection of submarine cables
    BFSP 77:1140 (F)
    TS 380-2, Stat 25:1424 (E, F)
    Malloy 2:1957 (E)

1887

617. January 18
    Commerce (Spain, Sweden, Norway)
    BFSP 78:842 (F)

618. February 20
    Triple Alliance
    BFSP 121:1019 (F)
    Anchieri. La Diplomazia Contemporanea (1959) p. 61 (It)

619. March 25
    Establishment of Alexandria as an international city
    Archives Dipl 1894, 3:78 (F)

620. July 7
    Protection of submarine cables
    BFSP 78:13 (F)
    TS 380-3, Stat 25:1425 (E, F)
    Malloy 2:1958 (E)
    Declercq 17:390 (F)

621. July 13
    Trade register, business names, and procuration (Scandinavia)
    International Institute for the Unification of Private Law. Yearbook 1961 (1962) p. 275 (E)

622. July 26
    Samoa
    BFSP 79:900 (E)

623. September 14
    Parcel post (France, Great Britain, Tunisia)
    DeClercq 17:445 (F)

624. November 16
    Liquor traffic in the North Sea
    BFSP 79:894 (F)

625. December 19
    Sugar bounties
    BFSP 78:922 (F)

1888

626. March
    International Union for the Publication of Customs Tariffs
    Archives Dipl 1890, 4:275 (F)

627. May 12
    Sugar bounties
    BFSP 81:668 (F)

628. August 30
    Suppression of bounties in the expropriation of sugar
    BFSP 79:260, 256, 257 (F)
    Martens (2nd) 15:60 (F)

629. October 29
    Free navigation of Suez Canal
    BFSP 79:18 (E, F)
    Russia. Treaties. Sbornik mezhd. Konventsii (1959) p. 202 (R)
    Egypt. Ministry of Foreign Affairs. White paper on the nationalization of the Suez Maritime Canal Company (1956) p. 51 (E)
    Martens (2nd) 15:557 (F, G)
    Olivart. Tratados de España (1899) 9:353 (F)
    AJIL supp 3:123 (E)
    Anchieri. La Diplomazia Contemporanea (1959) p. 383 (It)
    Arosemena. Documentary diplomatic history of the Panama Canal (1961) p. 103 (E)
    Singh. British Shipping Laws (1963) 8:1203 (E)

1889

630. January 10
    Patents of inventions (Montevideo)
    Martens (2nd) 18:421 (Sp)
    AJIL supp 37:155 (E)

631. January 11
    International procedural law (Montevideo)
    Martens (2nd) 18:414 (Sp)
    Lecciones y ensayos 7:80 (Sp)

1889 (cont.)

632. January 11
     Copyright (Montevideo)
     BFSP 90:680 (F)
     RG Bl (Ger) 1927, II, p. 95 (G)
     Martens (2nd) 18:418 (Sp); (2nd) 31:3 (F);
       (2nd) 32:262 (F)
     Olivart. Tratados de España 13:15 (Sp)
     Lecciones y ensayos 7:75 (Sp)
     Copyright protection in the Americas (1950)
       p. 187 (E)
     Möhring. Quellen des Urheberrechts 1:119
       (E, G)

     PAU Department of Legal Affairs. Copyright protection in the Americas (3rd ed)
       p. 143 (E)
     PAU Department of Legal Affairs. Protección del derecho de autor en America
       (1962) p. 145 (Sp)
     UNESCO Lois et traités sur le droit d'auteur
       (1962) 3:2089 (F)
     UNESCO Repertorio universal de derecho de
       autor (1960) 2:2760 (Sp)

633. January 16
     Patents and trademarks (Montevideo)
     Martens (2nd) 18:453 (Sp)
     AJIL supp 37:152 (E)

634. January 28
     International penal law (Montevideo)
     Martens (2nd) 18:432 (Sp)

635. February 1
     North Sea Fisheries
     BFSP 81:9 (F)

636. February 3
     Application of laws in contracting
       states (Montevideo)
     Martens (2nd) 18:456

637. February 4
     Free professions (Montevideo)
     Martens (2nd) 18:441 (Sp)
     Lecciones y ensayos 7:89 (Sp)

638. February 12
     International civil law (Montevideo)
     Martens (2nd) 18:443 (Sp)
     Lecciones y ensayos 7:57 (Sp)

639. February 12
     Collection of commercial information
       (Montevideo)
     Martens (2nd) 18:424 (Sp)

640. February 13
     Copyright (Montevideo)
     RGBl (Ger) 1927, II, p. 99 (G)
     Möhring. Quellen des Urheberrechts. vol. 1
       (E, G)
     UNESCO copyright bulletin 2 (no. 1) 104 (E)

1889 (cont.)

641. March 28
     Telegraphs (Great Britain, Belgium,
       Netherlands)
     LNTS 11:437 (E, F, Dut)
     BFSP 81:11 (F)

642. April 9
     Succession and inheritance (Norway,
       Sweden, Russia)
     Archives Dipl 1889, 4:245 (F)

643. April 15
     Phylloxera vastatrix
     BFSP 81:1311 (F)

644. June 14
     Samoa
     BFSP 81:1217, 1058 (E)
     TS 313, Stat 26:1497 (E)
     Martens (2nd) 15:571 (E.G)
     Malloy 2:1576 (E)

645. December 21
     Marking sails
     BFSP 81:10 (E)

646. December 31
     International Marine Conference
     BFSP 81:705 (E)
     AJIL supp 5:42 (E)

1890

647. February 12
     Customs (Egypt, Sweden, Norway)
     BFSP 82:770 (F)

648. April 14
     International Union for the Protection of
       Industrial Property
     Archives Dipl 1890, 2:172 (F)

649. June 21
     Telegraph
     BFSP 82:869 (F)
     Martens (2nd) 17:294 (F)

650. July 2
     African slave trade and arms control
     BFSP 82:55 (F)
     TS 383, Stat 27:886 (E, F)
     Martens (2nd) 16:3 (F); (2nd) 17:345 (F, G)
     Malloy 2:1964 (E)
     AJIL supp 3:29 (E)

1890 (cont.)

651. July 5
   International union for the publication of custom tariffs
   LNTS 107:564 (E, F)
   BFSP 82:340 (F)
   TS 384, Stat 26:1518 (E, F)
   Cmd 6430 (1890-91) (E, F)
   Martens (2nd) 16:532 (F); (2nd) 18:558 (E, F)
   Malloy 2:1996 (E)

652. October 14
   Transport of goods by rail
   BFSP 82:771 (F)
   Conférence Internationale sur le Transport de merchandises par chemins de fer, Bern, 1923. Procès verbaux (1923) 1(2):1 (F, G)
   DeClercq 18:601 (F)
   Martens (2nd) 13:447 (F)

653. November 26
   South African Customs Union
   BFSP 82:640 (E)

654. December 27
   Telegraph (Belgium, France, Netherlands)
   Archives Dipl 1891, 4:48 (F)

1891

655. February 9
   Duties in western basin of Congo
   BFSP 83:424 (F)

656. April 14
   False indication of origin of goods
   BFSP 96:837 (F)
   Cmd 6818 (1892) (E, F)
   Martens (2nd) 18:839 (F, G)

657. April 14
   Trademarks (Madrid)
   BFSP 96:839 (F)
   Martens (2nd) 18:842 (F, G)

658. April 15
   Industrial property
   BFSP 83:676 (F)
   TS 385, Stat 27:958 (E, F)
   Martens (2nd) 22:216 (F); (2nd) 30:463 (F, G)
   Malloy 2:1943 (E)
   AJIL supp 4:153 (E)

659. May 6
   Triple Alliance (Germany, Italy, Austria-Hungary)
   BFSP 121:1020 (F)
   Anchieri. La Diplomazia Contemporanea (1959) p. 65 (It)

1891 (cont.)

660. June 13
   Claims against Portugal
   TS 386 (E, F)

661. July 4
   Universal Postal Union
   BFSP 83:513, 540 (E, F)
   Stat 28:1078 (E, F)
   Martens (2nd) 17:628 (F, G)

662. July 4
   Postal payment of negotiable instruments
   DeClercq 19:217 (F)
   BFSP 83:998 (F)
   Martens (2nd) 17:680 (F, G)

663. July 4
   Letters of declared value
   DeClercq 19:156 (F)
   BFSP 83:947 (F)
   Martens (2nd) 17:657 (F, G)

664. July 4
   Parcel post
   DeClercq 19:177 (F)
   BFSP 83:976 (F)
   Martens (2nd) 17:680 (F, G)

665. July 4
   Postal money order
   DeClercq 19:206 (F)
   BFSP 83:963 (F)
   Martens (2nd) 17:670 (F, G)

666. July 4
   Postal subscriptions to newspapers and periodicals
   BFSP 83:1013 (F)
   Martens (2nd) 17:705 (F, G)

667. July 4
   Postal certificates of identity
   BFSP 83:1007 (F)

1892

668. January 2
   Slave trade
   BFSP 84:53 (F)

669. January 13
   Commerce (France, Sweden, Norway)
   BFSP 84:110 (F)
   Martens (2nd) 18:122 (F)

670. January 30
   Sanitary reform for Egypt
   BFSP 84:12 (F)
   GBTS 1893:8 (E, F)

1892 (cont.)

671. April 8
       Duties in the Western Basin of the Congo
    DeClercq 18:550 (F)
    BFSP 84:447 (F)
    Martens (2nd) 20:478 (F)

672. July 14
       Submarine cables
    TS 387 (E)

673. August 15
       Governor of Lebanon
    BFSP 84:683 (F)

674. December 16
       Parcel post (Belgium, France, Congo)
    DeClercq 19:539 (F)

1893

675. February 4
       North Sea liquor traffic
    BFSP 79:894 (F)

676. April 15
       Sanitary regulations
    BFSP 85:7 (F)
    GBTS 1894:4 (E, F)

677. August 9
       Railway goods traffic
    BFSP 85:376 (F)

678. September 20
       Transport of goods by rail
    BFSP 85:750 (F)

679. September 27
       International Conference on Private
         International Law
    BFSP 87:116 (F)

680. November 15
       Latin Monetary Union
    BFSP 85:389 (F)
    Martens (2nd) 21:285 (F, G)

1894

681. April 3
       Protection of pilgrims to Mecca
    BFSP 87:78 (F)
    GBTS 1899:8 (E, F)

682. June 23
       International Olympic Committee
    Archiv für das Recht der internationalen
       Organisationen 2:112 (G)

1894 (cont.)

683. July 13
       International Conference on Private
         International Law
    BFSP 87:126 (F)

1895

684. May 16
       Postal relations (Russia, Sweden, Norway)
    BFSP 108:552 (F)

685. July 16
       Transport of goods by rail
    BFSP 87:806 (F)

686. September 18
       Navigation on the Rhine
    BFSP 87:788 (E)
    Trb 1955:161 (G)
    European Yearbook (1956) 2:271 (F)

1896

687. May 2
       Commerce (Japan, Sweden, Norway)
    BFSP 88:451 (F)

688. May 4
       Copyright (Bern)
    BFSP 88:36, 41 (F)
    GBTS 1897:14, Cmd 8681 (E, F)
    RG Bl (Ger) 1897:759 (G)
    Martens (2nd) 24:758 (F, G)
    Hertslet. Commercial treaties 20:623 (E)
    Olivart. Tratados de España 11:305 (F, Sp)
    Möhring. Quellen des Urheberrechts, vol. 1
       (F, G)
    Unesco. Lois et traités sur le droit d'auteur
       3:2033 (1962) (F)
    Unesco. Repertorio universal de derecho
       de autor (1960) 2:2676 (Sp)

689. June 2
       Taxes in Morocco
    Staatsarchiv 64:337 (F)

690. July 22
       Telegraph
    BFSP 88:1120 (F)
    Olivart. Tratados de España 11:337 (F, Sp)
    DeClercq 20:433 (F)
    Trat e Conv 14:179 (F)

691. November 14
       Private International Law
    BFSP 88:555 (F)
    Martens (2nd) 20:398 (F); (2nd) 25:217
       (F, G)

1897

692. March 19
Sanitary regulations
BFSP 89:159 (E, F)
GBTS 1900:6 (E, F)
Martens (2nd) 28:339 (F, G)

693. May 22
Private International Law
BFSP 88:559n (F)
Martens (2nd) 25:226 (F, G)

694. June 15
Central American Union
BFSP 92:234 (E)

695. June 15
Universal Postal Union
BFSP 89:65 (F)
Stat 30:1629 (E, F)
Martens (2nd) 28:453 (F, G)

696. June 15
Postal subscription to newspapers and periodicals
BFSP 90:1079 (F)
Martens (2nd) 28:547 (F, G)

697. June 15
Letters of declared value
BFSP 90:1087 (F)
Martens (2nd) 28:488 (F, G)

698. June 15
Parcel post
BFSP 90:1104 (F)
Martens (2nd) 28:517 (F, G)

699. June 15
Money orders
BFSP 90:1127 (F)
Martens (2nd) 28:506 (F, G)

700. June 15
Postal payment of negotiable instruments
BFSP 90:1141 (F)
Martens (2nd) 28:539 (F, G)

701. June 15
Postal certificates of identity
BFSP 90:1151 (F)

702. August 14
Governor of Lebanon
BFSP 92:472 (F)

703. October 29
Latin Monetary Union
BFSP 89:587 (F)
Martens (2nd) 25:469 (F, G)

1898

704. February 4
Tonnage measurement of vessels in inland navigation
BFSP 90:303 (F)
Martens (2nd) 28:733 (F, G)

705. March 15
Latin Monetary Union
BFSP 90:333 (F)
Martens (2nd) 28:751 (F, G)

706. March 29
Greek loan
BFSP 90:27 (F)

707. May 12
South African Customs Union
BFSP 90:1054 (E)

708. June 4
Rhine navigation
Trb 1955:161 (G, Dut)
Martens (2nd) 29:113 (G)

709. June 16
Transport of goods by rail
BFSP 92:433 (F)

1899

710.
Permanent International Council for Exploration of the Sea
Archiv für das Recht der internationalen Organisationen 2:104 (F)

711. June 8
Liquor in Africa
BFSP 91:6 (F)
TS 389, Stat 31:1915 (E, F)
Martens (2nd) 29:401 (F, G)
AJIL supp 3:70 (E)

712. July 14
Fisheries (Europe, North)
BFSP 104:912 (E)

713. July 29
Hague Peace Conference: final act
BFSP 91:963 (F)
DeClercq 21:745 (F)
Trat e Conv 16:40 (F)
Olivart. Tratados de España 12:549 (F)

1899 (cont.)

714. July 29
    Peaceful settlement of disputes (Hague I)
    BFSP 91:970 (F)
    TS 392, Stat 32:1779 (E, F)
    GBTS 1901:9 (E, F)
    Trb 1963:157 (F)
    Martens (2nd) 26:920 (F, G)
    Malloy 2:2016 (E)
    AJIL supp 1:107 (E)

715. July 29
    Law and custom of war on land (Hague II)
    BFSP 91:988 (F)
    TS 403, Stat 32:1803 (E, F)
    GBTS 1901:11 (E, F)
    Martens (2nd) 26:949 (F, G)
    Malloy 2:2042 (E)
    AJIL supp 1:129 (E)
    Korovin. Mezhdunarodnye dogovory (1924)
      p. 367 (R)

716. July 29
    Maritime warfare (Hague III)
    BFSP 91:1002 (F)
    TS 396, Stat 32:1827 (E, F)
    GBTS 1901:10 (E, F)
    Martens (2nd) 26:979 (F, G)
    Malloy 2:2035 (E)
    AJIL supp 1:159 (E)
    Korovin. Mezhdunarodnye dogovory (1924)
      p. 369 (R)

717. July 29
    Prohibiting of dropping of explosives
      from balloons (Hague IV)
    BFSP 91:1011 (F)
    TS 393, Stat 32:1839 (E, F)
    Martens (2nd) 26:994 (F, G)
    Malloy 2:2032 (E)
    AJIL supp 1:153 (E)

718. July 29
    Prohibiting use of gas in war (Hague V)
    BFSP 91:1014 (F)
    GBTS 1907:32 (E, F)
    Martens (2nd) 26:998 (F, G)
    AJIL supp 1:159 (E)

719. July 29
    Prohibiting use of expanding bullets
      (Hague VI)
    BFSP 91:1017 (F)
    GBTS 1907:32 (E, F)
    Krigens-Rett (1962) p. 8 (F, Nor)
    Martens (2nd) 26:1002 (F, G)
    AJIL supp 1:155 (E)

720. November 7
    Claims in Samoa
    BFSP 91:78 (E, G)
    TS 315, Stat 31:1875 (E, G)
    Cmd 98 (1900) (E)
    Martens (2nd) 32:408 (E, G)
    Malloy 2:1589 (E)

1899 (cont.)

721. December 2
    Samoa
    BFSP 91:75 (E, G)
    TS 314, Stat 31:1878 (E, G)
    Martens (2nd) 30:683 (E, G)
    Malloy 2:1595 (E)

1900

722. January 24
    Sanitary regulations
    BFSP 89:209 (F)

723. March 20
    Open-door policy in China
    Malloy 1:244 (E)

724. May 19
    Preservation of wild animals in Africa
    BFSP 94:715 (F)
    Cmd 101 (1900) (E, F)
    Martens (2nd) 30:430 (F)

725. June 8
    Liquor traffic in Africa
    BFSP 91:8 (F)

726. September 19
    Pacific settlement of disputes
    BFSP 94:722 (F)

727. December 8
    Permanent Court of Arbitration
    BFSP 94:724 (F)

728. December 14
    Industrial property
    BFSP 92:807 (F)
    TS 411, Stat 32:1936 (E, F)
    GBTS 1902:15, Cmd 1084 (E, F)
    Martens (2nd) 30:465 (F, G)
    Malloy 2:1945 (E)
    AJIL supp 4:154 (E)
    RG Bl (Ger) 1903:167 (G)

729. December 14
    Trademarks (Madrid)
    BFSP 96:848 (F)
    Martens (2nd) 30:475 (F)
    Trat e Conv 16:205 (F)
    DeClerq 21:774 (F)
    Revista de Derecho Internacional, supp
      4:43 (F)

1901

730. July 27
    Telegraph to and from South Africa
    BFSP 94:504 (F)

731-748

1901 (cont.)

731. September 7
   Friendly relations between China and other powers
   BFSP 94:686 (E)
   TS 397 (E)
   Martens (2nd) 32:94 (F)
   Malloy 2:2006 (E)
   AJIL supp 1:388 (E)

1902

732. January 20
   Arbitration (Central America)
   Martens (2nd) 31:243 (Sp)

733. January 27
   Copyright (Mexico)
   BFSP 101:661 (E)
   TS 491, Stat 35:1934 (E, F, Sp, Port)
   Staatsarchiv 69:328 (Sp)
   Martens (3rd) 1:37 (E)
   Malloy 2:2058 (E)
   Möhring. Quellen des Urheberrechts. vol. 1 (G, E)
   PAU Department of Legal Affairs. Copyright protection in the Americas (3rd ed.) p. 145 (E)
   PAU. Department of Legal Affairs. Protección del derecho de autor en America (1962) p. 148 (Sp)
   UNESCO. Lois et traités sur le droit d'auteur (1962) 3:2095 (F)
   UNESCO. Repertorio universal de derecho de autor (1960) 2:2768 (Sp)

734. January 27
   Exchange of publications: Pan American Union
   TS 491-A (E)
   Martens (3rd) 6:203 (E)

735. January 27
   Formation of codes on public and private international law: Pan American Union
   Martens (3rd) 6:195 (E)

736. January 27
   Patents and trademarks: Pan American Union
   PAU TS 15:4 (E)
   Martens (3rd) 6:206 (E)

737. January 28
   Extradition (Americas)
   Martens (3rd) 6:185 (E)

738. January 28
   Free professions (Americas)
   Martens (3rd) 6:191 (E)

1902 (cont.)

739. January 29
   Aliens (Americas)
   Martens (3rd) 6:211 (E)

740. January 29
   Compulsory arbitration
   BFSP 95:1009 (E)
   PAU TS 16:1 (E)
   Martens (2nd) 31:253 (Sp)
   AJIL supp 1:299 (E)
   Revue Générale de Droit International Public 10:14d (F)
   Darby. International Tribunals (1904) p. 726 (E)

741. January 30
   Arbitration for pecuniary claims: Pan American Union
   BFSP 95:969 (E)
   TS 443, Stat 34:2845 (E, F, Sp)
   For Rel 1905:650 (E, F)
   Martens (2nd) 31:261 (Sp); 33:143 (E, F)
   Malloy 2:2062 (E)
   AJIL supp 1:303 (E)

742. March 5
   Sugar
   BFSP 95:6 (F)
   GBTS 1903:7, Cmd 1535 (E, F)
   Martens (2nd) 31:272 (F, G)

743. March 19
   Protection of birds useful to agriculture
   BFSP 102:969 (F)
   Martens (2nd) 30:686 (G)

744. April 8
   Import-Export duties (Congo Basin)
   BFSP 84:447 (F)
   Martens (2nd) 20:478 (F)

745. April 23
   North Seas Fisheries
   BFSP 104:916 (F)

746. May 10
   Tariffs of Western Basin of Congo
   BFSP 97:978 (E)

747. May 15
   Frontier (Sudan, Ethiopia, Eritrea)
   BFSP 95:469 (E)
   Cmd 1370 (1902) (E)
   Trat e Conv 16:342 (It)
   Martens (3rd) 2:828 (E, It)

748. May 31
   Peace of Vereeniging: Boer War
   BFSP 95:160 (E)

1902 (cont.)

749. June 10
     Jurisdiction of the Mixed Courts of Shanghai
     BFSP 94:793 (E)

750. June 12
     Conflicting laws in marriage
     BFSP 95:411 (F)
     Martens (2nd) 31:706 (F, G)
     Revista de Derecho Internacional 2:9 (Sp)
     Rivista di Diritto Internationale, N.S. 1:106 (F, It)

751. June 12
     Divorce and separation
     BFSP 95:416 (F)
     Martens (2nd) 31:715 (F, G)
     Revue Générale de Droit International Public 9:21d (F)

752. June 12
     Guardianship of minors
     BFSP 95:421 (F)
     StG Bl (Austria) 1920:304 (G)
     Martens (2nd) 31:724 (F, G)
     Köhler. Zwischenstaatliche Abkommen (1961) p. 47 (G)
     Hoyer. Staatsverträge über Rechtshilfe und Vollstreckung (1964) p. 1 (G)

753. June 28
     Triple Alliance
     BFSP 121:1022 (F)
     Anchieri. La Diplomazia Contemporanea (1959) p. 70 (It)

754. August 28
     Arbitration treaties in regard to leases
     BFSP 95:86 (E)
     Martens (2nd) 31:395 (E, F, G)

755. August 29
     Chinese customs tariff
     BFSP 97:695 (E)

756. September 27
     Governor of Lebanon
     BFSP 95:1004 (F)

757. November 15
     Latin Monetary Union
     BFSP 95:765 (F)
     Martens (2nd) 31:450 (F)

1903

758. March 10
     Arbitration of claims
     Ralston. Venezuelan arbitration, p. 945 (E, Sp)

1903 (cont.)

759. April 1
     Rhine River: transport of dangerous substances
     Recueil Systématique (Switz) 7:469 (F)

760. May 7
     Claims against Venezuela
     BFSP 96:101 (E)
     Staatsarchiv 69:257 (G); 68:303 (E)
     Malloy 2:1872 (E)

761. June 3
     Customs Union (Cape of Good Hope, Natal, etc.)
     BFSP 96:1197 (E)

762. June 20
     Cession of Wismar
     BFSP 96:823 (E)
     Martens (2nd) 31:572 (G)

763. July 10
     Telegraph
     BFSP 97:737 (F)
     DeClerq 22:296 (F)
     Trat e Conv 17:45 (F)

764. August 13
     Wireless telegraphy
     BFSP 97:467 (F)
     Cmd 1832 (1904) (F)
     Martens (2nd) 33:471 (F)

765. December 3
     Sanitary regulations
     BFSP 97:1085 (F)
     TS 466, Stat 35:1770 (E, F)
     GBTS 1907:27 (E, F)
     Martens (3rd) 1:78 (F, G)
     Malloy 2:2066 (F)
     AJIL supp 13:434 (E)

1904

766. February 22
     Venezuela claims arbitration
     BFSP 98:159 (E)

767. March 14
     Measures taken against the anarchist movement
     Martens (3rd) 10:81 (G)

768. May 18
     White slave traffic
     LNTS 1:83 (E, F)
     BFSP 97:95 (F)
     TS 496, Stat 35:1979 (E)
     RG Bl (Ger) 1905:695 (G)
     Martens (2nd) 32:160 (F, G)
     Malloy 2:2137 (E)
     AJIL supp 2:363 (E)

1904 (cont.)

769. July 9
     Arbitration (France, Sweden, Norway)
     BFSP 97:971 (F)
     Martens (2nd) 32:490 (F)

770. August 11
     Arbitration (Great Britain, Sweden, Norway)
     BFSP 97:91 (E)
     Cmd 2309 (1905) (E, F)
     Martens (2nd) 32:492 (E, F)

771. August 20
     Guarantee of peace (Central America)
     BFSP 97:694 (E)

772. November 30
     Arbitration (Belgium, Sweden, Norway)
     BFSP 97:573 (F)
     Martens (2nd) 34:318 (F)

773. December 9
     Arbitration (Russia, Sweden, Norway)
     BFSP 101:582 (F)
     Martens (2nd) 32:494 (F)

774. December 17
     Arbitration (Switzerland, Sweden, Norway)
     BFSP 98:791 (F)
     Martens (2nd) 34:471 (F, G)

775. December 21
     Hospital ships
     BFSP 98:624 (F)
     TS 459, Stat 35:1854 (E, F)
     Russia. Treaties. Sbornik mezhd. Konventsii (1959) p. 245 (R)
     Krigens-Rett (1962) p. 9 (F, Nor)
     Martens (3rd) 2:213 (F, G)
     Malloy 2:2135 (E)
     AJIL supp 1:272 (E)

1905

776. January 23
     Arbitration (Spain, Sweden, Norway)
     BFSP 103:1002 (F)

777. May 16
     Protection of workmen
     Revista de Derecho Internacional 1:63 (Sp)

778. May 20
     Marriage of Prince Gustavus Adolphus and Princess Margaret (Great Britain, Norway, Sweden)
     BFSP 98:98 (E)
     Martens (2nd) 33:137 (E)
     Cmd 2582 (1905) (E, Swe, Nor)

1905 (cont.)

779. May 22
     Perpetual leases arbitration
     BFSP 98:140 (F)
     Martens (2nd) 35:376 (F)

780. June 7
     International Institute of Agriculture
     BFSP 100:595 (F)
     TS 489, Stat 35:1918 (E, F)
     GBTS 1910:17 (E, F)
     Malloy 2:2140 (E)
     AJIL supp 2:358 (E)
     Revista de Derecho Internacional 1:32 (Sp)
     Martens (3rd) 3:139 (F)

781. June 20
     Sales of Goods Act (Scandinavia)
     International Institute for the Unification of Private Law. Yearbook 1961 (1962) p. 203 (E)

782. July 17
     Civil procedure
     LNTS 50:180 (E, F)
     BFSP 99:990 (F)
     RG Bl (Austria) 1909:60 (G)
     Martens (3rd) 2:243 (F, G)
     Revista de Derecho Internacional 1:40 (Sp)
     Rivista di Diritto Internazionale, n. s. 4:89 (F, It)

783. July 17
     Civil rights
     Martens (3rd) 6:490 (F, G)
     Revista de Derecho Internacional 1:47 (Sp)
     Rivista di Diritto Internazionale 1:261 (F)

784. July 17
     Conflicting laws in marriage
     BFSP 116:666 (F)
     Martens (3rd) 6:480 (F, G)
     Revista de Derecho Internacional 1:50 (Sp)

785. July 17
     Guardianship
     BFSP 116:770 (F)

786. July 17
     Interdiction
     Martens (3rd) 6:490 (F, G)

787. September 27
     Whangpu conservancy
     BFSP 98:1052 (F)
     TS 448 (E, F)
     Malloy 2:2013 (E)

788. October 14
     Sanitary regulations: Pan American Union
     BFSP 101:478 (E)
     TS 518, Stat. 35:2094 (E, Sp)
     Martens (3rd) 2:277 (E)
     Malloy 2:2144 (E)
     AJIL supp 3:237 (E)

1906

789. April 7
    Morocco: Algeciras Convention
    BFSP 99:141 (F)
    TS 456, Stat. 34:2905 (E, F)
    Martens (2nd) 34:238 (F, G)
    Malloy 2:2157 (E)
    AJIL supp 1:47 (E)
    Revista de Derecho Internacional
      2:25 (F, Sp)
    Anchieri. La Diplomazia Contemporanea
      (1959) p. 76 (It)

790. May 26
    Universal Postal Convention
    BFSP 99:254 (F)
    Stat. 35:1639 (E, F)
    Cmd 3556 (1906) (E, F)
    Martens (3rd) 1:355 (F, G)

791. May 26
    Letters of declared value
    BFSP 100:1034 (F)
    Martens (3rd) 1:395 (F, G)
    Cmd 3558 (1907) (E, F)

792. May 26
    Parcel post
    BFSP 100:999 (F)
    Martens (3rd) 1:430 (F, G)

793. May 26
    Postal subscriptions to newspapers
    BFSP 100:977 (F)
    Martens (3rd) 1:465 (F, G)

794. May 26
    Money orders
    BFSP 100:959 (F)

795. May 26
    Postal payment of negotiable instruments
    BFSP 100:987 (F)
    Martens (3rd) 1:455 (F, G)

796. June 26
    Sugar
    BFSP 101:625 (F)
    Martens (3rd) 6:5 (F)

797. July 6
    Wounded and sick in war: Red Cross
    LNTS 11:440 (E, F)
    BFSP 99:968 (F, G)
    TS 464, Stat. 35:1885 (E, F)
    GBTS 1907:15 (E, F)
    Martens (3rd) 2:620 (E)
    Malloy 2:2183 (E)
    AJIL supp 1:201 (E)
    Revista de Derecho Internacional 2:119
      (Sp)

    Korovin. Mezhdunarodnye dogovory
      (1924) p. 359 (R)

1906 (cont.)

798. August 13
    Pecuniary claims: Pan American Union
    BFSP 103:1013 (E)
    TS 574 (E, Sp, Port)
    Stat. 37:1648 (E)
    Malloy 3:2879 (E)

799. August 13
    Nationality: Pan American Union
    BFSP 103:1010 (E)
    TS 575, Stat. 37:1653 (E, F, Sp, Port)
    Martens (3rd) 6:215 (E)
    Malloy 3:2852 (E)
    AJIL supp 7:226 (E)

800. August 23
    Codification of international law
    BFSP 102:347 (E)
    TS 565, Stat. 37:1554 (E, Sp, Port)
    Malloy 3:2885 (E)
    AJIL supp 6:173 (E)

801. August 23
    Copyright (Rio de Janeiro)
    Copyright protection in the Americas p. 194
      (E)
    Möhring. Quellen des Urheberrechts, vol. 1
      (E, G)
    PAU Dept. of Legal Affairs. Protección
      del derecho de autor en America (1962)
      p. 151 (Sp)
    UNESCO. Lois et traités sur le droit d'
      auteur 3:210 (1962) (F)
    UNESCO. Repertorio universal de derecho
      de autor (1960) 2:2776 (Sp)

802. August 23
    Patents, trademarks and copyright:
      Pan American Union
    PAU TS 15:9 (E)
    Martens (3rd) 6:221 (E)

803. September 19
    Transport of goods by rail
    Martens (3rd) 3:920 (F, G)

804. September 26
    Night work for women
    BFSP 100:794 (F)
    GBTS 1910:21, Cmd 5221 (E, F)
    Martens (3rd) 2:861 (F, G)
    AJIL supp 4:328 (E)

805. September 26
    Use of white phosphorus for matches
    LNTS 11:446 (E, F)
    BFSP 99:986 (F)
    GBTS 1909:4, Cmd 4530 (E, F)
    Martens (3rd) 2:872 (F, G)

1906 (cont.)

806. November 3
    Imported liquors (Africa)
    BFSP 99:490 (F)
    TS 467, Stat 35:1912 (E, F)
    GBTS 1907:46 (E, F)
    Martens (3rd) 3:722 (F, G)
    Malloy 2:2205 (E)

807. November 3
    Wireless telegraph
    BFSP 99:321 (F)
    TS 568, Stat. 37:1565 (E)
    GBTS 1909:8, Cmd 4559 (E, F)
    Martens (3rd) 1:147 (F, G)
    Malloy 3:2889 (E)
    AJIL supp 3:330 (E, F)

808. November 29
    Unification of formulas for potent drugs
    BFSP 99:179 (F)
    TS 510 (E)
    GBTS 1907:10 (E, F)
    Martens (3rd) 1:592 (F)
    Malloy 2:2209 (E)

809. December 13
    Abyssinia
    BFSP 99:486 (F)
    Martens (3rd) 5:733 (F); (2nd) 35:556 (F)
    AJIL supp 1:226 (E)

810. December 13
    Arms to Abyssinia
    BFSP 99:252 (F)
    Martens (2nd) 35:561 (F)
    AJIL supp 1:230 (E)

1907

811. March 7
    Extradition (Germany, Sweden, Norway)
    BFSP 101:344 (E)

812. April 25
    Turkish customs duties
    BFSP 100:575 (F)
    GBTS 1909:1, Cmd 4469 (E, F)
    Martens (3rd) 1:790 (F)

813. May 18
    Technical unity of railways
    Martens (3rd) 2:888 (F, G)

814. May 18
    Wagons subject to customs inspection
    Martens (3rd) 2:878 (F, G)

1907 (cont.)

815. June 14
    Peaceful settlement of disputes
    BFSP 100:276 (F)
    GBTS 1907:26 (E, F)
    Martens (3rd) 2:4 (F)

816. June 15
    2nd International Peace Conference
    Malloy 2:2369 (E)

817. June 25
    Rubber duty in Western Basin of Congo
    BFSP 101:278 (F)

818. July 8
    Governor of Lebanon
    BFSP 105:920 (F)

819. August 28
    Sugar bounties
    BFSP 100:482 (F)
    GBTS 1908:12 (E, F)
    Martens (3rd) 1:874 (F, G)

820. September 17
    Central American Peace Conference
    BFSP 100:834 (E)

821. October 18
    Hague Peace Conference: final act
    BFSP 100:281 (F)
    Martens (3rd) 3:323 (F, G)
    Scott. Hague Peace Conference 2:256 (E, F)
    Revista de Derecho Internacional 3:50 (Sp)

822. October 18
    Peaceful settlement of disputes
    (Hague I)
    LNTS 54:435 (E, F)
    BFSP 100:298 (F)
    TS 536, Stat 36:2199 (E, F)
    Cmd 4175 (1907) (E)
    Trb 1963:158 (F)
    Martens (3rd) 3:360 (F, G)
    Malloy 2:2220 (E)
    AJIL supp 2:43 (E, F)
    Revista de Derecho Internacional 3:50 (Sp)

    Scott. Hague Peace Conference 2:308
       (E, F)
    Skubiszewski. Materialy do cwiczen z
       prawa miedz. pub. (1961) 2:9 (Pol)
    Korovin. Mezhdunarodnye dogovory
       (1924) p. 391 (R)
    Bache og Heggemsnes. Traktatsamling
       (1963) p. 20 (Nor)
    Reuter. Traités et documents diplomatiques (1963) p. 5 (F)

1907 (cont.)

823. October 18
  Employment of force for the recovery of contract debts (Hague II)
BFSP 100:314 (F)
TS 537, Stat 36:2241 (E, F)
GBTS 1910:7 (E, F)
Martens (3rd) 3:414 (F, G)
Malloy 2:2248 (E)
AJIL supp 2:81 (E, F)
Revista de Derecho Internacional 3:74 (E, F)
Scott. Hague Peace Conference 2:356 (E, F)

Korovin. Mezhdunarodnye dogovory (1924) p. 392 (R)
Bache og Heggemsnes. Traktatsamling (1963) p. 10 (Nor)

824. October 18
  Opening of hostilities (Hague III)
BFSP 100:326 (F)
TS 538, Stat 36:2259 (E, F)
GBTS 1910:8 (E, F)
Krigens-Rett (1962) p. 15 (F, Nor)
Martens (3rd) 3:437 (F, G)
Malloy 2:2259 (E)
AJIL supp 2:85 (E, F)
Revista de Derecho Internacional 3:75 (Sp)
Scott. Hague Peace Conference 2:362 (E, F)
Skubiszewski. Materialy do cwiczen z prawa miedz. pub. (1961) 2:96 (Pol)

Skubiszewski. Materialy do cwiczen z prawa miedz. pub. (1961) 2:97 (Pol)
Korovin. Mezhdunarodnye dogovory (1924) p. 373 (R)

825. October 18
  Laws and customs of war on land (Hague IV)
BFSP 100:338 (F)
TS 539, Stat 36:2277 (E, F)
GBTS 1910:9 (E, F)
Krigens-Rett (1962) p. 16 (F, Nor)
Martens (3rd) 3:461 (F, G)
Malloy 2:2269 (E)
AJIL supp 2:90 (E, F)
Revista de Derecho Internacional 3:76 (Sp)
Scott. Hague Peace Conference 2:400 (E, F)

826. October 18
  Neutrals in war on land (Hague V)
BFSP 100:359 (F)
TS 540, Stat 36:2310 (E, F)
Krigens-Rett (1962) p. 31 (F, Nor)
Martens (3rd) 3:504 (F, G)
Malloy 2:2290 (E)
AJIL supp 2:117 (E, F)
Revista de Derecho Internacional 3:84 (Sp)
International Association of Democratic Lawyers. Aspects juridiques de la neutralité (1960) p. 123 (F)
Scott. Hague Peace Conference 2:400 (E, F)
Skubiszewski. Materialy do cwiczen z prawa miedz. pub. (1961) 2:106 (Pol)
Korovin. Mezhdunarodnye dogovory (1924) p. 384 (R)

1907 (cont.)

827. October 18
  Enemy merchant ships (Hague VI)
BFSP 100:365 (F)
GBTS 1910:10 (E, F)
Russia. Treaties. Sbornik mezhd. Konventsii (1959) p. 241 (R)
Krigens-Rett (1962) p. 36 (F, Nor)
Martens (3rd) 3:533 (F, G)
AJIL supp 2:127 (E, F)
Revista de Derecho Internacional 3:87 (Sp)
Scott. Hague Peace Conference 2:414 (E, F)
Skubiszewski. Materialy do cwiczen z prawa miedz. pub. (1961) 2:110 (Pol)

U.S. Dept. of the Army. International law (1962) 2:279 (E)
Korovin. Mezhdunarodnye dogovory (1924) p. 388 (R)

828. October 18
  Conversion of merchant ships into warships (Hague VII)
BFSP 100:377 (F)
GBTS 1910:11 (E, F)
Russia. Treaties. Sbornik mezhd. Konventsii (1959) p. 243 (R)
Krigens-Rett (1962) p. 38 (F, Nor)
Martens (3rd) 3:557 (F, G)
AJIL supp 2:133 (E, F)
Revista de Derecho Internacional 3:88 (Sp)
Scott. Hague Peace Conference 2:422 (E, F)

Skubiszewski. Materialy do cwiczen z prawa miedz. pub. (1961) 2:112 (Pol)
U.S. Dept. of the Army. International law (1962) 2:283 (E)
Korovin. Mezhdunarodnye dogovory (1924) p. 388 (R)

829. October 18
  Contact mines (Hague VIII)
BFSP 100:398 (F)
TS 541, Stat 36:2332 (E, F)
GBTS 1910:12 (E, F)
Krigens-Rett (1962) p. 39 (F, Nor)
Martens (3rd) 3:580 (F, G)
Malloy 2:2304 (E)
AJIL supp 2:138 (E, F)
Revista de Derecho Internacional 3:89 (Sp)
Scott. Hague Peace Conference 2:428 (E, F)

Skubiszewski. Materialy do cwiczen z prawa miedz. pub. (1961) 2:113 (Pol)
U.S. Dept. of the Army. International law (1962) 2:285 (E)
Korovin. Mezhdunarodnye dogovory (1924) p. 391 (R)

830. October 18
  Bombardment by naval forces (Hague IX)
BFSP 100:401 (F)
TS 542, Stat 36:2351 (E, F)
GBTS 1910:13 (E, F)
Krigens-Rett (1962) p. 42 (F, Nor)
Martens (3rd) 3:604 (F, G)
Malloy 2:2314 (E)
AJIL supp 2:146 (E, F)
Revista de Derecho Internacional 3:91 (Sp)
Scott. Hague Peace Conference 2:436 (E, F)

831-840

1907 (cont.)

830 Skubiszewski. Materialy do cwiczen z
cont   prawa miedz. pub. (1961) 2:115 (Pol)
U.S. Dept. of the Army. International
  law (1962) 2:288 (E)
Korovin. Mezhdunarodnye dogovory
  (1924) p. 389 (R)

831. October 18
    Naval war (Hague X)
LNTS 15:340 (E, F)
BFSP 100:415 (F)
TS 543, Stat 36:2371 (E, F)
Martens (3rd) 3:630 (F, G)
Malloy 2:2326 (E)
AJIL supp 2:153 (E, F)
Revista de Derecho Internacional 3:93 (Sp)
Scott. Hague Peace Conference 2:446 (E, F)

832. October 18
    Right of capture in naval war (Hague XI)
BFSP 100:422 (F)
TS 544, Stat 36:2396 (E, F)
GBTS 1910:14 (E, F)
Krigens-Rett (1962) p. 45 (F, Nor)
Martens (3rd) 3:663 (F, G)
Malloy 2:2341 (E)
AJIL supp 2:167 (E, F)
Revista de Derecho Internacional 3:98 (Sp)
Scott. Hague Peace Conference 2:462 (E, F)

Skubiszewski. Materialy do cwiczen z
  prawa miedz. pub. (1961) 2:117 (Pol)
U.S. Dept. of the Army. International
  law (1962) 2:291 (E)
Korovin. Mezhdunarodnye dogovory
  (1924) p. 389 (R)

833. October 18
    International Prize Court (Hague XII)
BFSP 100:435 (F)
Martens (3rd) 3:688 (F, G)
AJIL supp 2:174 (E, F)
Revista de Derecho Internacional 3:100 (Sp)
Scott. Hague Peace Conference 2:472 (E, F)
Korovin. Mezhdunarodnye dogovory (1924)
  p. 390 (R)

834. October 18
    Neutral powers in naval war (Hague XIII)
BFSP 100:448 (F)
TS 545, Stat. 36:2415 (E, F)
Krigens-Rett (1962) p. 47 (F, Nor)
Martens (3rd) 3:713 (F, G)
Malloy 2:2352 (E)
AJIL supp 2:202 (E, F)
Revista de Derecho Internacional 3:112 (Sp)
International Association of Democratic
  Lawyers. Aspects juridiques de la neutra-
  lité (1960) p. 125 (F)

1907 (cont.)

Scott. Hague Peace Conference 2:506 (E, F)
Skubiszewski. Materialy do cwiczen z
  prawa miedz. pub. (1961) 2:120 (Pol)
U.S. Dept. of the Army. International
  law (1962) 2:293 (E)
Korovin. Mezhdunarodnye dogovory
  (1924) p. 390 (R)

835. October 18
    Prohibition of discharge of projectile
    from balloons (Hague XIV)
BFSP 100:455 (F)
TS 546, Stat. 36:2439 (E, F)
GBTS 1910:15 (E, F)
Martens (3rd) 3:745 (F, G)
Malloy 2:2366 (E)
AJIL supp 2:216 (E, F)
Revista de Derecho Internacional 3:116 (Sp)
Korovin. Mezhdunarodnye dogovory (1924)
  p. 391 (R)

836. October 18
    Wounded and sick: naval war
Korovin. Mezhdunarodnye dogovory (1924)
  p. 389 (R)
Red Cross. International Committee,
  Geneva. The Geneva convention of 12
  August 1949 (1960) p. 290 (E)

837. November 2
    Independence and territorial integrity
    of Norway
BFSP 100:536 (F)
GBTS 1908:4 (E, F)
Martens (3rd) 1:14 (F)
AJIL supp 2:267 (E, F)

838. December 9
    International Office of Public Health
BFSP 100:466 (F)
TS 511, Stat 35:2061 (E, F)
GBTS 1909:6 (E, F)
Martens (3rd) 2:913 (F)
Malloy 2:2214 (E)
AJIL supp 3:152 (E)

839. December 20
    Central American Court of Justice
BFSP 100:841 (E)
Martens (3rd) 3:105 (E, Sp)
Malloy 2:2399, 2405 (E)
AJIL supp 2:231, 243 (E, Sp)
Rivista di Diritto Internazionale 3:427 (It)

840. December 20
    Central American Pedagogical Institute
BFSP 100:854 (E)
Martens (3rd) 3:128 (E, Sp)
Malloy 2:2414 (E)
AJIL supp 2:256 (E, Sp)

841-856

1907 (cont.)

841. December 20
    Communications (Central America)
    BFSP 100:858 (E)
    Martens (3rd) 3:135 (E, Sp)
    Malloy 2:2418 (E)
    AJIL supp 2:262 (E, Sp)

842. December 20
    Extradition (Central America)
    BFSP 100:848 (E)
    Martens (3rd) 3:117 (E, Sp)
    Malloy 2:2406 (E)
    AJIL supp 2:243 (E, Sp)

843. December 20
    Future Central American Conferences
    BFSP 100:856 (E)
    Martens (3rd) 3:132 (E, Sp)
    Malloy 2:2416 (E)
    AJIL supp 2:259 (E, Sp)

844. December 20
    International Central American Bureau
    BFSP 100:852 (E)
    Martens (3rd) 3:124 (E, Sp)
    Malloy 2:2411 (E)
    AJIL supp 2:251 (E, Sp)

845. December 20
    Peace and amity (Central America)
    BFSP 100:835 (E)
    Martens (3rd) 3:94 (E, Sp)
    Malloy 2:2392 (E)
    AJIL supp 2:219 (E, Sp)
    Rivista di Diritto Internazionale 3:421 (It)

846. December 20
    Recognition of new governments
        (Central America)
    BFSP 100:840

1908

847. April 20
    Tibet trade regulations
    BFSP 101:170 (E)
    Martens (3rd) 3:39 (E)
    Dhgani. Contemporary Tibet (1961) p.
    123 (E)

848. April 23
    Status quo in the territories bordering
        the Baltic Sea
    BFSP 101:974 (F)
    Martens (3rd) 1:18 (F)
    AJIL supp 2:270 (E, F)

1908 (cont.)

849. April 23
    Status quo in the territories bordering
        the North Sea
    BFSP 101:179 (F)
    GBTS 1908:23 (E, F)
    Martens (3rd) 1:18 (F)
    AJIL supp 2:270 (E, F)

850. June 1
    Tonnage measurements of vessels in
        inland navigation
    BFSP 101:720 (F)

851. June 11
    Telegraph
    LNTS 15:340 (E, F)
    BFSP 102:214 (F)
    Martens (3rd) 5:208 (F)

852. July 22
    Arms into Africa
    BFSP 101:176 (F)
    GBTS 1908:29, Cmd 4320 (E, F)
    Martens (3rd) 2:711 (F, G)

853. November 4
    Latin Monetary Union
    BFSP 101:968 (F)
    Martens (3rd) 2:918 (F)

854. November 13
    Copyright (Bern)
    LNTS 1:218 (E, F)
    BFSP 102:619 (F)
    GBTS 1912:19, Cmd 6324 (E, F)
    RG Bl (Ger) 1910:965 (G)
    Martens (3rd) 4:590 (F, G)
    AJIL supp 7:111 (E)
    Möhring. Quellen des Urheberrechts,
        vol. 1 (F, G)
    UNESCO Lois et traités sur le droit d'auteur
        3:2041 (1962) (F)
    UNESCO Repertorio universal de derecho de
        autor (1960) 2:2688 (Sp)

1909

855. February 26
    Declaration of London: laws of naval
        war
    BFSP 104:242 (F)
    Malloy 3:266 (E)
    Korovin. Mezhdunarodnye dogovory
        (1924) p. 393 (R)
    Skubiszewski. Materialy do cwiczen z
        prawa miedz. pub. (1961) 2:126 (Pol)

856. October 7
    Maritime regulations
    For Rel 1909:653 (E)
    AJIL supp 4:115 (E)

1909 (cont.)

857. October 11
    Circulation of motor vehicles
    BFSP 102:64 (F)
    GBTS 1910:18, Cmd 5125 (E, F)
    Martens (3rd) 3:834 (F, G)
    AJIL supp 4:316 (E)

858. October 13
    St. Gotthard Railway
    BFSP 105:639, 645 (F)
    Staatsarchiv 80:292 (F)
    Martens (3rd) 8:195 (F, G)

859. December 29
    Navigation on Lake Constance
    Martens (3rd) 7:435 (F)

1910

860. January 1
    Navigation on Lake Constance
    Martens (3rd) 7:435 (G)

861. February 2
    Pedagogical Institute of Central America
    AJIL supp 4:171 (E)

862. February 2
    Unification of currency (Central America)
    AJIL supp 4:170 (E)

863. February 3
    International Central American Bureau
    AJIL supp 4:172 (E)

864. February 3
    Unification of weights and measures (Central America)
    AJIL supp 4:173 (E)

865. February 4
    Central American commerce
    AJIL supp 4:174 (E)

866. February 4
    Consular service (Central America)
    AJIL supp 4:175 (E)

867. April 25
    Commission of Foreign Claims
    Martens (3rd) 4:702 (F)
    AJIL supp 6:49 (E)

1910 (cont.)

868. May 4
    Obscene publications
    LNTS 11:438 (E, F)
    BFSP 103:251 (F)
    Stat 37:1511, TS 559, (E, F)
    GBTS 1911:11 (E, F)
    RG Bl (Ger) 1913:31 (G)
    Martens (3rd) 7:266 (F, G)
    Malloy 3:2918 (E)
    AJIL supp 5:167 (E)

869. May 4
    White slave traffic
    LNTS 3:254 (E, F)
    BFSP 103:244 (F)
    GBTS 1912:20 (E, F)
    Martens (3rd) 7:252 (F, G)

870. June 15
    Slave trade in Africa
    BFSP 103:255 (F)
    GBTS 1912:5, Cmd 6037 (E, F)
    Martens (3rd) 5:714 (F)

871. August 11
    Copyright (Buenos Aires)
    PAU TS 16:78 (E); 16:22 (E, F, Sp, Port)
    TS 593, Stat 38:1785 (E, F, Sp, Port)
    For Rel 1910:57 (E)
    Malloy 3:2926 (E)
    AJIL supp 5:11 (E)
    Copyright protection in the Americas, p. 199 (E)
    Möhring. Quellen des Urheberrechts, vol. 1 (E, G)

    PAU Dept. of Legal Affairs. Copyright protection in the Americas (3d ed.) p. 152 (E)
    PAU Dept. of Legal Affairs. Protección del derecho de autor en America (1962) p. 155 (Sp)
    UNESCO. Lois et traités sur le droit d'autour. 3:2109 (1962) (F)
    UNESCO. Repertorio universal de derecho de autor (1960) 2:2786 (Sp)

872. August 11
    Pecuniary claims (PAU)
    BFSP 106:829 (E)
    TS 594, Stat. 38:1799 (E, F, Sp, Port)
    PAUL TS 22 (E, F, Sp, Port)
    For Rel 1910:59 (E)
    Malloy 3:2922 (E)
    AJIL supp 5:17 (E)

873. August 20
    Inventions, patents, designs, models (Americas)
    LNTS 155:179 (E, F, Sp, Port)
    BFSP 106:834 (E)
    TS 595, Stat. 38:1811 (E, F, Sp, Port)
    PAU TS 15:23 (E)
    PAUL TS 22 (E, F, Sp, Port)
    Malloy 3:2930 (E)
    AJIL supp 5:23 (E)

1910 (cont.)

874. August 20
    Trademarks and names (Americas)
    BFSP 108:394 (E)
    TS 626, 39:1675 (E, F, Sp, Port)
    For Rel 1910:53 (E)
    PAU TS 15:16 (E)
    PAUL TS 22 (E, F, Sp, Port)
    Malloy 3:2935 (E)
    AJIL supp 11:13 (E)

875. September 19
    International Prize Court
    BFSP 104:258 (F)
    For Rel 1910:631 (E)
    Martens (3rd) 7:73 (F)
    AJIL supp 5:95 (E)

876. September 23
    Assistance and salvage at sea
    BFSP 103:441 (F)
    TS 576, Stat. 37:1658 (E, F)
    GBTS 1913:4 (E, F)
    RG Bl (Ger) 1913:66 (F, G)
    RG Bl (Aus) 1913:69 (F, G)
    Russia. Treaties. Sbornik mezd. Konventsii (1959) p. 168 (R)
    Martens (3rd) 7:728 (F, G)
    Malloy 3:2943 (E)

    AJIL supp 4:126 (E)
    Singh. British Shipping Laws (1963) 8:1112 (E)
    JO (Algeria) 1964:429 (F)

877. September 23
    Collision of ships
    BFSP 103:434 (F)
    GBTS 1913:4 (E, F)
    Russia. Treaties. Sbornik mezd. Konventsii (1959) p. 188 (R)
    Martens (3rd) 7:711 (F, G)
    AJIL supp 4:121 (E)
    Singh. British Shipping Laws (1963) 8:1047 (E)

1911

878. January 14
    Free trade (Central America)
    Staatsarchiv 81:126 (G)

879. February 2
    South American Postal Convention
    RO (Ecuador) no. 313, 19 Sept 1913 (Sp)

880. June 2
    False indication of origin of goods
    BFSP 104:137 (F)
    GBTS 1913:7, Cmd 6804 (E, F)
    Martens (3rd) 8:801 (F, G)

1911 (cont.)

881. June 2
    Industrial property
    BFSP 104:116 (F)
    TS 579, Stat 38:1645 (E, F)
    GBTS 1913:8, Cmd 6805 (E, F)
    Martens (3rd) 8:760 (F, G)
    Malloy 3:2953 (E)
    AJIL supp 6:122 (E)
    RG Bl (Ger) 1913:209 (G)

882. June 2
    Registration of trademarks
    BFSP 108:404 (F)
    Martens (3rd) 8:794 (F, G)

883. July 7
    Fur seals in North Pacific Ocean
    BFSP 104:175 (E)
    TS 564, Stat 37:1542 (E)
    GBTS 1912:2 (E)
    Martens (3rd) 5:720 (E)
    Malloy 3:2966 (E)
    AJIL supp 5:267 (E)

884. July 17
    Copyright (Caracas)
    Copyright protection in the Americas, p. 202 (E)
    Möhring. Quellen des Urheberrechts, vol. 1 (E, G)
    PAU. Dept. of Legal Affairs. Copyright protection in the Americas (3d. ed.) p. 155 (E)
    PAU. Dept of Legal Affairs. Protección del derecho de autor en America (1962) p. 158 (Sp)

    UNESCO Lois et traités sur le droit d'auteur (1962) 3:2117 (F)
    UNESCO Repertorio universal de derecho de autor (1960) 2:2794 (Sp)

885. July 18
    Commercial relations (Latin America)
    RO (Ecuador) no. 209, 9 June, 1936 (Sp)
    RO (Ecuador) no. 194-197, 20-23 June, 1938 (Sp)
    Ecuador. Treaties. Recopilación de los instrumentos internacionales (1962) p. 218 (Sp)

886. July 18
    Consular privileges (Latin America)
    BFSP 107:601 (F)

887. July 18
    Pact on the execution of foreign acts (Latin America)
    RO (Ecuador) no. 189, 19 July 1933 (Sp)

888. September 15
    Telephonic communications (Belgium, France, Netherlands)
    BFSP 104:817 (F)
    Martens (3rd) 8:886 (F)

1911 (cont.)

889. December 5
    Triple Alliance
    BFSP 121:1023 (F)

890. December 12
    Fur seals (Great Britain, United States, Japan, Russia)
    BFSP 104:175 (E)
    GBTS 1912:2 (E)

1912

891. January 5
    Central American consular service
    AJIL supp 7:35 (E)

892. January 9
    Safety of telegraphic service (Central America)
    AJIL supp 7:36 (E)

893. January 10
    International railway communications (Central America)
    AJIL supp 7:39 (E)

894. January 10
    Maritime communications (Central America)
    AJIL supp 7:38 (E)

895. January 10
    Telegraphic money orders (Central America)
    AJIL supp 7:37 (E)

896. January 11
    Convention for the establishment of commissions of Central American relations
    AJIL supp 7:40 (E)

897. January 17
    Sanitary convention
    LNTS 4:282 (E, F)
    BFSP 108:230 (F)
    TS 649, Stat 42:1823 (E, F)
    GBTS 1921:2 (E, F)
    RO (Ecuador) no. 628, 10 October 1934 (Sp)
    Malloy 3:2972 (E)

898. January 23
    Narcotic drugs
    LNTS 8:188 (E, F)
    BFSP 105:490, 500 (F)
    TS 612, Stat 38:1912 (E, F)
    GBTS 1921:17 (E, F)
    RO (Ecuador) no. 688, 22 December 1914 (Sp)
    Malloy 3:3025 (E)
    AJIL supp 6:177 (E)

1912 (cont.)

899. March 17
    International Sugar Union
    BFSP 105:392 (F)
    Cmd 6146 (1912-13) (E, F)
    Martens (3rd) 6:7 (F, G)

900. April 9
    Whangpu Conservancy Board
    Malloy 3:3043 (E)

901. July 5
    Radiotelegraphy
    LNTS 1:136 (E, F)
    BFSP 105:219 (F)
    TS 581, Stat 38:1672 (E, F)
    GBTS 1913:10 (E, F)
    Martens (3rd) 3:147 (F, G)
    Malloy 3:3048 (E)
    AJIL supp 7:229 (E)

902. October 16
    Permanent Bureau of Analytical Chemistry
    BFSP 114:585 (F)
    Israel TS 271 (F, Heb)

903. October 16
    Analysis of human and animal foods
    BFSP 114:580 (F)
    Israel TS 271 (F, Heb)

904. December 5
    Fifth Triple Alliance
    Anchieri. La Diplomazia Contemporanea (1959) p. 81 (It)

905. December 21
    Neutrality rules in naval warfare
    BFSP 106:916 (F)
    Martens (3rd) 7:81 (F)
    AJIL supp 7:187 (E)

906. December 23
    Governor of Lebanon
    BFSP 106:752 (F)
    Martens (3rd) 8:656 (F)

1913

907. April 21
    Abolition of the system of foreign claims and settlements in Chosen, Korea
    BFSP 108:865 (E)
    For Rel 1914:435 (E)
    Malloy 3:3086 (E)

908. May 10
    Protection of agriculture
    RO (Ecuador) no. 669, 28 November 1914 (Sp)
    Bol (Ecuador) 8:764 (Sp)

1913 (cont.)

909. May 30
    Peace (Turkey and Balkan allies)
    BFSP 107:656 (F)
    Martens (3rd) 8:16 (F)
    AJIL supp 8:12 (E)

910. July 9
    Opium
    BFSP 107:80 (F)
    TS 612 (E, F)
    Stat 38:1937 (E)
    Malloy 3:3037 (E)

911. July 31
    Arbitration of claims in religious property
    BFSP 107:392 (F)
    AJIL supp 8:165 (E)

912. August 10
    Peace (Bulgaria)
    BFSP 107:658 (F)
    Martens (3rd) 8:61 (F)
    AJIL supp 8:13 (E)

913. August 10
    Treaty of Bucharest: boundary (Bulgaria and Rumania)
    BFSP 107:663 (F)

914. August 10
    Treaty of Bucharest: boundary (Bulgaria and Serbia)
    BFSP 107:667, 668 (F)

915. August 10
    Treaty of Bucharest: boundary (Bulgaria and Greece)
    BFSP 107:669 (F)

916. November 19
    International protection of nature
    Martens (3rd) 9:668 (F, G)

917. December 31
    Commercial statistics
    BFSP 116:575 (F)
    GBTS 1924:15 (E, F)
    Martens (3rd) 11:304 (F)

1914

918. January 20
    Safety of life at sea
    BFSP 108:283, 357 (F)
    Cmd 7246 (1914) (E)

919. January 20
    Safety of navigation
    BFSP 108:307, 358 (F)

1914 (cont.)

920. March 20
    Copyright (Bern)
    LNTS 1:244 (E, F)
    BFSP 107:353 (F)
    GBTS 1914:11, Cmd 7613 (E, F)
    RG Bl (Ger) 1920:137 (G)
    Möhring. Quellen des Urheberrechts, vol. 1 (F, G)
    UNESCO. Lois et traités sur le droit d'auteur 3:2050 (1962) (F)
    UNESCO. Repertorio universalde derecho de autor (1960) 2:2708 (Sp)

921. April 18
    Act on commission (Scandinavia)
    International Institute for the Unification of Private Law. Yearbook 1961 (1962) p. 225 (E)

922. April 21
    Sanitary convention (Americas)
    LNTS 5:394 (Port, Sp)
    BFSP 114:569 (E)

923. May 26
    Mutual relief (Scandanavia)
    BFSP 107:739 (E)

924. June 25
    Opium
    BFSP 107:341 (F)
    Malloy 3:3039 (E)

925. July 3
    Tibet Convention
    Dhyani. Contemporary Tibet (1961) p. 123 (E)
    Indian Society of International Law. The Sino-Indian boundary (1962) p. 35 (E)

926. July 15
    Recognition of proof marks on fire arms
    LNTS 79:133 (E, F)
    BFSP 121:1030 (F)

1915

927. April 26
    London Accord: Italy enters the War
    BFSP 112:973 (F)
    Anchieri. La Diplomazia Contemporanea (1959) p. 83 (It)

928. May 25
    Peaceful solution of disputes (Argentina, Brazil, Chile)
    U.S. Treaties, 1913-1921. Treaties for the advancement of peace (1919) p. 147 (E, Sp)

1915 (cont.)

929. June 11
    Conditional sales act (Scandinavia)
    International Institute for the Unification
    of Private Law. Yearbook 1961 (1962)
    p. 219 (E)

930. June 11
    Contracts act (Scandinavia)
    International Institute for the Unification
    of Private Law. Yearbook 1961 (1962)
    p. 191 (E)

931. June 15
    Outer Mongolia
    BFSP 110:810 (F)
    AJIL supp 10:251 (E)

1916

932. January 19
    Whangpu Conservancy Board of
        Administration
    Malloy 3:3046 (E)

933. January 24
    Telegraph line to Outer Mongolia
    BFSP 110:816 (F)

934. February 14
    Guarantee of restoration of Belgian
        independence
    Revue Generale de Droit Internationale
    Public 23:126d (F)

935. March 28
    Declaration of unity (Belgium, France,
        Great Britain, Italy, Japan, Portugal,
        Russia, Serbia)
    Revue Générale de Droit International Public
    23:127d (F)

936. April 29
    Guarantee of territorial integrity
        of Belgian Congo (France, Great
        Britain, Italy, Japan, Russia)
    Revue Générale de Droit International
    Public 23:130d (F)

1917

937. February 22
    Coinage (Scandinavia)
    BFSP 111:707 (E)

938. November 9
    Supreme Interallied War Council
    Current History, Dec. 1917, p. 434 (E)

1918

939. February 9
    Peace with Ukraine
    BFSP 123:744 (E)
    Cmd 9105 (1918) (E, G)

940. March 3
    Peace with Russia
    BFSP 123:740 (E)
    RG Bl (Ger) June 11, 1918, 77 (G, R)
    Korovin. Mezhdunarodnye dogovory
        (1924) p. 226 (R)

941. May 7
    Peace with Rumania
    BFSP 123:727 (E)

942. September 29
    Armistice with Bulgaria
    BFSP 111:610 (F)
    N.Y. Times October 2, 1918 (E)

943. October 31
    Armistice (Turkey)
    U.S. State Dept. Weekly Reports, Near
    East, no. 40, Nov. 9, 1918 (E)

944. November 3
    Armistice (Austria-Hungary)
    BFSP 111:591 (F)
    Official U.S. Bulletin, Nov. 4, 1918 (E)
    State Dept. Reports, Central Powers,
        no. 70, Nov. 9, 1918 (E)
    Malloy 3:3141, 3529 (E)
    AJIL supp. 13:80 (E)

945. November 11
    Armistice (Germany)
    BFSP 111:613 (F)
    Official US Bull., November 13, 1918 (E)
    Malloy 3:3307 (E)
    AJIL supp 13:97 (E)
    NY Times, November 13, 1918 (E)

946. December 13
    Armistice with Germany
    BFSP 111:627 (F)
    AJIL supp 13:387 (E)

947. December 30
    Neutralization of Aland Islands
    BFSP 113:993 (E)

1919

948. January 16
    Armistice with Germany
    BFSP 112:896 (E)
    AJIL supp 13:388 (E)

1919 (cont.)

949. February 12
    Workmen's compensation for accidents
      (Scandinavia)
    BFSP 112:1004 (E)

950. February 16
    Armistice with Germany
    BFSP 112:900 (E)
    AJIL supp 13:392 (E)

951. March 28
    Neutralization of Aland Islands
    BFSP 113:1002 (E)

952. April 4
    Transport of Polish troops via
      Danzig
    BFSP 113:469 (F)

953. May 5
    Trade in arms with China
    Malloy 3:3821 (E)

954. June 28
    Treaty of Versailles
    BFSP 112:1 (E)
    GBTS 1919:4 (E)
    GBTS 1924:37 (E)
    Martens (3rd) 11:323 (E, F)
    Malloy 3:3714 (E)
    AJIL supp 13:151 (E)
    AJIL supp 16:207 (E)
    NY Times, January 31, 1921, p. 1 (E)
    Anchieri. La Diplomazia Contemporanea
      (1959) p. 88 (It)

    Korovin. Mezhdunarodnye dogovory
      (1924) p. 47 (R)

955. June 28
    Treaty of Versailles: Kiel Canal art.
      380-86
    Singh. British Shipping Laws (1963)
      8:1210 (E)

956. June 28
    League of Nations Covenant
    BFSP 112:13, 316 (E)
    RO (Ecuador) no. 39, 18 October 1934 (Sp)
    U.N. Charter. Die Charta der Vereinigten
      Nationen (1963) p. 7 (G)
    Malloy 3:3331 (E)
    AJIL supp 13:128, 361 (E)
    Münch. Internationale Organisationen (1962)
      p. 77 (G)
    Plischke. International relations. 2d ed.
      p. 155 (E)
    Sanson-Terán. Universalismo y regio-
      nalismo en la Sociedad Interestatal
      Contemporánea (1960) p. 189 (Sp)
    Reuter. Traités et documents diploma-
      tiques (1963) p. 19 (F)

1919 (cont.)

957. June 28
    Treaty of Versailles, art. 331-352:
      European Commission of the Danube
    BFSP 112:173 (E)
    Trb 1955:161 (F, Dut)

958. June 28
    International Labor Organization
    TS 874, Stat 49:2712 (E, F)
    Belorusskaia SSR v mezhd. otnosh
      (1960) p. 289 (R)
    Ukrainskaia SSR v mizhn. vidnos
      (1959) p. 399 (Ukr)
    Malloy 4:5531 (E)
    AJIL supp 31:67 (E)
    Gonzalez. Textos internacionales del
      Peru (1962) p. 123 (Sp)

959. June 28
    Military occupation of the Rhine
    BFSP 112:219 (E)
    GBTS 1919:7 (E)
    Martens (3rd) 11:323 (E, F)
    European Yearbook (1956) 2:272 (F)

960. June 28
    Peace treaty (Poland)
    BFSP 112:232 (E)
    GBTS 1919:8 (E)
    Malloy 3:3714 (E)
    Hudson 1:283 (E, F)

961. June 30
    Hydrographic Bureau
    JO (Fr) 1922:6918 (F)

962. August 9
    Reservation of rights: armistice with
      Bulgaria
    BFSP 113:786 (F)

963. September 10
    Pan African Congress (Paris)
    Legum. Pan-Africanism (1962) p. 133 (E)

964. September 10
    African slave trade
    LNTS 8:27 (E, F)
    BFSP 112:901 (F)
    TS 877, Stat 49:3027 (E, F)
    GBTS 1919:18 (E, F)
    Martens (3rd) 14:12 (F)
    Malloy 4:4849 (E)
    AJIL supp 15:314 (E)

1919 (cont.)

965. September 10
    Control of trade in arms and liquor traffic in Africa
    LNTS 7:332, 8:11 (E, F)
    BFSP 112:925 (F)
    TS 779, 887, Stat 46:2199 (E, F)
    Malloy 3:3739 (E); 4:4856 (E)
    GBTS 1919:12, 19, Cmd 414 (E, F)
    Martens (3rd) 14:19 (F)
    Hudson 1:323 (E, F)
    AJIL supp 15:297, 322 (E)

966. September 10
    Cost of liberation of Austria-Hungary
    LNTS 2:36 (E, F, It)
    BFSP 112:524 (E)
    GBTS 1919:14 (E)
    Malloy 3:3149 (E)
    AJIL supp 14:344 (E)

967. September 10
    Italian reparations
    LNTS 2:22 (E, F, It)
    BFSP 112:527 (E)
    GBTS 1919:15 (E)
    AJIL supp 14:349 (E)

968. September 10
    Peace with Austria: Treaty of St. Germain
    BFSP 112:317 (E)
    GBTS 1919:11 (E)
    AJIL supp 14:1 (E)
    Korovin. Mezhdunarodnye dogovory (1924) p. 110 (R)
    Martens (3rd) 11:692 (F)

969. September 10
    Peace (Czechoslovakia)
    BFSP 112:502 (E)
    GBTS 1919:20 (E)
    JO (France) 1922:5574 (F)
    Malloy 3:3699 (E)
    Hudson 1:298 (E, F)
    AJIL supp 14:311 (E)
    Korovin. Mezhdunarodnye dogovory (1924) p. 110 (R)

970. September 10
    Peace (Serbo-Croatia)
    BFSP 112:514 (E)
    GBTS 1919:17 (E)
    JO (France) 1922:5577 (F)
    Malloy 3:3731 (E)
    Hudson 1:312 (E, F)
    AJIL supp 14:333 (E)
    Korovin. Mezhdunarodnye dogovory (1924) p. 110 (R)

1919 (cont.)

971. October 13
    Aerial navigation
    LNTS 11:173 (E, F, It)
    BFSP 112:931 (E)
    GBTS 1922:2, Cmd 1609 (E, F)
    Martens (3rd) 13:61 (F)
    Malloy 3:3768 (E)
    Hudson 1:359 (E, F)
    AJIL supp 17:195 (E)
    Korovin. Mezhdunarodnye dogovory (1924) p. 319 (R)

972. October 18
    International Academic Union
    Archiv für das Recht der internationalen Organisationen 2:59 (F)

973. October 25
    International Association for Housing and Urbanism
    Archiv für das Recht der internationalen Organisationen 2:135 (G)

974. November 27
    Peace with Bulgaria: Treaty of Neuilly
    BFSP 112:781 (E)
    GBTS 1920:5 (E)
    Martens (3rd) 12:323 (F)
    AJIL supp 14:185 (E)
    Korovin. Mezhdunarodnye dogovory (1924) p. 128 (R)

975. November 28
    Hours of work: industrial undertaking (ILO 1)
    BFSP 135:10 (E)
    Hudson 1:392 (E, F)
    ILO Bull 1:409 (E)

976. November 28
    Unemployment (ILO 2)
    BFSP 134:390 (E)
    Martens (3rd) 19:72 (E, F)
    Hudson 1:404 (E, F)
    ILO Bull 1:417 (E)
    JO (CAR) 1964:356 (F)
    RO (Ecuador) 159, 17 May 1962 (Sp)

977. November 28
    Night work: women (ILO 4)
    BFSP 134:389 (E)
    Martens (3rd) 19:82 (E, F)
    Hudson 1:412 (E, F)
    ILO Bull 1:424 (E)

978. November 28
    Minimum age in industry (ILO 5)
    BFSP 134:383 (E)
    OFS 1955:777 (E, Nor)
    Martens (3rd) 19:87 (E, F)
    Hudson 1:417 (E, F)
    ILO Bull 1:430 (E)

1919 (cont.)

979. November 28
    Night work for young persons: industry (ILO 6)
    BFSP 134:381 (E)
    Martens (3rd) 19:92 (E, F)
    Hudson 1:421 (E, F)
    ILO Bull 1:433 (E)

980. November 29
    Maternity protection (ILO 3)
    Martens (3rd) 19:76 (E, F)
    Hudson 1:407 (E, F)
    ILO Bull 1:421 (E)
    JO (CAR) 1964:357 (F)

981. December 8
    Cost of liberation of Austria-Hungary
    LNTS 2:44 (E, F, It)
    BFSP 112:534 (E)
    GBTS 1920:7 (E)
    Malloy 3:3303 (E)

982. December 8
    Italian reparations
    LNTS 2:30 (E, F, It)
    BFSP 112:536 (E)
    GBTS 1920:9 (E)
    AJIL supp 14:352 (E)

983. December 9
    Peace (Rumania)
    LNTS 5:336 (E, F)
    BFSP 112:538 (E)
    GBTS 1920:6 (E)
    Martens (3rd) 13:529 (F)
    Malloy 3:3724 (E)
    Hudson 1:426 (E, F)
    AJIL supp 14:324 (E)

1920

984. January 18
    Postal communications
    LNTS 12:321 (E, F, Dan)

985. February 9
    Sovereignty of Norway over Archipelago of Spitsbergen
    LNTS 2:7 (E, F)
    BFSP 113:789 (E)
    TS 686, Stat 43:1892 (E, F)
    GBTS 1924:18 (E, F)
    Can TS 1947:2 (E, F)
    Russia. Treaties. Sbornik mezhd. Konventsii (1959) p. 224 (R)
    Martens (3rd) 13:473 (E, F)

    Hudson 1:436 (E, F)
    AJIL supp 18:199 (E)

1920 (cont.)

986. February 29
    Police convention: Pan American Union
    LNTS 127:433 (E, F, Sp, Port)
    Hudson 1:448 (Sp)

987. March 25
    Small silver currency: Latin Monetary Union
    LNTS 1:45 (E, F)
    BFSP 113:943 (F)
    Martens (3rd) 14:216 (F)
    Hudson 1:451 (E, F)

988. May 1
    Aerial navigation
    LNTS 11:307 (E, F, It)
    BFSP 113:783 (E)
    GBTS 1922:11 (E, F)
    Martens (3rd) 13:114 (F)
    Hudson 1:376 (E, F)
    AJIL supp 17:212 (E)

989. May 11
    Monetary Convention (Scandinavia)
    LNTS 1:15 (E, F, Dan, Nor, Swe)
    BFSP 113:974 (E)
    Hudson 1:460 (E, F)

990. June 4
    Peace with Hungary: Treaty of Trianon
    BFSP 113:486 (E)
    GBTS 1920:10 (E)
    GBTS 1922:4 (E, H)
    Martens (3rd) 12:423 (F)
    Malloy 3:3539 (E)
    AJIL supp 17:46 (E)
    Korovin. Mezhdunarodnye dogovory (1924) p. 123 (R)

991. June 18
    Trade (Bahama Islands, etc. and Canada)
    BFSP 113:281 (E)
    BFSP 116:286 (E)

992. June 21
    Institute of Refrigeration
    LNTS 8:66 (E, F)
    BFSP 116:556 (F)
    GBTS 1923:6, Cmd 1857 (E, F)
    Stbld 1922:308 (F, Dut)
    Martens (3rd) 12:312 (F)
    Hudson 1:464 (F)
    Hertslet. Commercial treaties 30:296 (F)

993. June 30
    Industrial property affected by World War I
    LNTS 1:60 (E, F)
    BFSP 113:1045 (F)
    GBTS 1920:18 (E, F)
    Martens (3rd) 12:596 (F, G)
    Hudson 1:472 (E)
    AJIL supp 16:132 (E)

1920 (cont.)

994. July 5
    Slesvig
    LNTS 2:242 (E, F)
    BFSP 113:465 (E)
    GBTS 1922:17, Cmd 1585 (E)
    AJIL supp 17:42 (E)

995. July 9
    Minimum age: sea (ILO 7)
    BFSP 134:422 (E, F)
    Martens (3rd) 19:98 (E, F)
    Hudson 1:477 (E, F)
    ILO Bull 1:551 (E)
    Singh. British Shipping Laws (1963)
        8:890 (E)
    Germany (FR) Maritime Law. Das deutsche
        Seerecht (1964) 3:361 (G)

996. July 9
    Unemployment indemnity in shipwreck
        (ILO 8)
    BFSP 134:423 (E)
    Hudson 1:481 (E, F)
    ILO Bull 1:554 (E)
    Germany (FR) Maritime Law. Das deutsche
        Seerecht (1964) 3:377 (G)

997. July 10
    Placing of seamen (ILO 9)
    BFSP 134:474 (E)
    Martens (3rd) 19:102 (E, F)
    Hudson 1:484 (E, F)
    ILO Bull 1:556 (E)
    Singh. British Shipping Laws (1963)
        8:881 (E)
    Germany (FR) Maritime Law. Das deutsche
        Seerecht (1964) 3:382 (G)

998. July 16
    Reparations
    BFSP 114:550 (E)
    Trat e Conv 26:405 (F)

999. July 16
    Reservation of rights: armistice with
        Austria
    BFSP 113:785 (F)

1000. August 10
    Peace with Turkey: Treaty of Sevres
    BFSP 113:652 (E)
    GBTS 1920:11 (E)
    Korovin. Mezhdunarodnye dogovory
        (1924) p. 134 (R)

1001. August 10
    Anatolia
    BFSP 113:797 (E)
    GBTS 1920:12 (E)
    AJIL supp 15:151 (E)

1920 (cont.)

1002. August 10
    Certain frontiers in Central Europe
    LNTS 8:40 (E, F)
    BFSP 113:866 (E)
    GBTS 1921:20 (E)
    AJIL supp 16:148 (E)

1003. August 10
    Economic and judicial relations
        (Czechoslovakia, Italy, Poland,
        Rumania, Serbo-Croatia)
    BFSP 113:959 (F)

1004. August 10
    Protection of minorities in Armenia
    BFSP 113:458 (E)

1005. August 10
    Protection of minorities in Greece:
        Treaty of Sevres
    LNTS 28:243 (E, F, It)
    BFSP 113:471 (E)
    GBTS 1920:13 (E)
    Martens (3rd) 12:801 (F)
    Hudson 1:489 (E, F)
    AJIL supp 15:179 (E)

1006. August 10
    Thrace
    LNTS 28:226 (E, F, It)
    BFSP 113:479 (E)
    GBTS 1921:13 (E)
    AJIL supp 16:126 (E)

1007. October 12
    Peace: preliminary treaty (Russia,
        Ukraine, Poland)
    BFSP 113:1157 (E)

1008. October 15
    China consortium agreement
    BFSP 114:672 (E)
    AJIL supp 16:4 (E)

1009. October 28
    Bessarabia
    BFSP 113:647 (F)
    GBTS 1922:15, Cmd 1747 (E, F)
    AJIL supp 17:7 (E)

1010. October 31
    Campaign against locusts
    LNTS 164:85 (E, F)
    BFSP 140:838 (F)
    JO (France) 1923:11083 (F)
    Martens (3rd) 37:420 (F)
    Hudson 1:502 (F)

1011. November 13
    Spanish-American Postal Union
    Stat 42:2141 (E, Sp)
    Hudson 1:504 (E, Sp)

1920 (cont.)

1012. November 15
    Central Patent Bureau
    US Patent Office Gazette 286:646 (E)
    Hudson 1:508 (E, F)

1013. November 30
    Universal Postal Union
    LNTS 7:370; 24:146 (E, F)
    BFSP 114:430 (F)
    Stat 42:1971 (E, F)
    Martens (3rd) 15:744 (F)
    Hertslet. Commercial Treaties 30:332 (F)

1014. December 16
    Permanent Court of International Justice
    LNTS 6:390 (E, F)
    GBTS 1923:23, Cmd 1981 (E, F)
    Hudson 1:528 (E, F)
    AJIL supp 17:55 (E)

1015. December 17
    Mandate for former German Pacific Islands north of the Equator
    BFSP 116:806 (E)

1016. December 17
    Mandate (German South-West Africa)
    BFSP 113:1109 (E)

1017. December 17
    Mandate (Nauru Island)
    BFSP 113:1111 (E)

1018. December 17
    Saar Basin frontier
    LNTS 12:40 (E, F, G)

1019. December 21
    Mandate (German Samoa)
    BFSP 113:1107 (E)

1020. December 29
    Telegraphs and telephones (Nordic countries)
    LNTS 13:290 (E, F, Dan, Nor, Swe)

1021. December 31
    Property rights and interest: Treaty of Versailles
    BFSP 113:360, 365 (E)
    GBTS 1921:26 (E, G)
    AJIL supp 16:162 (E)

1921

1022.
    Hague rules: risks to be assumed by sea carriers under a bill of lading
    Wildiers. Le connaissement maritime (1961) p. 153 (E)

1921 (cont.)

1023. January 18
    Financial consortium in China
    Malloy 3:3822 (F)

1024. January 19
    Union of Central America
    LNTS 5:10 (E, F, Sp)
    BFSP 114:831 (E)
    Hudson 1:600 (E, Sp)
    AJIL supp 15:328 (E)

1025. January 21
    Rhine navigation
    BFSP 117:540
    Trb 1955:161 (F, Dut)
    Martens (3rd) 12:603 (F)
    Hudson 1:612 (E, F)
    European Yearbook (1956) 2:275 (F)

1026. February 11
    Opium
    BFSP 114:655 (F)
    GBTS 1921:17 (E, F)

1027. February 25
    Navigation of the Rhine
    LNTS 12:356 (E, F)

1028. March 18
    Peace (Poland, Russia, Ukraine)
    BFSP 114:917 (E)
    General Sikorski Historical Institute. Documents on Polish-Soviet relations 1:3 (E)
    Korovin. Mezhdunarodnye dogovory (1924) p. 232 (R)

1029. April 20
    Freedom of transit
    LNTS 7:12 (E, F)
    BFSP 116:517 (E)
    GBTS 1923:27, Cmd 1992 (E, F)
    Martens (3rd) 18:690 (E, F)
    Hudson 1:626 (E, F)
    AJIL supp 18:118 (E)
    Korovin. Mezhdunarodnye dogovory (1924) p. 310 (R)
    Singh. British Shipping Laws (1963) 8:1230 (E)

1030. April 20
    Right to a flag having no sea coast
    LNTS 7:74 (E, F)
    BFSP 116:544 (E)
    GBTS 1923:29, Cmd 1994 (E, F)
    Russia. Treaties. Sbornik mezhd. Konventsii (1959) p. 228 (R)
    Martens (3rd) 18:739 (E, F)
    Hudson 1:662 (E, F)
    AJIL supp 18:167 (E)
    Singh. British Shipping Laws (1963) 8:1221 (E)

1921 (cont.)

1031. April 20
    Regime of navigable waterways
LNTS 7:36, 66 (E, F)
BFSP 116:541, 546 (E)
GBTS 1923:28, Cmd 1993 (E, F)
Martens (3rd) 18:709 (E, F)
Hudson 1:638 (E, F)
AJIL supp 18:151 (E)
Korovin. Mezhdunarodnye dogovory (1924) p. 313 (R)
Singh. British Shipping Laws (1963) 8:1236 (E)

1032. April 21
    Transit between Prussia and rest of Germany
LNTS 12:62 (E, F)

1033. April 31
    Regime of harbors (Barcelona)
Korovin. Mezhdunarodnye dogovory (1924) p. 316 (R)

1034. April 31
    Regime of international rail lines (Barcelona)
Korovin. Mezhdunarodnye dogovory (1924) p. 318 (R)

1035. May 5
    Treaty of Versailles: reparations
LNTS 12:420 (E, F)
BFSP 114:559 (E)
GBTS 1921:12 (E)
AJIL supp 16:168 (E)

1036. May 26
    Sanitary convention
Malloy 3:2877 (E)

1037. June 10
    Treaty of Versailles: claims presentation
LNTS 8:298 (E, F)
BFSP 114:426 (F)

1038. June 14
    Social insurance settlement under art. 275 of the Treaty of St. Germain
Trat e Conv 27:175 (F)

1039. June 21
    International Hydrographic Bureau: statute
Hudson 1:664 (E)

1040. July 12
    Establishment of common rules of private international law
LNTS 37:434 (E, F)
BFSP 121:1078 (F)
Hudson 1:674 (E, F)

1921 (cont.)

1041. July 12
    Postal, telegraphic and telephonic relations
LNTS 11:111 (E, F)
Hudson 1:676 (E, F)

1042. July 20
    Enemy debts: Treaty of Versailles
GBTS 1921:19, 18 (E, F)
AJIL supp 16:153 (E)

1043. July 23
    Danube Statute
LNTS 26:173 (E, F)
BFSP 114:535 (F)
GBTS 1922:16, Cmd 1754 (E, F)
Martens (3rd) 12:606 (F, G)
Hudson 1:681 (E, F)
AJIL supp 17:13 (E)
Anchieri. La Diplomazia Contemporanea (1959) p. 393 (It)

1044. July 26
    Reservation of rights: armistice with Hungary
BFSP 114:427 (F)

1045. September 15
    Pan-American Postal Union
LNTS 30:142 (E, F, Sp)
Stat 42:2154 (E, Sp)
RO (Ecuador) no. 718, 22 Feb. 1923 (Sp)
Hudson 1:702 (E, Sp)

1046. September 19
    Telegraph (Finland, Norway, RSFSR)
BFSP 116:733 (F)

1047. September 30
    Traffic in women and children
LNTS 9:416 (E, F)
BFSP 116:547 (E)
GBTS 1923:26, Cmd 1986 (E, F)
Ire TS 1934:6 (E)
Martens (3rd) 18:758 (E, F)
Hudson 1:726 (E, F)
AJIL supp 18:130 (E)

1048. October 5
    League of Nations
LNTS 27:350; 29:68, 74, 80 (E, F)
BFSP 116:808; 118:853, 857 (E)
GBTS 1923:4; 1924:4, 32 (E, F)
AJIL supp 17:222 (E)

1921 (cont.)

1049. October 6
Weights and measures
LNTS 17:46 (E, F)
BFSP 116:564 (F)
TS 673, Stat 43:1686 (E, F)
GBTS 1923:24, Cmd 1982 (E, F)
Netherlands. Weights and Measures Law, ljkwet 1937 (1962) p. 298 (Dut)
Martens (3rd) 13:286 (F)
Malloy 3:3088, 4:4868 (E)
Hudson 1:738 (E, F)

1050. October 13
Friendship (Armenia, etc., Turkey)
BFSP 120:906 (F)

1051. October 20
Neutrality of Aland Islands
LNTS 9:212 (E, F)
BFSP 114:421 (F)
GBTS 1922:6 (E)
Martens (3rd) 12:65 (F)
Hudson 1:744 (F)
AJIL supp 17:1 (E)

1052. November 11
Minimum age: trimmers and stockers (ILO 15)
BFSP 134:427 (E)
Russia. Treaties. Sbornik mezhd. Konventsii (1959) p. 214 (R)
Belorusskaia SSR v mezhd. otnosh (1960) p. 339 (R)
Ukrainska SSR v mizhn. vidnos (1959) p. 445 (Ukr)
Sbornik dog. SSSR 18:352 (R)
Martens (3rd) 19:114 (E, F)
Hudson 1:753 (E, F)
ILO Bull 4:507 (E)
Singh. British Shipping Laws (1963) 8:894 (E)
Germany (FR) Maritime Law. Das deutsche Seerecht (1964) 3:363 (G)

1053. November 11
Medical examinations: sea (ILO 16)
BFSP 134:426 (E)
Russia. Treaties. Sbornik mezhd. Konventsii (1959) p. 216 (R)
Belorusskaia SSR v mezhd. otnosh. (1960) p. 343 (R)
Ukrainska SSR v mizhn. vidnos (1959) p. 449 (Ukr)
Sbornik dog SSR 18:355 (R)
NZTS 1963:12 (E)
Hudson 1:757 (E,F)

ILO Bull 4:510 (E)
Singh. British Shipping Laws (1963) 8:896 (E)

1921 (cont.)

1054. November 12
Right of association in agriculture (ILO 11)
BFSP 134:392 (E)
Mon (Haiti) 1963:121 (F)
Belorusskaia SSR v mezhd. otnosh. (1960) p. 336 (R)
Ukrainska SSR v mizhn. vidnos (1959) p. 442 (Ukr)
Sbornik dog. SSR 18:358 (R)
Martens (3rd) 19:105 (E, F)
Hudson 1:760 (E, F)

ILO Bull 4:495 (E)
Gac (Costa Rica) 1963:2773 (Sp)

1055. November 12
Workmen's compensation in agriculture (ILO 12)
BFSP 134:430 (E)
OFS 1963:177 (E, Nor)
Salvador. Tratados 5:245 (Sp)
Martens (3rd) 19:111 (E, F)
Hudson 1:762 (E, F)
ILO Bull 4:497 (E)

1056. November 16
Minimum age: agriculture (ILO 10)
BFSP 134:479 (E)
Vert BRD 11:102 (E, F, G)
OFS 1960:254 (E, Nor)
Sbornik dog. SSSR 18:361 (R)
Hudson 1:765 (E, F)
ILO Bull 4:490 (E)
JO (CAR) 1964:359 (F)

1057. November 17
Weekly rest (ILO 14)
BFSP 134:480 (E)
OFS 1955:783 (E, Nor)
Hudson 1:768 (E, F)
ILO Bull 4:503 (E)

1058. November 19
White lead (ILO 13)
BFSP 135:397 (E)
Hudson 1:773 (E, F)
ILO Bull 4:499 (E)

1059. November 21
Rail traffic (Central Europe)
Trat e Conv 27:407 (F)

1060. November 23
Payment of compensation: Treaty of Versailles
BFSP 114:323 (E)
GBTS 1921:27 (E, G)
Trat e Conv 27:402 (It)
AJIL supp 16:157 (E)

1061. November 23
Commercial exchange facilities (Central Europe)
Trat e Conv 27:359 (It)

1921 (cont.)

1062. November 23
　　Passports and visas (Central Europe)
　Trat e Conv 27:417 (It)

1063. November 23
　　Postal relations (Central Europe)
　Trat e Conv 27:266 (F)

1064. November 23
　　Restitution of private vehicles
　　(Central Europe)
　Trat e Conv 27:396 (It)

1065. November 23
　　Simplification of telephone and
　　telegraphic services (Central
　　Europe)
　Trat e Conv 27:380 (It)

1066. November 23
　　Vehicles (Austria-Hungary)
　Trat e Conv 27:389 (It)

1067. December 9
　　Latin Monetary Union
　Martens (3rd) 14:220 (F)
　Hudson 1:457 (F)

1068. December 10
　　Extra-territoriality in China
　BFSP 116:586 (E)
　Malloy 3:3131 (E)

1069. December 13
　　Insular possessions in the Pacific
　　Ocean
　LNTS 25:184 (E, F)
　BFSP 116:627 (E)
　TS 669, Stat 43:1646 (E, F)
　Martens (3rd) 12:832 (E, F)
　Malloy 3:3094 (E)
　Hudson 1:778 (E, F)
　Anchieri. La Diplomazia Contemporanea
　　(1959) p. 104 (It)
　Korovin. Mezhdunarodnye dogovory
　　(1924) p. 199 (R)

1070. December 16
　　Navigation on the Rhine
　LNTS 13:54 (E, F)

1071. December 20
　　Enemy debts: Treaty of Versailles
　GBTS 1922:3 (E, F)
　AJIL supp 17:53 (E)

1922

1072. January 27
　　Passports and visas (Central Europe)
　LNTS 9:291 (E, F)
　Martens (3rd) 19:767 (E)

1073. February 4
　　Rights in the region of the Pacific
　　Ocean
　Malloy 3:3097 (E)

1074. February 6
　　Principles and policy concerning China
　LNTS 38:278 (E, F)
　BFSP 119:562 (E)
　TS 723; Stat 44:2113 (E, F)
　GBTS 1925:42 (E)
　Martens (3rd) 14:323 (E, F)
　Hudson 2:823 (E, F)
　Malloy 3:3120; 4:4872 (E)
　AJIL supp 16:64 (E)
　Anchieri. La Diplomazia Contemporanea
　　(1959) p. 106 (It)
　Korovin. Mezhdunarodnye dogovory (1924)
　　p. 201 (R)

1075. February 6
　　Chinese customs tariff
　LNTS 38:268 (E, F)
　BFSP 119:557 (E)
　TS 724, Stat 44:2122 (E, F)
　GBTS 1925:43 (E)
　Martens (3rd) 14:331 (E, F)
　Hudson 2:829 (E, F)
　Malloy 3:3125, 4:4877 (E)
　AJIL supp 16:69 (E)

1076. February 6
　　Insular possessions in the Pacific
　　Ocean
　LNTS 25:196 (E, F)
　BFSP 116:633 (E)
　TS 670, Stat 43:1652 (E, F)
　Martens (3rd) 12:840 (E)
　Hudson 1:782 (E, F)
　Malloy 3:3098, 4:4886 (E)
　Anchieri. La Diplomazia Contemporanea
　　(1959) p. 105 (It)

1077. February 6
　　Naval armament: Washington Naval
　　Treaty
　LNTS 25:202 (E, F)
　BFSP 117:453 (E)
　TS 671, Stat 43:1655 (E, F)
　Martens (3rd) 13:195 (E, F)
　Hudson 2:798 (E, F)
　Malloy 3:3100, 4:4889 (E)
　AJIL supp 16:41 (E)
　Korovin. Mezhdunarodnye dogovory (1924)
　　p. 196 (R)

1922 (cont.)

1078. February 6
    Use of submarines and poison gas
    Malloy 3:3116 (E)
    Hudson 2:794 (E, F)
    AJIL supp 13:57 (E)
    BFSP 91:1014 (E)
    LNTS 25:202 (E, F)

1079. February 22
    Navigation on the Elbe
    LNTS 26:220 (E, F)
    BFSP 116:598 (F)
    GBTS 1923:3, Cmd 1833 (E, F)
    Martens (3rd) 12:632 (E, F)
    Hudson 2:835 (E, F)
    AJIL supp 17:227 (E)

1080. March 11
    Distribution of Germany reparations
    Cmd 1616 (1922) (E)
    BFSP 116:612 (E)

1081. March 14
    Liquidation of Austro-Hungarian Bank
    Trat e Conv 28:125 (F)

1082. March 17
    Political agreement (Baltic States)
    LNTS 11:168 (E, F)

1083. March 31
    Statute of the Danube: protocol
    Trat e Conv 28:140 (F)

1084. April 1
    Disbanding sailors at Memel and Danzig
    LNTS 9:326 (E, F)

1085. April 6
    Final act of the Conference of Austria-Hungary Successor States
    Trat e Conv 28:145 (It)

1086. April 6
    Administrative debts (Austria-Hungary)
    Trat e Conv 28:211 (It)

1087. April 6
    Administrative problems relating to private insurance (Austria-Hungary)
    Trat e Conv 28:152 (It)

1088. April 6
    Archives (Austria-Hungary)
    Trat e Conv 28:360 (It)

1089. April 6
    Double taxation (Central Europe)
    Trat e Conv 28:336 (It)

1922 (cont.)

1090. April 6
    Investments in war loans
    LNTS 20:12 (F, It)

1091. April 6
    Nationality (Central Europe)
    BG Bl (Ger) 1924:507 (F, G, It)
    Trat e Conv 28:385 (It)

1092. April 6
    Postal Administration (Central Europe)
    Trat e Conv 28:323 (It)

1093. April 6
    Private insurance claims (Austria-Hungary)
    Trat e Conv 28:160 (It)

1094. April 6
    Public property (Austria-Hungary)
    Trat e Conv 28:375 (It)

1095. April 16
    Settlement: war questions (Germany)
    BFSP 118:586 (F)

1096. May 10
    Kembs Lateral Canal Scheme
    LNTS 26:266 (E, F)

1097. June 15
    Transfer of Upper Silesian plebiscite area
    LNTS 21:464 (E, F)

1098. June 21
    Aerial navigation
    Malloy 3:3819 (E)

1099. July 5
    Identity certificates for Russian refugees
    LNTS 13:238 (E, F)
    BFSP 116:813 (E)
    Martens (3rd) 18:791 (F)
    Hudson 2:873 (E, F)

1100. August 2
    International Association for the Protection of Children
    Hudson 2:876 (E, F)

1101. August 18
    Telephones and telegraphs (Nordic Countries)
    LNTS 13:290 (E, F, Dan, Nor, Swe)

1922 (cont.)

1102. October 4
       Restoration of Austria
       LNTS 12:386, 392, 406 (E, F)
       BFSP 116:850 (F)
       Martens (3rd) 14:350 (F)
       Hudson 2:882 (E, F)

1103. October 27
       Aerial navigation
       LNTS 78:438 (E, F)
       BFSP 116:624 (E); 117:433 (E, F, It)
       GBTS 1925:12, Cmd 2328 (E, F)
       Hudson 1:378 (E, F)

1104. November 2
       International Labor Organization: art. 393, Treaty of Versailles
       LNTS 149:35 (E, F)

1105. November 5
       Settlement: war questions (at Rapallo, Germany and six socialist republics)
       LNTS 26:387 (E, F, G)
       BFSP 118:587 (F)

1106. November 7
       Transfer of claims and deposits at the Royal Hungarian Postal Savings Bank possessed by nationals of the territories transferred from the Austro-Hungarian Empire
       LNTS 120:10 (E, F)

1107. December 6
       Income tax on shipping profits (Denmark and Iceland)
       EAS 14 (E)

1108. December 14
       Regulations for Rhine navigation certificates
       LNTS 36:458; 37:10 (E, F)
       BFSP 119:582 (E)
       RG Bl (Ger) 1925, II, no. 18 (F, G)
       Trb 1955:161 (F, Dut)
       Martens (3rd) 15:219 (F, G)
       Hudson 2:897 (E, F)
       European Yearbook (1956) 2:276 (F)

1923

1109. January 27
       Navigation on the Elbe
       LNTS 26:254 (E, F)
       BFSP 117:435 (F)
       GBTS 1924:17, Cmd 2091 (E, F)
       RG Bl (Ger) 1923, II, p. 50 (F, G)
       Martens (3rd) 12:889 (F, G)
       Hudson 2:857 (E, F)

1923 (cont.)

1110. February 7
       Peace and amity: Pan American Union
       BFSP 130:517 (E)
       PAULTS 7 (E, F, Sp, Port)
       Hudson 2:901 (E, Sp)
       AJIL supp 77:117 (E)
       Revista de Derecho Internacional 3:137 (Sp)
       Conference on Central American Affairs (Wash, 1923) p. 287 (E)

1111. February 7
       Stations for agricultural experiments and animal industries (Central America)
       Hudson 2:972 (E, Sp)
       AJIL supp 17:70 (E)
       Revista de Derecho Internacional 3:200 (Sp)
       Conference on Central America Affairs (Wash, 1923) p. 376 (E)

1112. February 7
       Limitaton of armaments (Central America)
       Hudson 2:942 (E, Sp)
       AJIL supp 17:114 (E)
       Revista de Derecho Internacional 3:175 (Sp)
       Conference on Central American Affairs (Wash, 1923) p. 339 (E)

1113. February 7
       Permanent Central American Commissions
       AJIL supp 17:122 (E)
       Revista de Derecho Internacional 3:178 (Sp)
       Conference on Central American Affairs (Wash, 1923) p. 344 (E)

1114. February 7
       International Commissions of Inquiry (Central America)
       BFSP 120:146 (E)
       TS 717, Stat 44:2070 (E, Sp)
       Hudson 2:985 (E, Sp)
       Malloy 4:4677 (E)
       AJIL supp 17:108 (E)
       Revista de Derecho Internacional 3:204 (Sp)
       Conference on Central American Affairs (Wash, 1923) p. 392 (E)

1115. February 7
       Preparation of projects of electoral legislation (Central America)
       Hudson 2:962 (E, Sp)
       AJIL supp 17:72 (E)
       Revista de Derecho Internacional 3:188 (Sp)
       Conference on Central American Affairs (Wash, 1923) p. 363 (E)

1923 (cont.)

1116. February 7
     Extradition (Central America)
     BFSP 130:513 (E)
     PAULTS 8 (E, F, Sp, Port)
     Hudson 2:954 (E, Sp)
     AJIL supp 17:76 (E)
     Revista de Derecho Internacional 3:131 (Sp)
     Conference on Central American Affairs (Wash, 1923) p. 354 (E)

1117. February 7
     Free professions (Central America)
     Hudson 2:978 (E, Sp)
     AJIL supp 17:112 (E)
     Revista de Derecho Internacional 3:172 (Sp)
     Conference on Central American Affairs (Wash, 1923) p. 384 (E)

1118. February 7
     Free trade (Central America)
     Hudson 2:982 (E, Sp)
     AJIL supp 17:81 (E)
     Revista de Derecho Internacional 3:185 (Sp)
     Conference on Central American Affairs (Wash, 1923) p. 388 (E)

1119. February 7
     Protective laws for workmen and laborers (Central America)
     Hudson 2:965 (E, Sp)
     AJIL supp 17:128 (E)
     Revista de Derecho Internacional 3:191 (Sp)
     Conference on Central American Affairs (Wash, 1923) p. 367 (E)

1120. February 7
     Reciprocal exchange of Central American students
     Hudson 2:975 (E, Sp)
     AJIL supp 17:74 (E)
     Revista de Derecho Internacional 3:197 (Sp)
     Conference on Central American Affairs (Wash, 1923) p. 380 (E)

1121. February 7
     International Central American Tribunal
     BFSP 130:504 (E)
     Hudson 2:908 (E, Sp)
     AJIL supp 17:83, 107 (E)
     Revista de Derecho Internacional 3:144 (Sp)
     Conference on Central American Affairs (Wash, 1923) p. 296 (E)

1122. March 15
     Eastern frontier of Poland
     LNTS 15:260 (E, F)
     BFSP 118:960 (F)
     General Sikorski Historical Institute. Documents on Polish-Soviet relations 1:8 (E)

1923 (cont.)

1123. March 21
     Reparation payments (Bulgaria)
     BFSP 117:534 (F)
     GBTS 1925:1 (E, F)

1124. March 29
     Rhine navigation
     BFSP 117:543 (F)
     Trb 1955:161 (E, F)
     Martens (3rd) 12:605 (F)
     Hudson 1:616 (E, F)
     European Yearbook (1956) 2:276 (F)

1125. March 29
     Transit and communication on Danube
     LNTS 23:378 (E, F, It)

1126. March 29
     Southern Railroad Company (East Europe)
     LNTS 23:256 (E, F, It)
     Martens (3rd) 18:820 (F)

1127. April 28
     Trademarks: Pan American Union
     LNTS 33:48 (E, F, Sp, Port)
     BFSP 122:41 (E)
     TS 751, Stat 44:2494 (E, F, Sp, Port)
     PAULTS 29 p. 30 (E, F, Sp, Port)
     PAUTS 15:27 (E)
     Hudson 2:992 (E, Sp)
     Malloy 4:4681 (E)
     AJIL supp 21:92 (E)

1128. May 3
     Avoid or prevent conflicts: Pan American Union
     LNTS 33:26 (E, F, Sp, Port)
     BFSP 122:53 (E)
     TS 752, Stat 44:2527 (E, F, Sp, Port)
     PAULTS 29 p. 2 (E, F, Sp, Port)
     Hudson 2:1006 (E, Sp)
     Malloy 4:4691 (E)
     AJIL supp 21:107 (E)

1129. May 3
     Pacific settlement of disputes: Pan American Union
     BFSP 122:53 (E)
     TS 752 (E, F, Sp, Port)
     PAUTS 16:5 (E)

1130. May 3
     Publicity of customs documents: Pan American Union
     LNTS 33:12 (E, F, Sp, Port)
     BFSP 122:51 (E)
     TS 753, Stat 44:2547 (E, F, Sp, Port)
     PAULTS 29 p. 20 (E, F, Sp, Port)
     Hudson 2:1014 (E, Sp)
     Malloy 4:4696 (E)
     AJIL supp 21:102 (E)

1923 (cont.)

1131. May 3
    Uniformity of nomenclature for
    classification of merchandise:
    Pan American Union
    LNTS 33:82 (E, F, Sp, Port)
    BFSP 122:49 (E)
    TS 754, Stat 44:2559 (E, F, Sp, Port)
    PAULTS 29 p. 60 (E, F, Sp, Port)
    Hudson 2:1018 (E, Sp)
    Malloy 4:4698 (E)
    AJIL supp 21:105 (E)

1132. May 3
    German public property in Danzig
    BFSP 117:478 (E)
    GBTS 1924:24 (E, F)

1133. May 25
    Reimbursement of the American
    Army of Occupation
    TS 671-A (E)

1134. May 27
    Permanent Technical Hydraulic System
    Commission of the Danube
    BG Bl (Aus) 1923:1111 (G)
    Martens (3rd) 24:672 (F)
    Hudson 2:1022 (F)

1135. May 30
    Administration of Nauru
    BFSP 135:248 (E)

1136. June 14
    International Labor Organization: art.
    393, Versailles Treaty
    LNTS 149:39 (E, F)
    BFSP 118:896 (E)
    GBTS 1925:6 (E, F)
    ILO Bull 6:603 (E)

1137. June 29
    Debts (Austria-Hungary)
    Trat e Conv 37:695 (F)

1138. June 30
    Aerial navigation
    LNTS 78:441 (E, F, It)
    BFSP 117:440 (F)
    GBTS 1925:13, Cmd 2329 (E, F)
    Hudson 1:380 (E, F)

1139. July 11
    Assistance to be granted to necessitous
    nationals of one of the contracting
    states on the territory of another
    (Scandinavia)
    LNTS 18:86 (E, F, Dan, Fin, Nor, Swe)

1923 (cont.)

1140. July 23
    Evacuation of Turkish territory
    LNTS 36:168 (E, F)
    BFSP 117:633 (F)
    GBTS 1923:16, Cmd 1929 (E, F)

1141. July 24
    Turkey: Treaty of Lausanne
    LNTS 28:12 (E, F)
    BFSP 117:543, 635 (F)
    GBTS 1923:16, Cmd 1929 (E, F)
    AJIL supp 18:1, 4 (E)
    Hurewitz. Diplomacy in the Near and
      Middle East 2:120 (E)
    Khalil. The Arab States and the Arab
      League 2:304 (E)

1142. July 24
    Accession of Serbo-Croatia: Treaty of
    Lausanne
    LNTS 28:248 (E, F, It)
    AJIL supp 18:109 (E)

1143. July 24
    Amnesty: soldiers of Greece and
    Turkey
    LNTS 36:146 (E, F)
    BFSP 117:622 (E)
    GBTS 1923:16, Cmd 1929 (E, F)
    AJIL supp 18:92 (E)

1144. July 24
    Compensation acts of Greek authorities
    in Turkey
    BFSP 117:537 (F)
    GBTS 1923:16, Cmd 1929 (E, F)

1145. July 24
    Concessions in the Ottoman Empire
    LNTS 28:204 (E, F)
    BFSP 117:625 (F)
    GBTS 1923:16, Cmd 1929 p. 203 (E, F)
    AJIL supp 18:98 (E)

1146. July 24
    Conditions of residence, business and
    jurisdiction in Turkey
    LNTS 28:152 (E, F)
    BFSP 117:605 (F)
    GBTS 1923:16, Cmd 1929, p. 139 (E, F)
    Martens (3rd) 13:405 (F)
    Hudson 2:1041 (E, F)
    AJIL supp 18:67 (E)

1147. July 24
    Karagatch Territory
    LNTS 28:216 (E, F)
    BFSP 117:632 (F)
    GBTS 1923:16, Cmd 1929 (E, F)
    AJIL supp 18:107 (E)

1923 (cont.)

1148. July 24
    Minorities: Treaties of Sèvres
    LNTS 28:221 (E, F)
    BFSP 117:539 (F)
    GBTS 1923:16, Cmd 1929 (E, F)
    Martens (3rd) 13:448 (F)
    Hudson 1:500 (E, F)
    AJIL supp 18:108 (E)

1149. July 24
    Regime of the Straits (Black Sea)
    LNTS 28:116 (E, F)
    BFSP 117:592 (F)
    GBTS 1923:16, Cmd 1929 p. 109 (E, F)
    Hudson 2:1028 (E, F)
    Martens (3rd) 13:391 (F)
    AJIL supp 18:53 (E)
    Anchieri. La Diplomazia Contemporanea (1959) p. 407 (It)
    Korovin. Mezhdunarodnye dogovory (1924) p. 212 (R)

1150. July 24
    Thracian frontiers
    LNTS 28:140 (E, F)
    BFSP 117:601 (F)
    GBTS 1923:16, Cmd 1929, p. 129 (E, F)
    AJIL supp 18:62 (E)

1151. July 24
    Commerce (British Empire, France, Italy, Japan, Greece, Rumania, Turkey)
    LNTS 28:172 (E, F)
    BFSP 117:612 (F)
    GBTS 1923:16, Cmd 1929 (E, F)
    AJIL supp 18:73 (E)

1152. September 12
    Obscene publications
    LNTS 27:217 (E, F)
    BFSP 121:875 (E)
    GBTS 1926:1 (E)
    Martens (3rd) 19:135 (E, F)
    Hudson 2:1052 (E, F)

1153. September 24
    Arbitration clauses in commercial contracts
    LNTS 27:158 (E, F)
    BFSP 117:446 (E)
    GBTS 1925:4 (E, F)
    IreTS 1957:16 (E)
    Martens (3rd) 19:156 (E, F)
    Hudson 2:1062 (E, F)
    AJIL supp 20:194 (E)
    Hoyer. Staatsverträge über Rechtshilfe und vollstreckung (1964) p. 4 (G)

1923 (cont.)

1154. September 29
    Settlement of refugees in Greece and the creation of a Refugee Settlement Commission
    LNTS 20:29 (E, F)
    BFSP 118:906, 912 (E)
    OJ (LN) 1923:1506 (E)
    Hudson 2:1067 (E, F)

1155. November 3
    Simplification of customs formalities
    LNTS 30:372 (E, F)
    BFSP 117:408 (E)
    GBTS 1925:16 (E)
    Martens (3rd) 19:165 (E, F)
    Hudson 2:1094 (E, F)
    AJIL supp 19:146 (E)

1156. November 23
    Compensation by Greece to the Allies
    LNTS 28:268 (E, F)

1157. November 23
    Reparation in Turkey
    LNTS 28:274 (E, F)
    BFSP 117:474 (F)
    GBTS 1924:3 (E, F)

1158. November 28
    Civil Rights
    LNTS 51:239 (E, F)
    Martens (3rd) 19:212 (F)
    Hudson 2:1129 (E, F)

1159. November 28
    Conflicting laws in marriage
    LNTS 51:209 (E, F)

1160. November 28
    Conflicting laws: effects on marriage
    LNTS 51:233 (E, F)
    Martens (3rd) 19:211 (F)
    Hudson 2:1128 (E, F)

1161. November 28
    Guardianship of minors
    LNTS 51:221 (E, F)
    Martens (3rd) 19:210 (F)
    Hudson 2:1126 (E, F)

1162. November 28
    Divorce and separation
    LNTS 51:215 (E, F)
    Martens (3rd) 19:209 (F)
    Hudson 2:1125 (E, F)

1163. November 30
    Settlement of pensions (Austria-Hungary)
    LNTS 102:153 (E, F)
    Trat e Conv 40:733 (F)

1923 (cont.)

1164. November 30
   Provincial pensions (Austria-Hungary)
   LNTS 102:183 (E, F)
   BG Bl (Aus) 1930:113 (F, G)
   Martens (3rd) 28:494 (F)

1165. December 9
   Regime of railways
   LNTS 47:55 (E, F)
   BFSP 119:523 (E)
   GBTS 1925:23, Cmd 2418 (E)
   Martens (3rd) 19:214 (E, F)
   Hudson 2:1130 (E, F)
   AJIL supp 21:152 (E)

1166. December 9
   Hydraulic power affecting more than one state
   LNTS 36:76 (E, F)
   BFSP 119:541 (E)
   GBTS 1925:26 (E)
   Martens (3rd) 19:290 (E, F)
   Hudson 2:1182 (E, F)
   AJIL supp 20:145 (E)

1167. December 9
   Transmission in transit of electrical power
   LNTS 58:315 (E, F)
   BFSP 119:548 (E)
   GBTS 1925:25 (E)
   Martens (3rd) 19:276 (E, F)
   Hudson 2:1173 (E, F)
   AJIL supp 22:83 (E)

1168. December 9
   Maritime ports
   LNTS 58:285 (E, F)
   BFSP 119:568 (E)
   GBTS 1925:24 (E)
   Martens (3rd) 19:250 (E, F)
   Hudson 2:1157 (E, F)
   AJIL supp 22:69 (E)
   Laws and regulations on the regime of the territorial sea (1957) p. 706 (E)
   Singh. British Shipping Laws (1963) 8:1222 (E)

1169. December 14
   Commerce (Belgium, Luxemburg, Austria)
   BFSP 118:14 (F)

1170. December 18
   Tangiers Zone
   LNTS 28:542 (E, F)
   BFSP 117:499 (F)
   GBTS 1924:23 (E, F)
   Martens (3rd) 13:246 (F)
   Hudson 2:1191 (E, F)
   AJIL supp 23:235 (E)

1923 (cont.)

1171. December 22
   Rhine navigation
   LNTS 36:464 (E, F)
   BFSP 119:584 (F)
   Trb 1955:161 (F, Dut)
   Martens (3rd) 15:223 (F, G)
   Hudson 2:899 (E, F)

1172. December 31
   Neighborship (Palestine, Lebanon, Syria)
   BFSP 121:953 (E)
   GBTS 1927:19 (E, F)

1924

1173. January 25
   International Office for Dealing with Contagious Diseases of Animals
   LNTS 57:135 (E, F)
   BFSP 121:884 (F)
   GBTS 1926:11, Cmd 2663 (E, F)
   CanTS 1959:3 (E, F)
   Israel TS 268 (F, Heb)
   Martens (3rd) 19:338 (F)
   Hudson 2:1239 (E, F)
   AJIL supp 21:131 (E)

1174. March 14
   Financial reconstruction of Hungary
   LNTS 25:424, 428 (E, F)
   Trat e Conv 35:592 (F)
   Hudson 2:1247 (E, F)

1175. March 22
   Monetary convention (Scandanavia)
   LNTS 25:172 (E, F, Dan, Nor, Swe)
   BFSP 122:413 (E)
   Hudson 1:462 (E, F)

1176. March 28
   Settlement: occupation of Bulgaria
   LNTS 31:46 (E, F)
   BFSP 119:480 (F)
   GBTS 1925:19, Cmd 2378 (E, F)

1177. March 31
   Permanent Technical Hydraulic System Commission of the Danube
   Martens (3rd) 24:672 (F)
   Hudson 2:1027 (F)

1178. March 31
   Obscene publications
   LNTS 27:214 (E, F)

1179. April 9
   Germany: budget and currency (Dawes Plan)
   BFSP 120:406 (E)
   Cmd 2105 (1924) (E)
   Korovin. Mezhdunarodnye dogovory (1924) p. 97 (R)

1924 (cont.)

1180. May
       International Society for Soil Research
   Archiv für das Recht der internationalen
     Organisationen 2:74 (G)

1181. May 8
       Memel territory
   LNTS 29:86 (E, F)
   BFSP 119:502 (E)
   Martens (3rd) 15:106 (E, F)
   Hudson 2:1265 (E, F)

1182. May 31
       Certificates of identity for Armenian
         refugees
   OJ (LN) 1924:969 (E)
   BFSP 148:26 (E)
   Hudson 2:1289 (E, F)

1183. June 27
       Effect of contracts concluded under
         the influence of a disturbed mental
         capacity (Scandinavia)
   International Institute for the Unification
     of Private Law. Yearbook 1961 (1962)
     p. 201 (E)

1184. June 27
       Commerce (Belgium, Luxemburg,
         Japan)
   BFSP 122:182 (F)

1185. July 3
       Commerce (Belgium, Luxemburg,
         Canada)
   BFSP 119:589 (E)
   GBTS 1925:7 (E, F)

1186. July 4
       Civil Procedure
   LNTS 51:227 (E, F)
   Martens (3rd) 19:213 (F)
   Hudson 2:1291 (E, F)

1187. July 21
       Electrical communications (Inter-
         Americas)
   Hudson 2:1292 (E, F)

1188. August 9
       Dawes Plan
   BFSP 120:549 (E)
   Cmd 2270 (1924) (E)

1189. August 16
       German reparations
   LNTS 41:429 (E, F, G)
   Cmd 2270 (1924) (E)
   Hudson 2:1300 (E, F)
   AJIL supp 19:23 (E)

1924 (cont.)

1190. August 24
       Uniform rules of recognition
   Trb 1953:109 (F)
   Revue de Droit Maritime Compareé
     15:853 (F)
   Cieslak. Zbior Miedzynarodowych
     Konwencji Morskich (1960) p. 345
     (Pol)

1191. August 25
       Bills of lading
   LNTS 120:155 (E, F)
   BFSP 126:440 (F)
   TS 931, Stat 51:233 (E, F)
   GBTS 1931:17, Cmd 3806 (E, F)
   Israel TS 371 (F, Heb)
   Hudson 2:1344 (E, F)
   Malloy 4:4935 (E)
   AJIL 27:18 supp (E)
   Singh. British Shipping Laws (1963)
     8:1080 (E)
   JO (Algeria) 1964:414 (F)
   Trb 1953:109 (F)
   Revue de Droit Maritime Compareé
     15:853 (F)

1192. August 25
       Maritime mortgages and liens
   Hudson 2:1360 (E, F)

1193. August 25
       Ship owners' liability
   LNTS 120:123 (E, F)
   TS 931 (E, F)
   Lovtidende 1931:45 (F, Dan)
   Martens (3rd) 31:69 (F)
   Hudson 2:1332 (E, F)
   AJIL supp 27:7 (E)
   Revue de Droit Maritime Comparée
     15:846 (F)
   US Treaty Information Bulletin no. 20
     May 1931, (E)
   Singh. British Shipping Laws (1963)
     8:1051 (E)

1194. August 28
       Universal Postal Union
   LNTS 40:19 (E, F)
   TS 708-A, Stat 44:2221 (E, F)
   Martens (3rd) 19:345 (F)
   Hudson 2:1372 (E, F)

1195. August 30
       Dawes Plan
   LNTS 41:429 (E, F)
   BFSP 119:483 (E)
   GBTS 1924:36 (E, F)

1196. September 19
       Settlement of refugees in Greece
   LNTS 30:413 (E, F)
   Hudson 2:1080 (E, F)

1924 (cont.)

1197. October 2
   Pacific settlement of international dispute
   Hudson 2:1378 (E, F)

1198. October 23
   Transport of goods by rail
   LNTS 77:367 (E, F)
   BFSP 128:597 (F)
   Martens (3rd) 19:476 (F)
   Hudson 2:1393 (E, F)

1199. October 23
   Transport of passengers by rail
   LNTS 78:17 (E, F)
   BFSP 128:568 (F)
   Martens (3rd) 19:558 (F)
   Hudson 2:1468 (E, F)

1200. November 7
   Commerce (Belgium, Luxemburg, Guatemala)
   BFSP 122:177 (F)

1201. November 14
   Sanitary code (Americas)
   LNTS 86:43 (E, Sp)
   BFSP 120:3 (E)
   TS 714 (E, Sp)
   Stat 44:2031 (E, F)
   Hudson 2:1508 (E, Sp)
   Malloy 4:4700 (E)
   AJIL supp 20:34 (E)
   Revista de Derecho Internacional 7:148 (Sp)
   Singh. British Shipping Laws (1963) 8:851 (E)

1102. November 22
   Reparations
   BFSP 119:585 (E)
   GBTS 1925:5 (E, F)
   Trat e Conv 33:763 (F)
   AJIL supp 19:111 (E)

1103. November 23
   Police of Danube navigation
   Trat e Conv 33:766 (F)

1204. November 29
   International Wine Office
   LNTS 80:293 (E, F)
   JO (Fr) 1927:11382 (F)
   Trb 1962:95 (F, Dut)
   Hudson 2:1534 (E, F)

1924 (cont.)

1205. December 1
   Venereal disease: merchant seamen
   LNTS 78:351 (E, F)
   BFSP 121:888 (F)
   GBTS 1926:20 (E, F)
   Pak TS 1956:10 (E)
   Hudson 2:1540 (E, F)
   Revue de Droit Maritime Comparée 14:736 (F)
   Singh. British Shipping Laws (1963) 8:1037 (E)
   Germany (FR) Maritime Law. Das deutsche Seerecht (1964) 3:390 (G)

1206. December 8
   Intellectual cooperation
   Kolasa. International intellectual cooperation (1962) p. 172 (E)

1925

1207. January 14
   Distribution of the Dawes annuities
   Cmd 2339, Misc 1925:4 (E)
   Martens (3rd) 14:773 (E, F)
   AJIL supp 19:63 (E)

1208. January 17
   Conciliation and arbitration (Baltic)
   LNTS 38:358 (F)
   BFSP 122:485 (F)
   Martens (3rd) 20:38 (F)
   Hudson 3:1571 (E, F)

1209. February 11
   Suppression of opium traffic
   LNTS 51:337 (E, F)
   BFSP 123:690 (E)
   GBTS 1928:13, Cmd 3095 (E)
   Hudson 3:1580 (E, F)
   AJIL supp 23:155 (E)

1210. February 19
   Dangerous drugs
   LNTS 81:317 (E, F)
   BFSP 123:666 (E)
   OJ (LN) 1925:689 (E, F)
   GBTS 1928:27 (E)
   RO (Ecuador) no. 26, 1 Oct. 1934 (Sp)
   Martens (3rd) 22:468 (E, F)
   Hudson 3:1589 (E, F)

1211. February 23
   Transfer of claims and deposits at the Vienna Postal Savings Bank: protocol
   Martens (3rd) 21:323 (F)

1212. April
   Navigation on the Rhine
   LNTS 37:22 (E, F)

1925 (cont.)

1213. April 4
Commerce (Belgium, Luxemburg, Germany)
BFSP 124:167 (F)

1214. May 5
Financial regulations for contributions under Art. 8-12 of the Rhineland Agreement: reparations
LNTS 55:225 (E, F)

1215. June 5
Equality of treatment (ILO 19)
BFSP 134:393 (E)
DO (Guatemala) 1961:713 (Sp)
Israel TS 340 (E, F, Heb)
Martens (3rd) 19:118 (E, F)
Hudson 3:1616 (E, F)
ILO Bulletin 10:114 (E)
JO (CAR) 1964:362 (F)

1216. June 8
Night work (ILO 20)
Hudson 3:1620 (E, F)
ILO Bulletin 10:119 (E)

1217. June 10
Workmen's compensation: occupational disease (ILO 17)
BFSP 134:395 (E)
Martens (3rd) 19:129 (E, F)
Hudson 3:1624 (E, F)
ILO Bulletin 10:110 (E)
JO (CAR) 1964:359 (F)

1218. June 10
Workmen's compensation: accidents (ILO 18)
BFSP 135:412 (E)
Vert BRD 8:178 (E, F, G)
Martens (3rd) 19:123 (E, F)
Hudson 3:1629 (E, F)
ILO Bulletin 10:103 (E)
JO (CAR) 1964:361 (F)

1219. June 17
Bacteriological warfare and poison gas (Geneva)
LNTS 94:65 (E, F)
BFSP 126:324 (E)
OJ (LN) 1925:1158 (E, F)
GBTS 1930:24, Cmd 3604 (E, F)
Trb 1955:125 (F)
Hudson 3:1670 (E, F)
Krigens-Rett (1962) p. 57 (F, Nor)
AJIL supp 25:94 (E)
Skubiszewski. Materialy do cwiczen z prawa miedz. pub. (1961) 2:139 (Pol)
U.S. Dept. of the Army. International Law (1962) 2:299 (E)

1925 (cont.)

1220. June 17
International trade in arms
OJ (LN) 1925:1117 (E, F)
Hudson 3:1634 (E, F)
Malloy 4:4903 (E)

1221. June 17
Territory of Ifni
OJ (LN) 1925:1154 (E, F)
Hudson 3:1669 (E, F)

1222. July 7
Commerce (Belgium, Luxemburg, Latvia)
BFSP 122:191 (F)

1223. August 19
Contraband traffic in alcoholic liquors
LNTS 42:73 (E, F)
BFSP 122:414 (F)
Martens (3rd) 20:131 (F)
Hudson 3:1673 (E, F)

1224. September 21
Annuities of the Dawes Plan: second
Trat e Conv 35:33 (F)
Martens (3rd) 21:856 (E, F)

1225. September 29
Unification of formulae of medical remedies
Trat e Conv 35:37 (F)

1226. October 1
Radio broadcasting
TS 724-A (E)

1227. October 16
Mutual guarantee (Locarno)
LNTS 54:289 (E, F)
BFSP 121:923 (F)
GBTS 1926:28, Cmd 2764 (E, F)
Russia. Komissia po izd. diplom. dokumentov. Lokarnskaia Konferentsiia 1925 g (1959) p. 485 (R)
Hudson 3:1689 (E, F)
Martens (3rd) 16:7 (F)
Anchieri. La Diplomazia Contemporanea (1959) p. 108 (It)

Germany (DR) Ministerium für auswärtige. Angelegenheiten. Locarno-Konferenz-1925 (1962) p. 197 (G)

1228. October 29
Telegraph
LNTS 57:201, 220 (E, F)
Hudson 3:1695 (F)

1925 (cont.)

1229. November 6
    False indication of origin of goods
    LNTS 74:319 (E, F)
    BFSP 121:927 (F)
    GBTS 1928:15, Cmd 3166 (E, F)
    Hudson 3:1782 (E, F)
    AJIL supp 23:18 (E)
    La Propriété Industrielle 41:227 (F)

1230. November 6
    Industrial designs
    LNTS 74:341 (E, F)
    Hudson 3:1799 (E, F)
    Blatt für Patent-, Muster- und Zeichenwesen 64:269 (F, G)
    La Propriété Industrielle 41:233 (F)

1231. November 6
    Industrial property
    LNTS 74:289 (E, F)
    BFSP 121:899 (F)
    Stat 47:1798, TS 834 (E, F)
    GBTS 1928:16, Cmd 3167 (E, F)
    Hudson 3:1761 (E, F)
    Malloy 4:4945 (E)
    AJIL supp 23:21 (E)
    La Propriété Industrielle 41:221 (F)
    RG Bl (Ger) 1928:175 (G)
    CL (Rum) no. 5, 1963:32 (Rum)

1232. November 6
    Trademarks (Madrid)
    LNTS 74:327 (E, F)
    RG BL (Ger) 1928, II, p. 196 (F, G)
    Martens (3rd) 25:840 (F)
    Hudson 3:1786 (E, F)
    La Propriété Industrielle 41:228 (F)
    CL (Rum) no. 5, 1963:80 (Rum)

1233. November 7
    Recognition and execution of judgments (draft)
    Trat e Conv 35:427 (F)

1234. November 27
    Measurement of vessels in inland navigation
    LNTS 67:63 (E, F)
    BFSP 121:910 (E)
    OJ (LN) 1926:399 (E, F)
    GBTS 1927:26, Cmd 2952 (E)
    Martens (3rd) 19:587 (E, F)
    Hudson 3:1808 (E, F)

1235. December 1
    Mutual guarantee (Locarno)
    LNTS 54:289 (E, F)
    AJIL supp 20:22 (E)

1236. December 19
    Police of Danube navigation
    Trat e Conv 35:564 (F)

1925 (cont.)

1237. December 28
    Commerce (Belgium-Luxemburg-Czechoslovakia)
    BFSP 122:139 (F)

1238. December 31
    Baltic Geodesic Commission
    LNTS 79:167 (E, F, G)
    BFSP 125:508 (F)
    Martens (3rd) 20:111 (F, G)
    Hudson 3:1823 (E, F)

1926

1239. January 28
    Sea-worthiness of ships (North Europe)
    LNTS 51:9 (E, F, Dan, Fin, Ic, Nor, Swe)
    BFSP 125:511 (E)
    Martens (3rd) 18:314 (Dan)
    Hudson 3:1828 (E, F)

1240. February 2
    Neighborship (Palestine, Syria, Lebanon)
    BFSP 126:622 (E)

1241. April
    Navigation on the Rhine
    LNTS 57:437 (E, F)

1242. April 10
    Commerce (Belgium-Luxemburg-France)
    BFSP 124:158 (F)

1243. April 10
    Maritime liens and mortgages
    LNTS 120:187 (E, F)
    Martens (3rd) 31:82 (F)
    Hudson 3:1845 (E, F)
    AJIL supp 27:28 (E)
    Revue de Droit Maritime Comparée 15:865 (F)
    US Treaty Information Bull 19, April, 1931 (E)
    Singh. British Shipping Laws (1963) 8:1087 (E)
    JO (Algeria) 1964:406 (F)

1244. April 10
    State-owned vessels: immunity
    LNTS 176:199 (E, F)
    BFSP 141:482 (F)
    JO (Fr) 1955:9772 (F)
    Trat e Conv 36:50 (F)
    Hudson 3:1838 (E, F)
    Revue Critique de Droit International Privé 44:551 (F)
    Revue de Droit Maritime Comparée 15:862 (F)
    Singh. British Shipping Laws (1963) 8:1121 (E)

1926 (cont.)

1245. April 21
  International Institute of Agriculture
  BFSP 128:376 (F)
  TS 903, Stat 49:3350 (E, F)
  GBTS 1930:5, Cmd 3472 (E, F)
  Hudson 3:1857 (E, F)
  Malloy 4:4959 (E)

1246. April 22
  Traffic in liquor (Baltic States)
  LNTS 45:183 (E, F)
  BFSP 125:545 (F)
  Martens (3rd) 20:139 (F)
  Hudson 3:1684 (E, F)

1247. April 24
  Motor traffic
  LNTS 108:123 (E, F)
  BFSP 126:418 (F)
  GBTS 1930:11, Cmd 3510 (E, F)
  JO (Fr) 1930:2874 (F)
  Hudson 3:1859 (E, F)
  Revista de Derecho Internacional 16:109 (Sp)

1248. April 24
  Road traffic
  LNTS 97:83 (E, F)
  BFSP 133:138 (F)
  JO (Fr) 1927:6811 (F)
  Hudson 3:1872 (E, F)
  Revista de Derecho Internacional 16:119 (Sp)

1249. May 5
  Customs in air traffic
  GBTS 1926:12, Cmd 2664 (E, F)
  Martens (3rd) 18:533 (E, F)
  Hudson 3:1878 (E, F)

1250. May 12
  Certificates of identity for Russian and Armenian refugees
  LNTS 89:47 (E, F)
  BFSP 148:2 (E, F)
  OJ (LN) 1926:985 (E)
  Hudson 3:1884 (E, F)
  ILO Official Bull 11:122 (E)

1251. May 20
  International Bureau of Intelligence on Locusts
  LNTS 109:121 (E, F)
  BFSP 132:681 (F)
  GBTS 1930:16, Cmd 3542 (E, F)
  Weekly Gaz (Iraq) 7, Feb 17, 1929 (E)
  Hudson 3:1888 (E, F)

1252. May 22
  Aerial navigation
  LNTS 58:331 (E, F, G)

1253. June 5
  Inspection of emigrants (ILO 21)
  BFSP 130:868 (E)
  OFS 1960:497 (E, Nor)
  Hudson 3:1898 (E, F)
  ILO Bull 11:139 (E)

1926 (cont.)

1254. June 16
  Oil pollution of navigable waters
  TS 736-A (E)

1255. June 21
  Sanitary convention
  LNTS 78:229 (E, F)
  BFSP 123:610 (F)
  TS 762, Stat 45:2492 (E, F)
  GBTS 1928:22 (E, F)
  Trb 1951:107 (Dut)
  Hudson 3:1902 (E, F)
  Malloy 4:4962 (E)

1256. June 24
  Seamen (ILO 22)
  OFS 1955:790 (E, Nor)
  Hudson 3:1986 (E, F)
  ILO Bull 11:144 (E)
  Singh. British Shipping Laws (1963) 8:885 (E)
  Germany (FR) Maritime Law. Das deutsche Seerecht (1964) 3:372 (G)

1257. June 24
  Repatriation of seamen (ILO 23)
  BFSP 135:358 (E)
  Hudson 3:1981 (E, F)
  ILO Bull 11:150 (E)
  Singh. British Shipping Laws (1963) 8:984 (E)
  Germany (FR) Maritime Law. Das deutsche Seerecht (1964) 3:380 (G)

1258. July 7
  Commerce (Austria-Belgium-Luxemburg)
  BFSP 124:51 (F)

1259. July 31
  Permanent Court of International Justice: amendment
  PCIJ Pub, Ser D, no. 1 (E)

1260. August 30
  Commerce (Belgium-Luxemburg-Czechoslovakia)
  BFSP 124:149 (F)

1261. August 31
  Mixed Court in Shanghai: statute
  Martens (3rd) 20:128 (E)
  Hudson 3:1994 (E)
  AJIL supp 21:113 (E)

1262. September 9
  Establishment of refugees in Bulgaria
  LNTS 58:245 (E, F)
  Hudson 3:2000 (E, F)

1263. September 18
  European Commission of the Danube
  LNTS 59:237 (E, F)

1264-1284

1926 (cont.)

1264. September 25
    Slavery
    LNTS 60:253 (E, F)
    BFSP 134:355 (E)
    Stat 46:2183, TS 778 (E, F)
    GBTS 1927:16, Cmd 2910 (E, F)
    RO (Ecuador) no. 576, 25 February 1928 (Sp)
    IreTS 1930:2 (E)
    PakTS 1955:24 (E)
    Sbornik dog. SSSR 18:274 (R)
    Martens (3rd) 19:303 (E)

    Hudson 3:2010 (E, F)
    Malloy 4:5022 (E)
    AJIL supp 21:171 (E)
    Israel TS 202 (E, F, Heb)

1265. November 1
    Aerial navigation (Latin America)
    Hudson 3:2019 (F, Sp)
    Revue Juridique International de la Locomotion Aérienne (1927) 11:97 (F)

1266. November 9
    Pan-American Postal Union
    Stat 45:2409 (E, Sp)
    RO (Ecuador) no. 341, 21 May 1927 (Sp)
    Hudson 3:2032 (E, Sp)

1267. December 16
    Commerce (Belgium, Luxemburg, Serbo-Croatia, Slovene)
    BFSP 124:211 (F)

1927

1268. January 13
    Annuities of the Dawes Plan
    Trat e Conv 37:15 (F)
    Martens (3rd) 21:860 (E, F)

1269. March 31
    Aerial navigation
    LNTS 66:59 (E, F)

1270. May 19
    Aerial navigation
    LNTS 68:407 (E, F)

1271. June 2
    Treaty of Neuilly
    LNTS 66:59 (E, F)

1272. June 15
    Sickness insurance: agriculture (ILO 24)
    BFSP 134:401 (E)
    OFS 1963:75 (E, Nor)
    Hudson 3:2077 (E, F)
    ILO Bull 12:131 (E)
    RO (Ecuador) 159, 17 May, 1962 (Sp)

1927 (cont.)

1273. June 15
    Sickness insurance: industry (ILO 25)
    BFSP 134:401 (E)
    Hudson 3:2083 (E, F)
    ILO Bull 12:125 (E)

1274. June 24
    Tonnage measurement certificates
    BFSP 126:322 (E)
    GBTS 1927:17 (E)

1275. July 12
    International Relief Union
    LNTS 135:247 (E, F)
    BFSP 132:666 (E)
    OJ (LN) 1927:997 (E)
    GBTS 1933:3, Cmd 4243 (E, F)
    Hudson 3:2090 (E, F)

1276. July 12
    Treaty of Trianon: peace (Hungary)
    LNTS 68:420 (E, F)

1277. July 16
    Anti-diptheria serum
    Trat e Conv 37:292 (F)

1278. August 12
    Relief debts of the Kingdom of the Serbs, Croats and Slovenes
    LNTS 101:483 (E, F, Y)

1279. August 28
    Commerce and navigation (Belgium, Luxemburg, Turkey)
    BFSP 127:137 (F)

1280. September 1
    State responsibility (Institut de Droit International draft)
    Münch. Das völkerrechtliche Delikt (1963) p. 319 (F)

1281. September 2
    International conciliation: resolution, Institute of International Law
    Annuaire de l' Institute de Droit International (1927) 3:339 (F)

1282. September 2
    Organization for Communication and Transit: statute
    Hudson 3:2106 (E, F)

1283. September 10
    Conveyance of mails by air
    LNTS 75:7 (E, F)
    Hudson 3:2118 (E, F)

1284. September 10
    Conveyance of air parcels
    LNTS 75:39 (E, F)
    Hudson 3:2133 (E, F)

1927 (cont.)

1285. September 26
    Foreign arbitral awards
    LNTS 92:301 (E, F)
    BFSP 126:433 (E)
    OJ (LN) supp no. 53, p. 16 (E)
    GBTS 1930:28, Cmd 3655 (E, F)
    IreTS 1957:16 (E)
    Hudson 3:2153 (E, F)
    AJIL supp 27:1 (E)
    Briseño Sierra. El arbitraje en el
      derecho privado (1963) p. 339 (Sp)

    Hoyer. Staatsverträge über Rechtshilfe
      und Vollstreckung (1964) p. 7 (G)

1286. October 19
    Sanitary code (Americas)
    BFSP 130:392 (E)
    TS 763, Stat 45:2613 (E, Sp)
    Malloy 4:4720 (E)

1287. October 27
    Aerial navigation
    LNTS 148:265 (E, F, G)

1288. October 29
    International Chemistry Office
    LNTS 127:27 (E, F)
    BFSP 130:381 (F)
    JO (Fr) 1931:8630 (F)

1289. November 8
    Abolition of import-export restrictions
    LNTS 97:391 (E, F)
    BFSP 128:380 (E)
    OJ (LN) 1927:1653 (E, F)
    TS 811, Stat 46:2461 (E, F)
    GBTS 1930:10, Cmd 3502 (E, F)
    Hudson 3:2160 (E, F)
    Malloy 4:5104 (E)
    AJIL supp 25:121 (E)

1290. November 19
    Goods in transit: customs (Central
      Europe)
    Trat e Conv 37:458 (F)

1291. November 25
    Radiotelegraphy
    LNTS 84:97 (E, F)
    BFSP 126:330 (E)
    TS 767, Stat 45:2760 (E, F)
    Hudson 3:2197 (E, F)
    Malloy 4:5031 (E)
    AJIL supp 23:40 (E)

1928

1292. January 16
    International Scientific Association
      for the Agriculture of Warm
      Countries
    Archiv für das Recht der internationalen
      Organisationen 3:169 (F)

1928 (cont.)

1293. February 20
    Pan American Union: statute
    PAULTS 34; 9 (E)
    Malloy 4:2420 (E)
    AJIL supp 22:161 (E)
    Revista de Derecho Internacional 13:110
     (Sp)

1294. February 20
    Aliens: Pan American Union
    LNTS 132:301 (E, F, Sp, Port)
    BFSP 128:566 (E)
    TS 815, Stat 46:2753 (E)
    PAULTS 34, p. 1 (E)
    Hudson 4:2374 (E, F)
    Malloy 4:4722 (E)
    AJIL supp 22:136 (E)
    Revista de Derecho Internacional 13:126 (Sp)

1295. February 20
    Asylum: Pan American Union
    LNTS 132:323 (E, F, Sp, Port)
    BFSP 133:17 (E)
    PAULTS 34, p. 4 (E)
    Hudson 4:2412 (E, Sp)
    AJIL supp 22:158 (E)
    Revista de Derecho Internacional 13:154 (Sp)

1296. February 20
    Commercial aviation: Pan American
      Union
    LNTS 129:223 (E, F, Sp, Port)
    BFSP 128:505 (E)
    TS 840, Stat 47:1901 (E)
    PAULTS 34, p. 25 (E)
    Hudson 4:2354 (E, F)
    Malloy 4:4729 (E)
    AJIL supp 22:124 (E)
    Revista de Derecho Internacional 13:95 (Sp)
    Final Act of the 6th International Conference
      of American States, p. 97 (E, F, Sp, Port)

1297. February 20
    Consular agents: Pan American Union
    LNTS 155:289 (E, F, Sp, Port)
    BFSP 130:393 (E)
    Stat 47:1976; TS 843 (E)
    PAULTS 34 (E)
    Salvador. Tratados 6:76 (Sp)
    Hudson 4:2394 (E, F)
    Malloy 4:4738 (E)
    AJIL supp 22:147 (E)
    Revista de Derecho Internacional 13:140 (Sp)

    Pan American Union. Department of
      Legal Affairs. Documentos y notas
      sobre privilegios y inmunidades (1960)
      p. 10 (Sp)

1928 (cont.)

1298. February 20
      Copyright (Havana)
LNTS 132:275 (E, F, Sp, Port)
PAULTS 34; 16 (E)
Hudson 4:2369 (E, F)
AJIL supp 22:133 (E)
Revista de Derecho Internacional 13:120 (Sp)
Copyright protection in the Americas, p. 20 (E)
Möhring. Quellen des Urheberrechts, vol. 1 (E, G)

Pan American Union. Department of Legal Affairs. Copyright protection in the Americas (3d ed.) p. 157 (E)
Pan American Union. Department of Legal Affairs. Protección del derecho de autor en America (1962) p. 160 (Sp)
UNESCO. Lois et traités sur le droit d'auteur (1962) 3:2123 (F)
UNESCO. Repertorio universal de derecho de autor (1960) 2:2800 (Sp)

1299. February 20
      Diplomatic officers: Pan American Union
LNTS 155:259 (E, F, Sp, Port)
BFSP 139:311 (E)
PAULTS 34 (E)
Salvador. Tratados 6:69 (Sp)
Hudson 4:2385 (E, F)
AJIL supp 22:142 (E)
Revista de Derecho Internacional 13:134 (Sp)
Pan American Union. Department of Legal Affairs. Documentos y notas sobre privilegios e inmunidades (1960) p. 3 (Sp)
Cahier. Le droit diplomatique contemporain (1962) p. 472 (F)

1300. February 20
      Duties and rights of states in civil strife: Pan American Union
LNTS 134:45 (E, F, Sp, Port)
BFSP 128:514 (E)
TS 814, Stat 46:2749 (E)
PAULTS 34 (E)
Hudson 4:2416 (E, F)
Malloy 4:4725 (E)
AJIL supp 22:159 (E)
Revista de Derecho Internacional 13:156 (Sp)

1301. February 20
      Maritime neutrality: Pan American Union
LNTS 135:187 (E, F, Sp, Port)
BFSP 130:386 (E)
TS 845, Stat 47:1989 (E)
PAULTS 34 (E)
Hudson 4:2401 (E, F)
Malloy 4:4743 (E)
AJIL supp 22:151 (E)
Revista de Derecho Internacional 13:146 (Sp)

1928 (cont.)

1302. February 20
      Panamerican Institute of Geography and History
Salvador. Tratados 4:483 (Sp)

1303. February 20
      Bustamante code: private international law (Americas)
LNTS 86:111 (E, F, Sp, Port)
BFSP 128:516 (E)
PAULTS 34 (E)
DO (Chile) 16857, April 25, 1934 (Sp)
RO (Ecuador) 163, 19 June 1933 (Sp)
Hudson 4:2279 (E, F)
Kobe Law Journal 12:540 (Jap)
Revista de Derecho Internacional 13:20 (Sp)

Inter-American Conference, 6th, Havana, 1928. Codigo de derecho internacional privado, p. 3 (Sp)

1304. February 20
      Spanish language dictionary
Salvador. Tratados 4:551 (Sp)

1305. February 20
      Treaties: Pan American Union
PAULTS 34, p. 21 (E)
Hudson 4:2378 (E, F)
AJIL supp 22:138 (E)
Revista de Derecho Internacional 13:129 (Sp)

1306. February 21
      Commerce (Belgium, Luxemburg, Czechoslovakia)
BFSP 129:187 (F)

1307. February 23
      Commerce (Belgium, Luxemburg, France)
BFSP 129:188 (F)

1308. March 10
      Bulgarian stabilization loan
LNTS 74:165 (E, F)
Hudson 4:2442 (E, F)

1309. May 2
      Pan American Union: regulations
Hudson 4:2428 (E, Sp)

1310. June 2
      Copyright (Bern)
LNTS 123:233 (E, F)
BFSP 132:547 (F)
GBTS 1932:12, Cmd 4057 (E, F)
RG Bl (Ger) 1933, II, p. 890 (G)
Hudson 4:2463 (E, F)
Malloy 4:5622 (E)
Union Internationale pour la Protection des Oeuvres Littéraires et Artistiques. Documents de la conférence réunie à Bruxelles (1951) p. 23 (F)

1928 (cont.)

1310 UNESCO. Lois et traités sur le droit
cont. d'auteur (1962) 3:2059 (F)
UNESCO. Repertorio universal de derecho de autor (1960) 2:2714 (Sp)

1311. June 16
Minimum wage: fixing machinery (ILO 26)
BFSP 130:875 (E)
RO (Ecuador) no. 675, 25 November 1954 (Sp)
DO (Guatemala) 1961:753 (Sp)
CL (Port) 1959 (2):355 (F, Port)
Hudson 4:2481 (E, F)

1312. June 23
Renunciation of war (Kellogg-Briand draft)
AJIL supp 22:114 (E)

1313. June 30
League of Nations High Commissioner for Refugees
LNTS 93:337 (E, F)
BFSP 93:378 (E)
Hudson 4:2492 (E, F)

1314. June 30
Certificates of identity: Russian and Armenian refugees
LNTS 89:53; 93:53, 63 (E, F)
BFSP 149:141 (E)
Hudson 4:2486 (E, F)

1315. July 11
Abolition of import-export restrictions
LNTS 97:436 (E, F)
BFSP 128:396 (E)
TS 811, Stat 46:2499 (E, F)
GBTS 1930:10, Cmd 3502 (E, F)
Hudson 3:2185 (E, F)

1316. July 11
Exportation of bones
LNTS 95:373 (E, F)
BFSP 128:407 (E)
GBTS 1929:31, Cmd 3438 (E, F)
Hudson 4:2506 (E, F)

1317. July 11
Exportation of skins and hides
LNTS 95:357 (E, F)
BFSP 128:402 (E)
GBTS 1929:32, Cmd 3439 (E, F)
Hudson 4:2495 (E, F)

1318. July 25
Tangiers zone
LNTS 87:211 (E, F)
BFSP 128:449 (F)
GBTS 1928:25, Cmd 3216 (E, F)
Martens (3rd) 21:70 (F)
Hudson 2:1219 (E, F)
AJIL supp 23:235 (E)

1928 (cont.)

1319. August 16
Commerce (Belgium, Luxemburg, Lithuania)
BFSP 129:259 (F)

1320. August 27
Renunciation of war: Kellogg-Briand Pact
LNTS 94:57 (E, F)
BFSP 128:447 (E)
TS 796, Stat 46:2343 (E)
GBTS 1929:29, Cmd 3410 (E, F)
Martens (3rd) 21:3 (E, F)
Hudson 4:2522 (E, F)
Malloy 4:5130 (E)
AJIL supp 22:171 (E)
Anchieri. La Diplomazia Contemporanea (1959) p. 111 (It)

Bemis. American Secretaries of State and their Diplomacy (1963) 9:121 (E)
International Association of Democratic Lawyers. Aspects juridiques de la neutralité (1960) p. 130 (F)
U.S. Department of the Army. International law (1962) 2:300 (E)
Bache og Heggemsnes. Traktatsamling (1963) p. 25 (Nor)

1321. September 22
Telegraph
LNTS 88:347 (E, F)
Hudson 3:1756 (E, F)

1322. September 26
Pacific settlement of disputes
LNTS 93:343 (E, F)
BFSP 130:878 (E)
GBTS 1931:32 (E)
Hudson 4:2529 (E, F)
AJIL supp 25:204 (E)
Reuter. Traités et documents diplomatiques (1963) p. 147 (F)

1323. October 25
Indigent citizens (Scandinavia)
LNTS 84:7 (E, F, Dan, Fin, Nor, Swe)
BFSP 129:480 (E)
Martens (3rd) 20:232 (Dan)
Hudson 4:2545 (E, F)

1324. October 30
International Oder Commission: arbitration
BFSP 128:356 (F)
GBTS 1929:1, Cmd 3250 (E, F)

1325. November 22
International exhibitions
LNTS 111:343 (E, F)
BFSP 128:361 (E)
GBTS 1931:9, Cmd 3776 (E, F)
Israel TS 357 (F, Heb)
Vneshniaia Torgovlia 1959, no. 10, p. 43 (R)

1326-1342

1928 (cont.)

1326. December 3
    Southern Railway Company
Trat e Conv 38:594 (F)

1327. December 14
    Economic statistics
LNTS 110:171 (E, F)
BFSP 128:410 (E)
GBTS 1930:43, Cmd 3710 (E, F)
Hudson 4:2575 (E, F)

1328. December 15
    Commerce (Belgium, Luxemburg, Spain)
BFSP 129:260 (F)

1929

1329.
    International Organization for the Prevention of Trachoma
Archiv für das Recht der internationalen Organisationen 2:130 (G)

1330. January 5
    Inter-American arbitration
LNTS 130:135 (E, F, Sp, Port)
BFSP 135:813 (E)
TS 886, Stat. 49:3153 (E, F, Sp, Port)
PAU TS 16:15 (E)
Hudson 4:2625 (E, F)
Malloy 4:4756 (E)
AJIL supp 23:82 (E)

1331. January 5
    Inter-American conciliation
LNTS 100:399 (E, F, Sp, Port)
BFSP 131:131 (E)
TS 780, Stat 46:2209 (E, F, Sp, Port)
PAU TS 16:10 (E)
Hudson 4:2635 (E, F)
Malloy 4:4763 (E)
AJIL supp 23:76 (E)

1332. January 5
    Progressive arbitration (Americas)
BFSP 135:820 (E)
TS 886 (E, F, Sp, Port)
PAU TS 16:22 (E)
Hudson 4:2633 (E, F)
AJIL supp 23:88 (E)

1333. January 25
    Passenger ships' certificates
LNTS 95:39 (E, F, It)
BFSP 130:205 (E)
GBTS 1929:21 (E)

1929 (cont.)

1334. February 9
    Renunciation of war: enforcement
LNTS 89:369 (E, F)
BFSP 130:631 (F)
Martens (3rd) 23:327 (F)
Hudson 4:2526 (E, F)
Sobranie zakonovi Rasporiazhenii (USSR) no. 15, May 11, 1929 (F)
General Sikorski Historical Institute. Documents on Polish-Soviet relations 1:12 (E)

1335. February 20
    Registration of trademarks (Americas)
PAU TS 15:53 (E)

1336. February 20
    Trademarks (Americas)
LNTS 124:357 (E, F, Sp, Port)
BFSP 131:135 (E)
TS 833, Stat 46:2907 (E, F, Sp, Port)
PAU TS 15:38 (E)
Hudson 4:2642 (E, F)
Malloy 4:4768 (E)
AJIL supp 23:158 (E)

1337. February 28
    Radio stations
TS 777-A, Malloy 4:4787 (E)

1338. March 1
    High frequencies to radio stations (North America)
LNTS 97:301 (E, F)
TS 777-A (E)
Hudson 4:2676 (E)

1339. March 28
    Commerce (Belgium, Luxemburg, France)
BFSP 131:104 (F)

1340. April 16
    Protection of plants
LNTS 126:305 (E, F)
BFSP 131:69 (F)
Hudson 4:2680 (E, F)
International Bulletin of Plant Protection v. 3 (E, F, G, It, Sp)

1341. April 20
    Counterfeit currency
LNTS 112:371, 395 (E, F)
GBTS 1960:5, Cmd 932 (E, F)
RO (Ecuador) no. 15, 27 Aug. 1937 (Sp)
Hudson 4:2696 (E, F)

1342. May 9
    Commerce and navigation (Belgium, Luxemburg, Persia)
BFSP 131:118 (F)

1929 (cont.)

1343. May 21
- Little Entente: arbitration and conciliation
- LNTS 96:311 (E, F)
- Hudson 4:2710 (E, F)

1344. May 31
- Safety of life at sea
- LNTS 136:81 (E, F)
- BFSP 132:568 (E)
- TS 910, Stat 50:1121 (E, F)
- GBTS 1932:34 (E, F)
- Israel TS 188 (E, F, Heb)
- Hudson 4:2724 (E, F)
- Malloy 4:5134 (E)
- AMC 1929:993 (E)
- AJIL supp 31:105 (E)

1345. June 7
- Young Plan: reparations report
- BFSP 130:295 (E)
- Cmd 3343 (1929) (E)

1346. June 14
- Transit card for emigrants
- LNTS 94:277 (E, F)
- BFSP 130:280 (E)
- GBTS 1929:27, Cmd 3402 (E, F)
- Hudson 4:2844 (E, F)

1347. June 15
- Aerial navigation
- LNTS 138:418 (E, F, It)
- BFSP 134:432 (E)
- GBTS 1933:33, Cmd 4423 (E, F, It)
- Hudson 1:384 (E, F)
- U.S. Treaty Information Bull no. 4, 2nd supp (E)

1348. June 21
- Marking of weight on heavy packages (ILO 27)
- BFSP 134:477 (E)
- Hudson 4:2866 (E, F)
- Singh. British Shipping Laws (1963) 8:1020 (E)

1349. June 21
- Protection against accidents while loading on ships (ILO 28)
- Hudson 4:2849 (E, F)

1350. June 28
- Universal Postal Union
- LNTS 102:245 (E, F)
- Stat 46:2523 (E, F)
- Hudson 4:2870 (E, F)

1351. July 25
- International Bureau of Education: statute
- TIAS 5312, UST 14:311 (E, F)

1929 (cont.)

1352. July 27
- Prisoners of war
- LNTS 118:343 (E, F)
- BFSP 130:239 (F)
- TS 846, Stat 47:2021 (E, F)
- GBTS 1931:37, Cmd 3941 (E, F)
- Salvador. Tratados 3:87 (Sp)
- Martens (3rd) 30:846 (F)
- Hudson 1:20 (E, F)
- Malloy 4:5224 (E)
- AJIL supp 27:59 (E)

1353. July 27
- Wounded and sick: war
- LNTS 118:303 (E, F)
- BFSP 130:265 (F)
- TS 847, Stat 47:2021 (E, F)
- GBTS 1931:36, Cmd 3940 (E, F)
- Salvador. Tratados 3:69 (Sp)
- Martens (3rd) 30:827 (F)
- Hudson 5:1 (E, F)
- AJIL supp 27:45 (E)

1354. August 20
- Formulas for potent drugs
- LNTS 98:125 (E, F)
- BFSP 140:346 (E)
- GBTS 1939; 47, Cmd 6117 (E, F)
- Pasin (Belg) 1931:18 (F)
- Hudson 1:64 (E, F)

1355. August 23
- German railway system on left bank of Rhine
- LNTS 104:87 (E, F, G)

1356. August 26
- Commerce (Belgium, Luxemburg, Switzerland)
- BFSP 130:408 (F)

1357. August 30
- Commissions of conciliation
- LNTS 104:487 (E, F)
- RG Bl (Ger) 1930, II, p. 48 (E, F, G)
- Martens (3rd) 24:1 (E, F)
- Hudson 5:83 (E, F)

1358. August 30
- Evacuation of Rhineland
- LNTS 104:473 (E, F, G)
- BFSP 130:193 (E)
- GBTS 1931:16, Cmd 3796 (E, F)
- AJIL supp 24:144 (E)

1359. August 31
- German reparations
- LNTS 104:393 (E, F)
- BFSP 132:403, 405, 409, 410 (E)
- Cmd 3392, Misc 1929:5 (E, F)
- RG Bl (Ger) 1930, II, p. 60 (G)
- Trat e Conv 40:379 (It)
- Martens (3rd) 24:73 (F)
- Hudson 5:86 (E, F)

1360-1373

1929 (cont.)

1360. September 11
   Exportation of bones
   LNTS 95:388 (E, F)
   BFSP 128:402 (E)
   Hudson 4:2517 (E, F)

1361. September 11
   Exportation of hides and skins
   LNTS 95:370 (E, F)
   BFSP 128:408 (E)
   Hudson 4:2503 (E, F)

1362. September 14
   Permanent Court of International
      Justice: statute amendment
   LNTS 165:353 (E, F)
   BFSP 130:224 (E)
   GBTS 1930:14, Cmd 3528 (E, F)
   PCIJ, series D, no. 1, 3rd ed. March, 1936 (E)
   Hudson 1:582 (E, F)
   Malloy 4:5638 (E)
   AJIL supp 30:115 (E)

1363. October 12
   Air transportation (Warsaw)
   LNTS 137:11 (E, F)
   BFSP 134:406 (F)
   TS 876, Stat 49:3000 (E, F)
   GBTS 1933:11, Cmd 4284 (E, F)
   Can TS 1947:15 (E, F)
   JO (Fr) 1932:13350 (F)
   RG Bl (Ger) 1933, II, p. 1040 (F, G)
   Israel TS 244 (F, Heb)
   Malloy 4:5250 (E)
   AJIL supp 28:84 (E)

   Lawyer's Journal 27:344 (E)
   Zoghbi. Responsabilité aggravée du transport aérien (1962) p. 197 (F)
   Australia TS 1963:18 (E)
   Strauss. Air Law and Treaties of the World (1961) p. 136, 476, 785, 1332 (E)
   Rodriguez Jurado. Teoria y practica del aeronautico (1963) p. 460 (Sp)

1364. November 9
   Rumanian railway traffic via Czecho-
      slovakia and Poland
   BFSP 131:239 (F)

1365. December 11
   Aerial navigation
   LNTS 138:427 (E, F)
   BFSP 134:437 (F)
   Cmd 3541, Misc 1930:7 (E)
   Hudson 1:390 (E, F)

1929 (cont.)

1366. December 17
   Fishing in the Baltic
   LNTS 115:93 (E, G)
   BFSP 131:254 (E)
   Lovtidende for Kongeriget 1931:764 (G, Dan, Pol, Swe)
   RG Bl (Ger) 1930, II, p. 1192 (G, Dan, Pol, Swe)
   Martens (3rd) 25:795 (G)
   Hudson 5:120 (E, G)

1367. December 18
   Regulation of the Rhine
   LNTS 104:27 (E, F)
   RO (Switz) 46:393 (F)
   Martens (3rd) 24:636 (F)
   Hudson 5:125 (E, F)

1368. December 20
   Abolition of im-export restrictions
   LNTS 97:456 (E, F)
   BFSP 130:275 (E)
   TS 811, Stat 46:2517 (E, F)
   GBTS 1930:10, Cmd 3502 (E, F)
   Hudson 3:2193 (E, F)

1930

1369.
   Nationality (draft)
   AJIL spec supp 23:1 (E, F)
   Harvard Law School. Research in international law (1930) (E, F)

1370.
   Territorial waters (draft)
   AJIL spec supp 23:243 (E, F)
   Harvard Law School. Research in international law (1930) (E, F)

1371.
   Responsibility of states (draft)
   AJIL spec supp 23:133 (E, F)
   Harvard Law School. Research in international law (1930) (E, F)
   Münch. Das völkerrechtliche Delikt (1963) p. 323 (E)

1372.
   State responsibility (German Society for International Law draft)
   Münch. Das völkerrechtliche Delikt (1963) p. 327 (G)

1373.
   State responsibility (Roth draft)
   Münch. Das völkerrechtliche Delikt (1963) p. 335 (G)

1930 (cont.)

1374.
State responsibility (Strupp draft)
Münch. Das völkerrechtliche Delikt (1963)
p. 333 (G)

1375. January 9
Rights of U.S. and of its nationals in Iraq
TS 835, Stat 47:1817 (E)

1376. January 20
Creditor powers of Germany
LNTS 104:433 (E, F)

1377. January 20
Creditor powers: liberation debt
BFSP 132:597 (E)
GBTS 1932:25 Cmd 4146 (E, F)
JO (Fr) 1932:6686 (F)
RU (It) 1930, III, p. 3109 (F)
Martens (3rd) 30:130 (F)
Hudson 5:304 (E, F)

1378. January 20
Financial obligations of Austria
LNTS 104:413 (E, F)
BFSP 132:387 (E)
GBTS 1931:3, Cmd 3764 (E, F)
BG Bl (Aus) 1930:1237 (E, F, G)
Can TS 1930:8 (E, F)
JO (Fr) 1930:7192 (F)
RU (It) 1930, III, p. 3049 (F)
Martens (3rd) 24:301 (E, F)
Hudson 5:276 (E, F)

1379. January 20
Financial obligation of Czechoslovakia
LNTS 113:389 (E, F)
BFSP 132:401 (E)
GBTS 1931:4, Cmd 3765 (E, F)
Can TS 1930:5 (E, F)
JO (Fr) 1932:6118 (F)
RU (It) 1930, III, p. 3075 (F)
Martens (3rd) 24:317 (E, F)
Hudson 5:296 (E, F)

1380. January 20
Settlement of Bulgarian reparations
LNTS 112:361 (E, F)
BFSP 132:390 (E)
GBTS 1931:12, Cmd 3787 (E, F)
Can TS 1930:18 (E, F)
JO (Fr) 1931:1836 (F)
RU (It) 1930, III, p. 3052 (F)
Martens (3rd) 24:307 (E, F)
Hudson 5:281 (E, F)

1930 (cont.)

1381. January 20
Final settlement of the question of separations
LNTS 104:243 (E, F, G)
BFSP 132:411 (E)
GBTS 1931:2, Cmd 3763 (E, F)
Can TS 1930:7 (E, F)
JO (Fr) 1930:5531 (F)
RG Bl (Ger) 1930, II, p. 82 (E, F, G)
RU (It) 1930, III, p. 2940 (F)
Martens (3rd) 24:89 (E, F)
Hudson 5:135 (E, F)
AJIL supp 25:16 (E)

1382. January 20
Bank for international settlements
LNTS 104:441 (E, F)
BFSP 132:525 (E)
GBTS 1931:6, Cmd 3766 (E, F)
Cmd 3484, p. 110 (1930) (E)
RG Bl (Ger) 1930, II, p. 288 (G)
RU (It) 1930, III, p. 3077 (F)
Martens (3rd) 24:249 (E, F)
Hudson 5:307 (E, F)
AJIL supp 24:323 (E)

1383. February 15
Memel territory
Martens (3rd) 26:311 (F)
Hudson 5:336 (F)

1384. February 17
Chinese courts in international settlement
LNTS 102:87 (E, F)
BFSP 132:395 (E)
EAS 37 (E)
GBTS 1930:20, Cmd 3563 (E)
Martens (3rd) 23:220 (E)

1385. February 18
African commerce
BFSP 132:686 (E)
GBTS 1930:34 (E, Port)

1386. March 15
Release Austrian property rights and interests
GBTS 1931:5 (E, G)

1387. March 24
Commercial
Trat e Conv 41:348 (F)
Hudson 5:337 (E, F)

1388. April 10
Transport of dangerous goods by rail (Central Europe)
Trat e Conv 41:375 (It)

1930 (cont.)

1389. April 12
   Conflicts of nationality laws
   LNTS 179:89 (E, F)
   BFSP 137:230 (E)
   LN Pub. v. Legal Questions 1930. v. 3 (E, F)
   GBTS 1937:33 (E, F)
   Trat e Conv 41:434 (F)
   Martens (3rd) 34:399 (E, F)
   Hudson 5:359 (E, F)
   Prieto-Castro y Roumier. Nacionalidad Multiple (1962) p. 191 (Sp)

1390. April 12
   Military obligations of double nationality
   LNTS 178:227 (E, F)
   BFSP 137:238 (E)
   LN Pub V Legal Questions. 1930. v. 4 (E, F)
   TS 913, Stat 50:1317 (E, F)
   GBTS 1937:22 (E, F)
   Hudson 5:374 (E, F)
   Malloy 4:5261 (E)
   Prieto-Castro y Roumier. Nacionalidad Multiple. (1962) p. 199 (Sp)

1391. April 12
   Statelessness
   LNTS 179:115 (E, F)
   BFSP 137:242 (E)
   GBTS 1937:31, Cmd 5552 (E, F)
   Hudson 5:381 (E, F)

1392. April 22
   Limitation and reduction of naval armaments: London Naval Treaty
   LNTS 112:65 (E, F)
   BFSP 132:603 (E)
   TS 830, Stat 46:2858 (E, F)
   GBTS 1931:1, Cmd 3758 (E, F)
   Can TS 1930:16 (E)
   Trat e Conv 41:457 (E, F)
   Martens (3rd) 23:645 (E, F)
   Hudson 5:394 (E, F)
   Malloy 4:5268 (E)
   AJIL supp 25:63 (E)

1393. April 25
   Legal acts in favor of unborn (Scandinavia)
   International Institute for the Unification of Private Law. Yearbook 1961 (1962) p. 201 (E)

1930 (cont.)

1394. April 28
   Financial obligations of Hungary
   LNTS 121:69 (E, F)
   BFSP 132:493 (E)
   GBTS 1931:30, Cmd 3910 (E, F)
   Cmd 3577, Hungary 1930:1 (E)
   JO (Fr) 1931:5676 (F)
   Trat e Conv 41:553, 559 (F)
   Martens (3rd) 25:352 (E, F)
   Hudson 5:442 (E, F)
   AJIL supp 25:19 (E)

1395. April 28
   Lawsuit against Agrarian Fund
   BFSP 132:514 (E)
   Martens (3rd) 25:352 (F)

1396. April 30
   Reparation credits of the Republic of Liberia
   Trat e Conv 41:593 (F)
   Hudson 5:476 (E, F)

1397. May 14
   Postal exchange (Scandinavia)
   LNTS 105:380 (E, F)
   Norsk Lovt 1933, II, p. 553 (Dan, Nor, Swe)
   Hudson 5:477 (E, F)

1398. May 21
   League of Nations radio station
   Hudson 5:494 (E, F)

1399. June 7
   Settlement of conflicts of law: bills of exchange
   LNTS 143:317 (E, F)
   Hudson 5:550 (E, F)

1400. June 7
   Stamp laws: bills of exchange
   LNTS 143:337 (E, F)
   BFSP 134:439 (E)
   GBTS 1934:14, Cmd 4594 (E, F)
   RG Bl (Ger) 1933, II, p. 468 (E, F, G)
   Trat e Conv 41:711 (F)

1930 (cont.)

1401. June 7
  Uniform law for bills of exchange
 LNTS 143:257 (E, F)
 RG Bl (Ger) 1933, II, p. 378 (E, F, G)
 Trat e Conv 41:653 (E)
 Hudson 5:516 (E, F)

1402. June 10
  German government international
  5 1/2 percent loan 1930
 LNTS 112:237 (E, F, G)
 BFSP 132:620 (E)
 GBTS 1931:7, Cmd 3761 (E, F, G)
 Hudson 5:569 (E, F)

1403. June 10
  Protection of names of cheeses
 Hudson 5:593 (F)

1404. June 21
  Assets of the Reparations Commission
 Trat e Conv 41:824 (F, It)
 Hudson 5:602 (E, F)

1405. June 27
  Little Entente: alliance
 LNTS 107:215 (E, F)
 BFSP 133:306 (F)
 Hudson 5:607 (E, F)

1406. June 28
  Forced labor (ILO 29)
 BFSP 134:449 (E)
 Belorusskaia SSR v mezhd. otnosh (1960)
  p. 311 (R)
 RO (Ecuador) no. 675, 25 November
  1954 (Sp)
 Vert BRD 10:286 (E, F, G)
 Weekly Gaz (Iraq) 1963:315 (E)
 Sbornik dog. SSSR 19:219 (R)
 Ukrainska SSR v mizhn. vidnos (1959)
  p. 419 (Ukr)
 Hudson 5:609 (E, F)

 CL (Costa Rica) 1960, 1:402 (Sp)

1407. June 28
  Hours of work: commerce (ILO 30)
 DO (Guatemala) 1961:729 (Sp)
 OFS 1955:801 (E, N)
 Hudson 5:626 (E, F)
 CL (Rum) no. 1, 1958:11 (Rum)

1930 (cont.)

1408. July 1
  Release Hungarian property, rights,
  and interests
 GBTS 1931:21 (E)

1409. July 5
  Load lines
 LNTS 135:301 (E, F)
 BFSP 132:558 (E)
 TS 858, Stat 47:2228 (E, F)
 GBTS 1932:35, Cmd 4199 (E, F)
 RG Bl (Ger) 1933, II, p. 708 (E, F, G)
 Israel TS 189 (E, F, Heb)
 Russia. Treaties. Sbornik mezhd. Kon-
  ventsii (1959) p. 116 (R)
 Hudson 5:634 (E, F)
 Malloy 4:5287 (E)

 Singh. British Shipping Laws (1963)
  8:58 (E)
 JO (Algeria) 1964:374 (F)

1410. August 1
  Anti-diphtheritic serum
 LNTS 128:9 (E, F)
 RG Bl (Ger) 1934, II, p. 337 (F, G)
 Martens (3rd) 30:137 (F)
 Hudson 5:717 (E, F)

1411. August 21
  Importation into Ethiopia of arms,
  ammunition, and implements of
  war
 BFSP 134:332 (F)
 OJ (LN) 1931:547 (E)
 GBTS 1932:10, Cmd 4051 (E, F)
 Martens (3rd) 26:23 (F)
 Hudson 5:723 (E, F)

1412. August 27
  Commerce (Belgium, Luxemburg,
  Rumania)
 BFSP 133:160 (F)

1413. October 2
  Financial assistance
 Cmd 3906, Misc 1931:31 (E)
 Trat e Conv 42:449 (F)
 Hudson 5:751 (E, F)

1414-1429

1930 (cont.)

1414. October 6
    Automotive traffic (Americas)
    PAULTS 6 (E)
    Hudson 5:786 (E, Sp)

1415. October 23
    Manned light ships
    LNTS 112:21 (E, F)
    BFSP 132:600 (E)
    GBTS 1931:13, Cmd 3791 (E, F)
    Russia. Treaties. Sbornik mezhd. Konventsii (1959) p. 166 (R)
    Hudson 5:801 (E, F)
    Singh. British Shipping Laws (1963) 8:8 (E)

1416. October 23
    Maritime signals
    LNTS 125:95 (E, F)
    Russia. Treaties. Sbornik mezhd. Konventsii (1959) p. 162 (R)
    Hudson 5:792 (E, F)
    Singh. British Shipping Laws (1963) 8:3 (E)

1417. October 30
    Transfer of claims and deposits at the Royal Hungarian Postal Savings Bank
    LNTS 120:102 (E, F)

1418. November 21
    Danzig railway transit traffic
    BFSP 133:504 (E)

1419. December 9
    Collisions in inland navigation
    Trat e Conv 42:591 (F)
    Hudson 5:815 (E, F)

1420. December 9
    Flags in inland navigation
    Trat e Conv 42:553 (F)
    Hudson 5:848 (E, F)

1421. December 9
    Registration of inland navigation vessels
    Trat e Conv 42:561 (F)
    Hudson 5:822 (E, F)

1930 (cont.)

1422. December 16
    Maintenance of lights in the Red Sea
    Cmd 3755, Misc 1931:1 (E, F)
    Hudson 5:853 (E, F)

1423. December 22
    Economic rapprochement (Benelux, etc.)
    LNTS 126:341 (E, F)
    BFSP 133:163 (F)
    Hudson 5:866 (E, F)

1424. December 31
    Safety of life at sea
    TS 921, Stat 51:13 (E)

1931

1425. January 19
    International Refugees Office: statute
    OJ (LN) 1931:309 (E, F)
    Hudson 5:872 (E, F)

1426. February 6
    Marriage, adoption and guardianship (Scandinavia)
    LNTS 126:121 (E, F)
    BFSP 134:717 (E)
    Martens (3rd) 25:710 (Dan)
    Hudson 5:877 (E, F)

1427. February 10
    Collection of maintenance allowances
    LNTS 126:41 (E, F)
    Martens (3rd) 25:717 (Dan)
    Hudson 5:885 (E, F)

1428. March 19
    Settlement of conflicts of law in checks
    LNTS 143:407 (E, F)
    Hudson 5:915 (E, F)

1429. March 19
    Stamp laws in checks
    LNTS 143:7 (E, F)
    BFSP 134:418 (E)
    GBTS 1933:26, Cmd 4443 (E, F)
    RG Bl (Ger) 1933, II, p. 618 (E, F, G)
    Hudson 5:925 (E, F)

1931 (cont.)

1430. March 19
    Uniform law for checks
    LNTS 143:355 (E, F)
    Hudson 5:889 (E, F)

1431. March 27
    Competence of Permanent Court of International Justice to interpret the Hague Conventions of Private International Law
    LNTS 167:341 (E, F)
    BFSP 136:926 (F)
    Hudson 5:933 (F)

1432. March 28
    Procedure in case of undischarged or lost triptychs
    LNTS 119:47 (E, F)
    Hudson 5:935 (E, F)

1433. March 30
    Road signals
    LNTS 150:247 (E, F)
    Hudson 5:937 (E, F)

1434. March 30
    Taxation of foreign motor vehicles
    LNTS 138:149 (E, F)
    BFSP 134:444 (E)
    GBTS 1933:4, Cmd 4246 (E, F)
    Hudson 5:950 (E, F)

1435. May 16
    Air transport services (Great Britain, India, Italy)
    BFSP 134:325 (E)
    GBTS 1933:8 (E, It)

1436. May 21
    Creation of an International Agricultural Mortgage Credit Company
    Hudson 5:959 (E, F)

1437. June 11
    "Simla Rules" for safety of life at sea
    LNTS 136:204 (E, F)
    Hudson 5:1003 (E, F)
    Singh. British Shipping Laws (1963) 8:101 (E)

1931 (cont.)

1438. June 18
    Hours of work in coal mines (ILO 31)
    Hudson 5:1029 (E, F)
    ILO Bull 16:247 (E)

1439. June 30
    Analysis of foodstuffs
    LNTS 149:63 (E, F)
    Hudson 5:1039 (E, F)

1440. July 13
    Narcotics
    LNTS 139:301 (E, F)
    BFSP 134:361 (E)
    TS 863, Stat 48:1543 (E, F)
    GBTS 1933:31, Cmd 4413 (E, F)
    RO (Ecuador) no. 195, 21 May 1936 (Sp)
    Hudson 5:1048 (E, F)
    Malloy 4:5351 (E)
    AJIL supp 28:21 (E)

1441. August 11
    Payments by Czechoslovakia
    Cmd 3947, Misc 1931:19, p. 29 (E, F)
    Hudson 5:299 (E, F)

1442. August 11
    Reparations (Germany)
    Cmd 3947, Misc 1931:19 (E, F)
    Hudson 5:249 (E, F)

1443. August 21
    Establishment of Fund "A": financial obligations of Hungary
    LNTS 185:45 (E, F)
    BFSP 134:351
    GBTS 1932:8, Cmd 4037 (E, F)
    RO (Switz) 1932:18 (F)
    Hudson 5:462 (E, F)

1444. August 21
    Establishment of Fund "B": financial obligations of Hungary
    LNTS 127:95 (E, F)
    BFSP 134:353 (F)
    GBTS 1932:8 (E, F)
    RO (Switz) 1932:17 (F)
    Martens (3rd) 25:648 (F)

1931 (cont.)

1445. September 24
   Regulations of whaling
   LNTS 155:349 (E, F)
   BFSP 135:347 (E)
   TS 880, Stat. 49:3079 (E, F)
   GBTS 1934:33 (E, F)
   Malloy 4:5372 (E)
   Hudson 5:1081 (E, F)
   AJIL supp 30:167 (E)

1446. September 26
   Means of preventing war
   Hudson 5:1090 (E, F)

1447. November 10
   Postal Union of Americas and Spain
   LNTS 131:327 (E, F, Sp)
   Hudson 5:1104 (E, Sp)

1448. November 27
   Opium smoking
   LNTS 177:373 (E, F)
   BFSP 136:914 (E)
   GBTS 1937:13, Cmd 5401 (E)
   Hudson 5:1149 (E, F)

1449. December 10
   British Commonwealth merchant shipping
   LNTS 129:179 (E, F)
   BFSP 134:318 (E)
   Cmd 3994 (1932) (E)
   Hudson 5:1153 (E, F)

1450. December 11
   Marking of eggs in international trade
   LNTS 170:251 (E, F)
   Hudson 5:1164 (E, F)

1932

1451.
   Competence of courts in regard to foreign states (draft)
   AJIL supp 26:451 (E)
   Harvard Law School. Research in International Law (1932) (E)

1932 (cont.)

1452.
   Diplomatic privileges and immunities (draft)
   AJIL supp 26:15 (E)
   Harvard Law School. Research in International Law (1932) (E)
   Cahier. Le droit diplomatique contemporain (1962) p. 461 (E)

1453.
   Legal position and function of consuls (draft)
   AJIL supp 26:189 (E)
   Harvard Law School. Research in International Law (1932) (E)

1454.
   Piracy (draft)
   AJIL supp 26:739 (E)
   Harvard Law School. Research in International Law (1932) (E)

1455. January 20
   Extradition (Australia, New Zealand, South Africa, India, Portugal, United Kingdom)
   LNTS 141:267 (E, F, Port)
   BFSP 135:338, 137:184 (E)
   GBTS 1933:28 (E, Port)

1456. January 21
   Financial obligation of Hungary
   Cmd 4052, Hungary 1932:1 (E, F)
   Hudson 5:431 (E, F)

1457. January 21
   Payments by Bulgaria
   Cmd 4071, Bulgaria 1932:1 (E, F)
   Hudson 5:289 (E, F)

1458. January 28
   Rules of procedure in settlement of economic disputes
   Hudson 6:1 (E, F)

1459. February 8
   Allocation of Fund "B" (Central Europe)
   LNTS 121:148 (E, F)
   Martens (3rd) 29:355 (F)

1932 (cont.)

1460. March 16
    Recognition and enforcement of judgments (Nordic Countries)
    LNTS 139:165 (E, F, Dan, Fin, Ic, Nor, Swe)
    Martens (3rd) 27:352 (Dan, Swe)
    Hudson 6:6 (E, F)

1461. March 26
    Settlement of debts between Economic Union of Belgium, Luxemburg, and Hungary
    LNTS 136:405 (E, F)

1462. April 27
    Accident protection (ILO 32)
    Gac (Hond) 88, no. 17.994, p. 1 (Sp)
    Trb 1963:177 (E, F)
    OFS 1962:1 (E, Nor)
    Hudson 6:12 (E, F)
    Singh. British Shipping Laws (1963) 8:1022 (E)

1463. April 30
    Children in non-industrial employment (ILO 33)
    Hudson 6:30 (E, F)

1464. May 18
    Means of preventing war
    OJ (LN) 1932:1315 (E, F)
    Hudson 5:1098 (E, F)

1465. June 6
    Reparations
    Cmd 4206, Misc 1932:12 (E, F)
    Hudson 5:259 (E, F)

1466. June 28
    Setting up special services at the Iron Gates (Danube)
    LNTS 140:191 (E, F)
    Hudson 6:48 (E, F)

1467. June 29
    Suspension of payments by Czechoslovakia
    Cmd 4206, Misc 1932:12 (E, F)
    Hudson 5:302 (E, F)

1932 (cont.)

1468. July 7
    Financial obligation of Hungary
    Cmd 4206, Misc 1932:12 (E, F)
    Hudson 5:434 (E, F)

1469. July 7
    Non-German reparations
    BFSP 136:912 (E)
    Hudson 6:72 (E, F)

1470. July 7
    Suspension of payments by Bulgaria
    Cmd 4206, Misc 1932:12 (E, F)
    Hudson 5:294 (E, F)

1471. July 9
    German reparations
    BFSP 136:904 (E)
    Martens (3rd) 27:23 (E, F)
    Hudson 6:73 (E, F)

1472. July 15
    Austria: economic and financial reconstruction
    LNTS 135:285 (E, F)
    BFSP 135:331 (E)
    GBTS 1933:5, Cmd 4247 (E)
    BG Bl (Austria) 1933:29 (E, F, G)
    Martens (3rd) 27:643 (E, F)
    Hudson 6:84 (E, F)

1473. July 18
    Lowering of economic barriers: Ouchy Convention
    Hudson 6:94 (E, F)

1474. August 12
    Rules for C.I.F. contracts (Warsaw-Oxford rules)
    Singh. British Shipping Laws (1963) 8:1092 (E)

1475. September 2
    Traffic of goods by rail
    LNTS 154:123 (E, F)
    BFSP 135:399 (F)
    RG Bl (Ger) 1933, II, p. 703 (F, G)
    Hudson 6:107 (F)

1476-1491

1932 (cont.)

1476. November 2
	Ceding Czech territory to Hungary
	BFSP 142:529 (E)

1477. December 9
	Telecommunications
	LNTS 151:5 (E, F)
	TS 867, Stat 49:2391 (E, F)
	RG Bl (Aus) 1934:1063 (F, G)
	Hudson 6:110 (E, F)

1478. December 31
	Preservation of plaice
	LNTS 139:189 (E, F)
	Hudson 6:277 (E, F)

1933

1479. January 17
	Safety of life at sea
	Hudson 6:281 (E)

1480. January 28
	Technical collaboration in Rumania
	LNTS 138:271 (E, F)
	Martens (3rd) 28:333 (F)
	Hudson 6:282 (E, F)

1481. February 8
	Chinese courts in the international
		settlement at Shanghai
	BFSP 136:462 (E)
	EAS 45 (E)
	GBTS 1933:20, Cmd 4348 (E)

1482. February 13
	Military transport across Danzig
		Corridor
	BFSP 136:695 (F)

1483. February 16
	Little Entente Pact
	LNTS 139:233 (E, F)
	BFSP 136:630 (F)
	Martens (3rd) 28:323 (F)
	Hudson 6:288 (E, F)
	AJIL supp 27:117 (E)
	Current History May, 1933, p. 200 (E)
	L'Europe Nouvelle March 4, 1933 (F)

1933 (cont.)

1484. April 12
	Sanitary convention: aviation
	LNTS 161:65 (E, F)
	BFSP 136:478 (F)
	TS 901, Stat 49:3279 (E, F)
	GBTS 1935:19, Cmd 4938 (E, F)
	Trb 1951:110 (Dut)
	Malloy 4:5489 (E)
	Hudson 6:292 (E, F)
	AJIL supp 31:28 (E)

1485. May 26
	Rules of procedure: Council of League
		of Nations
	OJ (LN) 1933:900 (E)
	Hudson 6:321 (E, F)

1486. May 29
	Private aeronautical law
	Trat e Conv 46:126 (F)

1487. May 31
	Precautionary attachment of aircraft
	LNTS 192:289 (E, F)
	Cmd 5056, Misc 1935:6 (E, F)
	Mon (Haiti) 1961:45 (F)
	Hudson 6:327, 334 (E, F)
	Revue Générale de Droit Aérien 2:405 (F)

1488. June 3
	Uniform rules of documentary credit
	Zampella. Documenti mercantili e commercio internazionale (1962) p. 221 (F)

1489. June 19
	Broadcasting (Europe)
	LNTS 154:133 (E, F)
	RG Bl (Ger) 1934, II, p. 763 (F, G)
	Hudson 6:345 (E, F)

1490. June 25
	Danube Commission: jurisdiction
	Hudson 6:364 (E, F)

1491. June 29
	Employment agencies (ILO 34)
	Hudson 6:368 (E, F)

1933 (cont.)

1492. June 29
    Old-age insurance in industry (ILO 35)
Cmd 4429 (1933) (E, F)
Hudson 6:374 (E, F)
RO (Ecuador) 159, 17 May 1962 (Sp)

1493. June 29
    Old-age insurance in agriculture (ILO 36)
Hudson 6:386 (E, F)

1494. June 29
    Invalidity insurance in industry (ILO 37)
Hudson 6:387 (E, F)
RO (Ecuador) 159, 17 May 1962 (Sp)

1495. June 29
    Invalidity insurance in agriculture (ILO 38)
Hudson 6:392 (E, F)
Revista de Jurisprudencia Peruana 1960:1272 (Sp)

1496. June 29
    Survivors' insurance in industry (ILO 39)
Hudson 6:398 (E, F)
RO (Ecuador) 159, 17 May 1962 (Sp)

1497. June 29
    Survivors' insurance in agriculture (ILO 40)
BFSP 154:339 (E)
Hudson 6:409 (E, F)
Revista de Jurisprudencia Peruana 1960:1400 (Sp)

1498. July 3
    Definition of aggression
LNTS 147:67 (E, F)
BFSP 136:545 (F)
Martens (3rd) 29:33 (F)
Hudson 6:410 (E, F)
Politische Verträge (Berlin, 1936) 1:339 (F)
AJIL supp 27:192 (E)
General Sikorski Historical Institute. Documents on Polish-Soviet relations 1:16 (E)

1933 (cont.)

1499. July 4
    Definition of aggression (Rumania, USSR, Turkey, etc)
LNTS 148:211 (E, F)
BFSP 136:632 (F)
Martens (3rd) 29:37 (F)
Hudson 6:416 (E, F)
Politische Verträge (Berlin, 1936) 1:343 (F)
AJIL supp 27:194 (E)

1500. July 8
    Regional maritime radio beacons
Hudson 6:419 (E, F)

1501. July 15
    Four-Power Pact: understanding and cooperation
Martens (3rd) 28:4 (E, F, G, It)
Hudson 6:426 (E, F)

1502. July 22
    Silver
LNTS 153:107 (E, F)
BFSP 136:536 (E)
OJ (LN) 1933:1509 (E, F)
EAS 63, Stat 48:1879 (E)
GBTS 1934:24, Cmd 4699 (E)
Hudson 6:430 (E, F)
Malloy 4:5507 (E)

1503. August 25
    Wheat: importing and exporting
LNTS 141:71 (E, F)
BFSP 136:469 (E)
GBTS 1933:38, Cmd 4449 (E)
Can TS 1933:11 (E)
Martens (3rd) 29:362 (E)
Hudson 6:437 (E, F)

1504. September 20
    Regional maritime radio beacons
Hudson 6:446 (E, F)

1505. September 30
    Extradition (Australia, New Zealand, South Africa, Paraguay, United Kingdom)
LNTS 205:155 (E, F, Sp)
BFSP 144:1021 (E)
GBTS 1942:13, Cmd 6410 (E, Sp)

1933 (cont.)

1506. October 10
  Non-aggression (Rio de Janeiro)
  LNTS 163:393 (E, F, Sp, Port)
  BFSP 137:276 (E)
  TS 906, Stat 49:3363 (E, F, Sp, Port)
  PAUTS 16:24 (E)
  Martens (3rd) 32:655 (Sp, Port)
  Hudson 6:448 (E, Sp)
  AJIL supp 28:79 (E)
  Journal of the PAU 67:320 (E)
  Revue de Droit International 10:433 (F)
  Revista de Derecho Internacional 23:283 (Sp)

  Politische Verträge (Berlin, 1936) 1:360 (Sp, F)
  Malloy 4:4793 (E)

1507. October 11
  International circulation of films
  LNTS 155:331 (E, F)
  BFSP 137:779 (E)
  GBTS 1936:6, Cmd 5155 (E, F)
  Hudson 6:456 (E, F)

1508. October 11
  Traffic in women of full age
  LNTS 150:431 (E, F)
  IreTS 1938:5 (E)
  Hudson 6:469 (E, F)

1509. October 27
  International tin control
  Cmd 4825 (1935) p. 5 (E)
  Hudson 6:477 (E)

1510. October 28
  International status of refugees
  LNTS 159:199 (E, F)
  BFSP 137:244 (F)
  GBTS 1937:4, Cmd 5347 (E, F)
  Hudson 6:483 (E, F)

1511. November 7
  Bankruptcy (Scandinavia)
  LNTS 155:115 (E, F, Dan, Fin, Ic, Nor, Swe)
  Martens (3rd) 29:782 (Dan)
  Hudson 6:496 (E, F)

1933 (cont.)

1512. November 8
  Preservation of fauna and flora
  LNTS 172:241 (E, F)
  BFSP 137:254 (E)
  Cmd 4453 (1933) (E, F)
  GBTS 1936:27, Cmd 5280 (E, F)
  Hudson 6:504 (E, F)

1513. November 23
  Carriage of passengers by rail
  LNTS 192:327 (E, F)
  BFSP 139:783 (F)
  Hudson 6:568 (E, F)
  Office Central des Transport Internationaux par Chemins de Fer, Bern. Documents relatifs à revision de la CIM et de la CIV (1934) 3:1 (F, G, It)

1514. November 23
  Transport of goods by rail
  LNTS 192:389 (E, F)
  BFSP 139:815 (F)
  Hudson 6:527 (E, F)
  Office Central des Transport Internationaux par Chemins de Fer, Bern. Documents relatifs à revision de la CIM et de la CIV (1934) 3:1 (F, G, It)

1515. December 26
  Inter-American Conciliation: Pan American Union
  BFSP 136:928 (E)
  PAULTS 37, p. 72 (E, F, Sp, Port)
  PAUTS 16:34 (E)
  Hudson 6:618 (E, Sp)
  Malloy 4:4798 (E)
  AJIL supp 28:74 (E)

1516. December 26
  Equal rights of women (Americas)
  Hudson 6:632 (E, Sp)

1517. December 26
  Extradition: Pan American Union
  LNTS 165:45 (E, F, Sp, Port)
  BFSP 137:286 (E)
  TS 882, Stat 49:3111 (E, Sp)
  PAULTS 37 (E, F, Sp, Port)
  Hudson 6:597 (E, Sp)
  Malloy 4:4800 (E)
  AJIL supp 28:65 (E)
  Salis. Multilaterale Auslieferungsvertrag (1962) p. 71 (G)

1933 (cont.)

1518. December 26
   Nationality: Pan American Union
   BFSP 152:228 (E)
   PAULTS 37 (E, F, Sp, Port)
   Hudson 6:593 (E, Sp)
   AJIL supp 28:63 (E)
   Final Act of the 7th International Conference of American States (1933) (E, F, Sp, Port)

1519. December 26
   Nationality of women: Pan American Union
   BFSP 137:275 (E)
   TS 875, Stat 49:2957 (E, Sp)
   PAULTS 37 (E, F, Sp, Port)
   Hudson 6:589 (E, Sp)
   Malloy 4:4813 (E)
   AJIL supp 28:61 (E)

1520. December 26
   Political asylum: Pan American Union
   BFSP 152:231 (E)
   PAULTS 37, p. 48 (E, F, Sp, Port)
   Hudson 6:607 (E, Sp)
   AJIL supp 28:70 (E)
   Final Act of the 7th International Conference of American States (1933) (E, Sp, Port)

1521. December 26
   Rights and duties of states: Pan American Union
   LNTS 165:19 (E, F, Sp, Port)
   BFSP 137:282 (E)
   TS 881, Stat 49:3097 (E, F, Sp, Port)
   PAULTS 37, p. 78 (E, F, Sp, Port)
   Hudson 6:620 (E, Sp)
   Malloy 4:4807 (E)
   AJIL supp 28:75 (E)

1522. December 26
   Teaching of history: Pan American Union
   PAULTS 37 (E, F, Sp, Port)
   Hudson 6:612 (E, Sp)
   AJIL supp 28:71 (E)

1934

1523. February 9
   Balkan Entente
   LNTS 153:153 (E, F)
   BFSP 137:496 (F)
   Martens (3rd) 29:3 (F)
   Hudson 6:634 (E, F)
   Anchieri. La Diplomazia Contemporanea (1959) p. 120 (It)

1524. February 10
   Friendship and mutual cooperation (Great Britain, India, Yemen)
   LNTS 157:63 (E, F, Ar)

1934 (cont.)

1525. March 17
   Economic relation (Austria, Hungary, Italy)
   LNTS 154:287 (E, F, G, H, It)
   BFSP 137:291 (E)
   Martens (3rd) 30:4 (It)
   Hudson 6:644 (E)

1526. March 17
   Good understanding and collaboration (Austria, Hungary, Italy)
   LNTS 154:281 (E, F, G, H, It)
   BFSP 137:292 (E)
   Martens (3rd) 30:4 (It)
   Hudson 6:641 (E, It)

1527. March 20
   Universal Postal Union
   LNTS 174:171 (E, F)
   Stat 49:2741 (E, F)
   Hudson 6:646 (E, F)

1528. March 23
   Good understanding and collaboration
   Hudson 6:643 (E, It)

1529. March 31
   Transport of goods by rail under way-bill to order
   GU (It) 1935, I, p. 4463 (It)
   Hudson 6:818 (F)

1530. April 12
   Extradition (Central America)
   Hudson 6:833 (E, Sp)

1531. April 12
   Central American fraternity
   PAULTS 8 (E)
   Hudson 6:824 (E, Sp)

1532. April 16
   Tonnage measurement of merchant ships
   LNTS 163:185 (E, F, Pol)
   Singh. British Shipping Laws (1963) 8:631 (E)

1533. April 26
   Unification of methods of sampling and analyzing cheeses
   LNTS 164:63 (E, F)
   Hudson 6:840 (E, F)

1534. April 28
   Regional maritime radio beacons
   Hudson 6:851 (F)

1934 (cont.)

1535. May 7
   Rubber
   LNTS 171:203, 222, 224 (E, F)
   BFSP 137:799 (E)
   GBTS 1934:12, Cmd 4583 (E)
   Martens (3rd) 29:686 (E)
   Hudson 6:856 (E)

1536. May 24
   State-owned vessels: immunity
   LNTS 176:215 (E, F)
   BFSP 141:486 (F)
   RG Bl (Ger) 1936, II, p. 303 (F, G)
   Trat e Conv 48:146 (F)
   Hudson 6:868 (F)

1537. June 2
   False indication of origin of goods
   LNTS 192:9 (E, F)
   BFSP 139:772 (F)
   GBTS 1938:54, Cmd 5832 (E, F)
   IreTS 1958:14 (E, F)
   Hudson 6:886 (E, F)
   Conférence Internationale por la Protection de la Propriété Industrielle, Lisbon, 1958. Actes (1963) p. 20 (F)

1538. June 2
   Industrial designs
   LNTS 205:179 (E, F)
   BFSP 145:207 (F)
   Hudson 6:894 (F)
   Conférence Internationale por la Protection de la Propriété Industrielle, Lisbon, 1958. Actes (1963) p. 22 (F)

1539. June 2
   Industrial property
   LNTS 192:17 (E, F)
   Stat 53:1748; TS 941 (E, F)
   GBTS 1938:55, Cmd 5833 (E, F)
   Can TS 1951:10 (E, F)
   Ire TS 1958:13 (E, F)
   Trat e Conv 48:153 (F)
   Hudson 6:870 (E, F)
   Malloy 4:5516 (E)
   AJIL supp 34:89 (E)
   Propriété Industrielle (1934) 50:89 (F)
   Australia TS 1958:11 (E)
   BFSP 139:758 (E)
   RG Bl (Ger) 1937:583 (G)
   CL (Rum) no. 5, 1963:44 (Rum)

1540. June 2
   Trademarks: Madrid Convention
   LNTS 205:163 (E, F)
   BFSP 145:199 (F)
   Trat e Conv 48:183 (F)
   Hudson 6:890 (F)
   La Propriéte Industrielle 50:98 (F)
   Revue Internationale de la Propriété Industrielle et Artistique 1963 (March): 74 (F)
   CL (Rum) no. 5, 1963:86 (Rum)

1934 (cont.)

1541. June 2
   Execution of the Madrid Trademark Convention
   Revue Internationale de Propriété Industrielle et Artistique 1963 (March):77 (F)

1542. June 4
   Extradition (Australia, New Zealand, South Africa, Ecuador, United Kingdom)
   LNTS 184:437 (E, Sp)
   BFSP 137:777 (E)
   GBTS 1937:52 (E, Sp)

1543. June 12
   Salvage of torpedoes
   LNTS 155:367 (E, F)
   BFSP 137:791 (F)
   GBTS 1934:26, Cmd 4709 (E, F)
   Martens (3rd) 30:142 (F)

1544. June 19
   Statistics of causes of death
   LNTS 154:381 (E, F)
   BFSP 137:793 (E)
   EAS 80 (E, F)
   Stat 49:3785 (E, F)
   GBTS 1934:27, Cmd 4715 (E, F)
   Hudson 6:899 (E, F)

1545. June 19
   Night work: women (ILO 41)
   Cmd 4714 (1934) (E, F)
   Hudson 6:907 (E, F)

1546. June 21
   Workmen's compensation for occupational diseases (ILO 42)
   Vert BRD 8:236 (E, F, G)
   Gac (Hond) 88:2 (no. 17.973) (Sp)
   Hudson 6:913 (E, F)

1547. June 21
   Hours of work in automatic sheet glass works (ILO 43)
   Cmd 4714 (1934) (E)
   Stbld 1935:419 (E, F)
   Hudson 6:917 (E, F)

1548. June 23
   Involuntary unemployment (ILO 44)
   OFS 1960:503 (E, Nor)
   Hudson 6:920 (E, F)

1549. July 10
   Tin buffer stock
   Cmd 4825 (1935) p. 12 (E)
   Hudson 6:481 (E)

1934 (cont.)

1550. July 15
   Abstention from invoking most-favored nation clause: Pan American Union
   LNTS 165:9 (E, F, Sp, Port)
   BFSP 140:849 (E)
   TS 898, Stat 49:3260 (E, F, Sp, Port)
   Hudson 6:927 (E, Sp)
   Malloy 4:5546 (E)

1551. July 20
   Sudan-Libya boundary
   BFSP 137:152 (E, F)
   GBTS 1934:21 (E)

1552. July 25
   Dengue fever
   LNTS 177:59 (E, F)
   BFSP 137:787 (F)
   GBTS 1935:37, Cmd 5008 (E, F)
   RG Bl (Ger) 1936, II, p. 236 (F, G)
   Hudson 6:930 (E, F)
   Singh. British Shipping Laws (1963) 8:871 (E)

1553. September 12
   Baltic Entente
   LNTS 154:93 (E, F)
   BFSP 137:462 (F)
   Martens (3rd) 30:47 (F)
   Hudson 6:936 (E, F)

1554. September 24
   Little Entente: posts and telecommunications
   Hudson 6:940 (F)

1555. October 8
   Radiotelephone service of ships operating in North Sea
   Hudson 6:944 (E)

1556. October 20
   Monetary stability
   Hudson 6:945 (E, F)

1557. November 2
   Balkan Entente: statute
   BFSP 137:499 (F)
   Hudson 6:639 (E, F)

1558. November 2
   Balkan Entente: Economic Advisory Council
   BFSP 137:501 (F)
   Hudson 6:640 (F)

1559. November 19
   Inheritance and succession
   LNTS 164:279 (E)
   SO 1935:141 (F, Nor, Dan, Ic, Fin, Swe)
   Hudson 6:947 (E)

1934 (cont.)

1560. December 1
   International Association of Vehicle Manufacturers
   Archiv für das Recht der internationalen Organisationen 2:79 (F)

1561. December 13
   Campaign against locusts
   Hudson 6:954 (E, Sp)

1562. December 22
   Suppression of bills of health
   LNTS 183:153 (E, F)
   GBTS 1935:12 (E, F)
   RG Bl (Ger) 1936, II, p. 84 (F, G)
   Martens (3rd) 31:471 (F)
   Hudson 6:958 (E, F)

1563. December 22
   Suppression of consular visas on bills of health
   LNTS 183:145 (E, F)
   GBTS 1935:12 (E, F)
   RG Bl (Ger) 1936, II, p. 81 (F, G)
   Martens (3rd) 31:474 (F)
   Hudson 6:962 (E, F)

1564. December 31
   Postal exchanges (Scandinavia)
   LNTS 158:111 (E, F, Dan, Fin, Ic, Nor, Swe)
   Hudson 6:965 (E)

1935

1565. February 20
   Campaign against contagious diseases
   LNTS 186:173 (E, F)
   BFSP 140:840 (E)
   Hudson 7:1 (E, F)

1566. February 20
   Im-export of animal products
   LNTS 193:59 (E, F)
   Hudson 7:27 (E, F)

1567. February 20
   Transit of animals
   LNTS 193:37 (E, F)
   Hudson 7:13 (E, F)

1568. February 27
   Commerce (Belgium, Luxemburg, United States of America)
   BFSP 139:346 (E)
   EAS 75 (E, F)

1569. March 14
   Polish reconstruction debts
   Hudson 7:39 (E)

1935 (cont.)

1570. March 15
  British war cemeteries
  LNTS 170:9 (E, F)

1571. April 9
  Posts and telecommunications
  Hudson 7:44 (F)

1572. April 10
  Radiocommunications (South America)
  Hudson 7:47 (E)

1573. April 15
  Protection of monuments (Americas)
  LNTS 167:289 (E, F, Sp, Port)
  BFSP 139:316 (E)
  TS 899, Stat 49:3267 (E, F, Sp, Port)
  Martens (3rd) 33:650 (E, Sp)
  Hudson 7:56 (E, Sp)
  Malloy 4:4815 (E)

1574. April 15
  Protection of moveable property of historical value: Pan American Union
  Hudson 7:59 (E, Sp)

1575. May 25
  Radiotelephone service of ships operating in the Baltic Sea
  Hudson 7:70 (F)

1576. May 25
  Radiotelephone (Stockholm)
  Hudson 7:63 (E)

1577. June 1
  Regulation of air navigation
  Cmd 5332 (1936) (E, F)
  Trat e Conv 49:204 (F)
  Hudson 7:74 (E, F)

1578. June 5
  Methods of analysis of wines in international commerce
  GU (It) 1936, I, p. 418 (F)
  Hudson 7:88 (E, F)

1579. June 17
  Tourist passport and transit passport for vehicles (Americas)
  Hudson 7:109 (E, Sp)

1580. June 19
  Pan American Commercial Committee (Americas)
  Hudson 7:119 (E, Sp)

1935 (cont.)

1581. June 19
  Smuggling (Americas)
  Hudson 7:100 (E, Sp)

1582. June 19
  Transit of airplanes (Americas)
  Hudson 7:115 (E, Sp)

1583. June 21
  Underground work: women (ILO 45)
  BFSP 154:351 (E)
  RO (Ecuador) no. 675, 25 November 1954 (Sp)
  Vert BRD 6:54 (E, F, G)
  Hudson 7:125 (E, F)
  CL (Costa Rica) 1960, 1:80 (Sp)

1584. June 21
  Hours of work in coal mines (ILO 46)
  Hudson 7:129 (E, F)
  ILO Bull 20:62 (E)

1585. June 22
  40-hour week (ILO 47)
  Belorusskaia SSR v mezhd. otnosh (1960) p. 325 (R)
  Sbornik dog. SSSR 19:232 (R)
  Ukrainska SSR v mizhn. vodnos (1959) p. 431 (Ukr)
  Hudson 7:140 (E, F)

1586. June 22
  Migrants' pensions (ILO 48)
  Hudson 7:144 (E, F)

1587. June 25
  Hours of work in glass-bottle works (ILO 49)
  Hudson 7:156 (E, F)

1588. June 27
  Rubber
  GBTS 1936:20. Cmd 5236, p. 2 (E)
  Hudson 6:865 (E)

1589. July 30
  Certificate of identity to refugees from the Saar
  BFSP 148:12 (E)

1590. August 10
  Publication of unpublished historical documents (Latin America)
  Bol (Peru) no. 121 (1935) p. 650 (Sp)
  Hudson 7:169 (E, Sp)

1591. August 10
  Academic titles (Latin America)
  Hudson 7:167 (E, Sp)

1935 (cont.)

1592. August 10
   Mutual defense against undesirable foreigners (Latin America)
   Hudson 7:166 (E, Sp)

1593. August 10
   Exchange of publications (Latin America)
   Bol (Peru) no. 121 (1935) p. 648 (Sp)
   Hudson 7:170 (E, Sp)

1594. August 10
   Extradition (Latin America)
   Bol (Peru) no. 121 (1935) p. 651 (Sp)
   Hudson 7:172 (E, Sp)

1595. September 5
   Commerce (Belgium, Luxemburg, Union of Soviet Socialist Republics)
   BFSP 139:340 (F)

1596. October 30
   African Postal Union
   LNTS 189:85 (E, F)
   Hudson 7:173 (E, F)

1597. October 30
   African Telecommunications Union
   LNTS 189:51 (E, F)
   Hudson 7:180 (E, F)

1598. November 14
   Reciprocal recognition and enforcement of judgments in civil matters
   LNTS 166:75 (E, F)
   Martens (3rd) 32:81 (F)
   Hudson 7:206 (E, F)

1599. November 14
   Reciprocal recognition of former sentences in criminal matters
   LNTS 166:87 (E, F)
   Martens (3rd) 32:80 (F)
   Hudson 7:210 (E, F)

1600. December 20
   War cemeteries: British Commonwealth (Germany)
   LNTS 167:141 (E, F, G)
   BFSP 139:228 (E)
   GBTS 1936:2, Cmd 5068 (E, F, G)
   Martens (3rd) 32:328 (E, F, G)
   Hudson 7:213 (E, F)

1936

1601. January 8
   Pan American Commercial Committee
   Hudson 7:124 (E, Sp)

1936 (cont.)

1602. January 24
   Air navigation (Balkan Entente)
   Mon (Rum) 1937:2156 (F)
   Hudson 7:219 (F)

1603. March 11
   Rules of court: P.C.I.J.
   P.C.I.J. Series D, no. 1 (3rd ed) p. 28 (E)
   Hudson 7:226 (E, F)

1604. March 25
   Limitation of naval armament: 2nd London Naval Treaty
   LNTS 184:115 (E, F)
   BFSP 140:243 (E)
   TS 919, Stat 50:1363 (E, F)
   GBTS 1937:36, Cmd 5561 (E, F)
   Martens (3rd) 34:679 (E, F)
   Hudson 7:263 (E, F)
   Malloy 4:5548 (E)
   AJIL supp 32:77 (E)

1605. March 27
   Instruments of debt (Scandinavia)
   International Institute for the Unification of Private Law. Yearbook 1961 (1962) p. 249 (E)

1606. May 4
   Navigation on the Rhine
   Martens (3rd) 36:769 (F)
   Hudson 7:290 (F)

1607. May 13
   Uniform system of maritime buoyage
   Hudson 7:308 (E, F)
   Singh. British Shipping Laws (1963) 8:13 (E)

1608. May 22
   Rubber
   GBTS 1936:20, Cmd 5236, p. 3 (E)
   Hudson 6:866 (E)

1609. May 27
   Tenure and disposal of real and personal property
   LNTS 203:367 (E, F)
   TS 964 (E)

1610. June 20
   Special systems of recruiting (ILO 50)
   Stbld 1939:19 (E, F)
   OFS 1955:812 (E, Nor)
   Hudson 7:326 (E, F)
   ILO Bull 21:111 (E)

1611. June 22
   Baltic Geodetic Convention
   BFSP 140:434 (F)

1936 (cont.)

1612. June 23
   Reduction of hours of work on public works (ILO 51)
   Hudson 7:342 (E, F)
   ILO Bull. 21:123 (E)

1613. June 24
   Holidays with pay (ILO 52)
   Belorusskaia SSR v mezhd. otnosh (1960) p. 347 (R)
   Sbornik dog. SSSR 19:235 (R)
   Ukrainska SSR v mizhn. vidnos. (1959) p. 452 (Ukr)
   Hudson 7:349 (E, F)
   Derecho Positivo 6:538 (Sp)
   ILO Bull 21:128 (E)
   JO (CAR) 1964:363 (F)

1614. June 25
   Juridical personality of foreign companies (Americas)
   UNTS 161:217 (E, F, Sp, Port)
   TS 973, Stat. 55:1201 (E, F, Sp, Port)
   PAUTS 26 (E, F, Sp, Port)
   Hudson 7:355 (E, Sp)

1615. June 26
   Traffic in dangerous drugs
   LNTS 198:299 (E, F)
   UNTS 12:208, 420 (E, F)
   BFSP 143:345 (E)
   Belorusskaia SSR v mezhd. otnosh (1960) p. 497 (R)
   Ukrainska SSR v mizhn. vidnos (1959) p. 379 (Ukr)
   Hudson 7:359 (E, F)

1616. June 30
   Displacement limitation for capital ships
   LNTS 196:481 (E, F)
   GBTS 1938:43 (E, F)
   Hudson 7:288 (E, F)

1617. July 4
   Status of refugees coming from Germany
   LNTS 171:75 (E, F)
   BFSP 141:490 (E)
   GBTS 1936:33, Cmd 5338 (E, F)
   Hudson 7:376 (E, F)

1618. July 20
   Regime of the Straits: Dardenelles
   LNTS 173:213 (E, F)
   BFSP 140:288 (F)
   GBTS 1937:30, Cmd 5551 (E, F)
   Russia. Treaties. Sbornik mezhd. Konventsii (1959) p. 204 (R)
   Martens (3rd) 34:649 (F)
   Hudson 7:386 (E, F)
   AJIL supp 31:1 (E)
   Anchieri. La Diplomazia Contemporanea (1959) p. 413 (It)

1936 (cont.)

   Singh. British Shipping Laws (1963) 8:1189 (E)

1619. July 30
   Immunities of the Bank for International Settlement
   LNTS 197:31 (E, F)
   BFSP 140:285 (E)
   GBTS 1937:25, Cmd 5489 (E, F)
   Vert BRD 10:254 (E, F, G)
   Hudson 7:404 (E, F)

1620. September 15
   Baltic Geodesic Commission
   LNTS 178:439 (E, F, G)
   Hudson 7:340 (E, F)

1621. September 23
   Use of broadcasting in the cause of peace
   LNTS 186:301 (E, F)
   BFSP 140:262 (E)
   GBTS 1938:29, Cmd 5714 (E, F)
   Hudson 7:409 (E, F)
   AJIL supp 32:113 (E)

1622. October 12
   Post and telecommunications (Balkan Entente)
   Hudson 7:422 (E, F)

1623. October 14
   Keeping and operating cattle herdbooks
   Hudson 7:426 (E, F)

1624. October 22
   Load lines
   TS 942, Stat 53:1787 (E, F)

1625. October 24
   Officers' competency (ILO 53)
   TS 950 Stat 54:1683 (E, F)
   OFS 1955:831 (E, Nor)
   Hudson 7:440 (E, F)
   Singh. British Shipping Laws (1963) 8:901 (E)

1626. October 24
   Holidays with pay for seamen (ILO 54)
   Hudson 7:446 (E, F)
   Singh. British Shipping Laws (1963) 8:952 (E)
   Germany (FR) Maritime Law. Das deutsche Seerecht (1964) 3:367 (G)

1627. October 24
   Shipowners' liability (ILO 55)
   TS 951, Stat 54:1693 (E, F)
   Hudson 7:453 (E, F)
   Singh. British Shipping Laws (1963) 8:964 (E)

1936 (cont.)

1628. October 24
Sickness insurance: seamen (ILO 56)
BFSP 154:355 (E)
Vert BRD 11:20 (E, F, G)
Hudson 7:462 (E, Sp)
Singh. British Shipping Laws. (1963)
  8:968 (E)

1629. October 24
Hours of work on board ship (ILO 57)
Hudson 7:470 (E, F)
Singh. British Shipping Laws (1963)
  8:913 (E)

1630. October 24
Minimum age: seamen (ILO 58)
TS 952, Stat 54:1705 (E, F)
Belorusskaia SSR v mezhd. otnosh (1960)
  p. 353 (R)
DO (Guatemala) 1962:73 (Sp)
OFS 1955:840 (E, Nor)
Russia. Treaties. Sbornik mezhd. Konventsii (1959) p. 218 (R)
Sbornik dog. SSSR 19:240 (R)
Ukrainska SSR v mizhn. vidnos (1959)
  p. 457 (Ukr)
Hudson 7:485 (E, F)

Singh. British Shipping Laws (1963)
  8:892 (E)

1631. November 6
Merchant ships in wartime
Russia. Treaties. Sbornik mezhd. Konventsii (1959) p. 247 (R)

1632. November 6
Submarine warfare
LNTS 173:353 (E, F)
BFSP 140:300 (E)
GBTS 1936:29, Cmd 5302 (E, F)
Martens (3rd) 33:3 (E, F)
Hudson 7:490 (E, F)
Skubiszewski. Materialy do cwiczen z prawa miedz. pub. (1961) 2:140 (Pol)

1633. November 25
Germany-Japan Anti-Comintern Pact
BFSP 140:529 (E)
RG Bl (Ger) 1937, II, p. 27 (G, J)

1634. December 7
Commerce (Belgium, Luxemburg, Yemen)
BFSP 141:810 (E)

1635. December 15
Telecommunications
LNTS 186:87 (E, F)
Hudson 7:492 (E, F)

1936 (cont.)

1636. December 22
Postal Union of the Americas and Spain
Stat 50:1657 (E, Sp)
RO (Ecuador) no. 519, 21 June 1937 (Sp)
Hudson 7:500 (E, Sp)

1637. December 23
Artistic exhibitions: Pan American Union
LNTS 188:151 (E, F, Sp, Port)
BFSP 140:313 (E)
TS 929, Stat 51:206 (E, F, Sp, Port)
Hudson 7:601 (E, Sp)
Malloy 4:4845 (E)
AJIL supp 31:71 (E)

1638. December 23
Coordination of treaties: Pan American Union
LNTS 195:229 (E, F, Sp, Port)
BFSP 140:315 (E)
TS 926, Stat 51:116 (E, F, Sp, Port)
PAUTS 16:53 (E)
Hudson 7:574 (E, Sp)
Malloy 4:4831 (E)
AJIL supp 31:58 (E)

1639. December 23
Cultural relations: Pan American Union
LNTS 188:125 (E, F, Sp, Port)
BFSP 140:325 (E)
TS 928, Stat 51:178 (E, F, Sp, Port)
Hudson 7:590 (E, Sp)
Malloy 4:4841 (E)

1640. December 23
Exchange of publication: Pan American Union
LNTS 201:295 (E, F, Sp, Port)
TS 954, Stat 54:1715 (E, F, Sp, Port)
Hudson 7:596 (E, Sp)
AJIL supp 31:70 (E)

1641. December 23
Facilities for educational and publicity films: Pan American Union
Hudson 7:611 (E, Sp)
AJIL supp 31:74 (E)

1642. December 23
Good officers and mediation: Pan American Union
LNTS 188:75 (E, F, Sp, Port)
BFSP 140:328 (E)
TS 925, Stat 51:90 (E, F, Sp, Port)
PAUTS 16:49 (E)
Hudson 7:568 (E, Sp)
Malloy 4:4827 (E)
AJIL supp 31:64 (E)

1936 (cont.)

1643. December 23
  Maintenance of peace: Pan American
   Union
  LNTS 188:9 (E, F, Sp, Port)
  BFSP 140:321 (E)
  TS 922, Stat 51:15 (E, F, Sp, Port)
  PAUTS 16:36 (E)
  Hudson 7:558 (E, Sp)
  Malloy 4:4817 (E)
  AJIL supp 31:53 (E)

1644. December 23
  Non-intervention: Pan American Union
  LNTS 188:31 (E, F, Sp, Port)
  BFSP 140:312 (E)
  TS 923, Stat 51:41 (E, F, Sp, Port)
  PAUTS 16:41 (E)
  Hudson 6:626 (E, Sp)
  Malloy 4:4821 (E)
  AJIL supp 31:57 (E)

1645. December 23
  Pan American Highway: Pan American
   Union
  LNTS 188:99 (E, F, Sp, Port)
  BFSP 140:323 (E)
  TS 927, Stat 51:152 (E, F, Sp, Port)
  Hudson 7:584 (E, Sp)
  Malloy 4:4837 (E)
  AJIL supp 31:66 (E)

1646. December 23
  Peaceful orientation of public instruc-
   tion: Pan American Union
  Hudson 7:606 (E, Sp)
  AJIL supp 30:73 (E)

1647. December 23
  Prevention of controversies: Pan
   American Union
  LNTS 188:53 (E, F, Sp, Port)
  BFSP 140:331 (E)
  TS 924, Stat 51:65 (E, F, Sp, Port)
  PAUTS 16:45 (E)
  Hudson 7:563 (E, Sp)
  Malloy 4:4824 (E)
  AJIL supp 31:63 (E)

1937

1648. January 5
  International tin control
  Cmd 5879 (1938) (E)
  Hudson 7:618 (E)

1649. January 23
  Extradition (Australia, New Zealand,
   Luxemburg, United Kingdom)
  LNTS 191:219 (E, F)
  BFSP 141:552 (E)
  GBTS 1938:46, Cmd 5811 (E, F)

1937 (cont.)

1650. February 5
  Rubber
  LNTS 171:226 (E, F)
  GBTS 1937:11, Cmd 5384 (E)
  Hudson 6:867 (E, F)

1651. February 10
  Conveyance of corpses
  LNTS 189:313 (E, F)
  BFSP 141:812 (F)
  RG Bl (Ger) 1938, II, p. 199 (F, G)
  Hudson 7:630 (E, F)

1652. February 11
  Telecommunications (Scandinavia)
  LNTS 186:55 (E, F, Dan, Fin, Ic, Nor, Swe)

1653. February 22
  Commerce (Belgium, Luxemburg,
   Uruguay)
  BFSP 141:807 (E)

1654. March 3
  Application of accident insurance (North
   Europe)
  LNTS 182:142 (E, Dan, Fin, F, Ic, Nor, Swe)
  Martens (3rd) 35:445 (Dan)
  Hudson 7:638 (E, F)

1655. March 8
  Non-intervention in Spain
  Cmd 5399, Spain 1937:1 (E)
  AJIL supp 31:163 (E)

1656. March 23
  Meshes of fishing nets and size limits
   of fish
  Cmd 5491, Misc 1937:5 (E, F)
  Hudson 7:642 (E, F)

1657. March 31
  Nationality of persons affected by the
   re-delimitation of the boundary
   between Burma and Siam
  BFSP 141:385 (E)
  GBTS 1937:23, Cmd 5475 (E)

1658. April 24
  International position of Belgium
  BFSP 141:519 (E)

1659. May 6
  Sale of sugar
  BFSP 141:496 (E)
  TS 990 (E)
  Hudson 7:651 (E, F)
  Malloy 4:5599 (E)

1937 (cont.)

1660. May 8
　　　Abolition of capitulations in Egypt
　　LNTS 182:37 (E, F)
　　BFSP 141:527 (E)
　　TS 939, Stat 53:1645 (E, F)
　　GBTS 1937:55, Cmd 5630 (E, F)
　　Martens (3rd) 35:15 (E, F)
　　AJIL supp 34:201 (E)

1661. May 28
　　　Promotion of commercial exchanges
　　LNTS 180:5 (E, F)
　　Martens (3rd) 34:357 (F)
　　Hudson 7:710 (E, F)

1662. May 31
　　　International Institute of Refrigeration
　　LNTS 189:359 (E, F)
　　BFSP 141:463 (E)
　　GBTS 1938:72, Cmd 5889 (E, F)
　　Hudson 7:743 (E, F)

1663. June 7
　　　Smuggling of alcohol
　　Hudson 7:752 (F)

1664. June 8
　　　Whaling
　　LNTS 190:79 (E, F)
　　BFSP 141:469 (E)
　　TS 933, Stat 52:1460 (E)
　　GBTS 1938:37, Cmd 5757 (E)
　　Hudson 7:754 (E, F)
　　Malloy 4:5573 (E)
　　AJIL supp 34:106 (E)

1665. June 20
　　　Radiocommunications (South America)
　　Hudson 7:767 (E, Sp)

1666. June 22
　　　Minimum age in industry (ILO 59)
　　Belorusskaia SSR v mezhd. otnosh (1960)
　　　p. 357 (R)
　　OFS 1955:845 (E, Nor)
　　Pak TS 1955:6 (E)
　　Sbornik dog. SSSR 19:244 (R)
　　Ukrainska SSR v mizhn. vidnos (1959)
　　　p. 461 (Ukr)
　　Hudson 7:783 (E, F)
　　Revista Mexicana del Trabajo (no. 9-10)
　　　9:122 (Sp)

1667. June 22
　　　Minimum age in non-industry (ILO 60)
　　Belorusskaia SSR v mezhd. otnosh (1960)
　　　p. 364 (R)
　　Sbornik dog. SSSR 19:250 (R)
　　Ukrainska SSR v mizhn. vidnos (1959)
　　　p. 467 (Ukr)
　　Hudson 7:791 (E, F)
　　Revista Mexicana del Trabajo (no. 9-10)
　　　9:127 (Sp)

1937 (cont.)

1668. June 23
　　　Reduction of hours in textile industry
　　　(ILO 61)
　　Hudson 7:800 (E, F)
　　Revista Mexicana del Trabajo (no. 9-10)
　　　9:134 (Sp)

1669. June 23
　　　Safety: buildings (ILO 62)
　　Vert BRD 8:188 (E, F, G)
　　Gac (Hond) no. 17975, 88:1 (Sp)
　　Trb 1951:23 (E, F, Dut)
　　Hudson 7:812 (E, F)
　　Revista Mexicana del Trabajo (no. 9-10)
　　　9:119 (Sp)
　　JO (CAR) 1964:366 (F)

1670. July 8
　　　Non-aggression (Afghanistan, Iran,
　　　Iraq, Turkey)
　　LNTS 190:21 (E, F)
　　BFSP 141:712 (E)
　　Martens (3rd) 36:714 (F)
　　Hudson 7:822 (E, F)
　　Documents in International Affairs
　　　1937:530 (F)
　　Hurewitz. Diplomacy in the Near and
　　　Middle East 2:215 (E)
　　Khalil. The Arab states and the Arab
　　　League 2:363 (E)

1671. July 13
　　　Commerce (Belgium, Luxemburg,
　　　South Africa)
　　BFSP 141:673 (E)
　　SATS 1937:6 (E, Dut)

1672. July 17
　　　Use of broadcasting in the cause of
　　　peace
　　Hudson 7:417 (E, F)

1673. September 6
　　　Preservation of plaice and dab
　　LNTS 186:429 (E, F)
　　Hudson 7:827 (E, F)

1674. September 14
　　　Mediterranean piracy: Nyon arrangement
　　LNTS 181:135 (E, F)
　　LN Doc C 409 m 273 1937 vii (E, F)
　　GBTS 1937:38 (E, F)
　　Hudson 7:831 (E, F)
　　Martens (3rd) 34:666 (E, F)
　　AJIL supp 31:179 (E)

1675. September 15
　　　Telephonic correspondence (Scandinavia)
　　LNTS 186:135 (E, F, Dan, Fin, Ic, Nor, Swe)

1937 (cont.)

1676. September 17
   Mediterranean piracy: Nyon arrangement
   LNTS 181:149 (E, F)
   BFSP 141:520, 526 (E)
   LN Doc C 409 m 273 1937 vii (E, F)
   GBTS 1937:29, Cmd 5569 (E, F)
   Hudson 7:839 (E, F)
   Martens (3rd) 34:676 (E, F)
   AJIL supp 31:182 (E)

1677. September 19
   Operation of regular air line
   GU (It) 78:4280 (It)
   Hudson 7:841 (F)

1678. September 23
   Travellers' postal vouchers (Scandinavia)
   LNTS 190:299 (E, F, Dan, Fin, Ic, Nor, Swe)
   Hudson 7:843 (E, F)

1679. October 2
   Teaching of history: text books
   LNTS 182:263 (E, F)
   BFSP 141:677 (E)
   Hudson 7:850 (E, F)

1680. October 11
   Acceptance of pilot's certificate in lieu of national passport
   LNTS 182:173 (E, F, Nor)

1681. October 28
   Statute of the Permanent International Committee for the London-Istanbul Highway
   Hudson 7:853 (E, F)

1682. November 5
   Treaty of friendship, commerce and navigation (Belgium, Luxemburg, Siam)
   BFSP 141:800 (E)

1683. November 6
   Accession of Italy to German-Japanese agreement against the Comintern
   RG Bl (Ger) 1938, II, p. 26 (G, J, It)
   BFSP 141:1021 (E)

1684. November 16
   Creation of an International Criminal Court
   Hudson 7:878 (E, F)

1685. November 16
   Prevention and punishment of terrorism
   Hudson 7:862 (E, F)

1686. November 17
   Goods transported by rail
   LNTS 192:626 (E, F)
   Hudson 7:896 (E, F)

1937 (cont.)

1687. November 17
   Passengers transported by rail
   LNTS 192:383 (E, F)
   Hudson 7:893 (E, F)

1688. December 13
   Radio communications (Americas)
   EAS 200, TS 938, Stat 54:2514 (E, F, Sp, Port)
   Hudson 7:900 (E, Sp)

1689. December 13
   Inter-American radio communications
   TS 938, Stat 53:1576 (E, F, Sp, Port)
   RO (Ecuador) no. 850, 28 June 1951 (Sp)
   Hudson 7:900 (E, Sp)
   AJIL supp 35:56 (E)

1690. December 13
   Regional broadcasting (North America)
   TS 962, Stat 55:1005 (E, F, Sp, Port)
   Can TS 1941:3 (E, F)
   Hudson 7:962 (E, Sp)
   AJIL supp 35:56 (E)

1938

1691. January 12
   Salvage of torpedoes
   LNTS 200:529 (E, F)
   BFSP 142:405 (E)
   GBTS 1938:40, Cmd 5774 (E, F)
   Hudson 8:1 (E, F)
   Martens (3rd) 36:60 (F)

1692. January 25
   Tin research scheme
   Cmd 5879 (1938) (E)
   Hudson 7:628 (E)

1693. January 29
   Organization for Communications and Transit: statute
   Hudson 8:2 (E, F)

1694. February 10
   Status of refugees coming from Germany
   LNTS 192:59 (E, F)
   BFSP 142:406 (E)
   GBTS 1939:8, Cmd 5929 (E, F)
   Hudson 8:19 (E, F)

1695. February 11
   Protection against episootic diseases
   Trat e Conv 52:39 (F)

1696. February 20
   Im-export of animal products
   LNTS 193:59 (E, F)

1938 (cont.)

1697. April 4
   Telegraph regulations
   Bureau de l'Union Internationale des Telecommunications, Bern, 1938 (F)

1698. April 4
   Telephone regulations
   Bureau d l'Union Internationale des Telecommunications, Bern, 1938 (F)

1699. April 8
   General radio regulations
   TS 948, Stat 54:1417 (E, F)
   RG Bl (Ger) 1939, II, p. 421 (G)
   RO (Switz) 1940:760 (F)
   Hudson 6:133 (E, F)

1700. April 9
   Uniform law for cheques
   LNTS 191:165 (E, F)
   Hudson 8:48 (E, F)

1701. April 9
   Uniform law for bills of exchange and promissory notes
   LNTS 191:119 (E, F)
   Hudson 8:44 (E, F)

1702. April 15
   Tourist traffic (Balkan States)
   LNTS 200:285 (E, F)
   Hudson 8:51 (E, F)

1703. April 16
   Bon Voisinage (Egypt, Sudan Frontier)
   LNTS 195:103 (E, F, It)
   BFSP 142:421 (E)
   GBTS 1938:31, Cmd 5726 (E, It)
   Hudson 8:53 (E, F)
   Martens (3rd) 35:664 (E, It)

1704. April 29
   Documents of identity of aircraft personnel
   LNTS 190:115 (E, F)

1705. May 11
   Economic collaboration (Scandinavia)
   Martens (3rd) 36:364 (F)

1706. May 17
   Documents of identity for aircraft personnel
   LNTS 192:317 (E, F)
   GBTS 1938:65 (E, F)
   Martens (3rd) 36:872 (E, F)

1938 (cont.)

1707. May 27
   Rules of neutrality (Scandinavia)
   LNTS 188:293 (E, F)
   BFSP 142:533 (F)
   Sop S 1938:17 (Fin)
   Hudson 8:55 (E, F)
   Krigens-Rett (1962) p. 60 (F, Nor)
   Martens (3rd) 36:36 (F)
   AJIL supp 32:141 (E)

1708. May 30
   Documents of identity for aircraft personnel
   LNTS 191:299 (E, F)
   Martens (3rd) 36:876 (E)

1709. June 2
   Parcel post (Africa)
   LNTS 192:157 (E, F)

1710. June 20
   Statistics of wages and hours (ILO 63)
   Cmd 5875 (1938) (E)
   Vert BRD 4:144 (E, F, G)
   DO (Guatemala) 1961:689 (Sp)
   OFS 1955:855 (E, Nor)
   Hudson 8:62 (E, F)
   Revista Mexicana del Trabajo 1963:93 (Sp)
   Revista Mexicana del Trabajo 9:129 (Sp)

1711. June 20
   Tin buffer stock scheme
   Cmd 5879 (1938) (E)
   Hudson 7:623 (E)

1712. June 27
   Whaling
   LNTS 196:131 (E, F)
   BFSP 142:397 (E)
   TS 944, Stat 53:1794 (E)
   GBTS 1939:18, Cmd 5993 (E)
   Cmd 5827 (1938) (E)
   Hudson 7:762 (E)
   AJIL supp 34:115 (E)

1713. June 28
   Whaling: regulations
   LNTS 190:93 (E, F)
   TS 933 (E)
   Hudson 7:765 (E, F)

1714. June 30
   Limitation of naval armament
   BFSP 142:427 (F)
   EAS 127, Stat 53:1921 (E, F)
   GBTS 1938:43, Cmd 5781 (E, F)

1715. June 30
   Transport of goods by rail
   RG Bl (Ger) 1938, II, p. 806 (G)
   Leggi 1938:1233 (It)

1938 (cont.)

1716. July 15
   Documents of identity of aircraft personnel
   LNTS 195:73 (E, F)
   Martens (3rd) 36:880 (E, F)

1717. July 31
   Balkan Entente and Bulgaria: non-aggression accord
   LNTS 196:371 (E, F)
   BFSP 142:491 (F)
   GBTS 1939:12, Cmd 5954 (E)
   Hudson 8:80 (E, F)
   Martens (3rd) 36:32 (F)
   Documents of International Affairs (1938) 1:287 (F)

1718. August 18
   European Commission of the Danube
   LNTS 196:113 (E, F)
   GBTS 1939:38, Cmd 6069 (E, F)
   JO (Fr) 1939:6225 (F)
   RG Bl (Ger) 1939, II, p. 769 (F, G)
   Hudson 8:82 (E, F)
   Martens (3rd) 37:741 (F)

1719. August 23
   Load lines
   LNTS 193:271 (E, F)
   BFSP 142:417 (E)
   TS 942, Stat 53:1787 (E)
   RG Bl (Ger) 1938, II, p. 907 (G)
   Bol (Peru) 134:438 (Sp)
   Hudson 8:101 (E, F)
   Malloy 4:5348 (E)

1720. August 25
   Police regulations: navigation on the Rhine
   JO (Fr) 1939:3056 (F)
   RG Bl (Ger) 1939, II, p. 43 (G)
   Stbld 1939:14 (F)
   RO (Switz) 55:17 (F)
   Hudson 8:103 (F)

1721. September 12
   International circulation of films
   LNTS 198:111 (E, F)
   BFSP 142:418 (E)
   GBTS 1940:19, Cmd 6221 (E, F)
   Hudson 8:119 (E, F)
   Martens (3rd) 37:756 (E, F)

1722. September 29
   Ceding Czech territory to Germany (Sudetan)
   BFSP 142:438 (E)

1723. September 29
   Assistance and salvage of aircraft by aircraft at sea
   Singh. British Shipping Laws (1963) 8:1116 (E)
   Hudson 8:135 (E, F)

1938 (cont.)

1724. September 29
   Damages caused by aircraft to third parties on the surface
   Hudson 8:147 (E, F)

1725. October 6
   Rubber
   LNTS 196:437 (E, F)
   BFSP 142:441 (E)
   GBTS 1938:74, Cmd 5901 (E)
   Hudson 8:156 (E, F)

1726. October 6
   Statistics of causes of death
   LNTS 200:520 (E, F)
   EAS 173, Stat 54:2308 (E, F)
   CanTS 1940:1 (E)
   JO (Fr) 1939:1771 (F)
   RU (It) 1940:645 (It)
   Hudson 8:180 (E, F)

1727. October 25
   Free right of passage of aircraft over the Antarctic
   LNTS 192:323 (E, F)
   BFSP 142:386 (E)
   GBTS 1938:73, Cmd 5900 (E, F)
   Martens (3rd) 37:121 (E, F)

1728. October 31
   Sanitary
   LNTS 198:205 (E, F)
   BFSP 142:389 (E)
   GBTS 1939:46, Cmd 6114 (E, F)
   JO (Fr) 1939:1771 (F)
   Hudson 8:189 (E, F)

1729. November 16
   Bon Voisinage (Egypt-Sudan frontier)
   BFSP 142:421 (E)
   GBTS 1939:6, Cmd 5923 (E, It)

1730. November 18
   Uniform neutrality law
   Hudson 8:202 (E)
   Revue International Française du Droit des Gens (1939) 7:303 (F)
   Zeitschrift für Osteuropäisches Recht (1939) 5:638 (G)
   Deak and Jessup. Collection of neutrality laws. Regulations and treaties of various states. Supplement (1940) p. 574 (E)

1731. November 25
   Regional radiotelephone service of ships in North Sea or in the Baltic Sea
   Hudson 8:206 (E, F)

1938 (cont.)

1732. December 3
    Intellectual cooperation
    LNTS 200:249 (E, F)
    OJ (LN) 1940:1521, 1697 (F)
    BFSP 142:456 (E)
    Hudson 8:208 (E, F)

1733. December 8
    Radio for Central America, Panama, Canal Zone
    LNTS 202:49 (E, F, Sp)
    TS 949, Stat 54:1675 (E, Sp)
    Hudson 8:215 (E, Sp)
    AJIL supp 35:71 (E)

1939

1734.
    Judicial assistance (draft)
    AJIL supp 33:11 (E)

1735.
    Rights and duties of neutral states in naval and aerial war (draft)
    AJIL supp 33:167 (E)

1736.
    Rights and duties of states in case of aggression (draft)
    AJIL supp 33:819 (E)

1737. January 6
    Beef imports to the United Kingdom
    LNTS 196:263 (E, F)
    GBTS 1939:11, Cmd 5941 (E)
    Hudson 8:230 (E)

1738. January 20
    African Telecommunications Union
    Hudson 8:241 (E, F)

1739. January 20
    Parcel post (Africa)
    LNTS 199:321 (E, F)
    Hudson 8:232 (E, F)

1740. February 1
    Publication of tariff measures: railway transport
    Leggi 1938:1244 (It)
    Hudson 8:265 (F)

1741. February 1
    Transport of combustible liquids in inland navigation
    JO (Fr) 1939:8794 (F)
    Hudson 8:261 (F)
    Navigation du Rhin (1939) 17:123 (F)

1939 (cont.)

1742. February 3
    Immigration: Pan American Union (draft)
    Hudson 8:267 (Sp)
    Bulletin of the PAU 73:363 (E)

1743. February 24
    Anti-Comintern: accession of Hungary
    BFSP 143:501 (E)
    RG Bl (Ger) 1939, II, p. 749 (G, H, J, It)

1744. February 24
    Anti-Comintern: accession of Manchukuo
    BFSP 143:502 (E)
    RG Bl (Ger) 1939, II, p. 745 (G, J, It, Ch)

1745. March 1
    European Commission of the Danube: accession of Germany
    LNTS 196:126 (E, F)
    BFSP 143:312 (E)
    GBTS 1939:37, Cmd 6068 (E, F)
    JO (Fr) 1939:6224 (F)
    RG Bl (Ger) 1939, II, p. 766 (F, G)
    Hudson 8:95 (E, F)
    Martens (3rd) 37:749 (F)

1746. March 1
    Exemption from taxation for liquid fuel and lubricants used in air traffic
    GU (It) 81:271 (It)
    Hudson 8:269 (E, F)

1747. March 27
    Anti-Comintern: accession of Spain
    BFSP 143:502 (E)
    RG Bl (Ger) 1939, II, p. 741 (G, J, It, Sp)

1748. April 3
    Navigation on the Rhine
    LNTS 195:471 (E, F)
    Pasin. (Belg) 1939:127 (F)
    JO (Fr) 1939:5031 (F)
    Stbld 1939:22 (Dut)
    Hudson 8:281 (E, F)
    Martens (3rd) 37:398 (F)
    Navigation du Rhin (1939) 17:165 (F)

1749. April 12
    Maritime radio service for the Baltic Sea
    Hudson 8:290 (F)

1750. April 15
    Broadcasting (Europe)
    Hudson 8:294 (E, F)

1939 (cont.)

1751. May 23
    Universal Postal Union
    LNTS 202:159 (E, F)
    Stat 54:2049 (E, F)
    Can TS 1940:7 (E, F)
    Salvador. Tratados 3:125 (Sp)
    Hudson 8:303 (E, F)

1752. May 23
    Money orders
    Salvador. Tratados 3:283 (Sp)

1753. May 23
    Parcel post
    Salvador. Tratados 3:225 (Sp)

1754. June 13
    Sanitary control of pilgrims to Mecca
    LNTS 197:297 (E, F)
    GBTS 1939:42, Cmd 6096 (E)
    Martens (3rd) 38:806 (E)

1755. June 27
    Employment of indigenous workers
    (ILO 64)
    Cmd 6141 (1939) (E, F)
    Hudson 8:359 (E, F)
    Revista Mexicana del Trabajo (no. 1-2)
        10:98 (Sp)

1756. June 27
    Penal sanctions to indigenous workers
    (ILO 65)
    Cmd 6141 (1939) (E, F)
    DO (Guatemala) 1961:673 (Sp)
    Hudson 8:377 (E, F)
    Revista Mexicana del Trabajo (no. 1-2)
        10:113 (Sp)

1757. June 28
    Recruitments of migrants (ILO 66)
    Hudson 8:382 (E, F)
    Revista Mexicana del Trabajo (no. 1-2)
        10:115 (Sp)

1758. June 28
    Hours of work in road transport
    (ILO 67)
    Hudson 8:391 (E, F)
    Revista Mexicana del Trabajo (no. 1-2)
        10:121 (Sp)
    JO (CAR) 1964:369 (F)

1759. August 4
    Free professions (Montevideo)
    Hudson 8:418 (E, Sp)
    AJIL supp 37:107 (E)
    Lecciones y ensayos 7:89 (Sp)
    Anales de Legislacion Argentina 23(a):42
        (Sp)

1939 (cont.)

1760. August 4
    Intellectual property (Montevideo)
    Hudson 8:412 (E, Sp)
    AJIL supp 37:103 (E)
    Lecciones y ensayos 7:75 (Sp)

1761. August 4
    Political asylum and refugees
        (Montevideo)
    Hudson 8:404 (E, Sp)
    AJIL supp 37:99 (E)
    Viera. Derecho de Asilo Diplomatico (1961)
        p. 474 (Sp)

1762. August 21
    Documents of identity of aircraft
        personnel
    LNTS 198:343 (E, F)
    Martens (3rd) 38:183 (E, F)

1763. September 14
    Status of refugees coming from Germany
    LNTS 198:141 (E, F)
    GBTS 1940:20, Cmd 6222 (E, F)
    Hudson 8:33 (E, F)

1764. October 2
    Decrees and regulations on neutrality:
        Pan American Union
    BFSP 143:343 (E)
    PAULTS 12, 13, 14, 15 (E, F, Sp, Port)

1765. October 19
    Mutual assistance (Turkey, Great
        Britain, France)
    LNTS 200:167 (E, F)
    BFSP 151:213 (E)
    GBTS 1940:4, Cmd 6165 (E, F)
    JO (Fr) 1939:13299 (F)
    Hudson 8:423 (E, F)

1766. December 14
    Radiocommunications (Americas)
    Hudson 8:438 (E, Sp)

1940

1767.
    Inter-American Peace Committee
    PAUTS 16:72 (E)

1768. January 8
    Documents of identity of aircraft
        personnel
    LNTS 203:133 (E, F, Port)

1769. January 17
    Radiocommunications (South America)
    GO (Ven) 1944:144.986 (Sp)

1770-1787

1940 (cont.)

1770. January 26
    Radiocommunications (Americas)
    EAS 231, Stat 55:1482 (E, Sp, Port)
    CanTS 1943:5 (E)
    Journal des Télécommunications (1940) 7:90 (F)

1771. February 17
    Uniformity of powers of attorney (Americas)
    UNTS 161:229 (E, F, Sp, Port)
    TS 982, Stat 56:1376 (E, F, Port, Sp)
    Salvador. Tratados 3:13 (Sp)
    Hudson 8:449 (E, Sp)
    AJIL supp 36:193 (E)

1772. March 15
    International Institute for the Unification of Private Law: organic statute
    B Bl (Switz) 1963:377 (G)
    DSB 3:109 (E)
    Hudson 8:455 (E, F)

1773. March 19
    International civil law (Montevideo)
    Hudson 8:513 (E, Sp)
    AJIL supp 37:141 (E)
    Lecciones y ensayos 7:57 (Sp)

1774. March 19
    International penal law (Montevideo)
    Hudson 8:482 (E, Sp)
    AJIL supp 37:122 (E)

1775. March 19
    Commercial navigation law (Montevideo)
    Mem (Arg) 1939-40:410 (Sp)
    Mem (Colombia) 1940:421 (Sp)
    Bol (Peru) 139:472 (Sp)
    Leyes (Uruguay) 65:1509 (Sp)
    Hudson 8:460 (E, Sp)
    AJIL supp 37:109 (E)
    Singh. British Shipping Laws (1963) 8:1099 (E)

1776. March 19
    International commercial terrestial law (Montevideo)
    Hudson 8:498 (E, Sp)
    AJIL supp 37:132 (E)

1777. March 19
    International procedural law (Montevideo)
    Hudson 8:472 (E, Sp)
    AJIL supp 37:116 (E)
    Lecciones y ensayos 7:80 (Sp)

1778. March 19
    Treaties on private international law
    Hudson 8:529 (E, Sp)

1940 (cont.)

1779. May 10
    Establishment of Inter-American Bank
    Hudson 8:533 (E, Sp)
    DSB 2:512 (E)

1780. July 20
    Telegraphic correspondence exchanged by a detour route
    Journal des Télécommunications 7:281 (F)

1781. July 30
    European colonies in the Americas
    UNTS 161:253 (E, F, Sp, Port)
    BFSP 145:177 (E)
    TS 977, Stat 56:1273 (E, F, Sp, Port)
    Salvador. Tratados 3:23 (Sp)
    Hudson 8:555 (E, Sp)

1782. July 30
    European possessions in Americas: Act of Havana
    EAS 199, Stat 54:2491 (E, F, Sp, Port)
    Salvador. Tratados 3:19 (Sp)
    Hudson 8:563 (E, Sp)

1783. September 27
    Tripartite Pact (Germany, Italy, Japan)
    LNTS 204:381 (E, F)
    CanTS 1942:1 (E)

1784. October 12
    Nature protection and wildlife preservation: Pan American Union
    UNTS 161:193 (E, F, Sp, Port)
    TS 981, Stat 56:1354 (E, F, Sp, Port)
    Salvador. Tratados 3:31 (Sp)
    Trat (Ven) 6:661 (Sp)
    Hudson 8:573 (E, Sp)

1785. November 15
    Kaschau-Oderberg railroad
    RG Bl (Ger) 1941, II, p. 322 (G)

1786. November 28
    Coffee: Pan American Union
    UNTS 139:159 (E, F, Sp, Port)
    TS 970, Stat 55:1143 (E, F, Sp, Port)
    RO (Ecuador) no. 194-195, 21 and 22 April 1941 (Sp)
    Salvador. Tratados 3:39 (Sp)
    Hudson 8:597 (E, Sp)
    AJIL supp 35:160 (E)
    DSB 3:482 (E)

1787. November 29
    Inter-American Indian Institute: Pan American Union
    Stat 56:1303, TS 978 (E, F, Sp, Port)
    Salvador. Tratados 3:55 (Sp)
    Hudson 8:582 (E, Sp)

1941

1788. January 30
  Radio broadcasting (North America)
  EAS 227, Stat 55:1398 (E, F, Sp)
  Hudson 7:995 (E, Sp)

1789. February 6
  Creation of a Regional Office of Information and Economic Studies (Latin America)
  Hudson 8:619 (E, Sp)
  Revista Argentina de Derecho Internacional 4:269 (Sp)

1790. February 6
  Construction of oil pipelines (Latin America)
  Hudson 8:623 (Sp)
  Revista Argentina de Derecho Internacional (1941) 4:274 (Sp)

1791. February 6
  Fair exchange, banking and credit (Latin America)
  Hudson 8:629 (Sp)
  Revista Argentina de Derecho Internacional (1941) 4:278 (Sp)

1792. February 6
  Promote tourist traffic (Americas)
  Hudson 8:625 (E, Sp)
  Revista Argentina de Derecho Internacional (1941) 4:275 (Sp)

1793. February 6
  Service of regional parcel post: Inter-American
  Hudson 8:618 (E, Sp)
  Revista Argentina de Derecho Internacional 4:267 (Sp)

1794. February 6
  Transit (Latin America)
  Hudson 8:622 (E, Sp)
  Revista Argentina de Derecho Internacional (1941) 4:272 (Sp)

1795. February 6
  Transit of immigrants (Latin America)
  Hudson 8:626 (Sp)
  Revista Argentina de Derecho Internacional (1941) 4:277 (Sp)

1796. February 6
  Differential rates in transport (Latin America)
  Hudson 8:621 (E, Sp)
  Revista Argentina de Derecho Internacional (1941) 4:271 (Sp)

1941 (cont.)

1797. February 10
  Pelcomayo River (Latin America)
  Hudson 8:631 (Sp)
  Revista Argentina de Derecho Internacional (1941) 4:146 (Sp)

1798. March 27
  Leased bases to U.S.A. and defense of Newfoundland
  Can TS 1952:14 (E, F)

1799. April 15
  Coffee: Pan American Union
  UNTS 139:204 (E, F, Port, Sp)
  TS 970 (E, F, Sp, Port)
  Hudson 8:611 (E, Sp)
  AJIL supp 35:169 (E)
  DSB 4:487 (E)

1800. August 14
  Atlantic Charter
  LNTS 204:384 (E, F)
  Stat 55:1600; EAS 236 (E)
  CanTS 1942:1 (E)
  Bol (Peru) 1941:269 (Sp)
  Hudson 9:3 (E, F)
  Anchieri. La Diplomazia Contemporanea (1959) p. 163 (It)
  Kraus. Der Völkerrechtliche Status der deutschen Ostgebiete (1962) p. 120 (E)
  Siegler. Dokumentation zur Deutschlandfrage (1961) 1:2 (G)
  U.S. Senate. A decade of American foreign policy. Basic documents 1941-1949 p. 1 (E)

1801. November 21
  Agreement against the Comintern
  RG Bl (Ger) 1942, II, p 127 (G)
  Hudson 8:633 (E, G)
  Documents on American Foreign Relations 1941-42. 4:201 (E)

1942

1802. January 1
  26-nations declaration: incl. Atlantic Charter
  LNTS 204:381 (E, F)
  BFSP 144:1070 (E)
  EAS 236, Stat. 55:1600 (E)
  GBTS 1942:5, Cmd 6388 (E)
  Can TS 1942:1 (E, F)
  Trb 1951:136 (E)
  Hudson 9:1 (E, F)
  AJIL supp 36:191 (E)
  Revista Peruana de Derecho Internacional (1942) 2:559 (Sp)

1942 (cont.)

1802 cont.
Anchieri. La Diplomazia Contemporanea (1959) p 164 (It)
Kraus. Der völkerrechtliche Status der deutschen Ostgebiete (1962) p. 122 (E)
U.S. Senate. A Decade of American Foreign Policy. Basic documents, 1941-1949. p 2 (E)

1803. January 13
War crimes resolution
BFSP 144:1072 (F)

1804. January 23
Commission on Forests and Timber: Axis powers
RG Bl (Ger) 1942, II, p. 220 (G)
Hudson 9:5 (G)
Martens (3rd) 39:717 (G)

1805. January 29
Alliance (United Kingdom, Union of Soviet Socialists Republic, Iran)
UNTS 93:279 (E, F, R, Ar)
BFSP 144:1017 (E)
Hudson 9:7 (E)
Anchieri. La Diplomazia Contemporanea (1959) p. 165 (It)

1806. January 29
Peace, friendship and boundaries (United States, Peru, Ecuador)
EAS 288 Stat 56:1818 (E, Sp)

1807. April 22
Wheat
UNTS 8:237 (E, F, Sp)
EAS 384, Stat 57:1382 (E)
Cmd 6371, Misc 1942:2 (E)
CanTS 1942:11 (E)
Hudson 9:11 (E)
AJIL supp 37:26 (E)
DSB 7:583 (E)

1808. June 9
Inter-American Conference of Police and Judicial Authorities
AJIL supp 37:75 (E)

1809. July 22
Sale of sugar
BFSP 144:1074 (E)
TS 990, Stat 59:949 (E)
Mon (Belg) 1942:420 (F)
Cmd 6395 (E)
DSB 7:678 (E)

1810. August 10
Danube-Sava-Adriatic Railroad Co.
BFSP 155:224 (E)
RG Bl (Ger) 1943, II, p. 206 (G, It)

1942 (cont.)

1811. August 12
Staar Insurance Company
RG Bl (Ger) 1943, II, p. 364 (G, H, Cz)

1812. September
Inter-American Conference on Social Security
Salvador. Tratados 6:515 (Sp)

1813. September 5
Education (Central America)
CL (Costa Rica) 1942, II, p. 324 (Sp)
Decr (Hond) 1942-43:31 (Sp)
Leyes (Panama) 1943:285 (Sp)
DO (Salvador) (1943) no. 31-40 (Sp)
Salvador. Tratados 3:319 (Sp)
Hudson 9:28 (Sp)

1814. September 5
Practice of liberal profession (Central America)
CL (Costa Rica) 1942, II, p. 331 (Sp)
Decr (Hond) 1942-43:29 (Sp)
DO (Salvador) 135:3178 (Sp)
Salvador. Tratados 3:315 (Sp)
Hudson 9:33 (Sp)

1815. September 9
International control of the production and export of tin
LNTS 205:137 (E, F)
BFSP 144:1077 (E)
GBTS 1942:9, Cmd 6396 (E)

1816. October 19
European Postal and Telecommunications Union
RG Bl (Ger) 1943, II, p. 122 (G)
GU (It) May 28, 1943, no 124 (It)
Hudson 9:43 (F, G)
Archiv für das Recht der internationalen Organisationen 4:104 (G)
Journal des Telecommunications 9:162 (F)

1817. October 21
Establishment of an agricultural experimental station (Americas)
Salvador. Tratados 3:359 (Sp)

1818. December 4
Food supply for Iran
EAS 292; Stat 56:1835 (E, Ar)

1943

1819. January 11
Extraterritorial rights in China
GBTS 1943:2, Cmd 6456 (E, Ch)

1943 (cont.)

1820. March 26
   Industrial diamonds
   EAS 317, Stat 57:931 (E)

1821. June 3
   United Nations Conference on Food and Agriculture
   AJIL supp 37:159 (E)

1822. September 3
   Conditions of an armistice with Italy
   TIAS 1604 Stat 61(3):2740 (E, It)
   Hudson 9:50 (E)
   AJIL supp 40:1 (E)
   DSB 13:748 (E)

1823. September 29
   Instrument of surrender of Italy
   TIAS 1604, Stat 61(3):2704 (E, It)
   Hudson 9:52 (E)

1824. October 4
   Inter-American University
   Decr (Hond) 1943-44:57 (Sp)
   Hudson 9:61 (E, Sp)
   PAU Congress and Conference Series no. 45:46 (E, Sp)

1825. October 21
   Monetary (Benelux)
   UNTS 2:281 (E, F, Dut)
   Stbld 1944:E76 (F); 1946:G330 (Dut)
   Hudson 9:75 (E, Dut)

1826. October 30
   Three-power Conference (Moscow): war with the Axis
   Hudson 9:82 (E)
   AJIL supp 38:3 (E)
   DSB 9:308 (E)
   Revista Peruana de Derecho Internacional 3:494 (Sp)
   Deuerlein. Die Einheit Deutschlands (1961) p. 308 (G)
   Mangoldt. Kriegsdokumente (1946) p. 16 (G)

1827. November 9
   Surrender of Italy
   BFSP 145:278 (E)
   TIAS 1604 (E, It)
   Can TS 1943:21 (E)
   Hudson 9:60 (E)

1943 (cont.)

1828. November 9
   United Nations Relief and Rehabilitation Administration
   BFSP 145:159 (E)
   EAS 352, Stat 57:1164 (E)
   GBTS 1943:3, Cmd 6491 (E)
   BU 1945:519 (F)
   CanTS 1943:16 (E)
   Salvador. Tratados 4:339 (Sp)
   Hudson 9:84 (E)
   AJIL supp 38:33 (E)
   DSB 9:211 (E)
   Revista Peruana de Derecho Internacional 4:276 (Sp)

1829. November 26
   Cairo Conference: communiqué
   For. Rel: The Conferences at Cairo and Tehran 1943 (1961) p. 448 (E)

1830. December 1
   Teheran Conference: declaration
   BFSP 148:19 (E)
   Cmd 7092, Misc 1947:8 (E)
   Anchieri. La Diplomazia Contemporanea (1959) p. 169 (It)
   Deuerlein. Die Einheit Deutschlands (1961) p. 310 (G)
   Mangoldt. Kriegsdokumente (1946) p. 28 (G)
   For. Rel: The Conferences at Cairo and Tehran 1943 (1961) p. 640 (E)

1831. December 1
   Military aggression: Tehran Conference
   For. Rel: The Conferences at Cairo and Tehran, 1943 (1961) p. 651 (E)

1832. December 6
   Cairo Conference: 2nd communiqué
   For. Rel: The Conferences at Cairo and Tehran 1943 (1961) p. 831 (E)

1833. December 31
   Automotive traffic: Pan American Union
   TIAS 1567, Stat 61:1129 (E, F, Sp, Port)
   CL (Brazil) 1945, II, p. 598 (Port)
   DCA 40:785 (Sp)
   GO (Dom Rep) no. 6109, 1944:3 (Sp)
   RO (Ecuador) no. 675, 25 November 1954 (Sp)
   Salvador. Tratados 3:365 (Sp)
   PAUTS 24 (E, F, Sp, Port)
   Hudson 9:91 (E, Sp)

1944

1834. January 15
    Agriculture (Americas)
UNTS 161:281 (E, F, Sp, Port)
TS 987, Stat 58:1169 (E, F, Sp, Port)
DCA 40, II, p. 788 (Sp)
Mem (Colombia) 1961-62 (2): 140 (Sp)
Hudson 9:101 (E, Sp)

1835. February 7
    Whaling
BFSP 145:500 (E)
GBTS 1946:61, Cmd 6990 (E)
Cmd 6510, Misc 1944:1 (E)
CanTS 1944:20 (E)
Hudson 9:111 (E)
DSB 10:592 (E)

1836. February 18
    Interamerican Institute of Agricultural Sciences
Salvador. Tratados 3:349 (Sp)

1837. July 22
    International Bank for Reconstruction and Development
US Administrative law. Legislation of foreign relations (1963) p. 441 (E)

1838. July 22
    International Monetary Fund
United Nations Monetary and Financial Conference, Bretton Woods, N.H., 1944. Articles of agreement of the International Monetary Fund (1962) p. 1 (E)
US Administrative law. Legislation on foreign relations (1963) p. 410 (E)

1839. July 25
    Unconditional surrender of Germany (draft 1)
Foreign relations of the US. The conferences at Malta and Yalta (1955) p. 113 (E)
Deuerlein. Die Einheit Deutschlands (1961) p. 311 (G)

1840. August 5
    United Maritime Authority
TIAS 1722, Stat 61(4):3784 (E)
CanTS 1944:28 (E)
Hudson 9:129 (E)
DSB 11:357 (E)

1841. August 31
    Sale of sugar
BFSP 145:504 (E)
TS 990, Stat 59:951 (E)
GBTS 1946:45, Cmd 6949 (E)
Hudson 9:25 (E)

1944 (cont.)

1842. September 5
    Customs (Benelux)
UNTS 32:143 (F, Dut)
BFSP 149:126; 152:168 (F)
Mon (Belg) 117:10813 (F, Dut)
Pasin (Belg) 1947:656 (F)
Stbld 1944:E 77 (F, Dut)
Anchieri. La Diplomazia Contemporanea (1959) p. 191 (It)
Instituciones y textos europeos (1960) p. 347 (Sp)
Sanson-Tiran. Universalismo y Regionalismo en la Sociedad Interestatal Contemporánea (1960) p. 267 (Sp)

1843. September 12
    Armistice with Rumania
BFSP 145:506 (E)
EAS 490, Stat 59:1712 (E, R)
CanTS 1944:40 (E)
Hudson 9:139 (E)
AJIL supp 39:88 (E)
DSB 11:289 (E)
Revista Peruana de Derecho Internacional 4:284 (Sp)

1844. September 12
    Occupation zones and status of Berlin (Germany)
UNTS 227:279 (E, R)
TIAS 3071 (E, R)
DSB 45:230 (E)
Deuerlein. Die Einheit Deutschlands (1961) p. 314 (G)
Hillgruber. Berlin Dokumente 1944-1961 (1961) p. 47 (G)
Siegler. Dokumentation zur Deutschlandfrage (1961) 1:6 (G)

1845. September 19
    Armistice with Finland
BFSP 145:513 (E)
CanTS 1944:38 (E)
Hudson 9:144 (E)
AJIL supp 39:85 (E)
DSB 12:261 (E)

1846. October 7
    Alexandria protocol: Arab League
Khalil. The Arab states and the Arab League 2:53 (E)

1847. October 8
    Armistice with Finland
BFSP 145:525 (E)
CanTS 1944:29 (E, R)
Hudson 9:152 (E)
DSB 12:267 (E)

1944 (cont.)

1848. October 28
      Armistice with Bulgaria
      UNTS 123:223 (E, R, Bulg)
      BFSP 145:526 (E)
      EAS 437, Stat 58:1498 (E, R, Bulg)
      CanTS 1944:39 (E)
      Hudson 9:153 (E)
      AJIL supp 39:93 (E)
      DSB 11:492 (E)

1849. November 14
      Control organs (Germany)
      UNTS 236:359 (E, F, R)
      TIAS 3070 (E, F, R)
      UST 5:2062 (E, R)
      Deuerlein. Die Einheit Deutschlands
        (1961) p. 321 (G)
      For Rel Conferences at Malta and Yalta
        (1955) p. 124 (E)
      Siegler. Dokumentation zur Deutschland-
        frage (1961) 1:10 (G)

1850. November 14
      Occupation zones and status of Berlin
        (Germany)
      TIAS 3071, UST 5:2078 (E, F, R)
      Deuerlein. Die Einheit Deutschlands
        (1961) p. 320 (G)
      Siegler. Dokumentation zur Deutschland-
        frage (1961) 1:8 (G)

1851. December 7
      International Air Services Transit
        Agreement
      UNTS 84:389 (E)
      BFSP 148:73 (E)
      EAS 487, Stat 59:1693 (E)
      CanTS 1944:36 (E)
      GBTS 1953:8, Cmd 8742 (E, F)
      Vert BRD 10:246 (E, G)
      IreTS 1957:11 (E)
      Israel TS 196 (E, Heb)
      AJIL supp 39:135 (E)

      Revista Argentina de Derecho Interna-
        cional 1945:329 (Sp)
      Strauss. Air law and treaties of the
        world (1961) p. 198, 1408 (E)
      JO (Algeria) 1964:366 (F)
      Rodriguez Jurado. Teoria y practica
        del derecho aeronautico (1963) p. 451
        (Sp)

1852. December 7
      International air transport
      UNTS 171:387 (E)
      BFSP 149:1 (E)
      EAS 488, Stat 59:1701 (E)
      CanTS 1944:36 (E)
      Hudson 9:232 (E)
      AJIL supp 39:139 (E)
      Rodriguez Jurado. Teoria y practica
        del derecho aeronautico (1963) p. 451
        (Sp)

1944 (cont.)

1853. December 7
      International civil aviation: interim
        agreement
      UNTS 171:345 (E, F)
      BFSP 148:20 (E)
      EAS 469 (E)
      GBTS 1953:8, Cmd 8742 (E, F)
      CanTS 1944:36 (E)
      Hudson 9:157 (E)

1854. December 7
      International Civil Aviation Organi-
        zation: provisional organization
      UNTS 15:295 (E, F)
      EAS 469, Stat 59:1516 (E)

1855. December 7
      International Civil Aviation Organi-
        zation (Chicago Convention)
      UNTS 15:295 (E, F)
      BFSP 148:38 (E)
      TIAS 1591, Stat 61:1180 (E)
      GBTS 1953:8, Cmd 8742 (E, F)
      CanTS 1944:36 (E)
      RO (Ecuador) no. 675, 25 November
        1954 (Sp)
      BG Bl (Ger) 1956, II, p. 411 (E, G)
      Vert BRD 10:182 (E, G)

      Salvador. Tratados 3:561 (Sp)
      AJIL supp 39:111 (E)
      Revista Argentina de Derecho Interna-
        cional (July-Sept, 1945) p. 299 (Sp)
      Deutsche Liga für die Vereinten Nationen.
        Die Organisation der Vereinten Nationen
        (1962) 3:217 (G)
      Gonzalez. Textos internacionales del Peru
        (1962) p. 147 (Sp)
      Strauss. Air Law and Treaties of the World
        (1961) p. 181, 1372 (E)

      Germany. Aviation law. Luftfahrgesetzgebung
        (1964) p. 333 (G)
      Rodriguez Jurado. Teoria y practica del
        derecho aeronautico (1963) p. 423 (Sp)
      Instituto Inter-Americano de Estudios Juridi-
        cos Internacionales. Organizaciones Interna-
        cionales no Americanas (1964) p. 301 (Sp)

1856. December 15
      Sanitary Convention
      UNTS 17:305 (E, F)
      BFSP 145:966 (E)
      TS 991, Stat 59:955 (E, F)
      Cmd 6637, Misc 1945:7 (E)
      GBTS 1946:58, Cmd 6989 (E, F)
      CanTS 1944:32 (E, F)
      Trb 1951:108 (F, Dut)
      Hudson 9:236 (E, F)

1857. December 15
      Sanitary Convention: aviation
      UNTS 16:247 (E, F)
      BFSP 145:940 (E)
      TS 992, Stat 59:991 (E, F)
      Cmd 6638, Misc 1945:8 (E)
      GBTS 1946:64, Cmd 6999 (E, F)
      CanTS 1944:33 (E, F)
      Trb 1951:111 (F, Dut)
      Hudson 9:254 (E, F)

1945

1858. Central American-Mexican coffee convention
Ecuador. Treaties. Recopilación de los instrumentos internacionales (1962) p. 220 (Sp)

1859. Pan-African Congress (Manchester)
Legum. Pan-Africanism (1962) p. 135 (E)

1860. January 20
Armistice with Hungary
UNTS 140:397 (E, F, R, H)
BFSP 145:788 (E)
EAS 456, Stat 59:1321 (E, R, H)
Cmd 7280, Misc 1947:13 (E)
CanTS 1945:20 (E)
AJIL supp 39:97 (E)
DSB 12:83 (E)

1861. February 11
Conference at Yalta
AJIL supp 39:103 (E)
Deuerlein. Die Einheit Deutschlands (1961) p. 325-334 (G)
For Rel The Conferences at Malta and Yalta (1955) p. 975 (E)
Mangoldt. Kriegsdokumente (1945) p. 35 (G)
Siegler. Dokumentation zur Deutschlandfrage (1961) 1:13 (G)

1862. February 11
Unconditional surrender of Germany: Yalta Conference (Draft)
Deuerlein. Die Einheit Deutschlands (1961) p. 331 (G)
For Rel The conferences at Malta and Yalta (1955) p. 978 (E)
Siegler. Dokumentation zur Deutschlandfrage (1961) 1:20 (G)

1863. February 11
War against Japan: Yalta Agreement
BFSP 148:88 (E)
Stat 59:1823, EAS 498 (E, R)
Hudson 9:282 (E)
DSB 14:283 (E)
Documents on American Foreign Policy (1944-45) 7:355 (E)
Anchieri. La Diplomazia Contemporanea (1959) p. 171 (It)

1864. February 11
Liberated prisoners of war and civilians by Soviet and British command
BFSP 147:1047 (E)
CanTS 1945:30 (E)

1945 (cont.)

1865. March 3
Inter-American Conference on War and Peace: Act of Chapultepec
TIAS 1543, Stat 60:1831 (E, Sp)
Salvador. Tratados 3:379 (Sp)
Hudson 9:283 (E, Sp)
AJIL supp 39:108 (E)
DSB 12:339 (E)
Revista Argentina de Derecho Internacional 9:200 (Sp)
Revista Peruana de Derecho Internacional 5:50 (Sp)

1866. March 8
Inter-American Conference on Problems of War and Peace: final act
Stat 60:1847, TIAS 1548 (E, Sp)
Salvador. Tratados 3:382 (Sp)
Hudson 9:290 (E, Sp)
CIA 2nd supp p. 12 (Sp)
ICAS 2nd supp p. 60 (E)

1867. March 20
Economic consultation (Belgium, France, Luxemburg, Netherlands)
UNTS 2:299 (E, F)
Mon (Belg) 1945:8266 (F, Dut)
JO (Fr) 77:8041 (F)
Hudson 9:297 (E, F)

1868. March 22
League of Arab States Covenant
UNTS 70:238 (E)
BFSP 155:365 (E)
Hudson 9:300 (E, F)
AJIL supp 39:266 (E)
DSB 16:967 (E)
International Conciliation 498:444 (E)
Revue Égyptienne de Droit International (1945, Documents) 1:13 (F, Ar)
Revue Générale de Droit International 50:381 (F)

Anchieri. La Diplomazia Contemporanea (1959) p. 320 (It)
Keesings. Archiv der Gegenwart (1945) p. 149 (G)
Khalil. The Arab states and the Arab League 2:56 (E)
Lawson. International regional organizations (1962) p. 227 (E)
Münch. Internationale Organisationen (1962) p. 130 (G)
Sanson-Tiran. Universalismo y regionalismo en la Sociedad Interestatal Contemporánea (1960) p. 280 (Sp)

Reuter. Traités et documents diplomatiques (1963) p. 420 (F)
Instituto Inter-Americano de Estudios Juridicos Internacionales. Organizaciones Internacionales no Americanas (1964) p. 553 (Sp)

1869. May 2
Rubber
TIAS 1542, Stat 60:1821 (E)

1945 (cont.)

1870. May 8
    Inland transportation (Europe)
  EAS 458, Stat 59:1359 (E, F)
  GBTS 1945:2, Cmd 6640 (E, F)

1871. May 8
    Surrender of Germany (Berlin)
  EAS 502, Stat 59:1857 (E, G, R)
  CanTS 1945:15 (E)
  AKRD. Sammelheft III (E)
  AJIL supp 39:170 (E)
  DSB 13:106 (E)
  Deuerlein. Die Einheit Deutschlands
    (1961) p. 337 (G)
  Kraus. Der völkerrechtliche Status der
    deutschen Ostgebiete (1962) p. 123 (E)

1872. June 5
    Control procedure (Germany)
  AKRD. Ergänzungsblatt 1:10 (G)
  Deuerlein. Die Einheit Deutschlands
    (1961) p. 341 (G)

1873. June 5
    Four power declaration (Berlin)
  TIAS 1520, Stat 60:1649 (E, F, R)
  AKRD. Sammelheft IV (E)

1874. June 5
    Consultation with allied nations other
      than the Big Four (Germany)
  BFSP 145:804 (E)
  AKRD. Ergänzungsblatt 1:12 (G)
  Deuerlein. Die Einheit Deutschlands
    (1961) p. 342 (G)

1875. June 5
    The Allies assume government (Germany)
  BFSP 145:796 (E)
  TIAS 1520 (E, F, R)
  Cmd 6648, Misc 1945:1 (E)
  CanTS 1945:16 (E, F)
  AKRD. Ergänzungsblatt 1:7 (G)
  Hudson 9:314 (E)
  AJIL supp 39:171 (E)
  Deuerlein. Die Einheit Deutschlands
    (1961) p. 338 (G)

1876. June 5
    Zones of occupation (Germany)
  BFSP 145:802 (E)
  AKRD. Ergänzungsblatt 1:11 (G)
  Deuerlein. Die Einheit Deutschlands
    (1961) p. 342 (G)

1877. June 6
    International civil aviation: interim
      agreement
  AJIL supp 40:63 (E)
  International Civil Aviation Conference,
    Final Act and Related Documents (1945)
    (E)

1945 (cont.)

1878. June 9
    Administration of Venegia Giulia
  UNTS 139:381 (E, F)
  EAS 501, Stat 59:1855 (E)

1879. June 14
    International Civil Aviation Organization
  TIAS 3756 (E, F, Sp)

1880. June 26
    Preparatory Commission (United Nations)
  EAS 461 Stat 59:1411 (E, F, R, Sp, Ch)
  Can TS 1945:7 (E, F)
  Hudson 9:366 (E, F)

1881. June 26
    Charter of the United Nations
  UNTS 1:xvi (E, F, R, Sp)
  BFSP 145:805 (E)
  Stat 59:1031, TS 993 (E, F, R, Sp, Ch)
  GBTS 1946:67, Cmd 7015 (E, F, Ch)
  Belorusskaia SSR v. mezhd. otnosheniiakh
    (1960) p. 29 (R)
  CanTS 1945:7 (E, F)
  Ukrainska SSR v mizhd. vidnos (1959)
    p. 17 (Ukr)
  Salvador. Tratados 3:385 (Sp)
  AJIL supp 39:190 (E)

  Revista de Derecho Internacional 48:5 (Sp)
  Revista Argentina de Derecho Internacional
    10:60 (Sp)
  Revista Peruana de Derecho Internacional
    5:125 (Sp)
  A Decade of American Foreign Policy: basic documents, 1941-1949:117 (E)
  Anchieri. La Diplomazia Contemporanea
    (1959) p. 420 (It)
  Björnberg. FN (1963) p. 143 (Swe)
  Gangal. Studies in international organisation (1961) p. 105 (E)
  Barrera. Cursillo de Derecho Internacional
    publico (1961) p. 107 (Sp)

  Gonzalez. Textos internacionales del Peru
    (1962) p. 38 (Sp)
  Hubert. Zbiór Statutów (1961) 1:11 (Pol)
  Hudson 9:327 (E, F)
  Kiss. Répertoire de la Pratique Française
    en matière du Droit International public
    (1962) 5:161 (F)
  ONU Şi Institutiie Specializate (1962) p. 9
    (Rum)
  Plischke. International Relations 2d ed.
    p. 161 (E)
  Rosenne. International Court of Justice
    (1961) p. 513 (E)

1945 (cont.)

1881 cont.
Skubiszewski. Materialy do cwiczen z prawa miedz. pub. (1961) 2:26 (Pol)
U.N. Charter. Die Charta der Vereinigten Nationen (1963) p. 19 (G)
U.N. Yearbook 1946-1947: 831 (E)
Urrutia Aparicio. Paginas internacionales de la Vida Democrática de Guatemala (1961) p. 109 (Sp)
Vandenbosch. Toward world order (1963) p. 331 (E)
DSB 12:1119 (E)
Björnberg. FN (1961) p. 131 (Swe)
Mem. (Panama) 1962 (2) annex:66 (Sp)

Sanson-Terán. Universalismo y Regionalismo en la Sociedad Interestutal Contemporánea (1960) p. 199 (Sp)
Sierra. Tratado de Derecho Internacional publico (1963) p. 537 (Sp)
Bache og Heggemsnes. Traktatsamling (1963) p. 30 (Nor)
Friis. Forende Nationer (1963) p. 248 (Dan)

Lapenna. Ujedinjene Nacjie (1946) p. 191 (Y)
Reuter. Traités et documents diplomatiques (1963) p. 27 (F)
Ross. Forende Nationer (1963) p. 401 (Dan)
Higgins. The development of international law through political organs of the UN (1963) p. 347 (E)
Meray. Devletler hukukuna giris (1962) p. 567 (Tur)
Accioly. Manual de direito internacional público (1964) p. 391 (Port)

Instituto Inter-Americano de Estudios Juridicos Internacionales. Organizaciones Internacionales no Americanas (1964) p. 3 (Sp)

1882. June 26
International Court of Justice: statute
BFSP 145:832 (E)
Stat 59:1055, TS 993 (E, F, R, Sp, Ch)
GBTS 1946:67, Cmd 7015 (E, F, C, R, Sp)
Belorusskaiia SSR v mezhd otnosheniiakh (1960) p. 59 (R)
CanTS 1945:7 (E, F)
Salvador. Tratados 3:414 (Sp)
Ukrainska SSR v mizhn vidnos (1959) p. 43 (Ukr)
Hudson 9:510 (E, F)

AJIL supp 39:215 (E)
Revista de Derecho Internacional 48:39 (Sp)
Revista Argentina de Derecho Internacional 10:90 (Sp)
Revista Peruana de Derecho Internacional 5:251 (Sp)
Björnberg. FN (1963) p. 143 (Swe)
Gonzalez. Textos internacionales del Peru (1962) p. 71 (Sp)
Hubert. Zbiór statutów (1961) 1:351 (Pol)

1945 (cont.)

ONU Şi Institutiie Specializate (1962) p. 45 (Rum)
Plischke. International relations. 2d ed. p. 174 (E)
Rosenne. International Court of Justice (1961) p. 532 (E)
Sierra. Tratado de Derecho Internacional Publico (1963) p. 587 (Sp)
Skubiszewski. Materialy do cwiczen z prawa miedz pub (1961) 2:64 (Pol)
U.N. Charter. Die Charta der Vereinigten Nationen (1963) p. 47 (G)

Lapenna. Ujedinjene Nacije (1946) p. 219 (Y)
Reuter. Traités et documents diplomatiques (1963) p. 50 (F)
Higgins. The development of international law through the political organs of the U.N. (1963) p. 371 (E)
Meray. Devletler hukukuna (1962) p. 592 (Tur)
Accioly. Manual de direito internacional público (1964) p. 416 (Port)
Instituto Inter-Americano de Estudios Juridicos Internacionales. Organizaciones Internacionales no Americanas (1964) p. 37 (Sp)

1883. July 4
Control machinery (Austria)
GBTS 1946:49, Cmd 6958 (E, F, R)
Hudson 9:558 (E, F)

1884. July 7
Status of Berlin
Hillgruber. Berlin Dokumente 1944-1961 (1961) p. 58 (G)

1885. July 9
Occupation in Austria
UNTS 160:359 (E, F, R)
BFSP 145:846, 850 (E)
TIAS 1600, Stat 61(3):2679 (E, F, R)
GBTS 1946:49, Cmd 6958 (E, F, R)
Hudson 9:564 (E, F)

1886. July 26
Occupation zones and administration of Berlin
UNTS 227:297 (E, F, R)
TIAS 3071 (E, F, R)
Deuerlein. Die Einheit Deutschlands (1961) p. 343 (G)

1945 (cont.)

1887. July 30
    Allied Control Council in Germany: 1st session
    Die Berliner Konferenz der Dreimächte (1946) p. 48 (G)
    Deuerlein. Die Einheit Deutschlands (1961) p. 346 (G)

1888. August 2
    Potsdam agreement (Germany)
    BFSP 145:852 (E)
    AKRD Ergänzungsblatt 1:13 (G)
    AJIL supp 39:245 (E)
    DSB 13:153 (E)
    Law and legislation in the German Democratic Republic 1962:69 (E)
    Revista Peruana de Derecho Internacional 5:267 (Sp)
    Anchieri. La Diplomazia Contemporanea (1959) p. 176 (It)
    Deuerlein. Die Einheit Deutschlands (1961) p. 347 (G)
    Siegler. Dokumentation zur Deutschlandfrage (1961) 1:34 (G)

1889. August 8
    International Military Tribunal: charter
    UNTS 82:284 (E, F, R)
    EAS 472 (E, F, R)
    GBTS 1946:27, Cmd 6903 (E, F, R)
    Hudson 9:632 (E, F)
    AJIL supp 39:258 (E)
    Revista Argentina de Derecho Internacional 9:59 (Sp)
    Aroneanu. Le crime contre l'humanité (1961) p. 313 (F)

1890. August 8
    Prosecution of war criminals
    BFSP 148:872 (E)
    EAS 472, Stat 59:1544 (E, F, R)
    GBTS 1946:27, Cmd 6903 (E, F, R)
    AJIL supp 39:257 (E)
    DSB 13:222 (E)

1891. August 30
    Establishment of the Control Council in Germany
    AKRD 1:4 (G)
    Deuerlein. Die Einheit Deutschlands (1961) p. 357 (G)

1892. August 31
    Sugar
    BFSP 145:886 (E)
    TIAS 1523, Stat 60:1373 (E)
    GBTS 1946:45, Cmd 6949 (E)

1945 (cont.)

1893. August 31
    Reestablishment of international administration of Tangier
    BFSP 146:411, 145:881 (E)
    GBTS 1946:24, Cmd 6899 (E, F)
    Hudson 9:653 (E, F)
    DSB 13:616 (E)

1894. September 1
    Inter-American Coffee Agreement
    UNTS 139:214 (E, F, Sp, Port)
    TIAS 1513, Stat 60:1359 (E, F, Sp, Port)
    Salvador. Tratados 3:525 (Sp)
    Hudson 8:613 (E, Sp)

1895. September 2
    Surrender by Japan to Allies
    UNTS 139:387 (E, F)
    BFSP 154:368 (E)
    EAS 493, Stat 59:1733 (E, J)
    Cong Rec 91:8488 (E)
    CanTS 1945:19 (E)
    Hudson 9:661 (E)
    AJIL supp 39:264 (E)

1896. September 12
    Instrument of surrender of Japanese forces in Southeast Asia
    BFSP 154:370 (E)

1897. September 20
    Control of Germany
    Hudson 9:319 (E)
    DSB 13:515 (E)

1898. September 20
    Additional demands on Germany
    AKRD 1:8 (G)
    Deuerlein. Die Einheit Deutschlands (1961) p. 359 (G)

1899. September 27
    European Central Inland Transport Organization
    UNTS 5:327 (E, F, R)
    BFSP 145:888 (E)
    EAS 494, Stat 59:1740 (E, F, R)
    Cmd 6685, Misc 1945:13 (E)
    GBTS 1946:34, Cmd 6919 (E, F, R)
    Hudson 9:666 (E, F)
    AJIL supp 40:31 (E)

1945 (cont.)

1900. September 27
Telecommunications: Inter-American
CanTS 1947:29 (E, F)
Hudson 9:690 (E, F)
Journal des Télécommunications 13:105 (F)

1901. October 4
U.S. participation in Rhine Commission
TIAS 1571, Stat 60:1932 (E)

1902. October 5
Whaling
BFSP 145:908 (E)
GBTS 1946:44, Cmd 6941 (E)

1903. October 6
International Military Tribunal: amendment
Aroneanu. Le crime contre l'humanité (1961) p. 318 (F)

1904. October 16
Food and Agriculture Organization
BFSP 145:910 (E)
TIAS 1554, Stat 60:1886 (E)
GBTS 1946:47, Cmd 6955 (E)
CanTS 1945:32 (E)
RO (Ecuador) no. 370, 23 November 1949 (Sp)
Vert BRD 1:228 (E, F, G)
Salvador. Tratados 3:643 (Sp)
Hudson 9:713 (E)
AJIL supp 40:76 (E)

Deutsche Liga für die Vereinten Nationen. Die Organisation der Vereinten Nationen (1962) 3:188 (G)
Gonzalez. Textos internacionales del Peru (1962) p. 247 (Sp)
ONU Și Institutiie Specializate (1962) p. 103 (Rum)
Instituto Inter-Americano de Estudios Juridicos Internacionales. Organizaciones Internacionales no Americanas p. 157 (Sp)

1905. October 29
International Military Tribunal: rules of procedure
Hudson 9:647 (E, F)

1945 (cont.)

1906. November 7
Constitutional amendment to ILO convention
UNTS 2:17 (E, F)
BFSP 145:921 (E)
GBTS 1946:20, Cmd 6880 (E, F)
Can TS 1946:28 (E, F)
OFS 1955:872 (E, Nor)
B Bl (Switz) 1946, I, p. 253 (G)
ILO Official Bull 28:1 (E)
Deutsche Liga für die Vereinten Nationen. Die Organisation der Vereinten Nationen (1962) 3:148 (G)

1907. November 15
Three power declaration: atomic energy (United States, United Kingdom, Canada)
UNTS 3:123 (E, F)
Stat 60:1479; TIAS 1504 (E)
CanTS 1945:13 (E)
Hudson 9:783 (E)
AJIL supp 40:48 (E)
DSB 13:781 (E)
Revista Peruana de Derecho Internacional 5:375 (Sp)

National Lawyers Guild. International law committee. Summary of disarmament documents 1945-1962 (1963) p. 3 (E)

1908. November 16
UNESCO: preparatory commission
EAS 506, Stat 59:1883 (E, F)

1909. November 16
UNESCO: constitution
UNTS 4:275 (E, F)
BFSP 145:924 (E)
TIAS 1580, Stat 61:2495 (E, F)
GBTS 1946:50, Cmd 6963 (E, F)
Belorusskaia SSR v mezhd. otnosheniiakh (1960) p. 793 (R)
CanTS 1945:18 (E, F)
RO (Ecuador) no. 26, 17 October 1947 (Sp)
Trb 1960:31 (E, F, Dut)
Salvador. Tratados 3:655 (Sp)

Ukrainska SSR v mizhn. vidnos (1959) p. 523 (Ukr)
Hudson 9:786 (E, F)
Friedenwarte 46:239 (G)
Deutsche Liga für die Vereinten Nationen. Die Organisation der Vereinten Nationen (1962) 3:47 (G)
Gonzalez. Textos internacionales del Peru (1962) p. 185 (Sp)
Kolasa. International intellectual cooperation (1962) p. 175 (E)
Morren. Die Unesco (1960) p. 124 (G)
Unesco. Conference manual (1961) p. 5 (E)

1945 (cont.)

1909 cont. Instituto Inter-Americano de Estudios Juridicos Internacionales. Organizaciones Internacionales no Americanas (1964) p. 141 (Sp)

1910. November 26
   Whaling
   UNTS 11:43 (E, F)
   BFSP 146:936 (E)
   TIAS 1597, Stat 61(2):1213 (E)
   GBTS 1946:70, Cmd 7009 (E)
   CanTS 1945:21 (E)
   Hudson 9:114 (E)

1911. November 27
   Cultural treaty: League of Arab States
   LAS TS (195-) p. 5 (E)
   Khalil. The Arab states and the Arab League 2:99 (E)

1912. December 4
   Telecommunications: Bermuda Telecommunications Conference (U.S.-Commonwealth)
   UNTS 9:101 (E, F)
   TIAS 1518, Stat 60:1636 (E)
   CanTS 1945:14 (E)
   GBTS 1946:17, Cmd 6837 (E)
   Hudson 9:815 (E)
   DSB 13:971 (E)
   Journal des Télécommunications 13:237 (F)

1913. December 20
   Punishment of war criminals
   Aroneanu. Le crime contre l'humanité (1961) p. 319 (F)

1914. December 21
   Conference on reparations
   UNTS 83:183 (E, F)

1915. December 27
   International Bank for Reconstruction and Development
   UNTS 2:134 (E, F)
   TIAS 1502 (E)
   GBTS 1946:21, Cmd 6885 (E)
   Mon (Congo, Leopoldville) 1963, no. 16, p. 283 (F)
   BG Bl (Ger) 1952, II, 664 (G)
   Vert BRD 2:312 (E, G)
   IreTS 1957:7 (E)
   Salvador. Tratados 3:483 (Sp)

1945 (cont.)

Revista Argentina de Derecho Internacional 9:79 (Sp)
Gonzalez. Textos internacionales del Peru (1962) p. 89 (Sp)
Münch. Internationale Organisationen (1962) p. 235 (G)
Instituto Inter-Americano de Estudios Juridicos Internacionales. Organizaciones Internationales no Americanas (1964) p. 57 (Sp)

1916. December 27
   International Monetary Fund
   UNTS 2:39 (E, F)
   BFSP 145:979 (E)
   TIAS 1501, Stat 60:1401 (E)
   GBTS 1946:21, Cmd 6885 (E)
   Pasin (Belg) 1946:340 (F)
   Mon (Congo, Leopoldville) 1963, no. 16, p. 243 (F)
   Vert BRD 2:226 (E, G)
   IreTS 1957:6 (E)
   Salvador. Tratados 3:435 (Sp)

   Hudson 9:820 (E, F)
   Centro de Estudios Monetarios Latinoamericanos. Legislacion Financiera, 1962, no. 20 (E, Sp)
   Revista Argentina de Derecho Internacional 8:393, 9:71 (Sp)
   Deutsche Liga für die Vereinten Nationen. Die Organisation der Vereinten Nationen (1962) 3:390 (G)
   Gonzalez. Textos internacionales del Peru (1962) p. 199 (Sp)
   Münch. Internationale Organisationen (1962) p. 201 (G)

   Instituto Inter-Americano de Estudios Juridicos Internacionales. Organizaciones Internacionales no Americanas (1964) p. 95 (Sp)

1917. December 27
   Allied Council for Japan: Moscow agreement
   TIAS 1555, Stat 60:1899 (E)
   Hudson 9:663 (E)
   DSB 13:1028 (E)
   Revista Peruana de Derecho Internacional 5:379 (Sp)
   National Lawyers Guild. International law Committee. Summary of disarmament documents 1945-62 (1963) p. 5 (E)

1918. December 31
   International rights and duties of man: Pan American Union (draft)
   AJIL supp 40:93 (E)

1946

1919. January 1
   Peace with Siam
   UNTS 99:131 (E, F)
   BFSP 146:455 (E)
   GBTS 1951:10, Cmd 8140 (E)
   DSB 14:963 (E)

1920. January 4
   European Coal Organization
   UNTS 6:35 (E, F)
   BFSP 148:92 (E)
   TIAS 1508, Stat 60:1517 (E, F)
   GBTS 1946:1, Cmd 6732 (E)

1921. January 14
   Reparations
   BFSP 148:96 (E)
   TIAS 1655, Stat 61(3):3157 (E, F)
   GBTS 1947:56, Cmd 7173 (E, F)
   CanTS 1945:23 (E, F)
   JO (Fr) (1946) 51:2136 (F)
   Hudson 9:585 (E, F)
   DSB 14:114 (E)

1922. January 17
   U.N. Security Council: provisional rules of procedure
   U.N. Doc S/96/Rev 3 (E)
   Hudson 9:400 (E, F)
   Reuter. Traités et documents diplomatiques (1963) p. 82 (F)

1923. January 19
   International Military Tribunal for the Far East
   TIAS 1589 (E)

1924. February 11
   United Maritime Consultative Council
   TIAS 1723, Stat 61(4):3791 (E)

1925. February 13
   Privileges and immunities: United Nations
   UNTS 1:15 (E, F)
   UN Doc A/64 (E, F)
   BFSP 146:489 (E)
   GBTS 1950:10, Cmd 7891 (E)
   Belorusskaia SSR v mezhd. otnosheniiakh (1960) p. 227 (R)
   CanTS 1948:2 (E, F)
   RO (Ecuador) no. 147, 27 February 1957 (Sp)

1946 (cont.)

   Sbornik dog. SSSR 15:32 (R)
   Ukrainska SSR v mezhd. vidnos (1959) p. 213 (Ukr)
   GO (Ven) no. 27.254, 24 September 1963 (Sp)
   Hudson 9:499 (E, F)
   AJIL supp 43:1 (E)
   Diritto Internazionale 14, II, p. 5 (F)
   Poirier. La force internationale d'urgence (1962) p. 339 (F)
   O.N.U. Și Institutiie Specializate (1962) p. 64 (Rum)

1926. February 21
   Commercial treaty (Belgium, Luxemburg, Norway)
   UNTS 31:435 (E, F)

1927. February 25
   Regional broadcasting (North America)
   TIAS 1553, Stat 60:1862 (E, Sp)
   CanTS 1946:8 (E, Sp)

1928. March 15
   Whaling
   BFSP 146:498 (E)
   GBTS 1946:44, Cmd 6941 (E)
   CanTS 1946:29 (E)

1929. March 18
   Wheat
   UNTS 7:331 (E, F)
   TIAS 1540, Stat 60:1802 (E)

1930. March 28
   Plan for German reparations
   Deuerlein. Die Einheit Deutschlands (1961) p. 374 (G)
   Ruhm von Oppen. Documents on Germany under occupation (1955) p. 113 (E)

1931. March 30
   International Institute of Agriculture to Food and Agriculture Organization
   BFSP 148:113 (E)
   TIAS 1719, Stat 62(2):1581 (E, F)
   GBTS 1948:29, Cmd 7413 (E, F)
   CanTS 1946:49 (E, F)

1932-1943

1946 (cont.)

1932. April 5
    <u>Fishing nets and size limits of fish</u>
UNTS 231:199 (E, F)
BFSP 154:372 (E)
GBTS 1956:8, Cmd 9704 (E, F)
GBTS 1959:38, Cmd 731 (E)
GBTS 1963:11, Cmd 1942 (E)
Vert BRD 4:126 (E, F, G)
Trb 1953:105 (Dut); 1962:116 (E); 1963:165 (E)
OFS 1954:153 (E, F, Nor)
Sbornik dog SSSR 20:510 (R)

Germany (FR) Maritime Law. Das deutsche Seerecht (1964) 3:1233 (G)

1933. April 17
    <u>Railways</u>
UNTS 27:103 (E, F)
Revue de Lois, Décrets et Traités de Commerce 22:233 (F)

1934. April 23
    <u>Sanitary convention</u>
UNTS 17:3 (E, F)
BFSP 146:499 (E)
TIAS 1551, Stat 61(2):1122 (E, F)
GBTS 1946:41, Cmd 6943 (E, F)
CanTS 1946:23 (E, F)
Hudson 9:251 (E, F)

1935. April 23
    <u>Sanitary convention: aviation</u>
UNTS 16:179 (E, F)
BFSP 146:502 (E)
TIAS 1552, Stat 61(2):1122 (E, F)
GBTS 1946:42, Cmd 6944 (E, F)
CanTS 1946:24 (E, F)
Hudson 9:272 (E, F)
DSB 14:869 (E)

1936. April 29
    <u>Four power pact on Germany</u> (U.S. draft)
Die Neue Zeitung 2 (no. 35) (G)
Deuerlein. Die Einheit Deutschlands (1961) p. 379 (G)

1937. May 3
    <u>Defense installations in Newfoundland</u>
CanTS 1946:15 (E)

1946 (cont.)

1938. May 6
    <u>International Court of Justice</u>: rules of court
ICJ series D, no. 1 (2d ed.) p. 54 (E)
Rosenne. International Court of Justice (1961) p. 543 (E)
Reuter. Traités et documents diplomatiques (1963) p. 61 (F)

1939. May 24
    <u>Monetary convention</u> (Benelux)
UNTS 31:169 (E, F)

1940. May 25
    <u>German assets in Switzerland</u>
TIAS 5058, UST 13:1118 (E, F)
Cmd 6884, Switzerland 1946:1 (E)
DSB 14:1121 (E)

1941. June 22
    <u>Copyright</u> (Americas)
PAULTS 19 (E, F, Sp, Port)
RO (Ecuador) no. 10, 27 September 1947 (Sp)
Copyright protection in the Americas, p. 207 (E)
Möhring. Quellen des Urheberrechts vol. 1 (E, G)
Pan American Union. Department of Legal Affairs (3rd ed.) p. 160 (E)
Pan American Union. Department of Legal Affairs. Protección del derecho de autor en America (1962) p. 163 (Sp)
UNESCO. Lois et traités sur le droit d'auteur 3:2131 (1962) (F)
UNESCO. Repertorio universal de derecho de autor (1960) 2:2808 (Sp)

1942. June 26
    <u>Privileges and immunities</u>: International Court of Justice
UNTS 8:61 (E, F)

1943. June 28
    <u>Zones of occupation in Austria</u>
UNTS 138:85 (E, F, R)
BFSP 146:504 (E)
TIAS 2097, Stat 62:4036 (E, F, R)
GBTS 1946:49, Cmd 6958 (E, F, R)
Hudson 9:567 (E, F)
DSB 15:175 (E)

1946 (cont.)

1944. June 28
    Arbitration
    Trb 1962:92 (Dut)

1945. June 28
    Food serving on board of vessels (ILO 68)
    Revista Mexicana del Trabajo (no. 1-2) 10:132 (Sp)
    Singh. British Shipping Laws (1963) 8:1009 (E)

1946. June 28
    Aptitude certificates for ship cooks (ILO 69)
    Revista Mexicana del Trabajo (no. 1-2) 10:138 (Sp)

1947. June 28
    Social security for seafarers (ILO 70)
    BFSP 148:133 (E)
    Stbld I 327 (E, F)
    Trb 1957:175 (Dut)
    Singh. British Shipping Laws (1963) 8:972 (E)

1948. June 28
    Seafarers' pensions (ILO 71)
    BFSP 149:225 (E)
    Trb 1955:3 (E, F, Dut)
    OFS 1951:53 (E, Nor)
    Singh. British Shipping Laws (1963) 8:981 (E)

1949. June 28
    Vacation holidays with pay for seamen (ILO 72)
    BFSP 149:231 (E)
    Singh. British Shipping Laws (1963) 8:955 (E)

1950. June 29
    Medical examination of seafarers (ILO 73)
    Senate Doc (Y), 80th Cong, 1st ses (E)
    Stbld I 326 (E, F)
    Trb 1957:177 (Dut)
    OFS 1955:967 (E, Nor)

1951. June 29
    Certification of able seamen (ILO 74)
    BFSP 148:141 (E)
    TIAS 2949, UST 5:605 (E, F)
    NZTS 1963:13 (E)
    Revista Mexicana del Trabajo (no. 5-6) 10:92 (Sp)

1952. June 29
    Crew accommodations on board ships (ILO 75)
    BFSP 149:238 (E)
    Revista Mexicana del Trabajo 10:95 (Sp)
    Singh. British Shipping Laws (1963) 8:987 (E)

1946 (cont.)

1953. June 29
    Wages and hours of work for seamen (ILO 76)
    Revista Mexicana del Trabajo (no. 5-6) 10:115 (Sp)
    Singh. British Shipping Laws (1963) 8:922 (E)

1954. July 17
    Rights and duties of American states (draft)
    Pan American Union. Governing Board. Draft declaration of the rights and duties of American states (1946) p. 5 (E)

1955. July 18
    German assets in Sweden
    BFSP 147:1066 (E)
    TIAS 1657, Stat 61:3191 (E, F)
    Cmd 7241, Misc 1947:12 (E)
    DSB 17:162 (E)

1956. July 22
    International Health Conference: final act
    Ukrainska SSR v mizhd. vidnos (1959) p. 371 (Ukr)

1957. July 22
    World Health Organization: interim commission
    BFSP 148:165 (E)
    TIAS 1561 (E, F, Sp, R)
    GBTS 1948:43, Cmd 7458 (E, F, R, C, Sp)
    Stat 61(3):2173 (E, F, Sp, R)

1958. July 22
    World Health Organization: constitution
    UNTS 14:185 (E, F, C, R, Sp)
    BFSP 148:146 (E)
    TIAS 1808, Stat 62:2679 (E, F, C, R, Sp)
    GBTS 1948:43, Cmd 7458 (E, F, C, R, Sp)
    CanTS 1946:32 (E, F)
    RO (Ecuador) no. 119, 25 January 1949 (Sp)
    Belorusskaia SSR v mezhd otnosheniiakh (1960) p. 425 (R)
    Vert BRD 1:258 (E, F, G)
    Salvador. Tratados 3:709 (Sp)
    Ukrainska SSR v mezhn. vidnos. (1959) p. 374 (Ukr)
    Deutsche Liga für die Vereinten Nationen. Die Organisation der Vereinten Nationen (1962) 3:116 (G)
    Gonzalez. Textos internacionales del Peru (1962) p. 263 (Sp)
    ONU Şi Institutiie Specializate (1962) p. 233 (Rum)
    Instituto Inter-Americano de Estudios Juridicos Internacionales. Organizaciones Internacionales no Americanas (1964) p. 173 (Sp)

1946 (cont.)

1959. July 22
  International Office of Public Health
  UNTS 9:3 (E, F, C, R, Sp)
  BFSP 148:171 (E)
  TIAS 1754, Stat 62:1604 (E, F, C, R, Sp)
  GBTS 1948:43, Cmd 7458 (E, F, C, R, Sp)
  CanTS 1946:32 (E, F)
  Ukrainska SSR v mizhn. vidnos. (1959)
    p. 379 (Ukr)

1960. July 27
  German owned patents
  UNTS 90:229 (E, F)
  BFSP 148:670 (E)
  TIAS 2415, UST 3:552 (E, F)
  GBTS 1948:15, Cmd 7359 (E, F)
  JO (Fr) 79:941 (F)
  OFS 1956:89 (E, F, Nor)
  Salvador. Tratados 3:633 (Sp)
  Hudson 9:614 (E, F)
  DSB 15:300 (E)
  Revue Critique de Droit International
    Privé 36:164 (F)

1961. August 30
  Sugar
  BFSP 146:511 (E)
  TIAS 1614, Stat 61(2):1236 (E)
  GBTS 1946:45, Cmd 6949 (E)

1962. September 3
  Coffee (Americas)
  UNTS 139:3 (E, F, Sp, Port)
  TIAS 1605, Stat 61:1222 (E, F, Sp, Port)

1963. September 7
  South Pacific Health Service
  UNTS 101:82 (E, F)

1964. September 19
  Locusts (Americas)
  Col. At. Int. no. 27, 302 (Port)
  RO (Ecuador) no. 850, 28 June 1951 (Sp)

1965. September 19
  Medical examination of young persons:
    industry (ILO 77)
  Belorusskaia SSR v mezhd. otnosheniiakh
    (1960) p. 371 (R)
  ILO Bull (no. 3) 29:254 (E)

1966. September 19
  Medical examinations of young persons:
    non-industrial occupations (ILO 78)
  Belorusskaia SSR v mezhd. otnosheniiakh
    (1960) p. 379 (R)
  ILO Bull 29:3:261 (E)

1967. September 19
  Night work of young persons: non-
    industrial occupations (ILO 79)
  Belorusskaia SSR v mezhd. otnosheniiakh
    (1960) p. 386 (R)
  ILO Bull 29:3:274 (E)

1946 (cont.)

1968. September 25
  Postal Union of the Americas and
    Spain
  TIAS 1680, Stat 61(4):3479 (E, Sp)
  Salvador. Tratados 3:709 (Sp)
  Revista Derecho Internacional 52:47 (Sp)
  Unione Postale 72:177 (E, Sp)

1969. September 25
  Airmail: Spanish-American Postal
    Union
  Salvador. Tratados 3:731 (Sp)

1970. September 25
  Money orders: Spanish-American Postal
    Union
  Salvador. Tratados 3:741 (Sp)

1971. September 25
  Parcel post: Spanish-American Postal
    Union
  Salvador. Tratados 3:756 (Sp)

1972. September 25
  North Atlantic ocean weather stations
    (ICAO)
  UNTS 29:53 (E, F)
  BFSP 154:440 (E)
  CanTS 1946:45 (E)

1973. October 9
  ILO: constitutional amendments
  UNTS 15:35 (E, F)
  BFSP 148:175 (E)
  TIAS 1868, Stat 62(3):3485 (E, F)
  GBTS 1948:47, Cmd 7452 (E, F)
  CanTS 1946:48 (E, F)
  RO (Ecuador) no. 683, 11 September
    1946, no. 924, 3 July 1947 (Sp)
  Salvador. Tratados 3:611 (Sp)
  B Bl (Switz) 1947, I, pp 665, 1161 (G)
  ILO Bull 29:203 (E)

  Instituto Inter-Americano de Estudios
    Juridicos Internacionales. Organiza-
    ciones Internacionales no Americanas
    (1964) p. 193 (Sp)

1974. October 9
  Hours of work (ILO 1)
  UNTS 38:17 (E, F)

1975. October 9
  Unemployment (ILO 2)
  UNTS 38:41 (E, F)

1976. October 9
  Maternity protection (ILO 3)
  UNTS 38:53 (E, F)

1946 (cont.)

1977. October 9
   Night work: women (ILO 4)
   UNTS 38:67 (E, F)

1978. October 9
   Minimum age (ILO 5)
   UNTS 38:81 (E, F)

1979. October 9
   Night work: young persons (ILO 6)
   UNTS 38:93 (E, F)

1980. October 9
   Minimum age: sea (ILO 7)
   UNTS 38:109 (E, F)

1981. October 9
   Unemployment: shipwreck (ILO 8)
   UNTS 38:119 (E, F)

1982. October 9
   Placement of seamen (ILO 9)
   UNTS 38:129 (E, F)

1983. October 9
   Minimum age: agriculture (ILO 10)
   UNTS 38:143 (E, F)
   Trb 1957:147 (E, F, Dut)
   Australia TS 1957:17 (E)

1984. October 9
   Right of association in agriculture (ILO 11)
   UNTS 38:153 (E, F)
   CL (Brazil) 1957(5):387 (Port)
   Australia TS 1957:18 (E)

1985. October 9
   Workmen's compensation in agriculture (ILO 12)
   UNTS 38:165 (E, F)
   Australia TS 1960:8 (E)
   CL (Brazil) 1957(5):388 (Port)

1986. October 9
   White lead (ILO 13)
   UNTS 38:175 (E, F)

1987. October 9
   Weekly rest (ILO 14)
   UNTS 38:187 (E, F)
   CL (Brazil) 1957(5):390 (Port)
   Trb 1957:151 (Dut)

1988. October 9
   Minimum age (ILO 15)
   UNTS 38:203 (E, F)
   NZTS 1960:10 (E)

1946 (cont.)

1989. October 9
   Medical examinations: sea (ILO 16)
   UNTS 38:217 (E, F)

1990. October 9
   Workmen's compensation: occupational diseases (ILO 17)
   UNTS 38:243 (E, F)
   Australia TS 1959:10 (E)

1991. October 9
   Workmen's compensation: accidents (ILO 18)
   UNTS 38:229 (E, F)

1992. October 9
   Equality of treatment (ILO 19)
   UNTS 38:257 (E, F)
   CL (Brazil) 1957(5):392 (Port)
   Australia TS 1959:12 (E)

1993. October 9
   Night work (ILO 20)
   UNTS 38:269 (E, F)

1994. October 9
   Inspection of immigrants (ILO 21)
   UNTS 38:281 (E, F)

1995. October 9
   Seamen (ILO 22)
   UNTS 38:295 (E, F)

1996. October 9
   Repatriation of seamen (ILO 23)
   UNTS 38:315 (E)

1997. October 9
   Sickness insurance (ILO 24)
   UNTS 38:327 (E, F)
   Trb 1957:27 (E, F, Dut)

1998. October 9
   Sickness insurance (ILO 25)
   UNTS 38:343 (E, F)
   Trb 1957:28 (E, F, Dut)

1999. October 9
   Minimum wage (ILO 26)
   UNTS 39:3 (E, F)
   CL (Brazil) 1957(5):394 (Port)

2000. October 9
   Weight of packages (ILO 27)
   UNTS 39:15 (E, F)

2001. October 9
   Accident protection (ILO 28)
   UNTS 39:27 (E, F)

1946 (cont.)

2002. October 9
    Forced labor (ILO 29)
    UNTS 39:55 (E, F)
    CL (Brazil) 1957(5):396 (Port)
    Israel TS 206 (E, F, Heb)

2003. October 9
    Hours of work (ILO 30)
    UNTS 39:85 (E, F)
    Trb 1957:162 (E, F, Dut)

2004. October 9
    Ship loading accident protection (ILO 32)
    UNTS 39:103 (E, F)
    CanTS 1946:3 (E, F)

2005. October 9
    Minimum age: non-industry (ILO 33)
    UNTS 39:133 (E, F)

2006. October 9
    Employment agencies (ILO 34)
    UNTS 39:151 (E, F)

2007. October 9
    Old-age insurance (ILO 35)
    UNTS 39:165 (E, F)

2008. October 9
    Old-age insurance (ILO 36)
    UNTS 39:189 (E, F)

2009. October 9
    Invalidity insurance (ILO 37)
    UNTS 39:211 (E, F)

2010. October 9
    Invalidity insurance (ILO 38)
    UNTS 39:235 (E, F)

2011. October 9
    Survivors' insurance (ILO 39)
    UNTS 39:259 (E, F)

2012. October 9
    Survivors' insurance (ILO 40)
    UNTS 39:285 (E, F)

2013. October 9
    Night work: women (ILO 41)
    UNTS 40:33 (E, F)

2014. October 9
    Workmen's compensation for occupational diseases (ILO 42)
    UNTS 40:19 (E, F)
    Australia TS 1959:11 (E)

1946 (cont.)

2015. October 9
    Hours of work (ILO 43)
    UNTS 40:33 (E, F)
    Trb 1957:166 (Dut)

2016. October 9
    Involuntary unemployment (ILO 44)
    UNTS 40:45 (E, F)

2017. October 9
    Underground work: women (ILO 45)
    UNTS 40:63 (E, F)

2018. October 9
    40-hour week (ILO 47)
    UNTS 271:199 (E, F)
    NZTS 1960:14 (E)

2019. October 9
    Migrant's pensions (ILO 48)
    UNTS 40:73 (E, F)

2020. October 9
    Hours of work: glass bottle works (ILO 49)
    UNTS 40:97 (E, F)

2021. October 9
    Recruiting workers (ILO 50)
    UNTS 40:109 (E, F)
    Trb 1957:169 (Dut)

2022. October 9
    Holidays with pay (ILO 52)
    UNTS 40:137 (E, F)

2023. October 9
    Officers' competency (ILO 53)
    UNTS 40:153 (E, F)

2024. October 9
    Shipowners' liability (ILO 55)
    UNTS 40:169 (E, F)

2025. October 9
    Sickness insurance: seamen (ILO 56)
    UNTS 40:187 (E, F)

2026. October 9
    Minimum age: seamen (ILO 58)
    UNTS 40:205 (E, F)
    CanTS 1952:31 (E, F)

2027. October 9
    Minimum age: industry (ILO 59)
    UNTS 40:217 (E, F)

2028. October 9
    Minimum age: non-industry (ILO 60)
    UNTS 78:181 (E, F)

1946 (cont.)

2029. October 9
Safety: buildings (ILO 62)
UNTS 40:233 (E, F)

2030. October 9
Statistics of wages and hours (ILO 63)
UNTS 40:255 (E, F)
CanTS 1946:2 (E, F)

2031. October 9
Employment of indigenous workers (ILO 64)
UNTS 40:281 (E, F)

2032. October 9
Penal sanction to indigenous workers (ILO 65)
UNTS 40:311 (E, F)

2033. October 9
Hours of work in road transport (ILO 67)
UNTS 209:39 (E, F)

2034. October 9
Catering for ship crews (ILO 68)
UNTS 264:163 (E, F)
BFSP 148:121 (E)
CanTS 1957:10 (E, F)
Stbld I 329 (E, F)
Trb 1957:173 (Dut)
OFS 1960:258 (E, Nor)

2035. October 9
Aptitude certificates for ships' cooks (ILO 69)
UNTS 164:37 (E, F)
BFSP 148:128 (E)
CanTS 1953:24 (E, F)
OFS 1953:349 (E, Nor)
Singh. British Shipping Laws (1963) 8:910 (E)

2036. October 9
Seafarers' pensions (ILO 71)
UNTS 442:235 (E, F)

2037. October 9
Medical examination of seafarers (ILO 73)
UNTS 214:233 (E, F)
CanTS 1955:32 (E, F)
Singh. British Shipping Laws (1963) 8:898 (E)
Revista Mexicana del Trabajo (no. 3-4) 10:130, (no. 5-6) 10:91 (Sp)

2038. October 9
Certification of able seamen (ILO 74)
UNTS 94:11 (E, F)
CanTS 1952:29 (E, F)
Trb 1951:25 (Dut)
Singh. British Shipping Laws (1963) 8:905 (E)
Revista Mexicana del Trabajo (no. 5-6 10:92 (Sp)

1946 (cont.)

2039. October 9
Medical examination for young persons: industry (ILO 77)
UNTS 78:197 (E, F)
BFSP 150:256 (E)
Belorusskaia SSR v mezhd. otnosh. (1960) p. 371 (R)
Ukrainska SSR v mizhn. vidnos. (1959) p. 474 (Ukr)
Revista Mexicana del Trabajo (no. 5-6) 10:132 (Sp)
Sbornik dog. SSSR 19:257 (R)

2040. October 9
Medical examination of young persons: non-industrial occupation (ILO 78)
UNTS 78:213 (E, F)
BFSP 150:264 (E)
Belorusskaia SSR v mezhd. otnosh. (1960) p. 379 (R)
Ukrainska SSR v mizhn. vidnos. (1959) p. 481 (Ukr)
Revista Mexicana del Trabajo (no. 708 10:88 (Sp)
Sbornik dog SSSR 19:264 (R)

2041. October 9
Night work of young persons: non-industrial occupation (ILO 79)
UNTS 78:227 (E, F)
BFSP 150:271 (E)
Belorusskaia SSR v mezhd. otnosh. (1960) p. 386 (R)
Trb 1957:180 (Dut)
Sbornik dog SSSR 19:271 (R)
Ukrainska SSR v mizhn. vidnos. (1959) p. 487 (Ukr)
Revista Mexicana del Trabajo (no. 7-8) 10:91 (Sp)

2042. October 9
International Labour Organization: final articles revision convention (ILO 80)
UNTS 38:3 (E, F)
TIAS 1810, Stat 62:1672 (E, F)
GBTS 1948:64, Cmd 7516 (E, F)
CanTS 1946:52 (E, F)
RO (Ecuador) no. 924, 3 July 1947 (Sp)
Revista Mexicana del Trabajo (no. 7-8) 10:98 (Sp)

2043. October 15
Travel documents for refugees
UNTS 11:73 (E, F)
BFSP 148:217 (E)
GBTS 1947:3, Cmd 7033 (E, F)
Vert BRD 1:352 (E, F, G)
Trb 1952:36 (E)
OFS 1950:1 (E, F, Nor)

2044. October 28
German assets in Spain
GBTS 1948:70, Cmd 7535 (E)

1946 (cont.)

2045. October 30
   Provisional Maritime Consultative
      Council
   UNTS 11:107 (E, F)
   BFSP 148:227 (E)
   TIAS 1724, Stat 61(4):3796 (E)
   GBTS 1947:36, Cmd 7137 (E)
   OFS 1952:679 (E, Nor)
   Hudson 9:133 (E)

2046. October 30
   Caribbean Commission
   UNTS 27:77 (E, F, Dut)
   BFSP 146:513 (E)
   TIAS 1799, Stat 62(3):2618 (E, F, Dut)
   GBTS 1949:27, Cmd 7679 (E, F, Dut)
   U.S. 87th Congress. House. Committee
      on Foreign Affairs. Staff memorandum
      on the Caribbean Commission (1961)
      p. 21 (E)

2047. November 4
   Constitution of UNESCO
   Vert BRD 1:370 (E, F, G)
   AJIL supp 41:1 (E)

2048. November 11
   Postal relations (North Europe)
   Sop S 1946:3 (Fin)

2049. November 20
   Cultural relations in the Arab League
   Hudson 9:310 (E)
   Middle East J 1:207 (E)

2050. November 28
   Syrian unity
   Jordanian Government's White book (1947)
      p. 267 (Ar)
   Khalil. The Arab states and the Arab
      League 2:33 (E)

2051. December 2
   Whaling
   UNTS 161:72, 361 (E, F)
   BFSP 146:521 (E)
   TIAS 1849, Stat 62:1716 (E)
   GBTS 1949:5, Cmd 7604 (E)
   CanTS 1946:54 (E)
   Trb 1962:93 (E, F)

2052. December 2
   Regulation of whaling
   UNTS 161:361 (E, F)
   BFSP 146:531 (E)
   TIAS 1708, Stat 62(2):1577 (E)
   GBTS 1948:14, Cmd 7354 (E)
   JO (Fr) 1958:8847 (F)
   AJIL supp 43:174 (E)
   SATS 1957:2 (E, Dut)

1946 (cont.)

2053. December 11
   International Court of Justice: privi-
      leges and immunities
   Rosenne. International Court of Justice
      (1961) p. 562 (E)

2054. December 11
   Traffic in dangerous drugs
   UNTS 12:179, 418-420 (E, F)
   BFSP 148:230 (E)
   TIAS 1671 (E, F, Ch, Sp, R)
   Stat 61(2):2230 (E)
   GBTS 1947:35, Cmd 7135 (E, F, Ch, Sp, R)
   Belorusskaia SSR v mezhd. otnosheniiakh
      (1960) p. 457 (R)
   CanTS 1946:50 (E, F)
   RO (Ecuador) 850, 28 June 1951 (Sp)
   Vert BRD 13:390 (E, F, G)

   Israel TS 282 (E, F, Heb)
   Ukrainska SSR v mizhn. vidnos. (1959)
      p. 391 (Ukr)
   RO (Ecuador) 275, 4 October 1962 (Sp)

2055. December 12
   European Coal Organization
   UNTS 10:372 (E, F)
   TIAS 1615, Stat 61(3):2847 (E, F)
   GBTS 1947:6, Cmd 7041 (E, F)

2056. December 13
   Trusteeship in Cameroons
   GBTS 1947:20, Cmd 7082 (E)

2057. December 13
   Trusteeship in Cameroons under
      French administration
   GBTS 1947:66, Cmd 9198 (E)

2058. December 13
   Trusteeship in Ruanda-Urundi
   GBTS 1947:64, Cmd 7196 (E)

2059. December 13
   Trusteeship in Togoland
   GBTS 1947:21, Cmd 7083 (E)

2060. December 13
   Trusteeship in Togoland under
      French administration
   GBTS 1947:67, Cmd 7199 (E)

2061. December 13
   Trusteeship in Tanganyika
   UNTS 8:91 (E, F)
   GBTS 1947:19, Cmd 7081 (E)

2062. December 13
   Trusteeship in Western Samoa
   GBTS 1947:65, Cmd 7197 (E)

1946 (cont.)

2063. December 14
   United Nations Charter (article 102): treaties
   UNTS 1:xvi (E, F)

2064. December 14
   Registration and publication of treaties: UNGA resolution 97(I)
   UNTS 1:xx (E, F)
   Hudson 9:448 (E, F)

2065. December 15
   International Refugee Organization: preparatory commission
   TIAS 1583, Stat 61(3):2525 (E, F, Sp, R, C)

2066. December 15
   International Refugee Organization: constitution
   UNTS 18:3 (C, E, F, R, Sp)
   BFSP 146:532 (E)
   TIAS 1846, Stat 62(3):3037 (C, E, F, R, Sp)
   GBTS 1950:25, Cmd 7934 (E, F, Sp, C, R)

1947

2067. February 6
   South Pacific Commission
   UNTS 97:227 (E, F)
   BFSP 148:287 (E)
   TIAS 2317, UST 2:1787 (E, F, Dut)
   GBTS 1952:21, Cmd 8539 (E, F, Dut)
   South Pacific Commission Doc P 18 (E)
   Lawson. International Regional Organizations (1962) p. 251 (E)

2068. February 8
   Industrial property rights effected by World War II
   UNTS 14:287 (E, F)
   BFSP 148:300 (E)
   GBTS 1949:54, Cmd 7784 (E, F)
   Stbld no. I 87 (Dut)

2069. February 10
   4-power Naval Commission: excess units of Italian fleet
   UNTS 140:111 (E, F, R)
   BFSP 148:306 (E)
   TIAS 1733, Stat 61(4):3846 (E)
   GBTS 1948:13, Cmd 7353 (E, F, R)
   DSB 16:815 (E)

2070. February 10
   Peace with Bulgaria
   UNTS 41:21 (E, F, R, Bulg)
   BFSP 148:313 (E)
   TIAS 1650, Stat 61(2):1915 (E, F, R, Bulg)
   Cmd 7022, Misc 1947:1 (E)
   GBTS 1948:52, Cmd 7483 (E, F, R, Bulg)
   AJIL supp 42:179 (E)

1947 (cont.)

2071. February 10
   Peace with Finland
   UNTS 48:203 (E, R, F, Fin)
   BFSP 148:339 (E)
   GBTS 1948:53, Cmd 7484 (E, F, R, Fin)
   CanTS 1947:7 (E, F)
   Siegler. Dokumentation zur Deutschlandfrage (1961) 3:1 (G)
   AJIL supp 42:203 (E)
   Cmd 7022, Misc 1947:1 (E)

2072. February 10
   Peace with Hungary
   UNTS 41:135 (E, F, R, H)
   BFSP 148:363 (E)
   TIAS 1651, Stat 61(2):2065 (E, F, R, H)
   GBTS 1948:54, Cmd 7485 (E, F, R, H)
   Cmd 7022, Misc 1947:1 (E)
   CanTS 1947:5 (E, F)
   AJIL supp 2:225 (E)

2073. February 10
   Peace with Italy
   UNTS 49:3 (E, F, R, It)
   BFSP 148:394 (E)
   TIAS 1648, Stat 61(2):1245 (E, F, R, It)
   Cmd 7022, Misc 1947:1 (E)
   GBTS 1948:50, 51, Cmd 7181, 7182 (E, F, R, It)
   CanTS 1947:4 (E, F)
   AJIL supp 42:47 (E)
   Anchieri. La Diplomazia Contemporanea (1959) p. 237 (It)

   Corsini. Codice dei Trattati (1958) 1:3 (It)

2074. February 10
   Peace with Rumania
   UNTS 42:3 (E, F, R, Rum)
   BFSP 148:482 (E)
   TIAS 1649, Stat 61(2):1757 (E, F, R, Rum)
   Cmd 7022, Misc 1947:1 (E)
   GBTS 1948:55, Cmd 7486 (E, F, R, Rum)
   CanTS 1947:6 (E, F)
   AJIL supp 42:252 (E)

2075. March 3
   Whaling
   UNTS 11:43 (E, F)
   BFSP 148:511 (E)
   TIAS 1634, Stat 61(2):1240 (E)
   GBTS 1947:28, Cmd 7107 (E)
   CanTS 1947:39 (E)

2076. March 14
   Customs (Benelux)
   BFSP 152:166 (F)
   Mon (Belgium) 117:10813 (F, Dut)
   Stbld 1947:H 282 (F)
   Hudson 9:135 (F)

1947 (cont.)

2077. March 31
Status of Germany (British draft)
Cornides. Um den Frieden mit Deutschland (1948) p. 97 (G)
Deuerlein. Die Einheit Deutschlands (1961) p. 411 (G)

2078. April 2
Trusteeship (Pacific Islands)
BFSP 148:513 (E)
GBTS 1947:76, Cmd 7233 (E)

2079. April 14
Demilitarization of Germany (Soviet draft)
Deuerlien. Die Einheit Deutschlands (1961) p. 418 (G)
Molotov. Fragen der Aussenpolitik (1949) p. 649 (G)

2080. April 19
Coal exports from West Germany
GBTS 1947:53, Cmd 7165 (E)

2081. April 23
Rules of procedure of the Trusteeship Council
UN Doc T/1/ Rev 1, T/154, T/331 (E)
Hudson 9:428 (E, F)

2082. April 30
Transatlantic air service: ICAO
CanTS 1947:13 (E)

2083. May 27
International Civil Aviation Organization: amend article 93 bis
UNTS 418:161 (E, F, Sp)
BFSP 161:291 (E)
GBTS 1961:63, Cmd 1448 (E, F, Sp)
Can TS 1947:22 (E, F)
Trb 1954:47 (E, Dut)
OFS 1963:84 (E, Nor)
Hudson 9:211 (E, F)
DSB 17:177 (E)
CL (Costa Rica) 1960, 1:100 (Sp)

2084. May 28
Mutual aid settlement: claims
TIAS 1750, Stat 61(4):3924 (E)

2085. June 6
International Patents Bureau
UNTS 46:249 (E, F, Dut)
BFSP 150:149 (F)

1947 (cont.)

2086. June 10
Tonnage measurement of ships
UNTS 208:3 (E, F)
BFSP 152:345 (E)
JO (Fr) 1956:11202, 11554 (F)
Vert BRD 16:166 (E, F, G)
Israel TS 367 (E, F, Heb)
Trb 1955:52 (E)
OFS 1955:271 (E, F, Nor)
Singh. British Shipping Laws (1963) 8:633 (E)

2087. June 14
Reparations fund for non-repatriable victims of German action
BFSP 148:117 (E)
TIAS 1594, Stat 61(3):2649 (E, F)
GBTS 1947:81, Cmd 7255 (E, F)
Hudson 9:608 (E, F)
DSB 15:71 (E)

2088. June 19
Settlement of labor disputes: dependent territories (ILO 84)
UNTS 171:329 (E, F)
BFSP 148:651 (E)
ILO Official Bull 30:47 (E)
Revista Mexicana del Trabajo (no. 9-10) 10:104 (Sp)

2089. July 5
Universal Postal Union
BFSP 148:521 (E)
TIAS 1850 (E, F)
GBTS 1949:57, Cmd 7794 (E, F)
CanTS 1947:40 (E)
Salvador. Tratados 4:837 (Sp)

2090. July 5
Air mail
Salvador. Tratados 4:926 (Sp)

2091. July 5
Money orders
Salvador. Tratados 4:994 (Sp)

2092. July 5
Parcel post
Salvador. Tratados 4:492 (Sp)

2093. July 11
Labor inspection (ILO 81)
UNTS 54:3 (E, F)
BFSP 148:606 (E)
CL (Brazil) 1957(5):403 (Port)
Vert BRD 8:208 (E, F, G)
Israel TS 237 (E, F, Heb)
NZTS 1960:11 (E)
ILO Official Bull (E)
Revista Mexicana del Trabajo (no. 7-8) 10:104 (Sp)
CL (Costa Rica) 1960, 1:410 (Sp)
JO (CAR) 1964:373 (F)

1947 (cont.)

2094. July 11
Social policy in dependent territories (ILO 82)
UNTS 218:345 (E, F)
BFSP 148:619 (E)
ILO Official Bull 30:17 (E)
Revista Mexicana del Trabajo (no. 7-8) 10:125 (Sp)

2095. July 11
Labor standards in dependent territories (ILO 83)
BFSP 148:631 (E)
Revista Mexicana del Trabajo (no. 8) 10:139; (no. 9-10) 10:101 (Sp)

2096. July 11
Labor inspection in dependent territories (ILO 85)
UNTS 214:33 (E, F)
BFSP 148:657 (E)
ILO Official Bull 30:53 (E)
Revista Mexicana del Trabajo (no. 9-10) 10:109 (Sp)

2097. July 11
Employment contracts of indigenous workers (ILO 86)
UNTS 161:113 (E, F)
BFSP 148:664 (E)
ILO Official Bull 30:58 (E)
Revista Mexicana del Trabajo (no. 9-10) 10:114 (Sp)

2098. July 17
German owned patents
UNTS 90:246 (E, F)
BFSP 148:677 (E)
TIAS 2415, UST 3:552 (E, F)
GBTS 1948:15, Cmd 7539 (E, F)
CanTS 1947:38 (E, F)
OFS 1956:97 (E, F, Nor)
Salvador. Tratados 3:639 (Sp)
Hudson 9:618 (E, F)

2099. August 4
Pacific air services
UNTS 28:41 (E, F)
BFSP 148:852 (E)

2100. August 14
German assets in Italy
UNTS 138:111 (E, F, It)
BFSP 148:679 (E)
TIAS 1664, Stat 61:3292 (E, F, It)
GBTS 1947:75, Cmd 7223 (E, F, It)
DSB 17:388 (E)

2101. August 29
Sugar
BFSP 148:682 (E)
TIAS 1755, Stat 62(2):1654 (E)
GBTS 1947:78, Cmd 7237 (E)

1947 (cont.)

2102. September 2
Inter-American Conference on the Maintenance of Peace and Security: final act
CIA 2nd supp p. 98 (Sp)
ICAS 2nd supp p. 150 (E)

2103. September 2
Pact of Rio: mutual assistance (Americas)
UNTS 21:77 (E, F, Sp, Port)
BFSP 150:102 (E)
TIAS 1838, Stat 62(2):1681 (E, F, Sp, Port)
PAUTS 8 (E)
Salvador. Tratados 3:669 (Sp)
AJIL supp 43:53 (E)
Friedens-Warte 1947:376 (G)
DSB 17:565 (E)
Barrera. Cursillo de derecho internacional publico (1961) p. 156 (Sp)

CIA 2nd supp p. 92 (Sp)
Fenwick. Organization of American States (1963) p. 572 (E)
Gonzalez. Textos internacionales del Peru (1962) p. 387 (Sp)
ICAS 2nd supp p. 142 (E)
Lawson. International regional organizations (1962) p. 339 (E)
Münch. Internationale Organisationen (1962) p. 110 (G)
Organization of American States. Charter (1962) p. 43 (Sp)
Salas Elgart. El Tratado Interamericano de Asistencia Recíproca de Rio de Janeiro 1947 (1962) p. 276 (Sp)
Sanson-Terán. Universalismo y Regionalismo en la Sociedad Interestatal Contemporánea (1960) p. 253 (Sp)
Thomas. The Organization of American States (1963) p. 429 (E)
U. S. Administrative Law. Legislation on foreign relations (1963) p. 384 (E)
Mem (Panama) 1962(2) annex:57 (Sp)

2104. September 11
Coffee (Americas)
UNTS 139:10 (E, F, Sp, Port)
TIAS 1768, Stat 62(2):1658 (E, F, Sp, Port)
Salvador. Tratados 3:51 (Sp)

2105. September 22
Committee for European Economic Cooperation: committee of sixteen
Committee for European Economic Cooperation report, 1947. p. 1 (E)

2106. October 1
Pan-American Sanitary Organization
Boletin de la Oficina Sanitaria Panamericana Union 26:834 (Sp)

2107-2118

1947 (cont.)

2107. October 2
    Telecommunications
    UNTS 193:188; 194:3; 195:5 (E, F)
    BFSP 148:684 (E)
    TIAS 1901, Stat 63:1399 (E, F)
    GBTS 1950:76, Cmd 8124 (E, F)
    CanTS 1947:33 (E, F)
    RO (Ecuador) 850, 28 June 1951 (Sp)
    OFS 1953:763 (E, Nor)
    Administrative Radio Conference, Atlantic
        City, 1947. Radioreglement (1949) p. 1
        (Nor)

2108. October 10
    Return of gold captured by allied powers
        at Fortezza
    UNTS 54:193 (E, F, It)
    BFSP 147:903 (E)
    TIAS 1658, Stat 61(3):3239 (E, It)
    GBTS 1947:79, Cmd 7244 (E, It)
    DSB 17:770 (E)

2109. October 11
    World Meteorological Organization
    UNTS 77:143 (E, F)
    BFSP 148:741 (E)
    TIAS 2052, UST 1:281 (E, F)
    GBTS 1950:30, Cmd 7989 (E, F)
    Belorusskaia SSR v mezhd. otnosheniiakh
        (1960) p. 775 (R)
    CanTS 1947:34 (E, F)
    Leyes (Colombia) 1961:201 (Sp)
    Mem (Colombia) 1961-62(2):99 (Sp)
    RO (Ecuador) 850, 28 June 1951 (Sp)

    Vert BRD 4:92 (E, F, G)
    Salvador. Tratados 5:163 (Sp)
    Ukrainska SSR v mizhn. vidnos (1959)
        p. 251 (Ukr)
    Deutsche Liga für die Vereinten Nationen
        Die Organisation der Vereinten Nationen
        (1962) 3:354 (G)
    ONU Şi Institutiie Specializate (1962)
        p. 216 (Rum)
    CL (Costa Rica) 1960, 1:104 (Sp)
    Sbornik dog SSSR 14:231 (R)
    Instituto Inter-Americano de Estudios Juri-
        dicos Internacionales. Organizaciones

    Internacionales no Americanas (1964)
        p. 355 (Sp)

2110. October 22
    Passport visa fees
    UNTS 251:79 (E, F)

2111. October 27
    Load lines
    TIAS 4266, UST 10:1271 (E)

1947 (cont.)

2112. October 30
    General Agreement on Tariffs and
        Trade: provisional application
    UNTS 176:2 (E, F)
    BFSP 148:817 (E)
    CanTS 1948:31 (E, F)
    OFS 1957:339 (E, Nor)
    Liebich. Das GATT, (1961) p. 113 (G)

2113. October 30
    General Agreement on Tariffs and
        Trade: statute
    UNTS 55:188, 194 (E, F)
    BFSP 148:759 (E)
    TIAS 1700, Stat 61:pts 5-6 (E, F)
    CanTS 1947:27 (E, F)
    Sop S 1961:14 (E, Fin)
    Vert BRD 1:400 (E, F, G)
    OFS 1957:209 (E, Nor)
    Instituciones y textos europeos (1960) p.
        225 (Sp)
    Liebich. Das GATT (1961) p. 23 (G)

    Stein and Hay. Documents (1963) p.
        146 (E)

2114. November 1
    Nauru: trusteeship
    GBTS 1947:89, Cmd 7290 (E, F)
    BFSP 148:820 (E)

2115. November 4
    German reparations to Austria
    UNTS 93:61 (E, F)
    BFSP 148:822 (E)
    TIAS 1683, Stat 61(4):3571 (E, F)
    GBTS 1947:85, Cmd 7265 (E, F)
    DSB 17:959 (E)

2116. November 12
    Obscene publications
    UNTS 46:169 (E, F, Ch, R, Sp)
    UNTS 46:201 (E, F)
    BFSP 148:824 (E)
    GBTS 1952:2, Cmd 8438 (E, F)
    Can TS 1951:33 (E, F)
    RO (Ecuador) 850, 28 June 1951 (Sp)

2117. November 12
    Traffic in women and children
    UNTS 53:13 (E, F, Ch, R, Sp) 39 (E, F)
        49 (E, F)
    BFSP 148:871 (E)
    RO (Ecuador) 850, 28 June 1951 (Sp)
    IreTS 1961:8 (E)
    OFS 1950:275 (E, Nor)

2118. November 17
    Rules of procedure of the General
        Assembly of the United Nations
    UN Doc A/520 (E)
    UN Doc A/810, p. 178 (E, F)
    Hudson 9:369 (E, F)
    Reuter. Traités et documents diploma-
        tiques (1963) p. 90 (F)

1947 (cont.)

2119. November 18
Rhine River: searching of vessels
RO (Switz) 1948:131 (F)

2120. November 18
First monetary clearing agreement
UNTS 17:89 (E, F)

2121. November 20
Provisional financial regulations of the United Nations
UN Doc A/519, p. 69 (E, F)
Hudson 9:455 (E, F)

2122. November 21
International Law Commission: statute
U.N. International Law Commission. Statute (1962) p. 1 (E)
Bache og Heggemsnes. Traktatsamling (1963) p. 53 (E)

2123. November 21
Privileges and immunities: specialized agencies of the United Nations
UNTS 33:261 (E, F)
BFSP 148:828 (E)
GBTS 1959:69, Cmd 855 (E, F)
Australia TS 1952:13, 14 (E)
RO (Ecaudor) 850, 28 June 1951 (Sp)
Vert BRD 6:60 (E, F, G)
OFS 1950:290 (E, Nor)
IMCO. Basic documents (1962) p. 33 (E)
UNESCO. Conference manual (1963) p. 65 (E)

2124. November 26
Allied policy toward Germany: note by Benelux countries
Europa-Archiv 3:1227 (G)
Deuerlein. Die Einheit Deutschlands (1961) p. 424 (G)

2125. December 5
German assets
BFSP 151:688 (E)
TIAS 2230, UST 2:729 (E, F)
CanTS 1947:35 (E, F)
Hudson 9:620 (E)
DSB 18:6 (E)

2126. December 16
German reparations to Italy
UNTS 82:237 (E, F)
BFSP 147:904 (E)
TIAS 1707, Stat 61(4):3729 (E, F)
GBTS 1948:3, Cmd 7298 (E, F)

2127. December 18
United Nations: headquarters
TIAS 1677 (E)

1947 (cont.)

2128. December 22
Customs (Benelux)
UNTS 32:143 (E, F, Dut)
Stbld no. I 347 (Dut)

2129. December 22
Sickness benefits (Scandinavia)
UNTS 22:203 (E, F, Nor, Swe)

2130. December 23
Sickness benefits (Scandinavia)
UNTS 14:3 (E, F, Dan, Swe)

1948

2131. January 21
Sickness benefits (Scandinavia)
UNTS 14:307 (E, F, Dan, Nor)

2132. February 18
German status: declaration by Czechoslovakia, Poland and Yugoslavia
Deuerlein. Die Einheit Deutschlands (1961) p. 446 (G)
Europa-Archiv 3:1229 (G)

2133. March 6
London Conference on Germany
Europa-Archiv 3:1349 (G)
Deuerlein. Die Einheit Deutschlands (1961) p. 449 (G)

2134. March 6
United Nations Maritime Conference: final act
UNTS 289:4 (E, F, Sp)
JO (Fr) 1958:9070 (F)
Trb 1953:104 (Dut)
SÖ 1959:15 (E, F, Sp, Swe)

2135. March 6
Intergovernmental Maritime Consultative Organization
UNTS 289:48 (E, F, Sp)
TIAS 4044 (E, F, Sp)
GBTS 1958:54, Cmd 589 (E, F)
CL (Brazil) 1963−6:394 (Port)
CanTS 1958:11 (E, F)
RO (Ecuador) 237, 15 June 1957 (Sp)
JO (Fr) 1958:9075 (F)
Vert BRD 15:101 (E, F, G)
IreTS 1958:22 (E)

Instituto Inter-Americano de Estudios Juridicos Internacionales. Organizaciones Internacionales no Americanas (1964) p. 337 (Sp)

2136-2149

1948 (cont.)

2135 OFS 1959:510 (E, Nor)
cont. Sbornik dog. SSSR 20:640 (R)
AJIL supp 53:516 (E)
Deutsche Liga für die Vereinten Nationen.
Die Organisation der Vereinten Nationen
(1962) 3:262 (G)
Singh. British Shipping Laws (1963)
8:1253 (E)
U.N. Maritime Conference, Geneva, 1948.
Convention on the Intergovernmental
Consultative Organization (E, F)
Australia TS 1958:5 (E)
SO 1959:15 (E, F, Sp, Swe)

2136. March 6
Wheat
Cmd 7382, Misc 1948:3 (E)
CanTS 1948:3 (E, F)

2137. March 8
Recognition and enforcement of judgments in criminal matters (Scandinavia)
UNTS 27:117 (E, F, Dan, Nor, Swe)

2138. March 13
Pan-American Sanitary Code
Col At Int no. 366 (Port)

2139. March 13
Rice Council: constitution
UNTS 120:13 (E, F)
TIAS 1938, Stat 63(3):2533 (E)

2140. March 15
Reparation from Germany
BFSP 151:235 (E)
GBTS 1948:65, Cmd 7476 (E, F)
Can TS 1948:16 (E, F)

2141. March 15
India and Pakistan: reparations
TIAS 1797, Stat 62(3):2613 (E, F)

2142. March 17
Western European Union: cooperation and defense (Brussels Treaty)
UNTS 19:51 (E, F)
BFSP 151:237 (E), 150:672 (E)
GBTS 1949:1, Cmd 7599 (E, F)
BG Bl (Ger) 1955, II, p. 283 (E, F, G)
AJIL supp 43:59 (E)
European Yearbook (1955) 1:306 (E, F)
International Organizations 2:427 (E)
Anchieri. La Diplomazia Contemporanea
(1959) p. 195 (It)

Reuter. Traités et documents diplomatiques (1963) p. 156 (F)

1948 (cont.)

Lawson. International Regional Organization (1962) p. 149 (E)
Münch. Internationale Organisationen
(1962) p. 120 (G)
Sanson-Téran. Universalismo y Regionalismo en la Sociedad Interestatal Contemporánea (1960) p. 260 (Sp)
Siegler. Dokumentation zur Deutschlandfrage (1961) 3:14 (G)
Western European Union Brussels Treaty
(1958) (E)
Great Britain. Information Service.
Western Cooperation (1953) p. 64 (E)

2143. March 23
Rhine navigation: combustible liquids
RO (Switz) 1948:229 (F)

2144. March 24
Havana Charter for an International Trade Organization
Can TS 1948:32 (E)

2145. March 24
Trade and employment
NZJ appendix 1948:A.8 (E)

2146. March 24
General Agreement on Tariffs and Trade: art. XXIV
UNTS 62:56 (E, F)
BFSP 151:247 (E)
TIAS 1765, Stat 62(2):2013 (E, F)
Can TS 1948:12 (E, F)

2147. March 24
General Agreement on Tariffs and Trade: art. XXIX
UNTS 62:26 (E, F)
BFSP 151:246 (E)
TIAS 1762, Stat 62(2):1988 (E, F)
Can TS 1948:12 (E, F)

2148. March 24
General Agreement on Tariffs and Trade: modifications
UNTS 62:30 (E, F)
BFSP 151:243 (E)
TIAS 1763, Stat 62(2):1992 (E, F)
Cmd 7376 (1948) (E)
Can TS 1948:12 (E, F)

2149. March 24
General Agreement on Tariffs and Trade: modification of art. XIV
UNTS 62:40 (E, F)
BFSP 151:253 (E)
TIAS 1764, Stat 62(2):2000 (E, F)
Cmd 7376 (1948) (E)
Can TS 1948:12 (E, F)

1948 (cont.)

2150. March 24
    General Agreement on Tariffs and Trade: rectifications
UNTS 62:2 (E)
BFSP 151:260 (E)
TIAS 1761, Stat 62(2):1961 (E, F)
Cmd 7376 (1948) (E)
Can TS 1948:12 (E, F)

2151. April 16
    Organization for European Economic Cooperation
BFSP 151:278 (E)
GBTS 1949:59 Cmd 7796 (E, F)
Vert. BRD 1:2 (E, F, G)
OFS 1955:609 (E, F, Nor)
AJIL 43:94 supp (E)
European Yearbook (1955) 1:230 (E, F)
International Organization 2:420 (E)
Yearbook of International Organization 2:420 (E)

Anchieri. La Diplomazia Contemporanea (1959) p. 198 (It)
Instituciones y textos europeos (1960) p. 21 (Sp)
Siegler. Dokumentation zur Europäischen Integration (1961) p. 10 (G)

2152. April 20
    International Labor Organization: constitution
Vert. BRD 1:300 (E, F, G)

2153. April 30
    List of diseases and causes of death
International Labor Review 58:506 (E)

2154. April 30
    Organization of American States: Bogotá Charter
UNTS 119:4 (E, F, Sp, Port)
BFSP 152:51 (E)
TIAS 2361, UST 2:2394 (E, F, Sp, Port)
PAULTS 23 (E, F, Sp, Port)
PAUTS 1 (E)
AJIL supp 46:43 (E)
DSB 18:666 (E)
Friedens-Warte 49:42 (E)
Review of Contemporary Law 9:119 (E)

Anchieri. La Diplomazia Contemporanea (1959) p. 439 (It)
Barrera. Cursillo de derecho internacional publico (1961) p. 139 (Sp)
CIA. 2nd supp p. 124 (Sp)
Fenwick. Organization of American States (1963) p. 547 (E)
Gonzalez. Textos internacionales del Peru (1962) p. 352 (Sp)
ICAS. 2nd supp p. 178 (E)
Mendez Pereira, Octavio. Bolivar y las relaciones interamericanas (1960) p. 353 (Sp)

Münch. Internationale Organisationen (1962) p. 88 (G)
Organization of American States Charter (1962) p. 1 (E)
Plischke. International relations. 2d ed. p. 181 (E)
Sanson-Terán. Universalismo of Regionalismo en la Sociedad Interestatal Contemporánea (1960) p. 227 (Sp)
Sierra. Tratado de Derecho Internacional Publico (1963) p. 565 (Sp)
Thomas. The Organization of American States (1963) p. 413 (E)
Urrutia Aparicio. Páginas internacionales de la vida democrática de Guatemala (1961) p. 79 (Sp)
Mem (Panama) 1962(2) annex: 93 (Sp)
Southeast Asia Treaty Organization. Collective Security: Shield of Freedom (1959) p. 83 (E)
Accioly. Manual de direito internacional público (1964) p. 428 (Port)

2155. April 30
    Pact of Bogotá: Pacific settlement (Americas)
UNTS 30:55 (E, F, Sp, Port)
BFSP 152:73 (E)
PAULTS 24 (E, F, Sp, Port)
PAUTS 16:60 (E)
PAUTS 17 (E, F, Sp, Port)
Leyes (Colombia) 1961:215 (Sp)
Mem (Colombia) 1961-62(2):113 (Sp)
Barrera. Cursillo de derecho internacional publico (1961) p. 161 (Sp)

CIA. 2nd supp p. 145 (Sp)
ICAS. 2nd supp p. 200 (E)
Inter-American Conference, 9th. Tratado Americano de soluciones pacíficas (1961) p. 1 (E, F, Sp, Port)
Mendez Pereira, Octavio. Bolivar y las relaciones interamericanas (1960) p. 379 (Sp)
Salvador. Tratados 4:47 (Sp)

2156. May 2
    International Conference of American States: final act
CIA 2nd supp p. 173 (Sp)
ICAS 2nd supp p. 231 (E)

2157. May 2
    Economic convention of Bogotá
PAULTS 25 (E, F, Sp, Port)
PAUTS 21 (E, F, Sp, Port)
Salvador. Tratados 4:21 (Sp)
CIA 2nd supp p. 157 (Sp)
ICAS. 2nd supp p. 213 (E)
Mendez Pereira, Octavio. Bolivar y las relaciones interamericanas (1960) p. 401 (Sp)

1948 (cont.)

2158. May 2
    Legal capacity of women (Americas)
    RO (Ecuador) 120, 26 Jan. 1949 (Sp)
    PAULTS 26, 27 (E, F, Sp, Port)
    PAUTS 23 (E, F, Sp, Port)
    Salvador. Tratados 4:79 (Sp)
    CIA 2nd supp p. 173 (Sp)
    ICAS 2nd supp p. 230 (E)

2159. May 2
    Political rights of women (Inter-Americas)
    RO (Ecuador) 120, 26 Jan. 1949 (Sp)
    PAUTS 3 (E, F, Sp, Port)
    Salvador. Tratados 4:75 (Sp)
    CIA 2nd supp p. 172 (Sp)
    ICAS 2nd supp p. 229 (E)

2160. May 2
    American declaration of rights and duties of man
    AJIL supp 43:133 (E)
    CIA 2nd supp p. 210 (Sp)
    Ferrero Rebagliati. Derecho constitucional (1963) p. 255 (Sp)
    ICAS 2nd supp p. 263 (E)
    Inter-American Commission on Human Rights. Basic documents (1960) p. 1 (E)
    PAU. Codificação Division. Direitos humanos nos estados Americanos (1961)
    p. 127 (S, Port)

2161. May 10
    Exhibition rules
    UNTS 289:111 (E, F)
    BFSP 154:403 (E)
    Cmd 7736, Misc. 1949:12 (E, F)
    GBTS 1951:57, Cmd 8311 (E, F)
    OFS 1950:327 (F, Nor)
    Vneshniaia Torgovlia 1959:43 (R)

2162. May 10
    German assets in Spain: terminating obligations
    UNTS 140:129 (E, F, Sp)
    BFSP 151:296 (E)
    TIAS 1773; 62 Stat 2061 (E, F, Sp)
    GBTS 1948:71, Cmd 7558 (E, F, Sp)

2163. May 10
    International Institute "Hilea Amazonica"
    RO (Ecuador) 132, 9 Feb. 1948 (Sp)

2164. May 11
    Telecommunications (British Commonwealth)
    BFSP 151:314 (E)
    Cmd 7582 (1948) (E)

2165. May 13
    Bank of International Settlement
    UNTS 140:187 (E, F)
    TIAS 1805, Stat 62(3):2672 (E, F)
    GBTS 1948:38, Cmd 7456 (E, F)

2166. May 13
    Staff rules of the United Nations
    UN Doc A/551 (E)
    Hudson 9:464 (E, F)

2167. June 7
    Germany: communiqué by United States, United Kingdom, France, and Benelux countries
    Deuerlein. Die Einheit Deutschlands (1961) p. 459 (G)
    Ruhm von Oppen. Documents on Germany under occupation (1955) p. 286 (E)
    Rivista di Studi Politici Internazionali 1948:248 (It)

2168. June 10
    Collision at sea
    UNTS 191:3, 20 (E, F)
    BFSP 151:483 (E)
    TIAS 2899 (E), UST 4:2956 (E, F)
    GBTS 1954:4, Cmd 9050 (E, F)
    Can TS 1954:10 (E, F)
    Vert BRD 4:528 (E, F, G)
    Russia. Treaties. Sbornik mezhd. Konventsii (1959) p. 100 (R)

2169. June 10
    Safety of life at sea
    UNTS 164:113 (E, F)
    BFSP 151:333 (E)
    UST 3:3450; TIAS 2495 (E, F)
    GBTS 1953:1, Cmd 8720 (E, F)
    Can TS 1952:20 (E, F)
    Vert BRD 4:210 (E, F, G)
    Israel TS 190 (E, F, Heb)
    Trb 1954:163 (E)
    OFS 1953:1 (E, Nor)
    Russia. Treaties. Sbornik mezhd. Konventsii (1959) p. 16 (R)
    Australia TS 1960:1 (E)

2170. June 19
    Rights in aircraft
    UNTS 310:151 (E, F, Sp)
    BFSP 151:828 (E)
    TIAS 2847, UST 4:1830 (E, F, Sp)
    Vert. BRD 13:442 (E, F, G)
    Trb 1952:86 (E, F)
    OFS 1955:431 (E, Nor)
    Salvador Tratados 6:403 (Sp)
    RO (Switz) 1960:1324 (F)
    Feuille Fédérale (Switz) 1959, I:444 (F)
    Strauss. Air Law and Treaties of the World (1961) p. 1415 (E)
    JO (Fr) 1964:3420 (F)
    Rodriguez Jurado. Teoria y practica del derecho aeronautico (1963) p. 479 (Sp)

1948 (cont.)

2171. June 24
    Warsaw Conference on Germany
Dokumente zur Deutschlandpolitik der
  Sowjetunion (1957) 1:183 (G)
Deuerlein. Die Einheit Deutschlands
  (1961) p. 463 (G)
Rivista di Studi Politici Internazionali
  1948:254 (It)

2172. June 26
    Air navigation services in Iceland
CanTS 1948:17 (E)
OFS 1956:101 (E, Nor)

2173. June 26
    Copyright (Bern)
UNTS 331:217 (E, F)
BFSP 152:1 (E)
GBTS 1958:4; Cmd 361 (E, F)
CanTS 1948:22 (E, F)
Sop S 1963:4 (F, Fin)
JO (Fr) 1951:4064, 5131 (F)
IreTS 1959:4 (E, F)
Trb 1955:45 (F, Dut)
Le Droit d'Auteur 1952:73 (F)
Revue Critique de Droit International
  Privé 40:343 (F)

Bureau International pour la Protection
  des Oeuvres Littéraires et Artistiques.
  Documents de la Conférence réunie à
  Bruxelles (1951) p. 531 (F)
Möhring. Quellen des Urheberrechts,
  vol. 1 (F, G)
UNESCO. Lois et traités sur le droit
  d'auteur 3:2073 (F)
UNESCO. Repertorio universal de de-
  recho de autor (1960) 2:2736 (Sp)
Lovt C 1962:145 (E, F, Dan)
SÖ 1961:10 (F, Swe)

2174. July 1
    Frankfurt documents on Germany
Die Neue Zeitung 4 (no. 53) (G)
Deuerlein. Die Einheit Deutschlands
  (1961) p. 468 (G)

2175. July 9
    Freedom to organize (ILO 87)
UNTS 68:17 (E, F)
BFSP 151:503 (E)
Belorusskaia SSR v mezhd. otnosheniiakh
  (1960) p. 394 (R)
Vert BRD 11:108 (E, F, G)
Stbld J538 (E, F)
OFS 1951:62 (E, Nor)
Sbornik dog. SSSR 19:278 (R)
Ukrainska SSR v mizhn. vidnos. (1959)
  p. 494 (Ukr)
Diritto Internazionale 14, II, p. 9 (F)
Revista Mexicana del Trabajo (no. 9-10)
  10:119 (Sp)
CL (Rum) no. 1, 1958:24 (Rum)
CL (Costa Rica) 1960, 1:417 (Sp)

1948 (cont.)

2176. July 9
    Employment service (ILO 88)
UNTS 70:85 (E, F)
BFSP 151:510 (E)
Cmd 7638 (1948) (E)
CL (Brazil) 1957 (5):409 (Port)
CanTS 1951:20 (E, F)
Vert BRD 4:168 (E, F, G)
Stbld J547 (Dut)
OFS 1951:73 (E, Nor)
Revista Mexicana del Trabajo (no. 9-10)
  10:129 (Sp)

CL (Costa Rica) 1960, 1:421 (Sp)
JO (CAR) 1964:377 (F)

2177. July 9
    Night work of women (ILO 89)
UNTS 81:147 (E, F)
BFSP 151:821 (E)
CL (Brazil) 1957 (5):414 (Port)
NZTS 1951:2 (E)
Revista Mexicana del Trabajo (no. 9-10)
  10:140; (no. 11-12) 10:115 (Sp)
CL (Rum) no. 1, 1958:31 (Rum)
CL (Costa Rica) 1960, 1:426 (Sp)

2178. July 10
    Night work of young persons in in-
    dustry (ILO 90)
UNTS 91:3 (E, F)
BFSP 151:740 (E)
Belorusskaia SSR v mezhd. otnosheniiakh
  (1960) p. 401 (R)
OFS 1960:515 (E, Nor)
Sbornik dog. SSSR 19:284 (R)
Ukrainska SSR v mizhn. vidnos (1959)
  p. 500 (Ukr)
Revista Mexicana del Trabajo (no. 11-12)
  10:119 (Sp)

CL (Costa Rica) 1960, 1:430 (Sp)

2179. July 24
    Nomenclature of diseases (WHO 1)
UNTS 66:25 (E, F)
TIAS 3482, UST 7:79 (E, F)
Vert BRD 10:32 (E, F, G)
Trb 1955:44 (E, Dut)

2180. August 9
    Carta de Quito: economic union
RO (Ecuador) 98, 30 December
  1948 (Sp)
Ecuador. Treaties. Recopilación de los
  instrumentos internacionales (1962) p.
  224 (Sp)

1948 (cont.)

2181. August 18
 Danube statute
 UNTS 33:181 (E, F, R)
 BFSP 155:146 (E)
 Russia. Treaties. Sbornik mezhd. Konventsii (1959) p. 320 (R)
 Ukrainska SSR v mizhn. vidnos. (1959) p. 267 (Ukr)
 Anchieri. La Diplomazia Contemporanea (1959) p. 402 (It)
 Sbornik dog SSSR 14:336 (R)

2182. August 31
 Sugar
 BFSP 151:519 (E)
 TIAS 1997, Stat 64(3):B33 (E)
 GBTS 1948:73, Cmd 7542 (E)

2183. September 4
 European federation: European Parliamentary Union (draft)
 Siegler. Dokumentation der europäischen Integration (1961) p. 19 (G)

2184. September 14
 Most-favored-nation treatment for areas of Western Germany under military occupation
 UNTS 18:267 (E, F)
 BFSP 154:407 (E)
 TIAS 1886, Stat 62(3):3653 (E, F)
 GBTS 1949:17, Cmd 7643 (E, F)
 CanTS 1948:19 (E, F)

2185. September 14
 General Agreement on Tariffs and Trade: part I and art. xxix
 UNTS 138:334 (E, F)
 BFSP 151:522 (E)
 TIAS 1888, 1890 (E, F)
 TIAS 2745; UST 3:5355 (E, F)
 CanTS 1948:13 (E, Sp)

2186. September 14
 General Agreement on Tariffs and Trade: part 2 and art. xxvi
 UNTS 62:80 (E, F)
 BFSP 151:527 (E)
 TIAS 1890, Stat 62(3):3679 (E, F)
 CanTS 1948:30 (E, F)

2187. September 14
 General Agreement on Tariffs and Trade: 2nd rectification
 UNTS 62:74 (E, F)
 BFSP 151:543 (E)
 TIAS 1888, Stat 62(3):3671 (E, F)
 Cmd 7544 (1948) (E)
 CanTS 1948:30 (E, F)

1948 (cont.)

2188. September 14
 General Agreement on Tariffs and Trade: accession of signatories of final act
 UNTS 62:68 (E, F)
 BFSP 151:545 (E)
 TIAS 1887, Stat 62(3):3663 (E, F)
 Cmd 7544 (1948) (E)
 CanTS 1948:30 (E, F)

2189. September 15
 European Broadcasting Union
 BFSP 151:551 (E)
 GBTS 1950:30, Cmd 7946 (E, F, R)
 Belorusskaia SSR v mezhd. otnosheniiakh (1960) p. 491 (R)
 Ukrainska SSR v. mizhn. vidnos (1959) p. 281 (Ukr)
 Sbornik dog SSSR 14:326 (R)

2190. September 17
 European regional convention for the Maritime Mobile Radio Service
 UNTS 97:31 (E, F)
 BFSP 151:562 (E)
 GBTS 1950:29, Cmd 7947 (E, F, R)

2191. September 24
 Plant disease
 RO (Ecuador) 850, 28 June 1951 (Sp)

2192. October 8
 Lend lease: use of funds
 UNTS 19:113 (E, F)

2193. October 16
 Intra-European payments and compensation
 BFSP 151:569, 586 (E)
 Cmd 7546, Misc 1948:8 (E)

2194. October 19
 S.S. Marechal Joffre claims (United States, France, Australia)
 UNTS 84:201 (E, F)
 Stat 62:2841, TIAS 1816 (E, F)

2195. November 11
 Constitution of Europe: Union of European Federalists (draft)
 Siegler. Dokumentation der europäischen Integration (1961) p. 24 (G)

2196. November 18
 Unification of screw threads
 CanTS 1948:21 (E, F)

1948 (cont.)

2197. November 19
Narcotics
UNTS 44:277 (E, F, Ch, R, Sp)
BFSP 151:593 (E)
Stat 61:2230; UST 2:1629 (E, F, Sp, R, Ch)
GBTS 1950:4, Cmd 7874 (E, Y)
CanTS 1948:34 (E, F)
Vert BRD 13:432 (E, F, G)
OFS 1950:73 (E, F, Nor)
Salvador. Tratados 6:721 (Sp)
Sbornik dog SSSR 14:350 (R)

2198. November 27
African Postal Union
BFSP 152:18 (E)
SATS 1948:25 (E, Dut)
African Postal Union Conference. Cape Town, 1948. African Postal Union Agreement (1949) p. 3 (E, F, Port)

2199. November 27
African Telecommunications Union
BFSP 152:27 (E)
SATS 1948:24 (E, Dut)

2200. November 29
Indo-Pacific Fisheries Council
UNTS 120:59 (E, F)
BFSP 151:230 (E)
TIAS 1895, Stat 62(3):3711 (E)
GBTS 1949:73, Cmd 7845 (E, F)
Trb 1952:112 (E, Dut); 1963:76 (E)
Indo-Pacific Fisheries Council. Agreement, rules of procedure and terms of reference of the technical committees (1955) p. 1 (E, F)

2201. November 29
International Rice Commission
UNTS 120:13 (E, F)
BFSP 151:588 (E)
GBTS 1950:75, Cmd 8118 (E)
GBTS 1960:17, Cmd 997 (E)
Trb 1957:200 (E, F, Dut); 1963:107 (E, F)

2202. December 3
White slave traffic
BFSP 154:504 (E)

2203. December 9
Economic statistics
UNTS 20:229 (E, F, Ch, R, Sp)
UNTS 73:39 (E, F)
BFSP 151:599 (E)
GBTS 1951:89, Cmd 8371 (E, F, Ch, R, Sp)
CanTS 1948:23 (E, F)
Israel TS 241 (E, F, Heb)
OFS 1950:90 (E, F, Nor)

1948 (cont.)

2204. December 9
Genocide
UNTS 78:277 (E, F)
BFSP 151:682 (E)
Belorusskaia SSR v mezhd. otnosheniiakh (1960) p. 240 (R)
CanTS 1949:27 (E, F)
Vert BRD 6:110 (E, F, G)
Salvador. Tratados 4:61 (Sp)
Ukrainska SSR v. mizhn. vidnos (1959) p. 225 (Ukr)
Krigens Rett (1962) p. 67 (E, Nor)

AJIL supp 45:7 (E)
Rivista di Studi Politici Internazionali 1949:107 (It)
Andriukhin. Genotsid (1961) p. 122 (R)

2205. December 10
Universal Declaration of Human Rights
BFSP 151:604 (E)
Cmd 7662, UN 1949:2 (E)
Vert BRD 2:430 (E, F, G)
AJIL supp 43:127 (E)
Barrera. Cursillo de derecho internacional publico (1961) p. 134 (Sp)
Björnberg. FN (1961) p. 160 (Swe)
Cranston. What are human rights? (1962) p. 93 (E)
Ermacora. Handbuch der Grundfreiheiten und der Menschenrechte (1963) p. 607 (G)

Ferrero Rebagliati. Derecho constitucional (1963) p. 249 (Sp)
Gonzalez. Textos internacionales del Peru (1962) p. 379 (Sp)
Kenworthy. Telling the U.N. story (1963) p. 143 (E)
PAU. Codification Division. Direitos humanos nos estados Americanos (1961) p. 146 (Port)
U.N. Department of Public Information. The universal declaration of human rights (1963) p. 1 (E)
U.N. Charter. Die Charter der Vereinten Nationen (1963) p. 67 (G)

Björnberg. FN (1963) p. 189 (Swe)
World Federation of U.N. Associations. Universal Declaration of Human Rights (1961) p. 37 (E)
Bache og Heggemsnes. Traktatsamling (1963) p. 56 (E)
Reuter. Traités et documents diplomatiques (1963) p. 124 (F)
Schwelb. Human rights and the international community (1964) p. 81 (E)

1949

2206. January 25
International Commission for the Scientific Investigation of Tuna
TIAS 2094 (E, F)
AJIL supp 45:51 (E)

131

1949 (cont.)

2207. February 3
       German assets
       CanTS 1951:8 (E, F)

2208. February 8
       Northwest Atlantic Fisheries
       UNTS 157:157 (E, F)
       BFSP 154:411 (E)
       TIAS 2089, UST 1:477 (E)
       GBTS 1950:62, Cmd 8071 (E)
       CanTS 1950:10 (E, F)
       Vert BRD 11:184 (E, G)
       OFS 1953:449 (E, Nor)
       Sbornik dog. SSSR 20:519 (R)
       AJIL supp 45:40 (E)

2209. February 12
       Tariff (Benelux, Switzerland)
       UNTS 189:33 (E, F)
       BFSP 155:97 (F)

2210. February 22
       Permanent control of outbreak areas
         of Red Locust
       UNTS 93:129 (E, F)
       BFSP 154:423 (E)
       GBTS 1949:53, Cmd 7783 (E, F)

2211. February 28
       European movement
       Instituciones y textos europeos (1960)
         p. 303 (Sp)

2212. February 28
       North Atlantic Weather Stations
       UNTS 29:53 (E, F)
       BFSP 154:428 (E)
       GBTS 1949:29, Cmd 7688 (E)

2213. March 8
       Commercial (Norway, Belgium, Luxemburg)
       UNTS 29:83 (E, F)

2214. March 18
       Rules of procedure of Economic and
         Social Council: United Nations
       UN Doc E/33/Rev 5 (E)
       Hudson 9:411 (E, F)

2215. March 21
       Tea
       U.N. Review of International Commodity
         Agreements 1949:54 (E)

2216. March 23
       Wheat
       UNTS 203:179 (E, F)
       BFSP 154:446 (E)
       TIAS 1957, Stat 63(2):2173 (E, F)
       GBTS 1949:65, Cmd 7819 (E, F, Sp)
       CanTS 1949:10 (E, F)
       Vert BRD 3:2 (E, F, G)
       OFS 1952:715 (E, Nor)

1949 (cont.)

2217. March 28
       Six-power communiqué on boundary
         changes in West Germany
       Europa-Archiv 4:2028 (G)
       Deuerlein. Die Einheit Deutschlands (1961)
         p. 470 (G)

2218. March 31
       Intra-European Payments Union
       BFSP 154:476 (E)
       Cmd 7693, Misc 1949:8 (E)

2219. March 31
       German reparations: industrial
         plants in Germany
       UNTS 122:57 (E, F)
       TIAS 2142, Stat 63(3):2901 (E, F)

2220. April 4
       Modifying the Brussels Pact
       Vert BRD 8:2 (E, F, G)

2221. April 4
       North Atlantic Treaty Organization
       UNTS 34:243 (E, F)
       BFSP 154:479 (E)
       TIAS 1964, Stat 63(2):2242 (E, F)
       Cmd 7657, Misc 1949:3 (E)
       GBTS 1949:56, Cmd 7789 (E, F)
       CanTS 1949:7 (E, F)
       BG Bl (Ger) 1955, II, p. 289 (E, F, G)
       Vert BRD 8:74 (E, F, G)
       OFS 1950:117 (E, F, Nor)
       Krigens- Rett (1962) p. 319 (E, Nor)

       AJIL supp 43:159 (E)
       Relazioni Internationali 26(47 supp):69 (It)
       Anchieri. La Diplomazia Contemporanea
         (1959) p. 223 (It)
       Instituciones y textos europeos (1960) p.
         49 (Sp)
       Lawson. International Regional Organizations (1962) p. 3 (E)
       Münch. Internationale Organisationen
         (1962) p. 117 (G)
       Sanson-Terán. Universalismo y Regionalismo en la Sociedad Interestatal Contemporánea (1960) p. 263 (Sp)
       Siegler. Dokumentation zur Deutschfrage (1961) 3:17 (G)
       Skubiszewski. Materialy do cwiczen z
         prawa miedz. pub. (1961) 2:84 (Pol)
       Stein and Hay. Documents (1963) p. 164
         (E)
       Southeast Asia Treaty Organization. Collective security: shield of freedom (1959)
         p. 107 (E)
       U.S. Administrative law. Legislation on
         foreign relations (1963) p. 600 (E)
       Great Britain. Information Service.
         Western cooperation (1953) p. 68 (E)

1949 (cont.)

2221 cont. Reuter. Traités et documents diplomatiques (1963) p. 169 (F)
Instituto Inter-Americano de Estudios Juridicos Internacionales. Organizaciones Internacionales no Americanas (1964) p. 543 (Sp)

2222. April 8
Agreements on Germany: tri-zonal fusion of Germany
UNTS 140:196 (E, F)
BFSP 155:492 (E)
TIAS 2066, Stat 63(3):2817 (E, F)
Cmd 7677, Germany 1949:1 (E)
Anchieri. La Diplomazia Contemporanea (1959) p. 270 (It)

2223. April 10
High frequency broadcasting
International Organizations 3:720 (E)

2224. April 14
Limited industries in occupied Germany
UNTS 141:281 (E, F)
BFSP 155:495 (E)
TIAS 2250, UST 2:962 (E, F)
DSB 20:526 (E)

2225. April 14
Wheat
RO (Ecuador) 342, 19 October 1949 (Sp)

2226. April 28
International Authority for the Ruhr
UNTS 83:105 (E, F)
BFSP 154:483 (E)
GBTS 1949:28, Cmd 7685 (E, F)
Trb 1951:2 (E, F)
AJIL supp 43:140 (E)
DSB 20:592 (E)
Siegler. Dokumentation zur Deutschlandfrage (1961) 3:28 (G)

2227. April 28
Pacific settlement of disputes
UNTS 71:101 (E, F)
Mon (Belg) 10 May, 1950 (F, Dut)
Pasin (Lux) 33:106 (F)
OFS 1952:766 (E, Nor)
Reuter. Traités et documents diplomatiques (1963) p. 147 (F)

2228. May 4
Obscene publications
UNTS 30:3, 47:159 (E, F, Ch, R, Sp)
BFSP 154:499 (E)
TIAS 2164, UST 1:849 (E, F, R, Sp, Ch)
GBTS 1951:13, Cmd 8152 (E, F, R, Sp, Ch)
CanTS 1951:34 (E, F)
Trb 1951:37 (F)
OFS 1950:333 (E, Nor)
Sbornik dog SSSR 14:211 (R)

1949 (cont.)

2229. May 4
White slave traffic
UNTS 30:23 (Ch, E, F, R, Sp)
BFSP 154:504 (E)
TIAS 2332, UST 2:1997 (E, R, Sp, Ch, R)
GBTS 1953:85, Cmd 9042 (E)
CanTS 1951:32 (E, F)
OFS 1950:339 (E, Nor)

2230. May 4
Removal of restrictions between Berlin and the east and west zones
UNTS 138:123 (E, F, R)
TIAS 1915, Stat 63(3):2410 (E, F, R)
Europa-Archiv 4:2146 (G)
Deuerlein. Die Einheit Deutschlands (1961) p. 471 (G)

2231. May 5
Council of Europe: statute
UNTS 87:103 (E, F)
BFSP 154:509 (E)
EurTS 1 (E, F)
Cmd 7686, Misc 1949:7 (E, F)
Cmd 7720, Misc 1949:10 (E, F)
GBTS 1949:51, Cmd 7778 (E, F)
BG Bl (Ger) 1950:263 (G)
Vert BRD 1:198 (E, F, G)
OFS 1952:788 (E, F, Nor)
AS (Switz) 1963:772 (G)
RO (Switz) 1963:768 (F)
AJIL supp 43:162 (E)
European Yearbook (1955) 1:274 (E, F)
Anchieri. La Diplomazia Contemporanea (1959) p. 203 (It)
Instituciones y textos europeos (1960) p. 33 (Sp)
Lawson. International Regional Organizations (1962) p. 22 (E)
Sanson-Téran. Universalismo y Regionalismo en la Sociedad Interstatal Contemporánea (1960) p. 269 (Sp)
Siegler. Dokumentation der europäischen Integration (1961) p. 32 (G)
Bache og Heggemsnes. Traktatsamling (1963) p. 66 (E)
Reuter. Traités et documents diplomatiques (1963) p. 179 (F)
Instituto Inter-Americano de Estudios Juridicos Internacionales. Organizaciones Internacionales no Americanas (1964) p. 401 (Sp)

2232. May 12
North Atlantic Ocean Weather Stations
UNTS 101:91 (E, F, Sp)
BFSP 154:523 (E)
ICAO Doc ICAO 1100 (E)
TIAS 2053, UST 1:356 (E, F, Sp)
Cmd 7818 (1949) (E)
GBTS 1951:69, Cmd 8334 (E, F, Sp)
CanTS 1949:12 (E, F)
Trb 1952:96 (E)
OFS 1952:1 (E, Nor)

2233-2248

1949 (cont.)

2233. May 12
Air navigation services in Greenland and Faroe Island
CanTS 1949:13 (E, F)

2234. May 14
West Berlin: occupation status
Siegler. Dokumentation zur Deutschlandfrage (1961) 1:858 (G)

2235. May 15
Privileges and immunities: Organization of American States
PAULTS 31 (E, F, Sp, Port)
PAUTS 22 (E, F, Sp, Port)
RO (Ecuador) 850, 28 June 1951 (Sp)
Pan American Union. Department of Legal Affairs. Documentos y notas sobre privilegios y inmunidades (1960) p. 24 (Sp)

2236. May 24
Customs (Benelux)
UNTS 123:270 (F, Dut)
Stbld K142 (Dut)

2237. May 26
German question: French, British, American proposals
Deuerlein. Die Einheit Deutschlands (1961) p. 472 (G)
Hohlfeld. Deutschland nach dem Zusammenbruch 1945 (1952) p. 382 (G)

2238. May 31
Inter-American Tropical Tuna Commission
TIAS 2044 (E, Sp)

2239. June
Code of fair treatment for foreign investments: International Chamber of Commerce draft
International Chamber of Commerce. Attracting foreign investment (1959) p. 9 (E)

2240. June 7
Whaling
UNTS 161:100, 104 (E, F)
BFSP 154:531, 533 (E)
TIAS 2092, UST 1:506 (E)
GBTS 1949:75, Cmd 7853 (E)
GBTS 1950:20, Cmd 7918 (E)

2241. June 16
Customs in touring, road vehicles and the international transportation of goods (Draft)
UNTS 45:149 (E, F)
BFSP 154:534 (E)
GBTS 1951:104, Cmd 8431 (E, F)
Vert BRD 1:40 (E, F, G)
Trb 1952:50 (F)

1949 (cont.)

2242. June 18
Vacation holidays with pay for seamen (ILO 91)
Stbld 1951:539 (E, F)
Trb 1951:29 (Dut)
OFS 1951:85 (E, Nor)
Singh. British Shipping Laws (1963) 8:960 (E)
Revista Mexicana del Trabajo (no. 11-12) 10:127 (Sp)

2243. June 18
Crew accomodation on ship (ILO 92)
UNTS 160:223 (E, F)
BFSP 154:596 (E)
Trb 1951:30 (Dut)
OFS 1951:101 (E, Nor)
Singh. British Shipping Laws (1963) 8:997 (E)
Revista Mexicana del Trabajo (no. 11-12) 10:134 (Sp)
CL (Costa Rica) 1960, 1:434 (Sp)

2244. June 18
Wages, hours of work on board ship and manning (ILO 93)
Singh. British Shipping Laws (1963) 8:931 (E)

2245. June 20
Allied High Commission for Germany: charter
UNTS 128:141 (E, F)
BFSP 154:613 (E)
TIAS 2225 (E, F)
Cmd 7727, Germany 1949:2 (E)
Archiv des Volkerrechts 2:223 (E)
DSB 21:25 (E)
Siegler. Dokumentation zur Deutschlandfrage (1961) 1:83 (G)

2246. June 24
Locusts (Central America)
DCA 7 Jan 1950 (Sp)

2247. June 29
Labor clause in public contracts (ILO 94)
UNTS 138:207 (E, F)
BFSP 154:622 (E)
Trb 1951:31 (Dut)
CL (Costa Rica) 1960, 1:444 (Sp)
JO (CAR) 1964:380 (F)

2248. June 30
Nomenclature of diseases
UNTS 66:38 (E, F)
TIAS 3482 (E, F)
Vert BRD 10:44 (E, F, G)

1949 (cont.)

2249. July 1
Protection of wages (ILO 95)
UNTS 138:225 (E, F)
BFSP 154:629 (E)
CL (Brazil) 1957(5):417 (Port)
RO (Ecuador) 675, 25 November 1954 (Sp)
Israel TS 316 (E, F, Heb)
Trb 1951:32 (Dut)
OFS 1951:132 (E, Nor)
Derecho Positivo 6:544 (Sp)
CL (Costa Rica) 1960, 1:449 (Sp)

2250. July 1
Fee charging employment agencies (ILO 96)
UNTS 96:237 (E, F)
BFSP 157:438 (E)
Vert BRD 5:444 (E, F, G)
Trb 1951:33 (Dut)
OFS 1951:147 (E, Nor)
CL (Costa Rica) 1960, 1:454 (Sp)

2251. July 1
Migration for employment (ILO 97)
UNTS 120:71 (E, F)
BFSP 154:638 (E)
Vert BRD 14:54 (E, F, G)
Trb 1951:34 (Dut)
OFS 1955:1001 (E, Nor)

2252. July 1
Right to organize (ILO 98)
UNTS 96:257 (E, F)
BFSP 154:653 (E)
Belorusskaia SSR v mezhd. otnosheniiakh (1960) p. 409 (R)
Vert BRD 10:262 (E, F, G)
Weekly Gaz (Iraq) 1963:310 (E)
Israel TS 277 (E, F, Heb)
OFS 1955:1033 (E, Nor)
Sbornik dog. SSSR 19:292 (R)
Ukrainska SSR v mizhn. vidnos (1959) p. 507 (Ukr)
Diritto Internazionale 14, II p. 13 (F)
CL (Rum) no. 4, 1958:90 (Rum)
CL (Costa Rica) 1960, 1:459 (Sp)
JO (CAR) 1964:383 (F)

2253. July 6
Restitution to Poland: reparations
BFSP 154:245 (E)
TIAS 1970, Stat 63(3):2677 (E, F)
GBTS 1949:44, Cmd 7749 (E, F)

2254. July 9
Inter-American radio (Pan American Union)
UNTS 168:143 (E, F, Sp, Port)
TIAS 2489, UST 3:3064 (E, F, Port, Sp)

1949 (cont.)

2255. July 15
Circulation of audio-visual materials
UNTS 197:3 (E, F)
Can TS 1954:4 (E, F)
Trb 1952:41 (E, F); 1953:116 (Dut)
OFS 1950:418 (E, Nor)

2256. July 20
Israel-Arab armistice negotiations (Lausanne protocol)
Khalil. The Arab states and the Arab League 2:607 (E)
Tannous. Tension and peace in the Middle East p. 30 (E)

2257. August 5
Regulation of payments (Germany)
UNTS 88:229 (E, F)
BFSP 154:659 (E)
GBTS 1949:71, Cmd 7824 (E, F)

2258. August 5
Telegraph regulations
TIAS 2175, UST 2:17 (E, F)
Salvador. Tratados 4:477 (Sp)

2259. August 12
Telecommunications (United States-Commonwealth)
UNTS 87:131 (E, F)
BFSP 154:665 (E)
TIAS 2435, UST 3:2686 (E)
GBTS 1950:37 Cmd 7994 (E)
Can TS 1950:2 (E, F)
NZTS 1953:9 (E)

2260. August 12
Prisoners of war
UNTS 75:135 (E)
BFSP 157:284 (E)
TIAS 3364, UST 6:3316 (E, F)
GBTS 1958:39, Cmd 550 (E, F)
CL (Brazil) 1957(6):532 (Port)
RO (Ecuador) 675, 25 November 1954 (Sp)
JO (Fr) 1952:2617 (F)
Vert BRD 5:114 (E, F, G)
Trb 1951:74 (Dut)
OFS 1952:223, 545 (E, F, Nor)

NZTS 1963:3 (E)
Salvador. Tratados 4:609 (Sp)
Belorusskaia SSR v mezhd. otnosheniiakh (1960) p. 896 (R)
Ukrainska SSR v mizhn. vidnos. (1959) p. 614 (Ukr)
Krigens-Rett (1962) p. 73 (E, Nor)
Brandão. Direito Internacional Maritimo (1963) p. 341 (Port)
Mingorani. Prisoners of war (1963) p. 231 (E)
AJIL supp 47:119 (E)
Ire TS 1963:1 (E)

Australia TS 1958:21 (E)

1949 (cont.)

2261. August 12
Protection of civilians in time of war
UNTS 75:287 (E, F)
BFSP 157:355 (E)
TIAS 3365, UST 6:3516 (E, F)
GBTS 1958:39, Cmd 550 (E, F)
CL (Brazil) 1957(6):569 (Port)
RO (Ecuador) 675, 25 November 1954 (Sp)
JO (Fr) 1952:2617 (F)
Vert BRD 5:292 (E, F, G)
IreTS 1963:1 (E)
Trb 1951:75 (Dut)

NZTS 1963:3 (E)
OFS 1952:365, 616 (E, F, Nor)
Salvador. Tratados 4:692 (Sp)
Ukrainska SSR v mizhn. vidnos. (1959) p. 685 (Ukr)
Belorusskaia SSR v mezhd. otnosheniiakh (1960) p. 976 (R)
Krigens-Rett (1962) p. 73 (E, Nor)
AJIL 50:724 (E)
Red Cross. International Committee, Geneva. Course of five lessons on the Geneva Conventions, p. 99 (E)
Australia TS 1958:21 (E)

2262. August 12
Wounded and sick: war
UNTS 75:3, 31 (E, F)
BFSP 157:234 (E)
TIAS 3362, UST 6:3114 (E, F)
Cmd 8033, Misc 1950:4 (E)
GBTS 1958:39, Cmd 550 (E, F)
CL (Brazil) 1957(6):507 (Port)
RO (Ecuador) 675, 25 November 1954 (Sp)
JO (Fr) 1952:2617 (F)
Vert BRD 5:2 (E, F, G)
IreTS 1963:1 (E)
Trb 1951:72 (Dut)

NZTS 1963:3 (E)
OFS 1952:135, 500 (E, F, Nor)
Salvador. Tradados 4:553 (Sp)
Ukrainska SSR v mizhn. vidnos (1959) p. 567 (Ukr)
Belorusskaia SSR v mezhd. otnosheniiakh (1960) p. 843 (R)
Krigens-Rett (1962) p. 73 (E, Nor)
Australia TS 1958:21 (E)

2263. August 12
Wounded and sick: naval war
UNTS 75:85 (E, F)
BFSP 157:262 (E)
TIAS 3363, UST 6:3217 (E, F)
GBTS 1958:39, Cmd 550 (E, F)
CL (Brazil) 1957(6):521 (Port)
RO (Ecuador) 675, 25 November 1954 (Sp)
JO (Fr) 1952:2617 (F)
Vert BRD 5:64 (E, F, G)
IreTS 1963:1 (E)
Trb 1951:73 (Dut)
NZTS 1963:3 (E)

1949 (cont.)

OFS 1952:184, 525 (E, F, Nor)
Salvador. Tratados 4:584 (Sp)
Ukrainska SSR v mizhn. vidnos (1959) p. 593 (Ukr)
Belorusskaia SSR v mezhd. otnosheniiakh (1960) p. 872 (R)
Krigens-Rett (1962) p. 73 (E, Nor)
Red Cross. International Committee, Geneva. The Geneva Conventions of 12 April 1949 (1960) p. 290 (E)
Brandão. Direito internacional maritimo (1963) p. 325)Port)
Australia TS 1958:21 (E)

2264. August 13
Most-favored-nation treatment for areas of Western Germany
UNTS 42:356 (E, F)
BFSP 154:677 (E)
TIAS 2047, Stat 63(3):2795 (E, F)
GBTS 1950:7, Cmd 7876 (E, F)

2265. August 13
General Agreement on Tariffs and Trade: art. XXVI
UNTS 62:113 (E, F)
BFSP 154:673 (E)
TIAS 2300, UST 2:1583 (E, F)

2266. August 13
General Agreement on Tariffs and Trade: modifications (1st)
UNTS 138:381 (E, F)
TIAS 2745, UST 3:5368 (E, F)
Trb 1951:43 (E, F, Dut);1954:141 (E)

2267. August 13
General Agreement on Tariffs and Trade: rectifications (3d)
UNTS 107:311 (E, F)
TIAS 2393, UST 3:57 (E, F)
Trb 1951:55 (E, F, Dut)

2268. August 13
General Agreement on Tariffs and Trade: schedule I
UNTS 107:83 (E, F)
TIAS 2394, UST 3:123 (E, F)
Trb 1954:138 (E)

2269. August 13
General Agreement on Tariffs and Trade: schedule VI
UNTS 138:346 (E, F)
TIAS 2746, UST 3:5383 (E, F)
Trb 1954:139 (E)

2270. August 27
Mutual payment of old age pensions (Scandinavia)
UNTS 47:127 (Nor, Dan, Fin, Ic, Swe)
OFS 1950:381 (Nor)

1949 (cont.)

2271. August 31
Sugar
GBTS 1949:68, Cmd 7817 (E)
BFSP 154:679 (E)
TIAS 2114, UST 1:625 (E)

2272. September 2
Seat of Council of Europe
BFSP 155:487 (E)
EurTS 3 (E, F)

2273. September 2
Privileges and immunities (Europe)
UNTS 250:12 (E, F)
BFSP 154:681 (E)
EurTS 2 (E, F)
GBTS 1953:34, Cmd 8852 (E, F)
Vert BRD 6:2 (E, F, G)
Trb 1951:19 (E, F, Dut)
OFS 1955:844 (E, F, Nor)
European Yearbook (1955) 1:298 (E, F)

2274. September 7
Intra-European Payments Union
BFSP 156:833 (E)
Cmd 7812, Misc. 1949:13 (E)

2275. September 15
Air service Australia-New Zealand (Australia, New Zealand, United Kingdom)
UNTS 53:235 (E, F)

2276. September 19
Load lines
TIAS 4550, UST 11:1992 (E)

2277. September 19
Road and motor transport: final act
UNTS 125:3 (E, F)
DO (Guatemala) 1962:105 (Sp)
Trb 1951:81 (E, F)

2278. September 19
Road signs
UNTS 182:228 (E, F)
JO (Fr) 1955:1898 (F)
DO (Guatemala) 1962:112 (Sp)
Trb 1962:134 (E, F), 1963:10 (Dut)

2279. September 19
Road traffic
UNTS 125:22, 94 (E, F)
BFSP 157:447 (E)
TIAS 2487, UST 3:3008 (E, F)
GBTS 1958:49, Cmd 578 (E, F)
DO (Guatemala) 1962:105 (Sp)
Trb 1951:81 (E, Dut)
NZTS 1951:1 (E)
OFS 1957:489 (E, Nor)

1949 (cont.)

2280. September 24
York-Antwerp rules
Russia. Treaties. Sbornik mezhd. Konventsii (1959) p. 191 (R)
Singh. British Shipping Laws (1963) 8:1105 (E)
Wildiers. Le connaissement maritime (1961) p. 169 (F)

2281. September 24
General Fisheries Council for the Mediterranean
UNTS 126:237 (E, F)
BFSP 154:694 (E)
Cmd 8011, Misc 1950:12 (E, F)
GBTS 1952:15, Cmd 8508 (E, F)

2282. September 27
Recognition of de facto governments (draft)
Inter-American Juridical Committee. Recomendaciones e informes, 1949-1953, p. 147 (Sp)

2283. October 10
General Agreement on Tariffs and Trade: terms of accession (Annecy)
UNTS 62:121 (E, F)
BFSP 154:700 (E)
TIAS 2100, Stat 64(3):B139 (E, F)
Trb 1951:63 (E, F, Dut)
OFS 1957:341 (E, Nor)
Liebich. Das GATT (1961) p. 115 (G)

2284. October 15
Plan for economic union (Benelux)
BFSP 155:90 (F)
Mon (Belgium) 15 June 1952 (F, Dut)

2285. October 21
Rhine River: customs
RO (Switz) 1950:742 (F)

2286. October 27
Pacific air services
UNTS 53:241 (E, F)
BFSP 154:19 (E)
ICAO Doc 6931, LGB/27, 7 December 1949 (E)

2287. November 7
Co-ordination of social security schemes
UNTS 132:31 (E, F)
BFSP 154:706 (E)
Cmd 7911, Misc 1950:3 (E, F)
Cmd 7973, Misc 1950:6 (E, F)
GBTS 1951:30, Cmd 8218 (E, F)
JO (Fr) 1951:4622, 5163 (F)
Revue Critique de Droit International Privé 40:363 (F)

2288-2305

1949 (cont.)

2288. November 7
   Social and medical assistance
   UNTS 132:3 (E, F)
   BFSP 154:713 (E)
   GBTS 1951:33, Cmd 8226 (E, F)
   JO (Fr) 1951:4540 (F)
   Revue Critique de Droit International Privé
   40:328 (F)

2289. November 22
   Incorporation of Germany into western
   community of nations
   UNTS 185:307 (E, F, G)
   BFSP 156:584 (E)
   TIAS 2439, UST 3:2714 (E, F, G)
   Siegler. Dokumentation zur Deutschland-
   frage (1961) 1:92 (G)

2290. December 2
   Exploitation of prostitution of others
   JO (Fr) 1960:10619 (F)

2291. December 16
   International Union for the Publication
   of Custom Tariffs
   UNTS 72:3 (E, F)
   BFSP 155:716 (E)
   TIAS 3922, UST 8:1669 (E, F)
   GBTS 1950:59, Cmd 8050 (E, F)
   CanTS 1950:12 (E, F)
   Trb 1951:80 (F, Dut)
   OFS 1953:15 (F, Nor)

2292. December 21
   Military forces: Brussels Treaty
   Cmd 7868, Misc 1950:1 (E)
   DSB 22:449 (E)

2293. December 28
   Establishment of an international
   authority for the Ruhr (draft)
   Cmd 7685 (1949) (E)
   Ruhm von Oppen. Documents on Ger-
   many under occupation 1945-1954
   p. 446 (E)

2294. December 29
   Exchange of audio-visual materials
   Salvador. Tratados 4:515 (Sp)

1950

2295.
   Asylum: Institute of International Law
   (draft)
   Viera. Derecho de Asilo Diplomatico (1961)
   p. 492 (Sp)

1950 (cont.)

2296. January 28
   General Agreement on Tariffs and
   Trade: Ceylon agreement
   UNTS 64:439 (E, F)

2297. February 18
   Benelux: excise taxes
   UNTS 123:45 (F, Dut)
   Benelux Economic Union. Textes de base
   (F, Dut)
   Benelux Economic Union. Benelux econo-
   mische unie (1961) p. 119 (Dut)

2298. March 11
   International transport of goods by con-
   tainers
   UNTS 65:318 (E, F)

2299. March 18
   Privileges and immunities (Europe)
   UNTS 250:12 (E, F)
   EurTS 4 (E, F)

2300. March 21
   Prostitution and traffic in persons
   UNTS 96:271 (E, F)
   BFSP 157:482 (E)
   OFS 1953:356 (E, Nor)
   Ukrainska SSR v mizhn. vidnos (1959)
   p. 204 (Ukr)
   Belorusskaiia SSR v mezhd. otnosheniiakh
   (1960) p. 217 (R)

2301. April 3
   General Agreement on Tariffs and
   Trade: rectifications (4th)
   UNTS 138:398 (E, F)
   TIAS 2747, UST 3:5399 (E, F)
   Trb 1951:56 (E, F, Dut)

2302. April 6
   Declaration of death of missing
   persons
   UNTS 119:99 (Ch, E, F, Sp, R)
   Vert BRD 9:18 (E, F, G)

2303. April 8
   Committee on Polluted Waters
   UNTS 66:285 (E, F)

2304. April 8
   Explosives for civilian use
   UNTS 68:99 (E, F)

2305. April 13
   League of Arab States: defense and
   economic cooperation
   BFSP 157:669 (E)
   LASTS (195-) p. 10 (E)
   AJIL supp 49:51 (E)
   Archiv des Völkerrechts 4:89 (F)
   Europa-Archiv 8:5564 (G)
   International Conciliation 498:447 (E)
   Middle East J 6:238 (E)
   Revue de Droit International pour le Moyen-
   Orient 1952-53:166 (F)

1950 (cont.)

2305 cont. Anchieri. La Diplomazia Contemporanea
(1959) p. 225 (It)
Colliard. Actualité internationale et dip-
lomatique 1950-56 2:119 (F)
Khalil. The Arab states and the Arab League
2:101 (E)
Lawson. International regional organizations
(1962) p. 235 (E)
Münch. Internationale Organisationen (1962)
p. 137 (G)
Reuter. Traités et documents diploma-
tiques (1963) p. 425 (F)

2306. April 17
Frontier workers: Western European
Union
UNTS 131:99 (E, F, Dut)
BFSP 156:873 (E)
Cmd 7971, Misc 1950:7 (E, F)
GBTS 1952:24, Cmd 8540 (E, F, Dut)
JO (Fr) 1953:5711 (F)
BG Bl (Ger) 1960, II, p. 440 (E, F, G)
Vert BRD 17:127 (E, F, G)

2307. April 17
Student workers: Western European
Union
UNTS 126:285 (E, F)
BFSP 156:868 (E)
GBTS 1952:8, Cmd 8478 (E, F)
European Yearbook (1958) 4:284 (E, F)
BG Bl (Ger) 1960, II, p. 445 (E, F, G)
Vert BRD 17:137 (E, F, G)

2308. April 17
Social and medical assistance
UNTS 132:12 (E, F)
BFSP 156:859 (E)
Cmd 7973, Misc 1950:6 (E)
GBTS 1951:33, Cmd 8226 (E, F)
Trb 1951:21 (E, F, Dut)

2309. April 22
Intra-European Payments Union
BFSP 156:878 (E)
Cmd 8010, Misc 1950:11 (E)

2310. May 10
German assets
CanTS 1951:8 (E, F)

2311. May 13
Transport of goods by rail
UNTS 128:171 (E, F)
Trb 1951:18 (F, Dut)
OFS 1952:65 (F, Nor)

2312. May 31
North Atlantic Ice Patrol
TIAS 2507, UST 3:3771 (E)

2313. May 31
Exchange of commodities (Denmark, Netherlands, Indonesia)
UNTS 74:95 (E, F)

1950 (cont.)

2314. June 14
Technical assistance: United Nations
CanTS 1950:19 (E, F)

2315. June 28
6 million pound loan to Burma
UNTS 87:153 (E, F)
BFSP 156:474 (E)
GBTS 1950:41, Cmd 8007 (E)

2316. June 28
Status of forces: western European
Union
Cmd 8057, Misc 1950:3 (E, F)

2317. July
Whaling
UNTS 161:108 (E, F)
GBTS 1952:63, Cmd 8706 (E)

2318. July 3
Customs (Benelux)
UNTS 137:284, 341 (E, F, Dut)
Stbld K623 (F, Dut)

2319. July 27
Rhine boatmen
JO (Fr) 1960:1656 (F)
ILO Bull 33:113 (F)

2320. July 27
Rhine boatmen: social security
UNTS 166:73 (E, F)
BFSP 157:560 (E)
JO (Fr) 1952:10428 (F)
Vert BRD 2:14 (F, G)
Stbld 1952:215 (F)
Trb 1953:76 (Dut)
ILO Bull 33:98 (E)

2321. August 31
Sugar
BFSP 156:881 (E)
TIAS 2525, UST 3:3921 (E)
TIAS 2526, UST 3:3926 (E)
GBTS 1950:68, Cmd 8086 (E)

2322. September
Council for Technical Cooperation
(Colombo Plan): constitution
BFSP 158:489 (E)
Cmd 8080 (1950) (E)
Lawson. International regional organiza-
tions (1962) p. 265 (E)
Sanson-Terán. Universalismo y Regiona-
lismo en la Sociedad Interestatal Contem-
poránea (1960) p. 294 (Sp)

2323. September 5
Circulation of audio-visual materials:
model certificate
UNTS 197:30 (E, F)

2324-2337

1950 (cont.)

2324. September 16
    Construction of main international traffic arteries
    UNTS 92:91 (E, F)
    GBTS 1952:12, Cmd 8490 (E, F)
    Trb 1954:123 (E, F, Dut)

2325. September 16
    Road and motor transport (Europe)
    UNTS 133:368 (E, F)
    UN Doc E/ECE/TRANS/228 (E, F)
    Trb 1963:95 (E, F)

2326. September 16
    Road and motor transport: dimensions and weight of vehicles (Europe)
    UNTS 189:366 (E, F)
    Trb 1954:125 (E, F, Dut)

2327. September 16
    Road signs and signals (Europe)
    UNTS 182:286 (E, F)
    Trb 1954:124 (E, F, Dut)

2328. September 19
    European Payments Union
    BFSP 156:883 (E)
    Cmd 8064, Misc 1950:14 (E)
    Vert BRD 1:114 (E, F, G)
    Trb 1951:36 (Dut); 1951:116 (E, F); 1953:40 (E, F)
    OFS 1955:293 (E, F, Nor)
    European Yearbook (1956) 2:362 (E, F)
    Journal du Droit International 77:966, 1038 (F)

2329. September 25
    International Commission on Civil Status
    Vert BRD 11:2 (F, G)
    Stbld K566 (F)
    Trb 1952:143 (F, Dut)
    European Yearbook (1956) 2:462 (E, F)

2330. October 5
    International Telecommunications Union: privileges and immunities
    Lovt C 1962:65 (E, Dan)

2331. October 18
    Protection of birds
    Mon (Belgium) Oct.30, 1955 (F, Dut)
    Trb 1954:197 (F, Dut)

2332. October 20
    General Agreement on Tariffs and Trade: Haiti agreement
    UNTS 81:346 (E, F)

1950 (cont.)

2333. October 20
    General Agreement on Tariffs and Trade: Indonesia agreement
    UNTS 81:362 (E, F)

2334. November 3
    United for peace: United Nations resolution
    Valk. La signification de l'intégration Européenne pour le développement du droit international moderne (1962) p. 123 (F)
    Bache og Heggemsnes. Traktatsamling (1963) p. 72 (E)
    Reuter. Traités et documents diplomatiques (1963) p. 118 (F)

2335. November 4
    Human rights (Europe)
    UNTS 213:221 (E, F)
    BFSP 156:915 (E)
    EurTS 5 (E, F)
    GBTS 1953:71, Cmd 8969 (E, F)
    BG Bl (Ger) 1952, II, p. 685, 953 (G)
    Trb 1951:154 (E, F, Dut)
    OFS 1954:51 (E, Nor)
    AJIL supp 45:24 (E)
    European Yearbook (1955) 1:316 (E, F)
    Council of Europe. Information Department The rights of the European citizen (1961) p. 63 (E)
    Council of Europe. Konvention zum Schutze der Menschenrechte und Grundfreiheiten (n.d.) p. 5 (G)
    Ferrero Rebagliati. Derecho constitucional (1963) p. 263 (Sp)
    Lawson. International regional organizations (1962) p. 41 (E)
    Milič. Evropski Savet (1960) p. 115 (Y)
    PAU Codification Division. Direitos humanos nos estados Americanos (1961) p. 180 (Port)

    Pardoz Perez. Derechos del Hombre en el Consejo de Europa (1960) p. 96 (Sp)
    Robertson. Human rights in Europe (1963) p. 179 (E)
    Weil. The European Convention on Human Rights (1963) p. 229 (E)
    Instituto Inter-Americano de Estudios Juridicas Internacionales. Organizaciones Internacionales no Americanas (1964) p. 415 (Sp)

2336. November 7
    Customs (Benelux)
    UNTS 137:302, 322 (E, F, Dut)
    Trb 1951:14 (F, Dut)

2337. November 9
    Postal Union of Americas and Spain
    TIAS 2286, UST 2:1323 (E, Sp)
    Salvador. Tratados 4:149 (Sp)
    CL (Costa Rica) 1960, 1:163 (Sp)

1950 (cont.)

2338. November 9
   Air mail: Spanish-American Postal Union
   Salvador. Tratados 4:175 (Sp)

2339. November 9
   Postal Union of Americas and Spain: postal money orders
   Salvador. Tratados 4:203 (Sp)
   CL (Costa Rica) 1960, 1:132 (Sp)

2340. November 9
   Parcel post: Spanish-American Postal Union
   Salvador. Tratados 4:189 (Sp)

2341. November 15
   North America broadcasting
   TIAS 4460, UST 11:413 (E, F, Sp)
   Cmd 8315, Misc. 1951:4 (E)

2342. November 22
   Imports of educational, scientific and cultural objects
   UNTS 131:25, 361 (E, F)
   UN Doc. UNESCO/214 (E, F)
   BFSP 156:933 (E)
   GBTS 1954:42, Cmd 9185 (E, F)
   Cmd 8171, UN 1951:1 (E, F)
   JO (Fr) 1953:9747 (F)
   Vert BRD 11:208 (E, F, G)
   NZTS 1962:8 (E)
   Trb 1952:42 (E, F); 1953:117 (Dut)

   OFS 1959:538 (E, Nor)
   Salvador. Tratados 4:779 (Sp)
   Bolletteno dell'Ufficio della Proprietà Letteraria, Artistica e Scientifica 1961:518 (Sp)

2343. November 29
   German owned patents in Italy
   UNTS 88:221 (E, F, It)
   BFSP 156:944 (E)
   TIAS 2204, UST 2:553 (E, F, It)
   GBTS 1951:14, Cmd 8156 (E, F, It)
   Can TS 1953:5 (E, F)
   OFS 1956:115 (E, F, Nor)

2344. December 2
   Somaliland trusteeship
   UNTS 118:255 (E, F)
   Rivista di Studi Politici Internazionali 1951:149 (It)

2345. December 12
   International Criminal Court (draft)
   UN Doc A/AC.48/4, 5 September 1951 (E)
   AJIL supp 46:1 (E)

1950 (cont.)

2346. December 12
   United Nations Charter: art. 102; registration of treaties
   UNTS 76:xx (E, F)

2347. December 12
   Registration and publication of treaties:
   UNGA resolution 482(v)
   AJIL 57:264 (E)

2348. December 14
   United Nations High Commissioner for Refugees: statute
   Schätzel. Handbuch des internationalen Flüchtlingsrechts (1960) p. 340 (E)

2349. December 15
   Customs Cooperation Council
   UNTS 157:129 (E, F)
   BFSP 156:946 (E)
   GBTS 1954:50, Cmd 9232 (E, F)
   Cmd 8246, Misc. 1951:10 (E)
   Australia TS 1961:1 (E)
   Sop S 1961:5 (Fin, F)
   JO (Fr) 1952:11381 (F)
   Vert BRD 2:400 (E, F, G)
   Israel TS 370 (E, F, Heb)
   Trb 1951:120 (E, F); 1953:51 (Dut)

   OFS 1952:884 (E, F, Nor)
   PakTS 1955:29 (E)
   European Yearbook 2:473 (E, F)
   Revue Critique de Droit International Privé 41:773 (F)

2350. December 15
   European Customs Union Study Group
   UNTS 160:267 (E, F)
   BFSP 156:968 (E)
   GBTS 1954:51, Cmd 9231 (E, F)
   Cmd 8247, Misc. 1951:11 (E)
   Vert BRD 1:254 (E, F, G)
   Trb 1951:121 (E, F); 1953:52 (Dut)
   OFS 1952:934 (E, F, Nor)

2351. December 15
   A.T.A. carnet
   Trb 1962:81 (E, F)

2352. December 15
   Nomenclature of goods for classification in customs tariffs
   UNTS 347:127 (E, F)
   GBTS 1960:29, Cmd 1070 (E, F)
   Vert BRD 15:141 (E, F, G)
   Trb 1951:122 (E, F,); 1956:104 (Dut)
   OFS 1960:3 (E, Nor)
   Diritto Internazionale 14, II, p. 13 (F)
   European Yearbook (1957) 3:341 (E, F)
   SÖ 1958:77 (E, F, Swe)

2353. December 15
   Professional equipment: customs
   Trb 1962:80 (E, F)

2354-2369

1950 (cont.)

2354. December 15
    Valuation of goods for customs purposes
  UNTS 171:305 (E, F)
  BFSP 156:958 (E)
  GBTS 1954:49, Cmd 9233 (E, F)
  JO (Fr) 1953:10880 (F)
  Vert BRD 2:376 (E, F, G)
  Trb 1951:123 (E, F); 1953:53 (Dut)
  OFS 1963:238 (E, Nor)
  PakTS 1957:21 (E)
  SO 1960:21 (E, F, Swe)
  European Yearbook (1957) 3:341 (E, F)

2355. December 16
    General Agreement on Tariffs and Trade: rectifications (5th)
  UNTS 167:265 (E, F)
  TIAS 2764, UST 4:29 (E, F)
  Trb 1954:144 (E, F, Dut)

2356. December 21
    Rules of international transport
  OFS 1951:42 (Nor)

2357. December 21
    Neutrality (Nordic countries)
  UNTS 90:3 (Dan, Nor, Swe)

2358. December 23
    Mutual defense assistance in Indo-China
  UNTS 185:3 (E, F, V, Cam, Lao)
  BFSP 157:619 (E)
  TIAS 2447, UST 3:2756 (E, F, V, Cam, Lao)

1951

2359.
    Execution of arbitral awards: International Chamber of Commerce (draft)
  Briseño Sierra. El arbitreje en el derecho privado (1963) p. 351 (Sp)

2360. January 9
    Assistance to distressed persons (Nordic countries)
  UNTS 197:341 (Dan, Fin, Ic, Swe)
  OFS 1952:71 (Nor, Dan)

2361. January 24
    German assets
  CanTS 1951:8 (E, F)

1951 (cont.)

2362. February 7
    League of Arab States: defense and economic cooperation
  LASTS (195-) p. 18 (E)
  Middle East J 5:201 (E)
  Khalil. The Arab states and the Arab League 2:105 (E)

2363. March 6
    Allied High Commission for Germany: charter
  UNTS 128:141 (E, F)
  BFSP 158:494 (E)
  TIAS 2255, UST 2:1012 (E, F)
  Cmd 8251, Germany 1951:1 (E, F)

2364. March 6
    Occupation statute of Germany
  UNTS 141:400 (E, F)
  Cmd 8252, Germany 1951:2 (E)

2365. March 6
    Germany: external debt
  UNTS 106:141 (E, F, G)
  BFSP 158:262 (E)
  TIAS 2274, UST 2:1249 (E, F, G)
  GBTS 1951:86, Cmd 8368 (E, F, G)

2366. March 6
    Defense materials (Germany)
  TIAS 2305, UST 2:1615 (E)

2367. March 8
    West Berlin: occupation status
  Siegler. Dokumentation zur Deutschlandfrage (1961) 1:871 (G)

2368. April
    World Meteorological Organization: privileges and immunities
  Lovt C 1962:65 (E, Dan)

2369. April 3
    Limited industries in occupied Germany
  UNTS 141:303 (E, F)
  BFSP 158:807 (E)
  TIAS 2265, UST 2:1176 (E, F)
  GBTS 1951:47, Cmd 8272 (E, F)
  DSB 24:621 (E)

1951 (cont.)

2370. April 7
  4th meeting of consultation of ministers of foreign affairs
  CIA 2d supp p. 228 (Sp)
  ICAS 2d supp p. 291 (E)

2371. April 18
  European and Mediterranean Plant Protection Organization
  GBTS 1956:44, Cmd 9878 (E, F)
  Vert BRD 4:186 (E, F, G)
  Trb 1952:62 (E, F, Dut); 1957:201 (E, F, Du
  OFS 1957:12 (E, F, Nor)
  Sbornik dog. SSSR 19:313 (R)

2372. April 18
  Transitional provisions: European Coal and Steel Community
  UNTS 261:27 (E, F)
  European Yearbook (1956) 2:534 (E, F)
  European Coal and Steel Community. Ordinamento (1961) 1:215 (It)
  European Coal and Steel Community. Traité instituant la CECA (1960) p. 146 (F)
  Montan Union 16:K16(1) (F, G)

2373. April 18
  European Coal and Steel Community
  UNTS 261:140 (E, F)
  BFSP 158:630 (E)
  JO (Fr) 1952:8778 (F)
  BG Bl (Ger) 1952, II, p. 445 (G)
  Vert BRD 2:44 (F, G)
  Trb 1951:82 (F, Dut)
  AJIL supp 46:107 (E)
  European Yearbook (1955) 1:358 (E, F)
  Revue Critique de Droit International Privé 41:526 (F)

  European Coal and Steel Community. Traité instituant la CECA (1960) p. 8 (F)
  European Coal and Steel Community. Ordinamento (1961) 1:47 (It)
  Handbuch der Montan Union 16:K11(1) (F, G)
  Instituciones y textos europeos (1960) p. 55 (Sp)
  Lawson. International Regional Organizations (1962) p. 62 (E)
  Polledri. Prospettive di una legislazione Comunitaria europea (1958) p. 21 (It)
  Stein and Hay. Documents (1963) p. 24 (E)

  Reuter. Traités et documents diplomatiques (1963) p. 193 (F)

1951 (cont.)

2374. April 18
  Privileges and immunities: European Coal and Steel Community
  UNTS 261:238 (E, F)
  JO (Fr) 1952:8778 (F)
  Vert BRD 2:146 (F, G)
  European Yearbook (1955) 1:428 (E, F)
  Revue Critique de Droit International Privé 41:555 (F)
  European Coal and Steel Community. Traité instituant la CECA (1960) p. 107 (F)
  Handbuch der Montan Union 16:K12 (1) (F, G)

2375. April 18
  Code of the Court of Justice of the European Coal and Steel Community
  UNTS 261:246 (E, F)
  JO (Fr) 1952:8778 (F)
  Trb 1951:82 (F, Dut)
  Revue Critique de Droit International Privé 41:557 (F)
  European Coal and Steel Community. Ordinamento (1961) 1:197 (It)
  European Coal and Steel Community. Traité instituant la CECA (1960) p. 115 (F)

  Handbuch der Montan Union 16:K13(1) (F, G)
  Reepinghen. Procédure devant la Cour de Justice des Communautés Européennes (1961) p. 105 (F)
  European Community. Court of Justice. Recueil des textes (1963) p. 73 (F)

2376. April 18
  Member states' relations with Council of Europe: European Coal and Steel Community
  UNTS 261:269 (E, F)
  Vert BRD 2:174 (F, G)
  Trb 1951:82 (F, Dut)
  European Yearbook (1955) 1:450 (E, F)
  European Coal and Steel Community. Ordinamento (1961) 1:211 (It)
  European Coal and Steel Community. Traité instituant la CECA (1960) p. 135 (F)
  Montan Union 16:K14 (1) (F, G)

  Reuter. Traités et documents diplomatiques (1963) p. 232 (F)

2377. April 18
  Conference of ministers relating to Interim Commission: European Coal and Steel Community
  UNTS 261:318 (E, F)

1951 (cont.)

2378. April 21
General Agreement on Tariffs and Trade: accession of Germany, Austria, Korea, Peru, Philippines, and Turkey
UNTS 142:9 (E, F)

2379. April 21
General Agreement on Tariffs and Trade: application of schedules
UNTS 147:390 (E, F)
OFS 1957:367 (E, Nor)

2380. April 21
Tariff negotiations: final act; General Agreement on Tariffs and Trade
UNTS 142:1 (E, F)

2381. April 21
General Agreement on Tariffs and Trade: Torquay protocol
UNTS 142:34 (E, F)
UNTS 146:1 (E, F)
TIAS 2420, UST 3:588 (E), 1807 (F)
Cmd 8228 (1951) (E)
Trb 1954:145 (E, F, Dut)
OFS 1957:351 (E, Nor)
DSB 24:701 (E)
Liebich. Das GATT (1961) p. 121 (G)

2382. April 25
German reparations
UNTS 91:21 (E, F)
TIAS 2252 (E, F)
GBTS 1951:39, Cmd 8242 (E, F)
DSB 24:786 (E)

2383. May
International transport of goods by rail (Eastern Europe)
Europa-Recht (1955) 10:56 (G)

2384. May 11
Benelux: uniform law on private international law
Trb 1951:125 (F, Dut)
ICLQ 1:426 (E)

1951 (cont.)

2385. May 15
Council of Europe: statute amendment
BFSP 158:569 (E)
EurTS 6 (E, F)
GBTS 1951:53, Cmd 8293 (E, F)
GBTS 1955:24, Cmd 9527 (E, F)
Trb 1952:15 (E, F, Dut)
OFS 1952:830 (E, F, Nor)

2386. May 25
Sanitary regulation: World Health Organization 2
UNTS 175:215 (E, F)
TIAS 3625, UST 7:255, 2306, 2310 (E, F)
GBTS 1948:43, Cmd 7458 (E, F, Ch, R, Sp)
Cmd 8394, Misc 1951:6 (E)
GBTS 1962:22, Cmd 1704 (E)
Vert BRD 10:48 (E, F, G)
Trb 1952:145 (E, F)
Salvador. Tratados 5:181 (Sp)
Germany (FR) Maritime law. Das deutsche Seerecht (1964) 3:1500 (G)

2387. June 1
Protection of the name brand of cheeses
Trb 1952:61 (F, Dut)
OFS 1952:1028 (E, F, Nor)

2388. June 6
Scientific Council for Africa South of the Sahara (CSA): constitution
BFSP 161:297 (E)

2389. June 11
New South Pacific Health Service
UNTS 101:78 (E, F)

2390. June 15
Technical assistance for Libya
UNTS 148:67 (E, F)
GBTS 1951:55, Cmd 8298 (E, F)
BFSP 158:247 (E)

2391. June 16
Uniform rules of documentary credit
Zampella. Documenti mercantili e commercio internazionale (1962) p. 221 (F)

1951 (cont.)

2392. June 19
    North Atlantic Treaty Organization:
      status of forces
    UNTS 199:67 (E, F)
    BFSP 159:331 (E)
    TIAS 2846, UST 3:1792 (E, F)
    Cmd 8279, Misc 1951:5 (E)
    GBTS 1955:3, Cmd 9363 (E, F)
    CanTS 1953:13 (E, F)
    JO (Fr) 1952:9951, 1953:7455 (F)
    Trb 1951:114 (E, F, Dut)
    OFS 1954:79 (E, F, Nor)
    Krigens-Rett (1962) p. 323 (E, Nor)

    AJIL supp 48:83 (E)
    DSB 25:16 (E)
    Relazioni Internazionali 26 (47 supp):71 (It)
    Revue Critique de Droit International Privé 41:784 (F)

2393. June 20
    General Agreement on Tariffs and
      Trade: accession decisions
    UNTS 142:9 (E, F)

2394. June 21
    General Agreement on Tariffs and
      Trade: German trade and the status
      of Berlin
    Liebich. Das GATT (1961) p. 129 (G)

2395. June 28
    Minimum wage: agriculture (ILO 99)
    UNTS 172:159 (E, F)
    CL (Brazil) 1957(5):421 (Port)
    Vert BRD 4:80 (E, F, G)
    DO (Guatemala) 1961:41 (Sp)
    Trb 1952:44 (E, F, Dut)
    ILO Official Bull 34:1 (E)
    JO (CAR) 1964:385 (F)
    CL (Costa Rica) 1960, 1:462 (Sp)

2396. June 29
    Equal pay for men and women (ILO 100)
    UNTS 165:303 (E, F)
    Belorusskaia SSR v mezhd. otnosheniiakh (1960) p. 328 (R)
    CL (Brazil) 1957(5):425 (Port)
    RO (Ecuador) 177, 3 April 1957 (Sp)
    Vert BRD 10:274 (E, F, G)
    DO (Guatemala) 1961:961 (Sp)
    Trb 1952:45 (E, F, Dut)
    OFS 1960:134 (E, Nor)
    Sbornik dog. SSSR 19:297 (R)

1951 (cont.)

    Ukrainska SSR v mizhn. visnos (1959) p. 431 (Ukr)
    Derecho Positivo 6:554 (Sp)
    ILO Official Bull 34:9 (F)
    CL (Rum) no. 1, 1958:37 (Rum)
    Weekly Gaz (Iraq) 1963:1305 (E)
    CL (Costa Rica) 1960, 1:465 (Sp)
    JO (CAR) 1964:386 (F)

2397. July
    Whaling
    UNTS 177:396 (E, F)
    TIAS 2486, UST 3:2999 (E)
    GBTS 1952:63, Cmd 8706 (E)

2398. July 2
    Danube navigation
    Russia. Treaties. Sbornik mezhd. Konventsii (1959) p. 327 (R)

2399. July 14
    Locust (Central America)
    Salvador. Tratados 4:141 (Sp)

2400. July 14
    Protection of the name brand of cheeses
    Trb 1952:62 (E, F, Dut)

2401. July 18
    Centre on Vital and Health Statistics
      for Southeast Asia
    UNTS 102:291 (E, F)

2402. July 18
    Development of Rhodesian railways
    BFSP 158:452 (E)
    GBTS 1951:92, Cmd 8396 (E)

2403. July 25
    Conference on refugees and stateless
      persons: final act (United Nations)
    UNTS 189:137 (E, F)

2404-2412

1951 (cont.)

2404. July 28
    Refugees
    UNTS 189:150 (E, F)
    BFSP 158:499 (E)
    GBTS 1954:39, Cmd 9171 (E)
    Leyes (Colombia) 1961:177 (Sp)
    Bache og Heggemsnes. Traktatsamling
      (1963) p. 100 (Nor)
    Mem (Colombia) 1961-62(2):74 (Sp)
    RO (Ecuador) 128, 5 February 1957 (Sp)
    JO (Fr) 1954:10225 (F)
    BG Bl (Ger) 1953, II, p. 559 (G)

    Vert BRD 3:346 (E, F, G)
    IreTS 1956:8 (E)
    Trb 1951:131 (E, F)
    NZTS 1961:2 (E)
    OFS 1954:487 (E, F, Nor); 1962:26 (E, Nor)
    Revue Critique de Droit International Privé
      43:874 (F)
    Romeu-Poblet. Le régime juridique des
      étrangèrs en France (1961) p. 277 (F)
    Schätzel. Handbuch des internationalen
      Fluchtlingsrechts (1960) p. 322 (E)

2405. August 2
    Institute of Nutrition of Central America
    UNTS 118:57 (E, Sp)

2406. August 4
    All-India Institute of Hygiene and Public Health
    UNTS 104:197 (E, F)

2407. August 4
    European Payments Union: protocol 2
    BFSP 159:351 (E)
    GBTS 1951:12, Cmd 8372 (E)
    OFS 1955:377 (E, F, Nor)

2408. August 28
    Reciprocal payment of child allowances
      (Scandinavia)
    UNTS 198:17 (E, F, Fin, Ic, Nor, Swe)
    OFS 1953:370 (Fin, Nor)

2409. August 31
    Sugar
    GBTS 1952:1, Cmd 8437 (E)
    Trb 1952:21 (E)

1951 (cont.)

2410. September 1
    Security treaty (United States, New
      Zealand, Australia)
    UNTS 131:83 (E, F)
    BFSP 158:587 (E)
    TIAS 2493, UST 3:3420 (E)
    Australia TS 1952:2 (E)
    NZTS 1952:7 (E)
    DSB 25:148 (E)
    Anchieri. La Diplomazia Contemporanea
      (1959) p. 346 (It)
    Sanson-Terán. Universalismo y Regionalismo en la Sociedad Interestatal Contemporanea (1960) p. 291 (Sp)
    Southeast Asia Treaty Organization. Collective Security: Shield of Freedom
      (1959) p. 114 (E)

2411. September 8
    Peace treaty (Japan)
    UNTS 136:45 (E, F, J, Sp)
    BFSP 158:536 (E)
    TIAS 2490, UST 3:3169 (E, F, J, Sp)
    Cmd 8392, Misc 1951:5 (E)
    GBTS 1952:33, Cmd 8601 (E, F, J, Sp)
    Can TS 1954:4 (E, F)
    JO (Fr) 1952:5631 (F)
    Trb 1951:34 (E)
    NZTS 1952:8 (E)
    OFS 1953:492 (E, F, Nor)

    AJIL 46:71 (E)
    DSB 25:349 (E)
    Revue Critique de Droit International Privé
      41:355 (F)
    Anchieri. La Diplomazia Contemporanea
      (1959) p. 367 (It)
    Rosecrance. Australian diplomacy and
      Japan 1945-51 p. 251 (E)
    Siegler. Dokumentation zur Deutschlandfrage (1961) 3:96 (G)

2412. September 8
    Japan peace treaty: contracts
    UNTS 136:165 (E)
    BFSP 159:557 (E)
    GBTS 1952:33, Cmd 8601 (E)
    CanTS 1952:4 (E, F)
    JO (Fr) 1952:5631 (F)
    NZTS 1952:8 (E)
    Revue Critique de Droit International
      Privé 41:365 (F)

1951 (cont.)

2413. September 20
North Atlantic Treaty Organization:
status, representative, staff
UNTS 200:3 (E, F)
BFSP 161:301 (E)
TIAS 2992, UST 5:1087 (E, F)
Cmd 8400, Misc 1951:14 (E)
GBTS 1955:11, Cmd 9383 (E, F)
Can TS 1954:1 (E, F)
JO (Fr) 1955:1917 (F)
Vert BRD 16:359 (E, F, G)
Trb 1951:139 (E, F)
OFS 1956:161 (E, F, Nor)

Krigens-Rett (1962) p. 351 (E, Nor)
AJIL supp 48:153 (E)
Relazioni Internazionali 26 (47 supp):77 (It)
Revue Critique de Droit International Privé 44:186 (F)
North Atlantic Treaty Organization. Information Service. NATO p. 224 (E)

2414. September 22
Latin America Fisheries Council
Trb 1952:113 (Sp, Dut)

2415. October 14
Organization of Central American States
UNTS 122:3 (E, F, Sp)
BFSP 158:735 (E)
Salvador. Tratados 4:249 (Sp)
Anchieri. La Diplomazia Contemporanea (1959) p. 447 (It)
Lawson. International regional organizations (1962) p. 361 (E)
Sanson-Terán. Universalismo y Regionalismo en la Sociedad Interestatal Contemporánea (1960) p. 248 (Sp)

Organización de Estados Centroamericanos. Secretaría General. Disposiciones legales que regulan la marché de la organizacion de Estados Centroamericanos (1961) p. 7 (Sp)

2416. October 17
North Atlantic Treaty Organization:
accession of Greece and Turkey
UNTS 126:350 (E, F)
TIAS 2390, UST 3:43 (E, F)
Cmd 8407, Misc 1951:15 (E)
GBTS 1952:11, Cmd 8489 (E, F)
Can TS 1952:8 (E, F)
Trb 1951:153 (E, F); 1952:39 (Dut)
OFS 1953:380 (E, F, Nor)
DSB 25:650 (E)
Relazioni Internationali 26 (47 supp):70 (It)

1951 (cont.)

Anchieri. La Diplomazia Contemporanea (1959) p. 230 (It)
Southeast Asia Treaty Organization. Collective Security: Shield of Freedom (1959) p. 110 (E)
Great Britain. Information Service. Western Cooperation (1953) p. 71 (E)
Reuter. Traités et documents diplomatiques (1963) p. 172 (F)

2417. October 19
International Authority for the Ruhr: termination
UNTS 331:368 (E, F)
BFSP 158:562 (E)
GBTS 1952:64, Cmd 8705 (E, F)
Trb 1953:49 (E, F)

2418. October 25
International traffic arteries
UNTS 108:321 (E, F)

2419. October 27
General Agreement on Tariffs and Trade: protocol of supplementary concessions
UNTS 131:316 (E, F)
TIAS 2532, UST 3:3963 (E, F)
Trb 1954:147 (E, F, Dut)

2420. October 27
General Agreement on Tariffs and Trade: schedules rectification (1st)
UNTS 176:4, 280, 348 (E, F)
TIAS 2885, UST 4:2313 (E, F)
Trb 1954:146 (E, F, Dut)

2421. October 31
Hague Conference on Private International Law: statute
Conférence de Droit International Privé. 8th. The Hague, 1956. Recueil de Textes (1959) p. 1 (F)
Conférence de Droit International Privé. 9th. The Hague, 1960. Recueil des Conventions de la Haye (1961) p. 1 (F)
U.S. Congress. House. Committee on Foreign Affairs. U.S. participation in the Hague Conference and the Rome Institute (1963) p. 42 (E)

2422-2438

1951 (cont.)

2422. October 31
  Civil procedure (Hague draft)
  Trb 1952:70 (F)
  AJCL 1:282 (E)

2423. October 31
  Conflict of laws (Hague draft)
  Trb 1952:70 (F)
  AJCL 1:280 (E)

2424. October 31
  The form of wills (Hague Draft)
  Trb 1960:170 (F)

2425. October 31
  Legalization of foreign documents (Hague Draft)
  Trb 1960:172 (F)

2426. October 31
  Protection of minors (Hague Draft)
  Trb 1960:170 (F)

2427. October 31
  Recognition of the personality of foreign companies, associations, and foundations (Hague Draft)
  Trb 1952:70:1 (F)
  AJCL 1:277 (E)

2428. October 31
  International sales of goods (Hague draft)
  Trb 1952:70 (F)
  AJCL 1:275 (E)

2429. November 7
  South Pacific Commission: territorial scope
  UNTS 124:320 (E, F, Dut)
  BFSP 158:568 (E)
  TIAS 2458, UST 3:2851 (E, F, Dut)
  GBTS 1952:21, Cmd 8539 (E)
  NZTS 1952:3 (E)

2430. November 10
  Uniform law on the sales of movable goods
  International Institute for the Unification of Private Law. Actes de la Conférence convoquée par le gouvernement royale des Pays-Bas (1952) p. 25 (F)

1951 (cont.)

2431. November 10
  Middle East Defense Command
  Middle Eastern Affairs 2:415 (E)
  Khalil. The Arab states and the Arab League 2:316 (E)

2432. November 28
  Customs (Benelux)
  Trb 1952:6 (F, Dut)

2433. December 3
  Administrative radio conference: final acts
  TIAS 2753, UST 3:5520 (E, F, Sp)
  Israel TS 289 (E, F, Heb)
  Extraordinary Administrative Radio Conference, Geneva, 1951. Final acts. 7 v. (E, F, Sp)

2434. December 3
  Council for the exploration of the sea
  OFS 1952:1113 (E, F, Nor)

2435. December 6
  Plant protection against disease
  UNTS 150:67 (E, F, Sp)
  GBTS 1954:16, Cmd 9077 (E, F, Sp)
  CanTS 1953:16 (E, F)
  RO (Ecuador) 167, 22 March 1957 (Sp)
  Sop S 1961:12 (E, Fin)
  JO (Fr) 1962:84 (F)
  Vert BRD 11:122 (E, F, G)
  IreTS 1955:8 (E)
  Trb 1952:100 (E); 1953:73 (Dut)
  OFS 1956:491 (E, F, Nor)
  Sbornik dog. SSSR 18:374 (R)
  Salvador. Tratados 4:515 (Sp)
  Lovt C 1962:75 (E, F, Dan)

2436. December 6
  Establishment of the International Computation Centre
  Trb 1952:147 (E, F)
  Israel TS 180 (E, F, Heb)

2437. December 15
  Danube navigation
  Russia. Treaties. Sbornik mezhd. Konventsii (1959) p. 346 (R)

2438. December 18
  Council of Europe
  EurTS 7 (E, F)

148

1951 (cont.)

2439. December 19
　　　Danube navigation
　　Russia. Treaties. Sbornik mezhd. Konventsii (1959) p. 347 (R)

2440. December 20
　　　Cooperation in field of civil aviation (Scandinavia)
　　UNTS 163:293 (Dan, Nor, Swe)

2441. December 20
　　　Financial guarantees to certain airlines (Scandinavia)
　　UNTS 163:309 (E, F, Dan, Nor, Swe)

2442. December 21
　　　Commonwealth Sugar Agreement
　　Great Britain. Ministry of Food. Commonwealth Sugar Agreement (1962) p. 1 (E)

1952

2443. January 7
　　　Mutual defense assistance in Indo-China
　　TIAS 3131, UST 5:2740 (E, F)

2444. January 10
　　　Crossing of frontiers for passengers and baggage carried by rail
　　UNTS 163:3 (E, F)
　　Trb 1952:102 (E, F); 1954:15 (Dut)
　　OFS 1955:169 (E, F, Nor)

2445. January 10
　　　Crossing of frontiers for goods carried by rail
　　UNTS 163:27 (E, F)
　　Trb 1952:103 (E, F); 1954:16 (Dut)
　　OFS 1955:192 (E, F, Nor)

2446. January 14
　　　General Agreement on Tariffs and Trade: agreement with Germany
　　UNTS 135:336 (E, F)

1952 (cont.)

2447. January 24
　　　Declaration of death of missing persons
　　DO (Guatemala) 1961:873 (Sp)

2448. February 4
　　　Trade with occupied Japan
　　UNTS 124:3 (E, F)

2449. February 7
　　　Technical assistance: United Nations
　　CanTS 1952:17 (E, F)

2450. February 11
　　　Economic cooperation (United States, Netherlands, Indonesia)
　　UNTS 165:77 (E, F)
　　TIAS 2484, UST 3:2989 (E)
　　Trb 1952:49 (E)

2451. February 15
　　　Transport of persons and goods by road (Scandinavia)
　　Vert BRD 2:1 (G)

2452. February 15
　　　International Laboratory for Nuclear Research
　　UNTS 132:51 (E, F)
　　BFSP 159:509 (E)
　　Trb 1952:138 (E, F); 1953:63 (E, F)
　　European Yearbook (1955) 1:486 (E, F)
　　Journal du Droit International 80:461 (F)

2453. March 1
　　　Fur seals in North Pacific
　　UNTS 168:9 (E, F)
　　CanTS 1952:26 (E, F)

2454. March 3
　　　Technical cooperation in Puerto Rico: Pan American Union
　　BFSP 159:496 (E)
　　TIAS 2485, UST 3:2995 (E)

2455. March 7
　　　Protection of deep sea shellfish (Nordic countries)
　　UNTS 175:205 (Nor)
　　OFS 1954:1 (Nor)

2456-2466

1952 (cont.)

2456. March 10
    German peace treaty (Soviet draft)
    Siegler. Dokumentation zur Deutschland-
    frage (1961) 1:138 (G)

2457. March 20
    Human rights (Europe)
    UNTS 213:262 (E, F)
    BFSP 159:355 (E)
    GBTS 1954:46, Cmd 9221 (E, F)
    EurTS 9 (E, F)
    BG Bl (Ger) 1956, II, p. 1879 (G)
    Vert BRD 11:96 (E, F, G)
    Trb 1952:80 (E, F, Dut)
    OFS 1955:1 (E, Nor)
    Council of Europe. Information Depart-
    ment. Rights of the European citizen
    (1961) p. 82 (E)

    Council of Europe. Konvention zum Schutze
    der Menschenrechte und Grundfreiheiten
    (n.d.) p. 14 (G)
    Ferrero Rebagliati. Derecho constitucional
    (1963) p. 277 (Sp)
    Lawson. International regional organizations
    (1962) p. 58 (E)
    Pan American Union. Codification division.
    Direitos humanos nos estados Americanos
    (1961) p. 197 (Port)
    Pardos Perez. Derechos del hombre en el
    Consejo de Europa (1960) p. 125 (Sp)
    Robertson. Human rights in Europe (1963)
    p. 196 (E)

    Stein and Hay. Documents (1963) p. 41
    (E)
    Weil. The European Convention on Human
    Rights (1963) p. 143 (E)
    European Yearbook (1955) 1:340 (E, F)
    Bache og Heggemsnes. Traktatsamling
    (1963) p. 84 (Nor)

2458. April 4
    North Atlantic Treaty Organization:
      status of forces
    UNTS 199:109; 200:28 (E, F)
    OFS 1954:141 (E, F, Nor)

2459. April 30
    German enemy assets
    CanTS 1952:28 (E, F)
    TIAS 2569, UST 3:4254 (E, F)

2460. May 9
    High seas fisheries in the North
      Pacific
    UNTS 205:65 (E, J)
    BFSP 159:445 (E)
    TIAS 2786 (E, F)
    UST 4:380 (E, J)
    CanTS 1953:3 (E, F)
    AJIL supp 48:71 (E)

1952 (cont.)

2461. May 10
    Shipping: arrest of ships
    BFSP 1959:368 (E)
    GBTS 1960:47, Cmd 1128 (E, F)
    Mon (Belg) July 19, 1952 (F, Dut)
    JO (Fr) 1955:7504 (F)
    AJIL 53:539 (E)
    Revue Critique de Droit International
    Privé 44:543 (F)
    Singh. British Shipping Laws (1963)
    8:1126 (E)
    UNTS 439:193 (E, F)

2462. May 10
    Shipping: collision
    BFSP 159:364 (E)
    GBTS 1960:47, Cmd 1128 (E, F)
    Mon (Belg) July 19, 1952 (F, Dut)
    AJIL 53:532 (E)
    Singh. British Shipping Laws (1963)
    8:1131 (E)
    UNTS 439:217 (E, F)

2463. May 10
    Shipping: penal jurisdiction
    BFSP 159:358 (E)
    GBTS 1960:47, Cmd 1128 (E, F)
    Mon (Belg) July 19, 1952 (F)
    AJIL 53:536 (E)
    Singh. British Shipping Laws (1963)
    8:1134 (E)
    UNTS 429:233 (E, F)

2464. May 15
    Control of the African migratory locust
    BFSP 159:159 (E)
    GBTS 1957:29, Cmd 128 (E, F)
    JO (Senegal) 1963:946 (F)
    JO (Mali) 1963:84 (F)
    JO (Ivory Coast) 1963:152 (F)
    JO (High Volta) 1963:76 (F)
    JO (Cameroon) 1963:349 (F)

2465. May 16
    International Rice Commission
    UNTS 193:352 (E, F)
    BFSP 160:394 (E)
    TIAS 3046, UST 5:1687 (E, F)
    GBTS 1960:17, Cmd 997 (E)

2466. May 16
    Fuel used on boats on the Rhine
    Vert BRD 3:452 (F, G)
    Trb 1952:104 (F)
    European Yearbook (1956) 2:279 (F)

1952 (cont.)

2467. May 20
   Formulas for potent drugs
   UNTS 219:55 (E, F)
   BFSP 159:377 (E)
   TIAS 2692, UST 3:5067 (E, F)
   GBTS 1956:49, Cmd 2 (E, F)
   JO (Fr) 1959:9654 (F)
   Vert BRD 2:8 (E, F, G)
   Trb 1953:56 (E, F, Dut)
   Australia TS 1953:3 (E)

2468. May 26
   Germany: end of occupation
   UNTS 332:219 (E, F, G)

2469. May 26
   Germany: relations with Big Three
   UNTS 331:327 (E, F, G)
   BFSP 159:210 (E)
   Cmd 8571; Germany 1952:6 p. 4 (E)
   GBTS 1959:10, Cmd 653 (E, F, G)
   Ruhm von Oppen. Documents on Germany under Occupation 1945-1954 (1955) p. 616 (E)

2470. May 26
   Settlement of matters arising out of war and occupation
   UNTS 332:219 (E, F, G)
   TIAS 3425, UST 6:4420 (E, F, G)
   GBTS 1959:13, Cmd 656 (E, F, G)
   Trb 1955:154 (E, F, Dut)

2471. May 26
   Germany: finance convention
   Cmd 8571, Germany 1952:6, p. 59 (E)
   GBTS 1959:12, Cmd 655 (E, F, G)

2472. May 26
   Status of Berlin
   Siegler. Dokumentation zur Deutschlandfrage (1961) 1:875 (G)

2473. May 26
   Germany: taxation of foreign forces
   Trb 1952:129 (F)

2474. May 27
   Guarantees given by the parties to the North Atlantic Treaty Organization to the members of the European Defense Community
   Cmd 8562, Misc 1952:9 (E)
   Trb 1952:132 (E, F)
   Great Britain. Information Service. Western Cooperation (1953) p. 72 (E)

1952 (cont.)

2475. May 27
   European Defense Community
   BFSP 159:516 (E)
   Cmd 9127, Misc 1954:11 (E)
   Trb 1952:119 (F)
   Great Britain. Information Service. Western Cooperation (1953) p. 80 (E)

2476. May 27
   Benelux: excise taxes
   UNTS 180:341 (E, F, Dut)
   Trb 1952:82 (F, Dut)
   Benelux Economic Union. Textes de base (F, Dut)

2477. May 28
   North Atlantic Ocean weather stations
   UNTS 150:380 (E, F, Sp)
   TIAS 2589, UST 3:4402 (E, F, Sp)
   GBTS 1953:43, Cmd 8884 (E, F, Sp)
   CanTS 1952:10 (E, F)
   Trb 1952:96 (E)
   ICAO. Conference on North Atlantic Ocean Stations, 3d-4th, 1953-54. Report (1954) p. 16 (E)

2478. June 7
   Nordic Council
   Lovt C 1952:445 (Dan)
   SO 1952:618 (Swe)
   Archiv des Völkerrechts 4:472 (G)
   European Yearbook (1955) 1:462 (E, F)
   Zeitschrift für ausländisches öffentliches Recht und Völkerrecht 15:132 (G)
   Anchieri. La Diplomazia Contemporanea (1959) p. 210 (It)
   Instituciones y textos europeos (1960) p. 369 (Sp)

   Lawson. International regional organizations (1962) p. 197 (E)
   Münch. Internationale Organisationen (1962) p. 142 (G)

2479. June 8
   War cemeteries: resulting from War of 1939 in Egypt
   UNTS 210:317 (E, F)
   BFSP 159:666 (E)
   GBTS 1955:22, Cmd 9447 (E)

1952 (cont.)

2480. June 12
    Peace treaty: settlement of disputes
    (Japan)
    UNTS 138:183 (E, F, J, Sp)
    BFSP 159:380 (E)
    TIAS 2550, UST 3:4054 (E, J)
    GBTS 1952:54, Cmd 8675 (E, F, J)
    CanTS 1952:16 (E, F)
    JO (Fr) 1953:6722 (F)
    NZTS 1956:12 (E)
    OFS 1953:609 (E, F, Nor)
    Revue Critique de Droit International
      Privé 42:622 (F)

2481. June 26
    Holidays in agriculture (ILO 101)
    UNTS 196:183 (E, F)
    CL (Brazil) 1957(5):427 (Port)
    Vert BRD 6:144 (E, F, G)
    DO (Guatemala) 1961:273 (Sp)
    Trb 1953:68 (E, F, Dut)
    OFS 1955:1042 (E, Nor)
    ILO Official Bull 35:39 (E)
    JO (CAR) 1964:388 (F)

2482. June 27
    Settlement of matters arising out of
      war and occupation
    UNTS 332:387 (E, F, G)
    GBTS 1959:14, Cmd 657 (E, F, G)

2483. June 28
    Minimum standards of social security
      (ILO 102)
    UNTS 210:131 (E, F)
    Vert BRD 13:216 (E, F, G)
    Israel TS 211 (E, F, Heb)
    Trb 1953:69 (E, F, Dut)
    OFS 1955:878 (E, Nor)
    ILO Official Bull 35:45 (F)
    Revista de Jurisprudencia Peruana
      1963:257 (Sp)

2484. June 28
    Maternity protection (ILO 103)
    UNTS 214:321 (E, F)
    Belorusskaia SSR v mezhd. otnosheniiakh
      (1960) p. 214 (R)
    Trb 1953:129 (E, F, Dut)
    Sbornik dog. SSSR 19:302 (R)
    Ukrainska SSR v mizhn. vidnos (1959)
      p. 512 (Ukr)
    ILO Official Bull 35:73 (E)
    RO (Ecuador) 159, 17 May 1962 (Sp)

1952 (cont.)

2485. June 30
    Broadcasting (Europe)
    Vert BRD 2:475 (E, F, G)

2486. July 6
    Whaling
    UNTS 181:364 (E, F)
    TIAS 2699, UST 3:5094 (E)
    GBTS 1952:63, Cmd 8706 (E)

2487. July 8
    Nationality and statelessness (draft)
    Inter-American Juridical Committee. Re-
      commendaciones e informes, 1949-1953
      p. 307 (Sp)

2488. July 11
    Universal Postal Union
    UNTS 169:3 (E, F)
    TIAS 2800, UST 4:1118 (E, F)
    GBTS 1954:28, Cmd 9190 (E, F)
    Israel TS 191 (F, Heb)
    Vert BRD 6:164 (E, F, G)
    Trb 1953:20 (E, F); 1953:35 (Dut)
    OFS 1953:943 (F, Nor)
    Sbornik dog. SSSR 15:91 (R)
    Salvador. Tratados 6:91 (Sp)
    B Bl (Switz) 104, III, p. 390 (G)

    Ukrainska SSR v mizhn. vidnos. (1959)
      p. 328 (Ukr)
    Union Postale Universelle, 13th Congrès
      Brussels, 1952. Verdenspostforeningens,
      Kovensjon og overenskomster (Oslo, 1953)
      (Nor)

2489. July 11
    Universal Postal Union: parcel post
    DO (Guatemala) 1957:10, 60, 93 (Sp)

2490. July 11
    Universal Postal Union: registered mail
    Sbornik dog. SSSR 15:228 (R)

2491. July 11
    European Payments Union: protocol no. 3
    BFSP 159:384 (E)
    Cmd 8644, Misc 1952:13 (E)
    Trb 1952:111 (E, F)
    OFS 1955:390 (E, F, Nor)

1952 (cont.)

2492. July 14
    Abolition of passports (Scandinavia)
UNTS 198:37 (Dan, Fin, Nor, Swe)
OFS 1953:596 (Dan, Fin, Nor, Swe)

2493. July 14
    Readmittance of aliens who have illegally entered the territory (Nordic countries)
UNTS 198:47 (E, F, Dan, Fin, Nor, Swe)
BFSP 159:598 (E)
OFS 1953:596 (Nor, Dan, Fin, Swe)

2494. July 15
    Northwest Atlantic Fisheries
UNTS 200:317 (E, F)

2495. July 22
    Organization of American States: privileges and immunities
BFSP 159:500 (E)
TIAS 2676, UST 3:4988 (E, Sp)

2496. July 25
    International Authority for the Ruhr
UNTS 331:370 (E, F)
TIAS 2718, UST 3:5203 (E, F)
GBTS 1952:64, Cmd 8705 (E, F)

2497. July 25
    Industrial controls (Germany)
UNTS 181:362 (E, F)
BFSP 159:208 (E)
TIAS 2677, UST 3:4993 (E, F)
GBTS 1952:70, Cmd 8719 (E, F)

2498. July 26
    Taxation of foreign forces (Germany)
Cmd 8657, Germany 1952:12 (E, F, G)

2499. July 26
    Settlement of matters arising out of war and occupation
UNTS 331:258, 300 (E, F, G)
TIAS 3425, UST 6:4259 (E, F, G)

2500. July 28
    Telecommunications (Nordic countries)
OFS 1953:914 (Nor)

1952 (cont.)

2501. July 30
    Territorial sea (draft)
Inter-American Juridical Committee. Recomendaciones e informes, 1949-1953, p. 321 (Sp)

2502. August 1
    Liner terms of lading (Conlinebill)
Wildiers. Connaissement maritime (1961) p. 147 (E)

2503. August 20
    Black Sea ports and Albania sea transport
Sbornik dog. SSSR 15:256 (R)

2504. August 20
    Black Sea: ports navigation service
Russia. Treaties. Sbornik mezhd. Konventsii (1959) p. 460 (R)

2505. August 21
    Inter-American Center for Biostatistics
UNTS 141:129 (E, Sp)

2506. August 27
    Economic cooperation in Central America (Tegucigalpa)
Salvador. Tratados 4:493 (Sp)

2507. August 28
    North Atlantic Treaty Organization: headquarters
UNTS 200:340 (E, F)
BFSP 160:399 (E)
TIAS 2978, UST 5:870 (E, F)
Trb 1953:111 (E, F, Dut)
OFS 1955:17 (E, F, Nor)
AJIL supp 48:163 (E)
Relazioni Internazionali 26 (47 supp): 75 (It)

2508. August 28
    Status of forces: International Military Headquarters
TIAS 2978 (E, F)
Cmd 8687, Misc 1952:14 (E)
JO (Fr) 1955:1919 (F)
Krigens-Rett (1962) p. 361 (E, Nor)
Revue Critique de Droit International Privé 44:193 (F)

1952 (cont.)

2509. August 28
    German property in Switzerland
    UNTS 175:69 (E, F)
    BFSP 159:674 (F)
    TIAS 5059, UST 13:1131 (E, F)

2510. August 30
    Sugar
    TIAS 2862, UST 3:2056 (E)
    GBTS 1953:14, Cmd 8778 (E)
    Trb 1953:22 (E)

2511. September 2
    Asylum, exile, political refugees (draft)
    Inter-American Juridical Committee. Recomendaciones e informes, 1949-1953, p. 341 (Sp)

2512. September 5
    Customs and excise (Benelux)
    UNTS 247:329 (F, Dut)
    Trb 1952:136 (F, Dut)
    Benelux Economic Union. Textes de base (F, Dut)
    Benelux Economic Union. Benelux economische unie (1961) p. 141 (Dut)

2513. September 5
    Taxation (Benelux)
    UNTS 256:3 (F, Dut)
    Trb 1952:137 (F, Dut)
    Benelux Economic Union. Textos de base (F, Dut)
    Benelux Economic Union. Benelux economische unie (1961) p. 156 (Dut)

2514. September 6
    Copyright (Geneva)
    UNTS 216:133 (E, F, Sp)
    Israel TS 158 (E, F, Heb)
    BFSP 159:394 (E)
    TIAS 3324, UST 6:2731 (E, F, Sp)
    GBTS 1957:66, Cmd 289 (E, F, Sp)
    CanTS 1962:13 (E, F)
    RO (Ecuador) 194, 24 April 1957 (Sp)
    Sop S 1963:114 (E, Fin)
    JO (Fr) 1955:11587, 12337 (F)
    BG Bl (Ger) 1955, II, p. 5 (G)

1952 (cont.)

    Vert BRD 8:126 (E, F, G)
    IreTS 1958:21 (E)
    Trb 1955:46 (E, F) 1955:72 (Dut)
    OFS 1963:89 (E, Nor)
    AJIL supp 49:149 (E)
    Revue Critique de Droit International Privé 44:797 (F)
    Möhring. Quellen des Urheberrechts vol. 1 (F, G)
    PAU. Dept. of Legal Affairs. Copyright protection in the Americas (3rd ed) p. 165 (E)
    PAU. Dept. of Legal Affairs. Protección del derecho de autor en America. (1962) p. 169 (Sp)
    UNESCO. Lois et traités sur le droit d'auteur (1962). 3:2003 (F)
    UNESCO. Repertorio Universal de derecho de autor (1960) 2:2631 (Sp)
    Lovt C 1962:223 (E, F, Dan)
    SÖ 1961:11 (E, F, Swe)
    Norsk Lovtidend 1963:826 (E, Nor)

2515. September 9
    Diplomatic asylum (draft)
    Inter-American Juridical Committee. Recomendaciones e informes, 1949-1953, p. 347 (Sp)

2516. September 13
    League of Arab States: extradition
    BFSP 159:606 (E)
    JO (Egypt) February 24, 1954 (Ar)
    LASTS (195-) p. 27 (E)
    Khalil. The Arab states and the Arab League 2:106 (E)

2517. September 14
    League of Arab States: execution of judgments
    LASTS (195-) p. 23 (E)
    Khalil. The Arab states and the Arab League 2:109 (E)

2518. September 14
    League of Arab States: writs and letters of request
    BFSP 159:612 (E)
    JO (Egypt) 23 January 1954 (Ar)
    LASTS (195-) p. 19 (E)

2519. September 23
    League of Arab States: nationality
    BFSP 159:619 (E)
    LASTS (195-) p. 33 (E)
    Khalil. The Arab states and the Arab League 2:112 (E)

1952 (cont.)

2520. September 24
Sanitary code (Americas)
Col At Int no. 367 (Port)
RO (Ecuador) 675, 25 November 1954 (Sp)
Salvador. Tratados 4:833 (Sp)

2521. September 25
International Commission on Civil Status
Vert BRD 11:4 (F, G)

2522. October 1
Telecommunications (United States-Commonwealth)
UNTS 151:378 (E, F)
BFSP 159:306 (E)
TIAS 2705, UST 3:5140 (E)
CanTS 1952:19 (E, F)
GBTS 1952:58, Cmd 8683 (E)
NZTS 1953:9 (E)

2523. October 5
Recovery of fiscal debts (Benelux)
Trb 1952:37 (Dut)

2524. October 7
Damage caused by foreign aircraft to third parties on the surface
UNTS 310:181 (E, F, Sp)
CanTS 1958:2 (E, F)
Israel TS 187 (E, F, Heb)
Trb 1953:30 (E, F)
AJIL 52:593 (E)
Strauss. Air Law and Treaties of the World (1961) p. 113 (E)
JO (Algeria) 1964:438 (F)
Rodriguez Jurada. Teoria y practica del derecho aeronautico (1963) p. 486 (Sp)

2525. October 25
Carriage of goods by rail: final act
UNTS 241:338 (E, F)

2526. October 25
Carriage of goods by rail
UNTS 241:356 (E, F)
UNTS 242:5 (E, F)
GBTS 1958:46, Cmd 564 (E, F)
Vert BRD 9:90 (F, G)
Trb 1953:66 (F); 1961:158 (Dut)
OFS 1956:242 (E, Nor)
RO (Switz) 1956:209 (F)

1952 (cont.)

2527. October 25
Carriage of passengers by rail
UNTS 242:354 (E, F)
GBTS 1958:47, Cmd 565 (E, F)
Vert BRD 9:490 (F, G)
Trb 1953:67 (F)
OFS 1956:382 (F, Nor)

2528. November 6
Privileges and immunities: Council of Europe
UNTS 250:32 (E, F)
BFSP 159:410 (E)
Cmd 8843, Misc 1953:6 (E, F)
GBTS 1957:17, Cmd 84 (E, F)
EurTS 10 (E, F)
Vert BRD 6:18 (E, F, G)
Trb 1953:16 (E, F, Dut)
OFS 1956:517 (E, F, Nor)
European Yearbook (1955) 1:307 (E, F)

2529. November 7
Indo-Pacific Fisheries Council
UNTS 190:383 (E, F)

2530. November 7
Importation of commercial samples
UNTS 221:255 (E, F)
TIAS 3920, UST 8:1636 (E, F)
GBTS 1955:81, Cmd 9645 (E, F)
Vert BRD 8:422 (E, F, G)
IreTS 1959:5 (E)
Israel TS 264 (E, F, Heb)
Trb 1954:202 (E, F, Dut)
OFS 1957:7 (E, Nor)
CL (Port) 1959(2):139 (F, Port)
Diritto Internazionale 14, II, p. 13 (F)
NZTS 1960:22 (E)

Filipovic. Medunarodna poslovna pravila: obicaja (1961) p. 101 (Y)

2531. November 8
General Agreement on Tariffs and Trade: rectification of schedules (2d)
UNTS 321:245 (E, F)
TIAS 4250, UST 10:1098 (E, F)
Australia TS 1954:15 (E)
Trb 1954:148 (E, F)
GATT Doc. G/29, 7 November 1952 (E)

1952 (cont.)

2532. November 10
  International jurisdiction in the
   Tangiers zone
  UNTS 214:265 (E, F)
  BFSP 159:200 (E)
  TIAS 2752, UST 3:5501 (E, F)
  TIAS 2893, UST 4:2861 (E, F)
  GBTS 1955:10, Cmd 9379 (E, F)
  GBTS 1955:48, Cmd 9551 (E, F)
  Trb 1953:133 (F, Dut)
  Rivista di Diritto Internazionale 36:512 (It)

2533. November 22
  General Agreement on Tariffs and
   Trade: concessions (Germany and
   Austria)
  UNTS 172:340 (E, F)
  TIAS 2831, UST 4:1631 (E, F)

2534. December 20
  Political rights of women
  RO (Ecuador) 675, 25 November 1954
   (Sp)
  OFS 1957:451 (E, F, Nor)

2535. December 22
  Telecommunications
  TIAS 3266, UST 6:1213 (E, F, Ch, R, Sp)
  GBTS 1958:36, Cmd 520 (E, F, Ch, R, Sp)
  CL (Brazil) 1957(6):233 (Port)
  CanTS 1954:8 (E, F)
  Vert BRD 8:250 (F, G)
  DO (Guatemala) 1957:356 (Sp)
  Israel TS 243 (E, F, Heb)
  Trb 1954:23 (F)
  OFS 1955:39 (F, Nor)
  Sbornik dog. SSSR 18:422 (R)

  Salvador. Tratados 4:1065 (Sp)
  Ukrainska SSR v mizhn. vidnos (1959)
   p. 339 (Ukr)
  Belorusskaia SSR v mezhd. otnosheniiakh
   (1960) p. 498 (R)

2536. December 31
  Industrial controls in Germany
  UNTS 185:404 (E, F)
  BFSP 159:209 (E)
  GBTS 1953:11, Cmd 8759 (E, F)

1953

2537. January 16
  Monetary convention (Benelux)
  Trb 1953:14 (F, Dut)

1953 (cont.)

2538. February 7
  Frontier point of three countries
   (Finland, Norway, Russia)
  UNTS 173:143 (E, F, Fin, R)
  OFS 1954:142 (Nor, Fin, R)

2539. February 18
  Benelux: 7th protocol
  Trb 1953:24 (F, Dut)

2540. February 27
  German external debts
  UNTS 333:3 (E, F)
  BFSP 160:245 (E)
  TIAS 2792, UST 4:449 (E, F, G)
  GBTS 1959:7, Cmd 626 (E, F, G)
  CanTS 1953:2 (E, F)
  Vert BRD 3:84 (E, F, G)
  Israel TS 267 (E, F, Heb)
  Trb 1955:15 (E, G); 1955:121 (Dut)
  OFS 1955:189 (E, Nor)

2541. February 27
  United Nations technical assistance
  CanTS 1953:4 (E, F)

2542. February 28
  Friendship and collaboration: Balkan
   Pact
  UNTS 167:21 (E, F)
  Anchieri. La Diplomazia Contemporanea
   (1959) p. 298 (It)
  European Yearbook (1956) 2:614 (E, F)

2543. March 10
  European Political Union: proposed
  Ad hoc Assembly Instructed to Work out a
   Draft Treaty Setting up a European Poli-
   tical Community. Draft treaty (1953)
   p. 53 (E)
  Siegler. Dokumentation der europäischen
   Integration (1961) p. 73 (G)

2544. March 23
  Marriage, adoption and guardianship
   (Scandinavia)
  UNTS 202:241 (Dan, Fin, Ic, Nor, Swe)
  OFS 1954:446 (Dan, Fin, Ic, Nor, Swe)

2545. March 31
  International right of correction of
   false information by mass communi-
   cations media
  Salvador. Tratados 6:519 (Sp)
  UNTS 435:191 (Ch, E, F, R, Sp)

1953 (cont.)

2546. March 31
    Political rights of women
    UNTS 193:135 (Ch, E, F, R, Sp)
    CL (Brazil) 1963-6:380 (Port)
    CanTS 1957:3 (E, F)
    DO (Guatemala) 1959:506 (Sp)
    Israel TS 161 (E, F, Heb)
    Belorusskaia SSR v mezhd otnosheniiakh
      (1960) p. 236 (R)
    Ukrainska SSR v mizhn. vidnos (1959)
      p. 222 (Ukr)
    DSB 49:327 (E)

2547. April
    Arbitration in international private
      law transactions: International
      Institute for the Unification of
      Private Law (draft)
    Briseño Sierra. El arbitraje en el derecho privado (1963) p. 404 (Sp)

2548. April 1
    Collection of maintenance allowances
      (North Europe)
    UNTS 227:169 (E, F, Dan, Fin, Ic, Nor, Swe)
    OFS 1954:456 (Dan, Fin, Ic, Nor, Swe)

2549. April 2
    Fishing nets and the size limits of fish
    OFS 1954:153 (E, F, Nor)

2550. April 9
    Arab Postal Union
    LASTS (195-) p. 72 (E)

2551. April 9
    League of Arab States: telecommunications
    LASTS (195-) p. 35 (E)
    Khalil. The Arab states and the Arab
      League 2:113 (E)

2552. April 11
    Carriage of goods by rail
    UNTS 241:336; 242:440, 454, 458 (E, F)

2553. April 13
    Wheat
    UNTS 203:242 (E, F, Sp)
    TIAS 2799, UST 4:944 (E, F, Sp)
    CanTS 1953:23 (E, F)
    JO (Fr) 1955:933 (F)
    Trb 1953:45 (E, Dut)
    OFS 1955:96 (E, Nor)
    Salvador. Tratados 4:1025 (Sp)

1953 (cont.)

2554. April 21
    International Union of Court Officials
    Revue des Huissiers de Justice 1962:345
      (F)

2555. April 29
    Customs (Benelux)
    UNTS 287:262, 316 (E, F, Dut)
    Trb 1953:41 (F, Dut)

2556. April 30
    German assets in Italy
    UNTS 175:89 (E, F, It)
    BFSP 160:407 (E)
    TIAS 2785, UST 4:376 (E)
    GBTS 1953:54, Cmd 8917 (E)
    Vert BRD 2:468 (E, G)

2557. May 4
    Council of Europe: statute amendment
    UNTS 196:347 (E, F)
    BFSP 160:410 (E)
    GBTS 1953:65, Cmd 8956 (E, F)
    EurTS 11 (E, F)

2558. May 10
    League of Arab States: privileges and
      immunities
    BFSP 160:647 (E)
    LASTS (195-) p. 46 (E)
    Khalil. The Arab states and the Arab
      League 2:116 (E)

2559. May 27
    Inspection of working conditions in
      industry and commerce
    Salvador. Tratados 4:817 (Sp)

2560. June
    Whaling
    TIAS 2866, UST 3:2179 (E)
    GBTS 1954:6, Cmd 9048 (E)

2561. June 20
    Sick benefits during temporary stay
      (Nordic Countries)
    OFS 1955:212 (Nor)

2562-2576

1953 (cont.)

2562. June 23
    Poppy plant regulation
    BFSP 160:547 (E)
    UN Doc E/NT/8 (E)
    TIAS 5273, UST 14:10 (Ch, E, F, Sp, R)
    Cmd 8972, Misc 1953:14 (E)
    Australia TS 1963:5 (E)
    RO (Ecuador) 157, 11 March 1957 (Sp)
    Trb 1954:103 (E, F); 1955:158 (Dut)
    Salvador. Tratados 6:763 (Sp)
    RO (Switz) 1963:1107 (F)

2563. June 25
    International Labor Organization
    UNTS 191:143 (E, F)
    BFSP 160:410 (E)
    UST 7:245; TIAS 3500 (E, F)
    GBTS 1961:59, Cmd 1428 (E, F)
    CanTS 1954:5 (E, F)
    RO (Ecuador) 675, 25 November 1954 (Sp)
    DO (Guatemala) 1960:481 (Sp)
    Trb 1953:130 (E, F)
    OFS 1955:933 (E, Nor)
    Salvador. Tratados 4:1059 (Sp)

2564. June 30
    Japanese assets in Thailand
    BFSP 160:363 (E)
    TIAS 2844 (E)

2565. June 30
    International Laboratory for Nuclear Research
    UNTS 209:342 (E, F)
    BFSP 160:616 (E)

2566. June 30
    European Payments Union: protocol 4
    BFSP 160:414 (E)
    Trb 1953:74 (E, F, Dut)
    OFS 1955:409 (E, F, Nor)

2567. July 1
    European Organization for Nuclear Research
    UNTS 200:149 (E, F)
    BFSP 160:417 (E)
    GBTS 1960:3, Cmd 928 (E, F)
    Vert BRD 5:464 (E, F, G)
    Trb 1953:64 (E, F); 1953:101 (Dut)
    OFS 1955:418 (E, F, Nor)
    European Yearbook (1955) 1:500 (E, F)

1953 (cont.)

2568. July 1
    Danube navigation
    Russia. Treaties. Sbornik mezhd. Konventsii (1959) p. 351 (R)

2569. July 1
    Danube River: sanitary rules
    Russia. Treaties. Sbornik mezhd. Konventsii (1959) p. 356 (R)

2570. July 13
    Benelux: protocol 9
    Trb 1953:115 (F, Dut)

2571. July 20
    Sickness benefits (Scandinavia)
    UNTS 227:217 (Swe, Dan, Ic, Nor)
    OFS 1955:219 (Nor)

2572. July 20
    Reciprocity of benefits for reduced working capacity (Europe, North)
    UNTS 228:41 (Ec, Nor, Swe, Dan, Fin)

2573. July 20
    Reciprocity: maternity assistance (Scandinavia)
    UNTS 228:3 (Dan, Fin, Ic, Nor, Swe)
    OFS 1955:224 (Nor)

2574. July 24
    Benelux Interparliamentary Consultative Council
    Trb 1954:28 (F, Dut)

2575. July 24
    Coodination of economic and social policies (Benelux)
    UNTS 250:108 (E, F, Dut)
    BFSP 160:604 (F)
    Trb 1954:27 (F, Dut)

2576. July 27
    Korean armistice
    BFSP 160:433 (E)
    TIAS 2781, UST 4:234 (E, Ch, K)
    TIAS 2782, UST 433 (E)

1953 (cont.)

2577. July 30
    Peace with Japan
UNTS 215:97 (E, F)
TIAS 2844, UST 3:1778 (E)

2578. August 27
    Graves on Italian territories (British Commonwealth)
UNTS 213:211 (E, It)
BFSP 160:294 (E)
GBTS 1955:45, Cmd 9531 (E, It)

2579. September 3
    League of Arab States: trade exchange and transit
LAS TS (195-) p. 53 (E)
Khalil. The Arab states and the Arab League 2:122 (E)

2580. September 7
    League of Arab States: payments and transfer of capital
LAS TS (195-) p. 67 (E)
Khalil. The Arab states and the Arab League 2:125 (E)

2581. September 7
    Mutual defence assistance in Indo-China
TIAS 3693, UST 7:3143 (E)

2582. October 1
    Sugar
UNTS 258:153 (E, F, Ch, R, Sp)
BFSP 160:483 (E)
TIAS 3177, UST 6:203 (E, F, Ch, R, Sp)
GBTS 1956:28, Cmd 9815 (E, F, Ch, R, Sp)
Can TS 1954:11 (E)
Vert BRD 4:2 (E, F, G)
Ire TS 1958:15 (E)
Trb 1954:30 (E, F, Dut)
SATS 1957:10 (E, Dut)

2583. October 17
    European Conference of Ministers of Transport
UNTS 184:41 (E, F)
GBTS 1954:32, Cmd 9142 (E, F)
Mon (Belg) 20 Feb. 1954 (F)
Vert BRD 3:438 (E, F, G)
Trb 1953:114 (F, Dut)
OFS 1955:228 (E, F, Nor)
Chronique de politique etrangere (1955) 8:491 (F)
European Yearbook (1955) 1:472 (E, F)

1953 (cont.)

2584. October 19
    Intergovernmental Committee for European Migration: constitution
UNTS 207:189 (E, F, Sp)
BFSP 160:528 (E)
TIAS 3197, UST 6:603 (E, F, Sp)
GBTS 1953:19, Cmd 1981 (E, F, Sp)
Australia TS 1954:22 (E)
CL (Brazil) 1957(6):605 (E, Port)
Can TS 1954:9 (E, F)
Leyes (Colombia) 1961:80 (Sp)
Vert BRD 6:24 (E, F, G)
Trb 1953:128 (E, F); 1954:13 (Dut)

Israel TS 185 (E, F, Heb)

2585. October 24
    General Agreement on Tariffs and Trade: application of schedules
UNTS 183:351 (E, F)
TIAS 2886, UST 4:2755 (E, F)
OFS 1954:468 (E, Nor)

2586. October 24
    Commercial relations between General Agreement on Tariffs and Trade and Japan
OFS 1954:473 (E, Nor)

2587. October 24
    General Agreement on Tariffs and Trade: schedule rectifications (3rd)
UNTS 321:266 (E, F)
TIAS 4197, UST 10:347 (E)
GATT Doc G/63, 23 October 1953 (E)
Australia TS 1954:15 (E)
Trb 1954:149 (E, F, Dut)
OFS 1954:470 (E, Nor)

2588. October 26
    Criminal jurisdiction over United Nations forces in Japan
UNTS 207:237 (E, F, J)
BFSP 160:304 (E)
TIAS 2887, UST 4:2766 (E, J)
GBTS 1954:14, Cmd 9071 (E)
Can TS 1953:27 (E, F)
Trb 1954:68 (E, Dut)

2589. October 29
    Permanent control of outbreak areas of the red locust
UNTS 183:368 (E, F)
GBTS 1953:81, Cmd 9002 (E, F)

1953 (cont.)

2590. October 30
　　　Protection of agriculture against animal and plant disease (Central America)
　　Salvador. Tratados 5:143 (Sp)

2591. November 7
　　　Friendship and collaboration (Greece, Turkey, Yugoslavia)
　　BFSP 160:693 (F)

2592. November 16
　　　Economic and social policy (Benelux)
　　UNTS 250:108 (E, F, Dut)

2593. December 7
　　　Slavery
　　UNTS 182:51 (Ch, E, F, R, Sp)
　　UNTS 212:17 (E, F)
　　TIAS 3532, UST 7:479 (E, F, Ch, R, Sp)
　　GBTS 1956:24, Cmd 9797 (E, F)
　　CanTS 1953:26 (E, F)
　　RO (Ecuador) 136, 14 February 1957 (Sp)
　　IreTS 1961:6 (E)
　　Trb 1954:84 (E, F), 1955:33 (Dut)
　　OFS 1959:586 (E, Nor)

　　PakTS 1955:24 (E)
　　BFSP 160:521 (E)
　　Australia TS 1953:8 (E)
　　CL (Rum) no. 5, 1957:104 (Rum)

2594. December 9
　　　Commercial policy (Benelux)
　　UNTS 249:197 (F, Dut)
　　Trb 1953:29 (F, Dut)

2595. December 10
　　　Rice
　　UNTS 193:352 (E, F)
　　UST 5:1687, TIAS 3046 (E, F)
　　BFSP 160:394 (E)

2596. December 11
　　　Benelux: protocol 10
　　Trb 1953:122 (F, Dut)

1953 (cont.)

2597. December 11
　　　European Commission for the Control of Foot and Mouth Disease: constitution
　　UNTS 191:285 (E, F, Sp)
　　GBTS 1954:47, Cmd 9283 (E, F, Sp)
　　Trb 1954:17 (E, F, Dut)
　　OFS 1955:533 (E, F, Nor)

2598. December 11
　　　Equivalence of diplomas (Europe)
　　UNTS 218:125 (E, F)
　　GBTS 1954:38, Cmd 9168 (E, F)
　　EurTS 15 (E, F)
　　JO (Fr) 1958:3891 (F)
　　Vert BRD 6:158 (E, F, G)
　　Trb 1954:101 (E, F, Dut)
　　SO 1960:74 (E, F, Swe)

2599. December 11
　　　Patent applications (Europe)
　　UNTS 218:17 (E, F)
　　GBTS 1955:43, Cmd 9526 (E, F)
　　EurTS 16 (E, F)
　　JO (Fr) 1962:1456 (F)
　　BG Bl (Ger) 1962, II, p. 101 (G)
　　Vert BRD 8:102 (E, F, G)
　　Trb 1954:102 (E, F, Dut); 1954:165 (Dut)
　　OFS 1955:742 (E, F, Nor)
　　Diritto Internazionale 14, II, p. 21 (F)
　　Revue Critique de Droit International Privé 51:169 (F)

　　Schade. Patents at a glance (1964) p. 7 (E)

2600. December 11
　　　Patent notices (Europe)
　　EurTS 16 (E, F)
　　JO (Fr) 1962:1456 (F)
　　BF Bl (Ger) 1962, II, p. 101 (G)
　　Annales de la Propriété Industrielle, Artistique et Littéraire 108:81 (F)
　　Blatt für Patent, Muster, Zeichenwesen 1962:133 (G)
　　Industrial Property 1962:72 (E)
　　Propriété Industrielle 1962:72 (F)
　　Scheer. Internationales Patent- Recht (1963) p. 525 (G)

2601. December 11
　　　Plant protection
　　UNTS 196:354 (E, F, Sp)

1953 (cont.)

2602. December 11
    Social assistance: amendment to Annex II
    GBTS 1961:20, Cmd 1340 (E)
    GBTS 1962:29, Cmd 1677 (E)

2603. December 11
    Social and medical assistance (Europe)
    UNTS 218:255 (E, F)
    GBTS 1955:42, Cmd 9512 (E, F)
    EurTS 14 (E, F)
    JO (Fr) 1958:2054 (F)
    Vert BRD 10:572 (E, F, G)
    Trb 1954:100 (E, F); 1954:200 (Dut)
    OFS 1955:458 (E, F, Nor)

2604. December 11
    Social security- old age (Europe)
    UNTS 218:211 (E, F)
    GBTS 1955:40, Cmd 9510 (E, F)
    GBTS 1962:28, Cmd 1676 (E)
    EurTS 12 (E, F)
    Vert BRD 10:530 (E, F, G)
    Trb 1954:98 (E, F), 1954:198 (Dut)
    OFS 1955:483 (E, F, Nor)
    Diritto Internazionale 14, II, p. 19 (F)

2605. December 11
    Social security other than old age (Europe)
    UNTS 218:153 (E, F)
    GBTS 1955:41, Cmd 9511 (E, F)
    EurTS 13 (E, F)
    JO (Fr) 1958:2058 (F)
    Vert BRD 10:472 (E, F, G)
    Trb 1954:99 (E, F); 1955:199 (Dut)
    OFS 1955:506 (E, F, Nor)

2606. December 17
    Central American Institute of Nutrition
    Salvador. Tratados 5:75 (Sp)

1954

2607.
    Crimes on board aircraft (draft)
    Westerburg. Die Polizeigewalt des Luftfahrzeugkommandanten (1961) p. 211 (E)

1954 (cont.)

2608. January 18
    Commission for Technical Cooperation in Africa South of the Sahara: C.C.T.A.
    UNTS 330:121 (E, F, Port)
    BFSP 161:311 (E)
    Cmd 9066, Misc 1954:4 (E, F, Port)
    GBTS 1959:3, Cmd 612 (E, F, Port)
    Commission for Technical .... publication 61 (E)
    Lawson. International regional organizations (1962) p. 287 (E)

2609. February 18
    War graves in Iraq (Commonwealth of Nations)
    UNTS 226:297 (E, Ar)
    GBTS 1955:88, Cmd 9656 (E, Ar)

2610. February 19
    Status of UN forces in Japan: provisional protocol
    UNTS 214:212 (E, F, J)
    BFSP 161:110 (E)
    GBTS 1957:10, Cmd 67 (E, J)
    CanTS 1954:13 (E, F)

2611. February 19
    Status of UN forces in Japan
    UNTS 214:51 (E, F, J)
    TIAS 2995, UST 5:1123 (E, J)
    GBTS 1957:10, Cmd 67 (E)

2612. February 19
    US and UN forces in Japan: claims
    UNTS 214:51 (E, F, J)
    TIAS 2995 (E, J)
    Cmd 9229, Misc 1954:19 (E)
    GBTS 1957:10, Cmd 67 (E, F, J)
    Australia TS 1954:9, p. 30 (E)

2613. February 20
    Nationality of married women
    UNTS 309:66 (E, F, Ch, R, Sp)
    GBTS 1958:59, Cmd 601 (E, F, Ch, R, Sp)
    Australia TS 1961:4 (E)
    IreTS 1958:10 (E)
    OFS 1958:409 (E, Nor)

2614-2623

1954 (cont.)

2614. February 25
North Atlantic Ocean Weather Station: ICAO
UNTS 215:245, 250, 268 (E, F, Sp)
TIAS 3186, UST 6:515 (E, F, Sp)
Cmd 9217, Misc 1954:17 (E)
GBTS 1955:46, Cmd 9531 (E, F, Sp)
CanTS 1955:3 (E, F)
Vert BRD 11:490 (E, F, G)
Trb 1955:80 (E, F, Dut)
OFS 1961:2 (E, F, Nor)
Revue Générale de l'Air 19:212 (F)
Australia TS 1959:9 (E)

ICAO Conference on North Atlantic Ocean Stations, 3d-4th, 1953-54. Report (1954) p. 43 (E)
Singh. British Shipping Laws (1963) 8:39 (E)
Israel TS 203 (E, F, Heb)

2615. March 1
Civil procedure
UNTS 286:265 (E, F)
JO (Fr) 1959:9420 (F)
BG Bl (Ger) 1957:91 (G)
Vert BRD 14:2 (F, G)
Trb 1954:40 (F, Dut)
OFS 1958:321 (F, Nor)
Norsk Lovt 1962:626 (Nor)
Rechtspfleger Jahrbuch 1961:317 (G)
Comité Français de Droit International Privé. Travaux 21-23:211 (F)

Conférence de Droit International Privé. 8th. The Hague 1956. Recueil de Textes (1959) p. 4 (F)
Conférence de Droit International Privé. 9th. The Hague 1960. Recueil des Conventions de la Haye (1961) p. 4 (F)
Feblot. La Convention Franco-Allemande d'établissement (1961) p. 182 (F)
Israel TS 203 (E, F, Heb)
Hoyer. Staatsverträge über Rechtshilfe und Vollstreckung (1964) p. 26 (G)

2616. March 1
Tin Agreement
UNTS 256:31 (E, F, Sp)
Cmd 9222, Misc 1954:18 (E, F, Sp)
GBTS 1956:50; Cmd 12 (E)
GBTS 1958:42, Cmd 556 (E)
CanTS 1956:9 (E, F)
RO (Ecuador) 424, 29 January 1958 (Sp)
JO (Fr) 1956:6111 (F)
Israel TS 266 (E, F, Heb)
Trb 1954:119 (E, F, Dut)
Revue Critique de Droit International Privé 45:561 (F)

Australia TS 1956:15 (E)

1954 (cont.)

2617. March 3
Rhine River: navigation police
RO (Switz) 1954:1220 (F)

2618. March 3
Rhine River: roadstead
RO (Switz) 1954:1275 (F, G)

2619. March 17
Economic regulation of international road transport
JO (Fr) 1960:893 (F)
Trb 1955:74, 120 (E, F, Dut)

2620. March 28
Cultural relations: Pan American Union
UST 8:1903; TIAS 3936 (E, F, Sp, Port)
PAUTS 20 (E, F, Sp, Port)
DSB 34:175 (E)
CIA 2nd supp p. 284 (Sp)
ICAS 2nd supp p. 349 (E)
Inter-American Conference. 10th, Caracas, 1954 (E, F, Sp, Port)

2621. March 28
Human rights (Americas)
CIA 2nd supp p. 309 (Sp)
ICAS 2nd supp p. 376 (E)
Inter-American Commission on Human Rights. Basic documents (1960) p. 24 (E)
Pan American Union. Codification division. Direitos humanos nos estados Americanos (1961) p. 140 (Port)

2622. March 28
Inter-American Court for the Protection of Human Rights
CIA 2nd supp p. 311 (Sp)
ICAS 2nd supp p. 379 (E)
Pan American Union. Codification division. Direitos humanos nos estados Americanos (1961) p. 143 (Port)

2623. March 28
Diplomatic asylum (Americas)
BFSP 161:570 (E)
PAUTS 18 (E, F, Sp, Port)
Salvador. Tratados 5:95 (Sp)
CIA 2nd supp p. 276 (Sp)
ICAS 2nd supp p. 334 (E)
Inter-American Conference. 10th, Caracas, 1954. (E, F, Sp, Port)

1954 (cont.)

2624. March 28
  Territorial asylum (Americas)
  BFSP 161:566 (E)
  PAUTS 19 (E, F, Sp, Port)
  Salvador. Tratados 5:101 (Sp)
  Derecho Positivo 7:144 (Sp)
  CIA 2nd supp p. 281 (Sp)
  ICAS 2nd supp p. 345 (E)
  Inter-American Conference, 10th, Caracas, 1954. Convención sobre asilo territorial. 2. ed. (1961) (E, F, Sp, Port)

2625. March 31
  Court of Justice of the European Coal and Steel Community: rules of procedure
  Montan Union 16:K131(1) (F, G)

2626. April 5
  League of Arab States: nationality
  BFSP 161:635 (E)
  LASTS (195-) p. 91 (E)
  Khalil. The Arab states and the Arab League 2:127 (E)

2627. April 5
  South Pacific Commission: frequency of sessions
  UNTS 201:374 (E, F, Dut)
  BFSP 161:335 (E)
  TIAS 2952, UST 5:639 (E, F, Dut)
  GBTS 1955:4, Cmd 9364 (E)
  NZTS 1955:4 (E)
  Australia TS 1954:18 (E)

2628. April 8
  Status of East Germany: declaration
  BFSP 161:336 (E)
  Cmd 1552, Germany 1961:2, p. 187 (E)

2629. May 12
  Conference on Sea Pollution by Oil: final act
  Russia. Treaties. Sbornik mezhd. Konventsii (1959) p. 237 (R)
  Israel TS 171 (E, F, Heb)

2630. May 12
  Pollution of the sea by oil
  UNTS 327:3 (E, F)
  UN Doc E/2609 (E)
  TIAS 4900 (E, F)
  GBTS 1958:56, Cmd 595 (E, F)
  Australia TS 1962:7 (E)
  CanTS 1958:31 (E, F)
  JO (Fr) 1958:9232 (F)
  Vert BRD 13:122 (E, F, G)
  IreTS 1958:8 (E)
  Trb 1955:56 (E, F, Dut); 1963:108 (Dut)
  OFS 1959:359 (E, Nor)

1954 (cont.)

  Russia. Treaties. Sbornik mezhd. Konventsii (1959) p. 229 (R)
  GO (Ven) 21 October 1963, 883 extraordinario (Sp)
  GO (Ven) 11 November 1963, 884 extraordinario (Sp)
  Singh. British Shipping Laws (1963) 8:1158 (E)
  Israel TS 171 (E, F, Heb)

2631. May 14
  Protection of cultural monuments in wartime: final act
  Belorusskaia SSR v mezhd. otnosh. (1960) p. 806 (R)
  Ukrainska SSR v mizhn. vidnos (1959) p. 534 (Ukr)
  Israel TS 213 (E, F, Heb)

2632. May 14
  Protection of cultural property in time of war
  UNTS 249:215, 216, 240, 358 (E, F, R, Ch, Sp)
  Cmd 9837, Misc 1956:6 (E)
  Trb 1955:47 (E, F, Dut)
  OFS 1962:44 (E, Nor)
  Sbornik dog. SSSR 19:114 (R)
  RO (Switz) 1962:1041 (F)
  Ukrainska SSR v mizhn. vidnos. (1959) p. 536 (Ukr)
  CL (Rum) no. 1 1958:42 (Rum)

  Belorusskaia v mezhd. otnosheniiakh (1960) p. 808 (R)
  Krigens-Rett (1962) p. 370 (E, Nor)
  Skubiszewski. Materialy do cwiczen z prawa miedz. pub. (1961) 2:164 (Pol)
  Intergovernmental Conference on the Protection of Cultural Property in the Event of Armed Conflict, The Hague, 1954. Records (1961) p. 5, 62 (E, F, R, Sp)
  Israel TS 213 (E, F, Heb)
  BG Bl (Aus) 1964:578 (E, F, G)

2633. May 21
  Rhine boatmen: employment
  UNTS 345:285 (E, F)
  JO (Fr) 1960:1656 (F)
  BG Bl 1957, II, p. 217 (F, G)
  Vert BRD 17:71 (F, G)
  Trb 1954:121 (F, Dut)
  Troclet. Legislation Sociale Internationale (1962) 3:547 (F)

2634. May 22
  Common labor market (Scandinavia)
  UNTS 199:3 (E, F, Dan, Fin, Nor, Swe)
  OFS 1955:254 (Nor)

2635-2645

1954 (cont.)

2635. May 22
Passports (Scandinavia)
UNTS 199:29 (E, F, Dan, Fin, Nor, Swe)
BFSP 161:631 (E)
OFS 1955:257 (Nor)

2636. June 4
Importation of private road vehicles: customs
UNTS 276:191, 282:249 (E, F, Sp)
UST 8:2097, TIAS 3943 (E, F, Sp)
Cmd 9473, Misc 1955:7 (E)
GBTS 1957:70, Cmd 308 (E, F)
GBTS 1959:1, Cmd 602 (E, F, Sp)
CanTS 1957:34 (E, F)
Gac (Costa Rica) 1963:2823 (Sp)
Sop S 1962:129 (E, Fin)
Vert BRD 11:524 (E, F, G)

Israel TS 240 (E, F, Heb)
Trb 1955:123 (E, F); 1956:110 (Dut)
CL (Port) 1958(2):11 (F, Port)
Salvador. Tratados 6:435 (Sp)

2637. June 4
Importation of literature to promote tourism: customs
CL (Port) 1958(1):376 (F, Port)
Salvador. Tratados 6:425 (Sp)

2638. June 4
Customs facilities for touring
UNTS 276:191, 230, 266 (E, F, Sp)
TIAS 3879, UST 8:1293 (E, F, Sp)
Cmd 9473, Misc. 1955:7 (E)
GBTS 1957:70, Cmd 308 (E, F, Sp)
CanTS 1957:25 (E, F)
Gac (Costa Rica) 1963:2821 (Sp)
Sop S 1962:119, 179 (E, Fin)
Vert BRD 11:394 (E, F, G)
Israel TS 240 (E, F, Heb)
Trb 1955:122 (E, F); 1956:109 (Dut)

CL (Port) 1958(1):368 (F, Port)
Salvador. Tratados 6:415 (Sp)
AJIL 52:394 (E)

2639. June 14
International Civil Aviation Organization: art. 45
UNTS 320:219 (E, F, Sp)
BFSP 161:337 (E)
GBTS 1958:24, Cmd 482 (E, F, Sp)
CanTS 1958:1 (E, F)
Vert BRD 13:298 (E, F, G)
DO (Guatemala) 1959:545 (Sp)
Israel TS 290 (E, F, Heb)
Trb 1954:181 (E, Dut)
OFS 1957:390 (E, Nor)

1954 (cont.)

Australia TS 1958:15 (E)
Strauss. Air Law and Treaties of the World (1961) p. 200 (E)
CL (Costa Rica) 1960, 1:103 (Sp)

2640. June 14
International Civil Aviation Organization: art. 48(a), 49(e)
UNTS 320:217 (E, F, Sp)
BFSP 161:337 (E)
TIAS 3756, UST 8:179 (E, F, Sp)
GBTS 1957:26, Cmd 107 (E, F, Sp)
Cmd 9293, Misc 1954:29 (E)
CanTS 1956:22 (E, F)
Vert BRD 13:304 (E, F, G)
Israel TS 273 (E, F, Heb)
Trb 1954:182 (E, Dut)

OFS 1963:112 (E, Nor)
Australia TS 1957:5 (E)
Strauss. Air law and treaties of the world (1961) p. 201 (E)
CL (Costa Rica) 1960, 1:102 (Sp)

2641. June 22
Benelux: protocol 11
Trb 1954:110 (F, Dut)

2642. June 24
Trade in fishing products (Benelux)
UNTS 287:209 (F, Dut)

2643. June 30
Archives of Allied High Commission for Germany
UNTS 204:99 (E, F)
TIAS 3036, UST 5:1598 (E, F)
GBTS 1954:72, Cmd 9341 (E, F)

2644. June 30
European Payments Union: protocol 5
BFSP 161:347 (E)
Cmd 9257, Misc 1954:25 (E)
Trb 1954:184 (E, F, Dut)
OFS 1956:39 (E, F, Nor)

2645. July 2
Restoration of national order in Guatemala
BFSP 161:683 (E)

1954 (cont.)

2646. July 8
Capital transfer (Benelux)
UNTS 287:27 (E, F, Dut)
Trb 1954:89 (F, Dut)
Benelux Economic Union. Benelux economische unie (1961) p. 163 (Dut)

2647. July 20
Coodination of economic and social policies (Benelux)
UNTS 250:108 (E, F, Dut)

2648. July 21
Indochina: Geneva Conference
BFSP 161:359 (E)
Champassak. Storm over Laos, p. 173 (E)
Clubb. The United States and the Sino-Soviet bloc in Southeast Asia (1962) p. 146 (E)

2649. July 23
Liquidation of confiscated property received in Italy from German forces
TIAS 3080, UST 5:2170 (E)

2650. July 23
Whaling
TIAS 3198, UST 6:645 (E)
OFS 1955:682 (E, Nor)

2651. July 29
Phyto-Sanitary Convention for Africa South of Sahara
UNTS 249:45 (E, F)
Cmd 9256, Misc 1954:24 (E, F)
GBTS 1956:31, Cmd 9834 (E, F)

2652. August 9
Treaty of alliance (Greece, Turkey, Yugoslavia)
UNTS 211:237 (E, F)
BFSP 161:678 (F)
AJIL supp 49:47 (E)
European Yearbook (1956) 2:618 (E, F)
Rivista di Studi Politici Internazionali 1954:502 (It)
Anchieri. La Diplomazia Contemporanea (1959) p. 299 (It)

2653. August 24
War graves in Thailand (British Commonwealth)
UNTS 247:213 (E, F)
GBTS 1956:18, Cmd 9776 (E)

1954 (cont.)

2654. September 8
Southeast Asia Treaty Organization
UNTS 209:28 (E, F)
BFSP 161:365 (E)
TIAS 3170, UST 6:81 (E, F)
Cmd 9282, Misc. 1954:27 (E)
GBTS 1957:63 Cmd 265 (E, F)
JO (Fr) 1958:6593 (F)
Europa-Archiv 9:6948 (G)
Anchieri. La Diplomazia Contemporanea (1959) p. 351 (It)
Clubb. The United States and the Sino-Soviet bloc in Southeast Asia (1962) p. 151 (E)
Lawson. International regional organizations (1962) p. 274 (E)
Münch. Internationale Organisationen (1962) p. 125 (G)
Manila Conference, 1954. Southeast Asia Treaty Organization (1954) p. 1 (E)
Sanson-Téran. Universalismo y Regionalismo en la Sociedad Interestatal Contemporanea (1960) p. 287 (Sp)
Southeast Asia Collective Defense Treaty. Record of Progress (1960-61) p. 37 (E)
Southeast Asia Treaty Organization. Collective Security: Shield of Freedom (1959) p. 117 (E)
Reuter. Traités et documents diplomatiques (1963) p. 416 (F)
Australia TS 1955:3 (E)

2655. September 8
Southeast Asia collective defense: protocol
UNTS 209:36 (E, F)
GBTS 1957:63, Cmd 265 (E, F)
NZTS 1955:3 (E)
Anchieri. La Diplomazia Contemporanea (1959) p. 352 (It)
Manila Conference, 1954. Southeast Asia Treaty Organization (1954) p. 4 (E)
Southeast Asia Treaty Organization. Collective Security: Shield of Freedom (1959) p. 121 (E)
Reuter. Traités et documents diplomatiques (1963) p. 419 (F)
Australia TS 1955:3 (EP
BFSP 161:370 (E)

2656. September 8
Pacific Charter
UNTS 209:23 (E, F)
TIAS 3171; UST 6:91 (E, F)
Cmd 9299, Misc 1954:31 (E)
GBTS 1957:63, Cmd 265 (E, F)
Manila Conference, 1954. Southeast Asia Treaty Organization (1954) p. 1 (E)
Modelski. SEATO (1962) p. 289 (E)
Southeast Asia Treaty Organization. Collective Security: Shield of Freedom (1959) p. 121 (E)
Reuter. Traités et document diplomatiques (1963) p. 419 (F)

1954 (cont.)

2657. September 23
   Benelux: 12th protocol
   Trb 1954:150 (F, Dut)

2658. September 28
   Korean currency to British Commonwealth forces
   UNTS 207:293 (E, F)
   GBTS 1955:16, Cmd 9393 (E)

2659. September 28
   Stateless persons
   UNTS 360:117, 130 (E, F, Sp)
   BFSP 161:372 (E)
   GBTS 1960:41, Cmd 1098 (E, F, Sp)
   JO (Fr) 1960:9063 (F)
   IreTS 1963:2 (E)
   Israel TS 245 (E, F, Heb)
   Trb 1955:42 (E, F); 1957:22 (Dut)
   OFS 1960:454 (E, Nor)
   Revue Critique de Droit International Privé 49:640 (F)

   Rivista di Diritto Internazionale 46:103 (F)

2660. September 30
   Disarmament (Soviet Draft)
   Siegler. Dokumentation zur Deutschlandfrage. (1961) 1:220 (G)
   UN Doc A/2742 (E, F)
   UN Doc A/C.1/750 (E, F)
   National Lawyers Guild. International Law Committee. Summary of Disarmament Documents 1945-1962 (1963) p. 39 (E)

2661. October 3
   Brussels Treaty: invitation to Italy and Germany
   Relazioni Internazionali 26 (47 supp):82 (It)
   Rivista di Studi Politici Internazionali 1955:468 (It)
   Siegler. Dokumentation zur Deutschlandfrage (1961) 1:221 (G)

2662. October 5
   Trieste
   UNTS 235:99 (E, F)
   BFSP 161:419 (E)
   TIAS 3099, UST 5:2386 (E)
   Cmd 9288, Misc 1954:30 (E)
   Rivista di Studi Politici Internazionali 1954:515 (It)

2663. October 13
   Unification of methods of analysis and appreciation of wines
   JO (Fr) 1957:227 (F)
   Vert BRD 14:24 (F, G)

1954 (cont.)

2664. October 19
   Rice
   TIAS 4110, UST 9:1247 (E, F)

2665. October 22
   Results of the Conference on the Four and the Nine: NATO
   TIAS 3113, UST 5:2519 (E)
   Cmd 9289, Misc 1954:28 (E)
   Relazioni Internazionali 26 (47 supp):88 (It)

2666. October 23
   General treaty on Germany
   Bretz. Was jeder Deutsche vom Generalvertrag wissen muss (1954) p. 5 (G)
   Siegler. Dokumentation zur Deutschlandfrage (1961) 3:117 (G)

2667. October 23
   German peace convention: Bonn convention corrections
   TIAS 3425, UST 6:5365 (E, F, G)

2668. October 23
   Tripartite declaration on Berlin
   TIAS 3427, UST 6:5703 (E, F, G)
   DSB 31:731 (E)
   Relazioni Internazionali 26 (47 supp):82 (It)
   Siegler. Dokumentation zur Deutschlandfrage (1961) 3:250 (G)

2669. October 23
   Germany: relations with the big three
   UNTS 331:327 (E, F, G)
   UST 6:245, TIAS 3425 (E, F, G)
   Vert BRD 7:8 (E, F, G)
   AJIL supp 49:57 (E)
   Bretz. Was jeder Deutsche vom Generalvertrag wissen muss (1954) p. 60 (G)

2670. October 23
   Germany: reserved rights of Western powers
   BFSP 161:476 (E)
   TIAS 3427, UST 6:5703 (E, F, G)
   Hillgruber. Berlin Dokumente 1944-1961 (1961) p. 118 (G)

2671. October 23
   Occupation of Germany: termination
   UNTS 331:253 (E, F, G)
   BFSP 161:453 (E)
   TIAS 3425, UST 6:4118 (E, F, G)
   Cmd 9304 (1954) (E)
   GBTS 1959:15, Cmd 658 (E, F, G)
   Vert BRD 7:2 (E, F, G)
   AJIL supp 49:55 (E)
   Relazioni Internazionali 26 (47 supp):80 (It)
   North Atlantic Treaty Organization. Information Service. Nato, p. 233 (E)

   Ruhm von Oppen. Documents on Germany under Occupation 1945-1954 (1955) p. 614 (E)

1954 (cont.)

2671 Siegler. Dokumentation zur Deutschland-
cont. frage (1961) 3:115 (G)

2672. October 23
    Settlement of matters arising out of the war and the occupation
UNTS 332:219 (E, F, G)
Vert BRD 7:222 (E, F, G)
Bretz. Was jeder Deutsche vom General-
vertrag wissen muss (1954) p. 73 (G)

2673. October 23
    Germany: presence of foreign forces
UNTS 334:3 (E, F, G)
BFSP 161:473 (E)
TIAS 3426, UST 6:5689 (E, F, G)
GBTS 1955:77, Cmd 9617 (E)
CanTS 1955:7 (E, F)
Vert BRD 7:608 (E, F, G)
Trb 1954:180 (E, G, Dut)
AJIL supp 49:120 (E)
Relazioni Internazionali 26(47 supp):81 (It)
North Atlantic Treaty Organization. Informa-
tion Service. Nato p. 236 (E)

Ruhm von Oppen. Documents on Germany
under Occupation 1945-1954 (1955) p.
634 (E)
Siegler. Dokumentation zur Deutschland-
frage (1961) 3:248 (G)

2674. October 23
    Rights and obligations of foreign forces in Germany
UNTS 332:3 (E, F, G)
TIAS 3425, UST 6:4278 (E, F, G)
Vert BRD 7:42 (E, F, G)
Trb 1956:124 (E, Dut)
Bretz. Was jeder Deutsche vom General-
vertrag wissen muss (1954) p. 37 (G)
Siegler. Dokumentation zur Deutschland-
frage (1961) 3:129 (G)

2675. October 23
    Germany: taxation of forces
UNTS 332:387 (E, F, G)
TIAS 3425, UST 6:4411 (E, F, G)
GBTS 1959:15, Cmd 658 (E, F, G)
AJIL supp 49:123 (E)
Bretz. Was jeder Deutsche vom General-
vertrag wissen muss (1954) p. 64 (G)
Siegler. Dokumentation zur Deutschland-
frage (1961) 3:245 (G)

2676. October 23
    Arbitration on taxes (Germany)
TIAS 3425, UST 6:5411 (E, F, G)

2677. October 23
    Finance (Germany)
UNTS 332:157 (E, F, G)
GBTS 1959:12, Cmd 655 (E, F, G)
Vert BRD 7:172 (E, F, G)
Bretz. Was jeder Deutsche vom General-
vertrag wissen muss (1954) p. 65 (G)
Siegler. Dokumentation zur Deutschland-
frage (1961) 3:174 (G)

1954 (cont.)

2678. October 23
    Property rights and interest in Germany
TIAS 3425, UST 6:4538 (E, F, G)
AJIL supp 49:113 (E)
Siegler. Dokumentation zur Deutschland-
frage (1961) 3:193 (G)

2679. October 23
    Western European Union: cooperation and defense: Brussels Treaty
UNTS 211:342 (E, F)
GBTS 1955:39, Cmd 9498 (E, F)
BG Bl (Ger) 1955, II, p. 283 (E, F, G)
Trb 1954:179 (E, F, Dut)
AJIL supp 49:128 (E)
European Yearbook (1956) 2:312 (E, F)
Relazioni Internazionali 26(47 supp):82 (It)
Rivista di Studi Politici Internazionali 1955:
477 (It)

Anchieri. La Diplomazia Contemporanea
(1959) p. 212 (It)
Bretz. Was jeder Deutsche vom General-
vertrag (1954) p. 89 (G)
Instituciones y textos europeos (1960) p.
111 (Sp)
Lawson. International Regional Organiza-
tions (1962) p. 158 (E)
Münch. Internationale Organisationen
(1962) p. 120 (G)
Siegler. Dokumentation zur Deutschland-
frage (1961) 3:270 (G)
Western European Union. Brussels Treaty
(1958) (E)

Reuter. Traités et documents diploma-
tiques (1963) p. 156 (F)

2680. October 23
    Western European Union: charter of the Assembly
European Yearbook (1958) 4:272 (E, F)

2681. October 23
    Western European Union: staff
Trb 1955:153 (E, F, Dut)

2682. October 23
    Western European Union: forces
Trb 1954:179 (E, F, Dut)
AJIL supp 49:31 (E)
European Yearbook (1956) 2:316 (E, F)
Relazioni Internazionali 26 (47 supp):83 (It)
Rivista di Studi Politici Internazionali 1955:
482 (It)

2683. October 23
    Control of armaments (Brussels Treaty)
Trb 1954:179 (E, F, Dut); 1960:122 (E, F, Dut)
AJIL supp 49:134 (E)
European Yearbook (1959) 5:244 (E, F)
Relazioni Internazionali 26 (47 supp):83 (It)
Rivista di Studi Politici Internazionali 1955:
484 (It)

1954 (cont.)

2684. October 23
Western European Union: disarmament agency
Trb 1954:179 (E, F, Dut)
AJIL supp 49:140 (E)
European Yearbook (1956) 2:328 (E, F)
Relazioni Internazionali 26(47 supp):85 (It)
Rivista di Studi Politici Internazionali 1955: 489 (It)

2685. October 23
Brussels Treaty to include Italy and Germany
BFSP 161:433 (E)
GBTS 1959:15, Cmd 658 (E, F, G)

2686. October 23
North Atlantic Treaty Organization: accession of Germany
UNTS 243:308 (E, F)
BFSP 161:431 (E)
TIAS 3428, UST 6:5708 (E, F)
GBTS 1955:44, Cmd 9501 (E, F)
CanTS 1955:6 (E, F)
Trb 1954:177 (E, F, Dut)
OFS 1955:940, 1956:550 (E, F, Nor)
AJIL supp 49:126 (E)
Relazioni Internazionali 26 (47 supp):70, 80 (It)

Anchieri. La Diplomazia Contemporanea (1959) p. 231 (It)
Lawson. International Regional Organizations (1962) p. 8 (E)
Ruhm von Oppen. Documents on Germany under Occupation 1945-1954 (1955) p. 645 (E)
Siegler. Dokumentation zur Deutschlandfrage (1961) 3:289 (G)
Southeast Asia Treaty Organization. Collective security: shield of freedom (1959) p. 112 (E)
Reuter. Traités et documents diplomatiques (1963) p. 173 (F)

2687. October 24
Production and standardization of armaments
Relazioni Internazionali 26 (47 supp): 87 (It)

2688. November 28
United Nations Educational, Scientific and Cultural Organization: amendments to the constitution
TIAS 3469 (E, F)

2689. December 1
German external debts: protocol 2
UNTS 210:197 (E, F, G)
BFSP 161:477 (E)
TIAS 3233, UST 6:685 (E, F, G)
GBTS 1955:23, Cmd 9436 (E, F, G)
Vert BRD 6:120, 11:16 (E, F, G)

1954 (cont.)

2690. December 1
International Institute of Refrigeration
GBTS 1963:2, Cmd 1902 (E, F)
Australia TS 1956:3 (E)
CanTS 1955:31 (E, F)
JO (Fr) 1960:1540 (F)
Vert BRD 13:48 (E, F, G)
Israel TS 270 (E, F, Heb)
Trb 1956:95 (E, F, Dut)
OFS 1956:119 (E, Nor)
Sbornik dog. SSSR 19:182 (R)
Diritto Internazionale 16, II, p. 5 (F)

2691. December 2
Declaration of European peace and security: Communist countries
UNTS 226:153 (E, F, R)
BFSP 161:551 (E)

2692. December 4
Sovereignty over maritime lanes of 200 miles
Revista Peruana de Derecho Internacional 14:276 (Sp)
UN Doc ST/Leg/Ser. B/6 (1956) (E, F)

2693. December 4
Sanctions for fishing
Revista Peruana de Derecho Internacional 14:277 (Sp)

2694. December 4
Special maritime frontiers
Revista Peruana de Derecho Internacional 14:285 (Sp)

2695. December 4
Measure of supervision and control in maritime lanes
Revista Peruana de Derecho Internacional 14:280 (Sp)

2696. December 4
Annual reunion of permanent commission for the exploitation and conservation of the maritime wealth of the South Pacific
Revista Peruana de Derecho Internacional 14:283 (Sp)

2697. December 4
Licenses for the exploitation of maritime resources: Southern Pacific
Revista Peruana de Derecho Internacional 14:281 (Sp)

2698. December 8
Benelux: protocol 12
Trb 1955:14 (F, Dut)

2699. December 8
Benelux: protocol 13
Trb 1955:2 (F, Dut)

1954 (cont.)

2700. December 8
United Nations Educational, Scientific, and Cultural Organization: amendments to constitution
UST 6:6157; TIAS 3469 (E, F)

2701. December 15
League of Arab States: payments and transfer of capital: amendment
Khalil. The Arab states and the Arab League 2:129 (E)

2702. December 16
Extradition (draft)
Inter-American Juridical Committee. Recomendaciones e informes, 1954-1956, p. 19 (Sp)

2703. December 19
Cultural cooperation (Europe)
UNTS 218:139 (E, F)
BFSP 161:485 (E)
Eur TS 18 (E, F)
GBTS 1955:49, Cmd 9545 (E, F)
Cmd 9398 Misc 1955:3 (E, F)
Vert BRD 8:464 (E, F, G)
Ire TS 1955:24 (E)
Trb 1955:117 (E, F, Dut)
OFS 1956:141 (E, F, Nor)
SO 1958:106 (E, F, Swe)

European Yearbook (1958) 4:306 (E, F)

2704. December 19
Classification for patents (Europe)
UNTS 218:51 (E, F)
Eur TS 17 (E, F)
GBTS 1956:42, Cmd 9862 (E, F)
GBTS 1963:12, Cmd 1956 (E, F)
JO (Fr) 1956:3991 (F)
Vert BRD 8:474 (E, F, G)
Trb 1955:71 (E, F, Dut)
OFS 1955:944 (E, F, Nor)
Scheer. Internationales Patent-...Recht (1963) p. 532 (G)

Australia TS 1958:10 (E)
Ire TS 1955:10, 1961:10 (E)

2705. December 21
United Kingdom and European Coal and Steel Community
UNTS 258:322 (E, F, G, It, Dut)
BFSP 161:63 (E)
GBTS 1956:51, Cmd 13 (E, F, G, It, Dut)
Vert BRD 8:446 (E, F, G)
Trb 1955:70 (Dut)
European Coal and Steel Community. Ordinamento (1961) 2:145 (It)

2706. December 29
Mekong River navigation and access to Saigon
Annuaire Français de Droit International 1962:112 (F)

1954 (cont.)

2707. December 30
Sickness benefits (Scandinavia)
UNTS 227:270 (E, F)

1955

2708.
International Astronautical Federation
Miller. Report on the 11th annual meeting of the IAF (1961) p. 13 (E)

2709. January 7
Motor vehicle responsibility (Benelux)
Trb 1955:16 (F, Dut)

2710. February 1
General Agreement on Tariffs and Trade: accession of Japan
TIAS 3470, UST 6:6163 (E, F)

2711. February 16
Execution of arbitral awards
Briseño Sierra. El arbitraje en el derecho privado (1963) p. 335 (Sp)

2712. February 24
Central Treaty Organization: Baghdad Pact
UNTS 233:199 (E, F, Ar, T)
GBTS 1956:39, Cmd 9859 (Ar, T, E)
Lawson. International regional organizations. (1962) p. 241 (E)
Sanson-Terán. Universalismo y Regionalismo en la Sociedad Interestatal Contemporanea (1960) p. 285 (Sp)
Southeast Asia Treaty Organization. Collective Security: Shield of Freedom (1959) p. 123 (E)

2713. March 2
Balkan Consultative Assembly
UNTS 225:233 (E, F)
European Yearbook (1956) 2:624 (E, F)
Anchieri. La Diplomazia Contemporanea (1959) p. 307 (It)

2714. March 2
Road transport (Scandinavia)
UNTS 211:3 (E, F, Dan, Nor, Swe)
OFS 1955:685 (Nor, Swe)

2715. March 7
General Agreement on Tariffs and Trade: schedule of rectifications, 4th
UNTS 324:300 (E, F)
TIAS 4186, UST 10:213 (E, F)
Trb 1956:30 (E, F, Dut)

1955 (cont.)

2716. March 10
General Agreement on Tariffs and
  Trade: preamble and pts. II and
  III
UNTS 278:168 (E, F, G)
TIAS 3930, UST 8:1767 (E, F)
Trb 1956:32 (E, F, Dut)
Liebich. Das GATT (1961) p. 131 (G)

2717. March 10
General Agreement on Tariffs and
  Trade: pt. I, arts. XXIX and
  XXX
GATT pub., 10 March 1955 (E)
Trb 1956:31 (E, F, Dut)

2718. March 10
General Agreement on Tariffs and
  Trade: organizational amendments
GATT pub. 10 March 1955 (E)
TIAS 3930, UST 8:1767 (E, F)
Trb 1956:33 (E, F, Dut)

2719. March 10
General Agreement on Tariffs and
  Trade: procès-verbal of signature
GATT Doc. G/99, 21 February 1956 (E)

2720. March 10
General Agreement on Tariffs and
  Trade: schedule application
UNTS 220:154 (E, F)
TIAS 3437, UST 6:5815 (E, F)
OFS 1957:370 (E, Nor)

2721. March 10
Organization for Trade Cooperation
Trb 1956:34 (E, F, Dut)
OFS 1957:563 (E, Nor)

2722. March 19
Sanitary control of traffic (Scandinavia)
UNTS 228:95 (E, F, Dan, Nor, Swe)

2723. April 24
Bandung Conference
China (P.R.) Treaties. Verträge der
  Volksrepublik China 1:235 (G)
Anchieri. La Diplomazia Contemporanea
  (1959) p. 354 (It)
Clubb. The United States and the Sino-
  Soviet bloc in Southeast Asia (1962)
  p. 155 (E)

2724. April 27
European and Mediterranean Plant Protection Organization
GBTS 1956:44, Cmd 9878 (E, F)
European Yearbook (1956) 2:504 (E, F)
Sop S 1961:11 (E, Fin)
Lovt C 1962:108 (E, F, Dan)

1955 (cont.)

2725. May 5
Status of Berlin
Hillgruber. Berlin Dokumente 1944-1961
  (1961) p. 119 (G)

2726. May 10
Transfer of property rights and
  interest (Austria)
UNTS 273:121 (E, F, G)
TIAS 3560 (E, G)

2727. May 10
Disarmament (Soviet Draft)
Siegler. Dokumentation zur Deutschlandfrage (1961) 1:293 (G)
UN Doc DC/SC.1/26/Rev.1, May 10,
  1955 (E, F)
National Lawyers Guild. International
  Law Committee. Summary of Disarmament Documents 1945-1962 (1963) p.
  47 (E)

2728. May 11
Western European Union: staff
GBTS 1957:42, Cmd 173 (E, F)
Vert BRD 13:2 (E, F, G)
Trb 1955:153 (E, F, Dut)

2729. May 14
Treaty of Friendship, Cooperation
  and Mutual Assistance: Warsaw
  Pact: cooperation and defense
UNTS 219:3 (R, Pol, Cz, G, E)
Sbornik dog. SSSR 17:29 (R)
AJIL supp 49:194 (E)
New Times (Moscow) 21 (May 21, 1955)
  supp, p. 65 (E)
Anchieri. La Diplomazia Contemporanea
  (1959) p. 293 (It)
Lawson. International regional organizations (1962) p. 205 (E)
Meissner. Warschauer Pakt (1962) p. 97
  (G)
Münch. Internationale Organisationen
  (1962) p. 145 (G)
Skubiszewski. Materialy do cwiczen z prawa miedz. pub. (1961) 2:88 (Pol)
Siegler. Dokumentation zur Deutschlandfrage (1961) 3:296 (G)
Reuter. Traités et documents diplomatiques (1963) p. 175 (F)
Rys. Pet let Varsavske smlouvy (1960)
  p. 69 (Cz)

Instituto Inter-Americano de Estudios
  Juridicos Internacionales. Organizaciones Internacionales no Americanas
  (1964) p. 547 (Sp)

1955 (cont.)

2730. May 14
    Joint military command: Warsaw Pact members
    Pravda, May 15, 1955:2 (R)
    Meissner. Warschauer Pakt (1962) p. 102 (G)

2731. May 15
    Reestablishment of Austria
    UNTS 217:223 (E, F, G, R)
    TIAS 3298, UST 6:2369 (E, F, G, R)
    GBTS 1957:58 Cmd 214 (E, F, G, R)
    Anchieri. La Diplomazia Contemporanea (1959) p. 309 (It)
    CanTS 1959:14 (E, F)
    JO (Fr) 1955:6959 (F)
    Siegler. Dokumentation zur Deutschlandfrage. (1961) 3:300 (G)
    Sbornik dog. SSSR 17:33 (R)

    AJIL supp 49:162 (E)
    Revue Critique de Droit International Privé 44:547 (F)
    Anchieri. La Diplomazia Contemporanea (1959) p. 309 (It)
    Siegler. Dokumentation zur Deutschlandfrage (1961) 3:300 (G)
    NZTS 1960:4 (E)
    Australia TS 1961:14 (E)

2732. May 25
    International Finance Corporation
    UNTS 264:117 (E, F)
    TIAS 3620, UST 7:2197 (E)
    GBTS 1961:37, Cmd 1377 (E)
    CanTS 1956:16 (E, F)
    Mon (Congo, Leopoldville) 1963:363 (F)
    JO (Fr) 1958:1988 (F)
    Vert BRD 10:432 (E, G)
    IreTS 1958:18 (E)
    Israel TS 236 (E, Heb)
    Trb 1955:162 (E, Dut)

    OFS 1956:554 (E, Nor)
    PakTS 1955:34 (E)
    Salvador. Tratados 5:283 (Sp)
    AJIL 57:486 (E)
    Blanco Videl. Organizaciones internacionales de Creditos (1962) p. 147 (Sp)
    Deutsche Liga für die Vereinten Nationen. Die Organisationen der Vereinten Nationen. (1962) 2:494 (G)
    Gonzalez. Textos internacionales del Peru (1962) p. 307 (Sp)
    U.S. Administrative law. Legislation on foreign relations (1963) p. 466 (E)
    Australia TS 1956:14 (E)

2733. May 26
    World Health Organization: sanitary regulations (2)
    TIAS 5156, UST 13:1986 (E, F)
    Cmd 30, Misc 1957:3 (E)
    GBTS 1962:22, Cmd 1704 (E, F)
    Vert BRD 10:614 (E, F, G)
    WHO doc. WHA8.36 26 May 55 (E)

1955 (cont.)

2734. May 28
    Management of joint weather stations in the North Atlantic (Nordic countries)
    OFS 1961:25 (Nor, Swe)
    Singh. British Shipping Laws (1963) 8:46 (E)

2735. June 3
    Regulating the police of the North Sea fisheries
    UNTS 310:146 (E, F)
    GBTS 1958:33, Cmd 517 (E, F)
    JO (Fr) 1958:6689 (F)
    Vert BRD 13:108 (E, F, G)
    Trb 1955:78 (E, F, Dut)

2736. June 6
    International tracing service
    UNTS 219:79 (E, F, G)
    TIAS 3471, UST 6:6169 (E, F, G)
    GBTS 1956:11, Cmd 9713 (E, F, G)
    GBTS 1961:22, Cmd 1370 (E, F, G)
    Vert BRD 8:158 (E, F, G)
    Israel TS 269 (E, F, Heb)
    Trb 1956:1 (E, G, Dut)
    Diritto Internazionale 16, II, p. 701 (F)

2727. June 7
    General Agreement on Tariffs and Trade: Japan accession
    UNTS 220:164 (E, F)
    TIAS 3438, UST 6:5833 (E, F)
    OFS 1957:374 (E, Nor)

2738. June 8
    Trade: withdrawal of concessions under GATT
    TIAS 3473, UST 6:6229 (E, F)

2739. June 11
    Northwest Atlantic fisheries
    UNTS 308:312 (E, F)

2740. June 15
    Regulating the conflict between law of nationality and the law of domicile
    Trb 1955:84 (F, Dut)
    Conférence de Droit International Privé. 8th. The Hague, 1956. Recueil de Textes (1959) p. 25 (F)
    Conférence de Droit International Privé. 9th. The Hague, 1960. Recueil des Conventions de la Haye (1961) p. 24 (F)

2741. June 15
    General Agreement on Tariffs and Trade: rectification of French text
    UNTS 253:316 (E, F)
    TIAS 3677, UST 7:2943 (E, F)

1955 (cont.)

2742. June 15
   Sale of movable objects
   Trb 1955:83 (F, Dut)
   Conférence de Droit International Privé.
     8th. The Hague, 1956. Recueil de
     Textes (1959) p. 12 (F)
   Conférence de Droit International Privé.
     9th. The Hague, 1960. Recueil des
     Conventions de la Haye (1961) p. 12 (F)

2743. June 18
   Carriage of goods by rail
   UNTS 242:464 (E, F)
   OFS 1956:474 (F, Nor)
   Affaires Étrangères 47:C.1 (F)

2744. June 21
   Breaches of contract of employment
     (ILO 104)
   UNTS 305:265 (E, F)
   Trb 1956:81 (E, F, Dut)
   NZTS 1960:8 (E)
   CL (Port) 1959(2):1009 (F, Port)
   Salvador. Tratados 6:511 (Sp)
   JO (CAR) 1964:390 (F)

2745. June 22
   Atomic information: NATO
   UNTS 249:3 (E, F)
   TIAS 3521, UST 7:397 (E, F)
   GBTS 1956:21, Cmd 9799 (E, F)
   CanTS 1956:4 (E, F)
   Vert BRD 10:18 (E, F, G)
   Trb 1955:139 (E, F, Dut)
   OFS 1956:187 (E, F, Nor)

2746. June 29
   European Payments Union: protocol 6
   Cmd 9601, Misc 1955:19 (E, F)
   Trb 1956:63 (E, F, Dut)
   OFS 1957:393 (E, F, Nor)

2747. July
   Disarmament (United States draft)
   Siegler. Dokumentation zur Deutschland-
     frage (1961) 1:336 (G)

2748. July
   Disarmament (Soviet draft)
   Siegler. Dokumentation zur Deutschland-
     frage (1961) 1:335 (G)

2749. July 1
   Classification of goods in customs
     tariffs (Benelux)
   UNTS 347:142 (E, F)
   GBTS 1960:29, Cmd 1070 (E, F)
   Cmd 127, Misc 1957:9 (E)
   Sop S 1961:6 (F, Fin)
   Vert BRD 15:155 (E, F, G)
   Trb 1956:106 (E, F, Dut)
   OFS 1960:13 (E, Nor)
   European Yearbook (1957) 3:348 (E, F)
   SÖ 1958:78 (E, F, Swe)

1955 (cont.)

2750. July 12
   Bandung Conference communiqué
   Documents on International Affairs
     1955:429 (E)
   Khalil. The Arab states and the Arab
     League 2:895 (E)

2751. July 15
   General Agreement on Tariffs and
     Trade: 3rd concessions
   UNTS 250:292 (E, F)
   TIAS 3629, UST 7:2393 (E, F)

2752. July 15
   General Agreement on Tariffs and
     Trade: 4th concessions
   UNTS 250:297 (E, F)
   TIAS 3630; UST 7:2407 (E, F)
   OFS 1957:381 (E, Nor)

2753. July 15
   General Agreement on Tariffs and
     Trade: 5th concessions
   UNTS 250:301 (E, F)
   TIAS 3631, UST 7:2421 (E, F)

2754. July 21
   Central American Institute of Investi-
     gation and Industrial Technology:
     ICAITI
   DO (Guatemala) 1957:905 (Sp)

2755. July 23
   Four-Power conference, Geneva:
     directives to foreign ministers
   Sbornik dog. SSSR 17:73 (R)

2756. July 23
   Whaling
   TIAS 3548, UST 7:657 (E)

2757. July 25
   Coordination of economic and social
     policies (Benelux)
   UNTS 250:108 (E, F, Dut)

2758. July 30
   Eastern European Commission on
     Transport of Goods and of Passengers
   Haustein-Pschirer. Internationale Einstr-
     bahnrecht 1:430 (G)

2759. August 5
   European Monetary Agreement: pro-
     visional application
   OFS 1960:698 (E, F, Nor)

1955 (cont.)

2760. August 5
    European Monetary Agreement
    Cmd 9602, Misc 1955:20 (E, F)
    Cmd 554, Misc 1958:12 (E, F)
    Cmd 959, Misc 1960:2 (E, F)
    JO (Fr) 1960:7307 (F)
    Trb 1956:66 (E, F, Dut)
    OFS 1960:646 (E, F, Nor)
    European Yearbook 1957:212 (E, F)
    American foreign policy. Current documents 1959:532 (E)

2761. August 5
    European Payments Union: protocol of provisional application
    Vert BRD 8:418 (E, F, G)
    Trb 1956:65 (E, F, Dut)
    OFS 1957:425 (E, F, Nor)

2762. August 5
    European Payments Union: protocol 7
    Cmd 9601, Misc 1955:19 (E, F)
    Vert BRD 8:400 (E, F, G)
    Trb 1956:64 (E, F, Dut)
    OFS 1957:404 (E, F, Nor)
    European Yearbook 1959:217 (E, F)

2763. August 14
    Indo-Pacific Fisheries Council
    TIAS 3674, UST 7:2927 (E)

2764. August 25
    Safety of life at sea
    TIAS 3590, UST 6:1080 (E)

2765. September 15
    Social security (Scandinavia)
    UNTS 254:55 (E, F, Ic, Dan, Fin, Nor, Swe)
    Sop S 1962:65 (Nor, Dan, Fin, Swe)
    OFS 1959:389 (Nor)
    Lovt C 1962:69 (Dan, Fin, Ic, Nor, Swe)

2766. September 21
    British Commonwealth graves in Japan
    UNTS 269:241 (E, F, J)
    GBTS 1957:32, Cmd 134 (E, J)

2767. September 21
    Baltic and North Sea radiotelephone
    OFS 1958:168 (E, Nor)
    Sbornik dog. SSSR 18:539 (R)

2768. September 23
    Limitation of the liability of the owners of sea going ships (draft)
    International Maritime Committee. Conference, Madrid, 1955, p. 579 (E, F)

2769. September 23
    Stowaways (draft)
    International Maritime Committee. Conference, Madrid, 1955, p. 629 (E, F)

1955 (cont.)

2770. September 24
    Carriage of passengers by sea (draft)
    Revista de Ciencias Jurídicas y Sociales 1961:240 (Sp)
    International Maritime Committee. Conference, Madrid, 1955, p. 615 (E, F)

2771. September 26
    Assistance at sea
    Russia. Treaties. Sbornik mezhd. Konventsii (1959) p. 400 (R)

2772. September 26
    Danube River: assistance to vessels
    Sbornik dog. SSSR 17:210 (R)
    Danube Commission (1949-). Sbornik soglashenii, zakliuchennykh po voprosam sudokhodstva na Dunae (1959) p. 180, 436 (R, F)

2773. September 26
    Danube River: transport of goods
    Sbornik dog. SSSR 17:194 (R)
    Danube Commission (1949-). Sbornik soglashenii, zakliuchnnykh po voprosam sudokhodstva na Dunae (1959) p. 143, 399 (R, F)

2774. September 26
    Sea transport
    Russia. Treaties. Sbornik mezhd. Konventsii (1959) p. 373 (R)

2775. September 26
    Unified tariffs
    Russia. Treaties. Sbornik mezhd. Konventsii (1959) p. 383 (R)
    Danube Commission (1949-). Sbornik soglashenii, zakliuchennykh po voprosam sudokhodstva na Dunae (1959) p. 163, 419 (R, F)

2776. September 27
    Central American Institute for Research and Industrial Technology
    Salvador. Tratados 5:261 (Sp)

2777. September 28
    Carriage by air (Warsaw-Hague)
    Cmd 9824, Misc 1956:5 (E)
    Belorusskaia SSR v mezhd. otnosheniiakh (1960) p. 762 (R)
    Australia TS 1963:18 (E)
    Mon (Belg) 1963:11330 (Dut, F)
    Pasin (Belg) 1963:896 (F)
    BU 1963:961 (F)
    JO (Fr) 1960:229 (F)
    Israel TS 244 (E, F, Heb)
    GU (It) 1963:354 (F)

1955 (cont.)

2777 Trb 1956:26 (F, Dut)
cont Salvador. Tratados 6:29 (Sp)
PhilTS (no. 4) 3:27 (E)
RO (Switz) 1963:29, 664 (F)
ICAO Bull (November) 1955:6 (E)
Lawyers Journal 27:348 (E)
Rechtskundig Weekblad 26:1154 (Dut)
Zoghbi. Responsabilité aggravée du
  transport aérien (1962) p. 212 (F)
CL (Rum) no. 4, 1958:79 (Rum)
Strauss. Air law and treaties of the world
  (1961) p. 144, 1331 (E)
Leggi 1963:117 (It)

JO (Algeria) 1964:390 (F)
Germany. Aviation law. Deutsche Luft-
  fahrtgesetzgebung (1964) p. 310 (G)
Rodriguez Jurado. Teoria y practica del
  derecho aeronautica (1963) p. 471 (Sp)

2778. September 29
   Economic guarantees to certain air-
     line companies (Nordic countries)
UNTS 222:313 (E, F, Dan, Fin, Nor, Swe)
OFS 1955:1103 (Nor)

2779. September 29
   Penal administration (Germany)
TIAS 3549, UST 7:663 (E, F, G)

2780. October 12
   International Organization of Legal
     Metrology
GBTS 1962:60, Cmd 1858 (E, F)
JO (Fr) 1958:6752 (F)
BG Bl (Ger) 1959, II, p. 674 (F, G)
Vert BRD 17:93 (F, G)
CT (Jap) 39:1437 (E, J)
OJ (Morocco) 1957:886 (F)
Trb 1956:82 (F, Dut)
Netherlands. Weights and measures law,
  ljkwet 1937 (1962) p. 315 (Dut, F)

OFS 1958:339 (F, Nor)
Sbornik dog. SSSR 20:423 (R)
SO 1958:63 (E, F, Swe)
Australia TS 1959:21 (E)

2781. October 20
   EUROFIMA: European company for the
     financing of railroad materials: con-
     stitution
UNTS 378:159 (E, F, G, It)
Mon (Belg) 130:3050 (F, Dut)
JO (Fr) 1961:6652 (F)
Recueil des Traités de la France 1961:28 (F)
Vert BRD 17:2 (F, G, It)
GU (It) 1958:1724 (It)
Trb 1956:10 (F, Dut)

OFS 1957:151 (E, Nor)
European Yearbook (1957) 3:411 (E, F)
Diritto Internazionale 15, II, p. 5 (F)

1955 (cont.)

2782. November
   Demilitarized zone in Europe (Soviet
     draft)
Siegler. Dokumentation zur Deutschland-
  frage (1961) 1:427 (G)

2783. November
   Security: Europe (Soviet draft)
Siegler. Dokumentation zur Deutschland-
  frage (1961) 1:415 (G)

2784. November
   Non-Aggression Pact (Soviet draft)
Siegler. Dokumentation zur Deutschland-
  frage (1961) 1:461 (G)

2785. November
   All-Germany Council (Soviet draft)
Siegler. Dokumentation zur Deutschland-
  frage (1961) 1:429 (G)

2786. November
   Four Power Commission for Germany
     (Western draft)
Siegler. Dokumentation zur Deutschland-
  frage (1961) 1:444 (G)

2787. November 3
   Readmittance of aliens (Scandinavia)
UNTS 369:454 (E, F, Swe)

2788. November 3
   Passports (Scandinavia)
UNTS 369:458 (E, F, Swe)

2789. November 5
   Benelux: Interparliamentary Consul-
     tative Council
UNTS 250:201 (E, F, Dut)
Trb 1955:159 (E, F). 1956:116 (Dut)
European Yearbook (1957) 3:151 (E, F)
Benelux Economic Union. Textes de base
  (F, Dut)
Benelux Economic Union. Benelux econo-
  mische unie (1961) p. 169 (Dut)
Lawson. International regional organiza-
  tion (1962) p. 194 (E)

2790. November 9
   Postal Union of Americas and Spain
TIAS 3653, UST 7:2599 (E, Sp)
DO (Guatemala) 1957:698 (Sp)
Salvador. Tratados 6:525 (Sp)

2791. November 9
   Postal Union of Americas and Spain:
     money orders
TIAS 3655: UST 7:2735 (E, Sp)
Salvador. Tratados 6:576 (Sp)
DO (Guatemala) 1957:717 (Sp)

1955 (cont.)

2792. November 9
   Postal Union of Americas and Spain: parcel post
   TIAS 3654, UST 7:2687 (E, Sp)
   Salvador. Tratados 6:561 (Sp)
   DO (Guatemala) 1957:730 (Sp)

2793. November 9
   Postal Union of Americas and Spain: registered mail
   Salvador. Tratados 6:557 (Sp)
   DO (Guatemala) 1957:739 (Sp)

2794. November 9
   Postal Union of the Americas and Spain: postal charges
   CL (Costa Rica) 1960, 1:139 (Sp)

2795. November 9
   Postal Union of Americas and Spain: letters of declared value
   CL (Costa Rica) 1960, 1:146 (Sp)

2796. November 15
   Olive oil
   UNTS 336:177 (E, F, Sp)
   Cmd 549 Misc 1958:10 (E)
   GBTS 1960:7 Cmd 954 (E, F)
   JO (Fr) 1960:3728 (F)

2797. November 16
   Four-Power communique, Geneva
   Sbornik dog. SSSR 17:75 (R)

2798. November 18
   International Rice Commission: as amended
   UNTS 299:296 (E, F)

2799. December
   European Civil Aviation Conference: constitution
   European Yearbook (1962) 10:1006 (E, F)

2800. December 2
   German credit: protocol 1
   Vert BRD 8:572 (E, G)

2801. December 3
   General Agreement on Tariffs and Trade: pt. 1, art. XXIX, XXX, preamble, pts. II and III and organizational amendments
   UNTS 278:246 (E, F)

2802. December 3
   General Agreement on Tariffs and Trade: schedule rectifications (5th)
   Trb 1956:37 (E, F, Dut)

1955 (cont.)

2803. December 13
   Establishment (Europe)
   Cmd 41, Misc 1957:1 (E, F)
   EurTS 19 (E, F)
   Trb 1957:20 (E, F, Dut)
   OFS 1958:232 (E, Nor)
   Feblot. La convention Franco-Allemande d'établissement (1961) p. 159 (F)

2804. December 13
   Exchange of war cripples (Europe)
   UNTS 250:3 (E, F)
   GBTS 1956:38, Cmd 9851 (E, F)
   EurTS 20 (E, F)
   JO (Fr) 1960:4616 (F)
   Vert BRD 9:10 (E, F, G)
   IreTS 1956:3 (E)
   Trb 1956:89 (E, F, Dut)
   OFS 1957:171 (E, F, Nor)
   Troclet. Legislation Sociale Internationale (1962) 3:480 (F)

2805. December 16
   Road works
   Trb 1956:46 (E, F)

2806. December 22
   Benelux: protocol 14
   Trb 1956:14 (F, Dut)

2807. December 23
   Plant protection for Southeast Asia and Pacific region
   Cmd 9783, Misc 1956:4 (E)
   Trb 1956:107 (E, F, Dut)

1956

2808. January 1
   International Maritime Committee
   International Maritime Committee. Conference, Madrid, 1955, p. 7 (F)

2809. January 4
   North Atlantic Ice Patrol
   UNTS 256:171 (E)
   TIAS 3597, UST 7:1969 (E)
   GBTS 1956:43, Cmd 9864 (E)
   CanTS 1956:12 (E, F)
   Vert BRD 13:112 (E, G)
   Trb 1956:126 (E)
   OFS 1957:179 (E, Nor)
   Singh. British Shipping Laws (1963) 8:52 (E)

2810. January 24
   Air service (Australia-New Zealand)
   NZTS 1956:8 (E)

1956 (cont.)

2811. January 24
   Pacific air services
   NZTS 1956:7 (E)

2812. January 28
   Warsaw Pact: declaration
   Sbornik dog. SSSR 18:262 (R)

2813. January 30
   Inter-American uniform law of commercial arbitration (draft)
   Briseño Sierra. El arbitraje en el derecho privado (1963) p. 419 (Sp)

2814. February 24
   Lake Inari
   UNTS 243:147 (Fin, Nor, R)
   OFS 1956:203 (Nor)

2815. February 27
   Plant protection (Southeast Asia)
   UNTS 243:400 (E, F, Sp)
   GBTS 1957:40, Cmd 170 (E, F, Sp)
   Australia TS 1956:11 (E)

2816. March 1
   Customs: samples
   UNTS 343:129 (E, F)
   GBTS 1959:29, Cmd 711 (E, F)
   IreTS 1960:9 (E)
   Israel TS 442 (E, F, Heb)
   Trb 1957:66 (E, F, Dut)
   OFS 1960:332 (E, F, Nor)
   RO (Switz) 1960:1188, 1961:1203 (F, G)
   European Yearbook (1958) 4:357 (E, F)
   Loyt C 1962:47 (E, F, Dan)
   Sbírka Zákonů 1963:323 (Cz)

2817. March 2
   External debts of the City of Berlin
   TIAS 3545 (E, G)

2818. March 3
   Compulsory military service and nationality (Scandinavia)
   UNTS 243:169 (Dan, Nor, Swe)
   OFS 1956:208 (Dan, Nor, Swe)

2819. March 3
   Assistance at sea
   Russia. Treaties. Sbornik mezhd. Konventsii (1959) p. 306 (R)

2820. March 5
   War cemeteries (Commonwealth of Nations)
   UNTS 326:169, 181 (E, F, G)
   GBTS 1958:52, Cmd 581 (E, F, G)
   Vert BRD 11:166 (E, F, G)
   NZTS 1960:5 (E)
   Australia TS 1958:17 (E)

1956 (cont.)

2821. March 13
   National Medical Center in Korea
   UNTS 427:245 (E, F, K)
   OFS 1961:33 (E, Nor)

2822. March 17
   Baghdad postal money order
   Weekly Gaz (Iraq) 1963:511 (E)

2823. March 19
   Disarmament (Western draft)
   Siegler. Dokumentation zur Deutschlandfrage (1961) 1:525 (G)

2824. March 26
   Organization of a Joint Institute for Nuclear Research (Moscow)
   UNTS 259:125 (R)
   Sbornik dog. SSSR 18:334 (R)
   Uschakow. Rat für gegenseitige Wirtschaftshilfe (1962) p. 147 (G)

2825. March 30
   German external debt
   UNTS 265:38 (E, F, G)

2826. April 21
   Egypt, Saudi Arabia, Yemen: military pact
   Documents on International Affairs 1956:43 (E)
   Khalil. The Arab states and the Arab League 2:250 (E)

2827. April 25
   Wheat
   UNTS 270:103 (E, F, Sp)
   TIAS 3709, UST 7:3275 (E, F, Sp)
   CanTS 1956:5 (E, F)
   JO (Fr) 1957:772 (F)
   Vert BRD 10:104, 358 (E, F, G)
   Israel TS 292 (E, F, Heb)
   Trb 1956:112 (E, Dut)
   OFS 1957:54 (E, Nor)
   RO (Ecuador) 516, 19 May 1958 (Sp)
   Australia TS 1956:16 (E)

2828. April 30
   Commercial rights of non-scheduled air service in Europe: ICAO
   UNTS 310:229 (E, F, Sp)
   GBTS 1960:42, Cmd 1099 (E, F, Sp)
   Mon (Belg) 130:4909 (F, Dut)
   JO (Fr) 1960:5919 (F)
   Vert BRD 13:466 (E, F, G)
   Trb 1957:137 (E, F, Dut)
   OFS 1958:36 (E, Nor)
   CL (Port) 1958(2):261 (E, Port)
   ICAO Bulletin (no. 2) 11:3 (E)
   Journal of Air Law and Commerce 23:222 (E)

   SÖ 1959:75 (E, F, Sp, Swe)

1956 (cont.)

2829. May 5
Rhine River: licensing of ship captains
RO (Switz) 1956:1382 (F)

2830. May 8
Consultation: European Coal and Steel Community
Bulletin of the ECSC (June '56) 16:5 (E)
European Coal and Steel Community. Ordinamento (1961) 2:153 (It)

2831. May 15
Benelux: customs: 15th protocol
UNTS 356:318 (F, Dut)
Trb 1956:71 (F, Dut)

2832. May 18
Customs: containers
UNTS 338:104 (E, F)
Mon (Belg) 130:4765 (F, Dut)
Sop S 1961:23 (E, Fin)
JO (Fr) 1960:829 (F)
Trb 1957:124 (E, F, Dut)
SÖ 1959:33 (E, F, Swe)

2833. May 18
Taxation of road vehicles
UNTS 339:3 (E, F)
Cmd 220, Misc 1957:16 (E)
GBTS 1963:32, Cmd 2039 (E, F)
Australia TS 1961:6 (E)
JO (Fr) 1960:865 (F)
Vert BRD 17:301 (E, F, G)
IreTS 1962:13 (E)
Trb 1957:115 (E, F, Dut)
SÖ 1958:3 (E, F, Swe)

2834. May 18
Commercial road vehicles importation
Cmd 255, Misc 1957:20 (E)
GBTS 1960:1, Cmd 919 (E, F)
Mon (Belg) 1963:10701 (F, Dut)
BU 1963:861 (F)
JO (Fr) 1960:833 (F)
Trb 1957:123 (E, F, Dut)
SÖ 1958:2 (E, F, Swe)
Pasin (Belg) 1963:1485 (F)

2835. May 18
Importation of pleasure boats and aircraft
UNTS 319:21 (E, F)
GBTS 1959:16, Cmd 650 (E, F)
JO (Fr) 1960:847 (F)
GU (It) 1962:40 (It)
Trb 1957:122 (E, F, Dut)
Diritto Maritimo 64:140 (F)
SÖ 1958:1 (E, F, Swe)

2836. May 19
Transport of goods by road: CMR
UNTS 399:189 (E, F)
Mon (Belg) 132:9866 (F, Dut)
JO (Fr) 1961:6380 (F)
Recueil des Traités de la France 1961: 27 (F)
Trb 1957:84 (E, F, Dut)

1956 (cont.)

2837. May 21
Nomenclature of diseases
TIAS 4409, UST 11:61 (E, F)
Trb 1960:109 (E, Dut)

2838. May 23
Sanitary regulations: smallpox vaccination
TIAS 4420, UST 11:133 (E, F)
GBTS 1962:22, Cmd 1704 (E, F)
Trb 1956:145 (E, Dut)

2839. May 23
Sanitary regulations: pilgrim traffic
TIAS 4823, UST 12:1121 (E, F)
GBTS 1962:22, Cmd 1704 (E, F)
Cmd 30, Misc 1957:3 (E)
Trb 1956:145 (E, Dut)

2840. May 23
General Agreement on Tariffs and Trade: concessions (6th)
UNTS 244:1-77, 87-218; 245:1-15, 143-163; 246:1, 45, 77, 99, 175-183 (E, F)
TIAS 3591, UST 7:1083 (E, F)
Trb 1957:44 (E, F, Dut)
OFS 1957:384 (E, Nor)

2841. June 1
Recognition of the legal personality of corporations, associations and foreign foundations
Trb 1956:131 (F, Dut)
Affaires Étrangères 47:C.6 (F)
Conférence de Droit International Privé. 8th. The Hague, 1956. Recueil de Textes (1959) p. 29 (F)
Conférence de Droit International Privé. 9th. The Hague, 1960. Recueil des Conventions de la Haye (1961) p. 28 (F)

2842. June 7
Benelux: labor
UNTS 381:145 (E, F, Dut)
Trb 1956:58 (F, Dut)
European Yearbook (1957) 3:154 (F)
Benelux Economic Union. Benelux economische unie (1961) p. 198 (Dut)
Benelux Economic Union. Textes de base (F, Dut)
Troclet. Legislation Sociale International (1962) 3:453 (F)

2843. June 12
West Pacific Ocean: fishery and oceanographic research
Sbornik dog SSSR 18:347 (R)

2844. June 15
Council of Europe: statute as amended
Council of Europe. Statute of the Council of Europe (1958) (E, F)

1956 (cont.)

2845. June 20
    Maintenance obligations and recovery abroad
UNTS 268:3, 4, 32 (E, F, Ch, R, Sp)
UN Doc. E/Conf 21/5 June 20, 1956 (E, F)
Lovt C 1962:257 (E, F, Dan)
Sop S 1962:159 (E, Fin)
JO (Fr) 1960:9311 (F)
BG Bl (Ger) 1959, II, p. 150 (G)
Israel TS 239 (E, F, Heb)
Journal de Monaco 1962:35 (F)
Trb 1957:121 (E, F, Dut)

OFS 1960:16 (E, Nor)
Revue Critique de Droit International Privé 49:633 (F)
Unification du Droit Annuaire 1956, I, p. 254 (F)
Vert BRD 13:414 (E, F, G)
SÖ 1958:60 (E, F, Swe)

2846. June 22
    Measurement and registration of vessels employed in inland navigation
U.N. Economic Commission for Asia and the Far East. Convention regarding the measurement and registration of vessels in inland navigation (1958) p. 1 (E, F)

2847. June 25
    Northwest Atlantic Fisheries
UNTS 308:312 (E, F)
TIAS 4170, UST 10:59 (E)
GBTS 1959:22, Cmd 687 (E)
CanTS 1959:4 (E, F)
JO (Fr) 1959:2215 (F)
OFS 1956:588 (E, Nor)

2848. June 29
    European Payments Union: protocol 8
Cmd 9867, Misc 1956:10 (E)
Vert BRD 10:316 (E, F, G)
Trb 1957:83 (E, F, Dut)
OFS 1958:499 (E, F, Nor)

2849. July 3
    Assistance to ship and aircraft at sea: USSR, China (PR), Korea (DR)
Russia. Treaties. Sbornik mezhd. Konventsii (1959) p. 177 (R)
Sbornik dog. SSSR 19:377 (R)

2850. July 3
    Motor vehicle responsibility (Benelux)
Trb 1956:75 (F, Dut)

2851. July 5
    German trademarks in Italy
UNTS 258:371 (E, F, It)
TIAS 3601, UST 7:1989 (E, F, It)
GBTS 1956:52, Cmd 19 (E, F, It)

1956 (cont.)

2852. July 5
    International zone of Tangiers
DSB 35:328 (E)

2853. July 6
    Government contracts (Benelux)
UNTS 312:110 (E, F, Dut)
Trb 1956:76 (F, Dut)
European Yearbook (1957) 3:159 (F)
Benelux Economic Union. Textes de base (F, Dut)
Benelux Economic Union. Benelux economische unie (1961) p. 211 (Dut)

2854. July 9
    Social security of workers engaged in international transport
UNTS 314:3, 10 (E, F)
JO (Fr) 1960:5920 (F)
Trb 1957:111 (E, F, Dut)
Troclet. Legislation Sociale Internationale (1962) 3:531 (F)

2855. July 12
    Disarmament (Soviet draft)
Siegler. Dokumentation zur Deutschlandfrage (1961) 1:528 (G)

2856. July 13
    Property, rights and interest in Germany
UNTS 281:3 (E, F, G)
TIAS 3615, UST 7:2129 (E, F, G)
Vert BRD 10:326 (E, F, G)

2857. July 20
    Whaling
TIAS 3739, UST 8:69 (E)

2858. July 26
    Nationalization of Suez Canal
Anchieri. La Diplomazia Contemporanea (1959) p. 334 (It)

2859. July 28
    Transport in Switzerland: ECSC
Vert BRD 11:146 (F, G, It, Dut)
Trb 1957:6 (F, Dut)

2860. August 14
    Capital transfer (Benelux)
Trb 1956:129 (F, Dut)

2861. August 16
    Liberalization of trade in fishing products (Benelux)
UNTS 287:223 (F, Dut)
Trb 1956:140 (F, Dut)

1956 (cont.)

2862. September 7
    Slavery and slave trade
UNTS 266:3, 4, 40 (Ch, E, F, R, Sp)
GBTS 1957:59, Cmd 257 (E, F, Ch, R, Sp)
BU 1963:340 (F)
Vert BRD 13:200 (E, F, G)
IreTS 1961:7 (E)
Israel TS 265 (E, F, Heb)
Trb 1957:118 (E, F, Dut)
NZTS 1963:1 (E)
OFS 1960:616 (E, Nor)

CL (Port) 1959 (1):202 (F, Port)
Belorusskaia SSR v mezhd. otnosheniiakh (1960) p. 246 (R)
Sbornik dog. SSSR 19:146 (R)
DSB 49:323 (E)
Ukrainska SSR v mizhn. vidnos (1959) p. 230 (Ukr)
Australia TS 1958:3 (E)
SÖ 1959:56 (E, F, Swe)
CL (Rum) no. 6, 1957:33 (Rum)
RO (Ecuador) 1121, 16 May 1960 (Sp)
Can TS 1963:7 (E, F)
BG BL (Aus) 1964:629 (E, F, G)

2863. September 11
    Assistance to distressed vessels in Black Sea
UNTS 266:221 (Bulg, R, Rum)
Russia. Treaties. Sbornik mezhd. Konventsii (1959) p. 179 (R)
Sbornik dog. SSSR 19:381 (R)

2864. September 15
    Driving permits and motor vehicle registration (Nordic countries)
UNTS 254:45 (E, F, Dan, Fin, Nor, Swe)
OFS 1957:142 (Nor, Dan)

2865. September 21
    Declaration providing for the establishment of a Suez Canal User's Association
Trb 1957:13 (E, F, Dut)

2866. September 24
    Atomic energy inventions
UST 7:2526; TIAS 3644, (E)
UNTS 253:171 (E)
GBTS 1956:53, Cmd 20 (E)
CanTS 1956:20 (E, F)

2867. September 25
    Financing air navigation services in Greenland and Faroe Islands
UNTS 334:89 (E, F, Sp)
TIAS 4049, UST (:795 (E, F, Sp)
TIAS 4804 (E)
GBTS 1959:21, Cmd 678 (E, F, Sp)
Cmd 169, Misc 1957:13 (E)
ICAO Doc. JS/ 563- Doc. 7726 (E, F)
CanTS 1957:7 (E, F)
JO (Fr) 1963:8348 (F)
Vert BRD 16:74 (E, F, G)
Israel TS 368 (E, F, Heb)
Trb 1957:112 (E, Dut)
OFS 1958:386 (E, Nor)
Australia TS 1959:7 (E)

2868. September 25
    Financing air navigation service to Iceland
UNTS 334:13 (E, F, Sp)
TIAS 4048, UST 9:711 (E, F, Sp)
Cmd 166, Misc 1957:14 (E)
GBTS 1959:20, Cmd 677 (E, F, Sp)
ICAO Doc. 7727-JS/564 (E, F)
CanTS 1957:6 (E, F)
JO (Fr) 1963:8347 (F)
Vert BRD 16:2 (E, F, G)
Israel TS 369 (E, F, Heb)

Trb 1957:113 (E, Dut)
OFS 1958:363 (E, Nor)
Australia TS 1959:8 (E)

2869. September 26
    Joint Institute for Nuclear Research: statute
Sbornik dog. SSSR 18: 339 (R)

2870. September 27
    Extracts of civil status records sent abroad (Europe)
UNTS 299:211 (F)
JO (Fr) 1958:291 (F)
BG Bl (Ger) 1961, II, p. 1056 (G)
Vert BRD 17:331 (E, F, G)
Trb 1957:119 (F, Dut)

2871. October
    State responsibility (Hague draft)
Münch. Das völkerrechtliche Delikt (1963) p. 298 (E)

2872. October 18
    Tin agreement
UNTS 326:312 (E, F)
GBTS 1956:42, Cmd 556 (E, F)

2873. October 24
    Maintenance of children
JO (Fr) 1963:6134 (F)
BG Bl (Ger) 1961, II, p. 1013 (G)
Vert BRD 17:391 (F, G)
Trb 1956:144 (F)
Journal du Droit International 9:1205 (E, F)
Conférence de Droit International Privé. 8th. The Hague. 1956. Recueil de Textes (1959) p. 33 (F)
Conférence de Droit International Privé 9th. The Hague 1960. Recueil des Conventions de la Hayé (1961) p. 32 (F)

2874. October 24
    General Agreement on Tariffs and Trade: rectification of French text
UNTS 253:316 (F)
TIAS 3677, UST 7:2943 (F)

1956 (cont.)

2875. October 25
    Arab military pact (Jordan, Egypt, Syria)
    N.Y. Times, October 26, 1956 (E)

2876. October 26
    International Atomic Energy Agency
    UNTS 276:3 (Ch, E, F, R, Sp)
    TIAS 3873, UST 8:1093 (E, F, Ch, R, Sp)
    GBTS 1958:19, Cmd 450 (E, F, Ch, R, Sp)
    CL (Brazil) 1957(5): 5 (Port)
    CL (Brazil) 1957(6):641 (E, Port)
    CanTS 1957:20 (E, F)
    RO (Ecuador) 479, 3 April 1958 (Sp)
    Vert BRD 11:436 (E, F, G)
    DO (Guatemala) 1957:1153 (Sp)
    Israel TS 358 (F, Heb)

    Trb 1957:50 (E, F, Dut)
    NZTS 1960:16 (E)
    OFS 1958:84 (E, Nor)
    Sbornik dog. SSSR 19:195 (R)
    Salvador. Tratados 6:355 (Sp)
    Belorusskaia SSR v mezhd otnosheniiakh (1960) p. 465 (R)
    Deutsche Liga fur die Vereinten Nationen. Die Organisation der Vereinten Nationen (1962) 3:82 (G)
    Gonzalez. Textos internacionales del Peru (1962) p. 285 (Sp)
    International Atomic Energy Agency. Statute
      (1956) (E)
    O.N.U. Și Institutiie Specializate (1962) p. 271 (Rum)
    Australia TS 1957:11 (E)
    SATS 1957:11 (E, Dut)
    Instituto Inter-Americano de Estudios Juridicos Internacionales. Organizaciones Internacionales no Americanas (1964) p. 371 (Sp)

2877. October 26
    Common Market and Free Trade Zone: Council of Europe resolution
    Siegler. Dokumentation der europäischen Integration (1961) p. 73 (G)

2878. October 26
    Canalization of Moselle
    Vert BRD 11:34 (E, F, G)

2879. October 27
    European Coal and Steel Community (Saar)
    Vert BRD 11:34 (F, G)
    Trb 1957:9 (F, Dut)

2880. October 29
    Status of Tangiers
    UNTS 263:165 (F)
    GBTS 1957:9, Cmd 60 (E, F)
    Trb 1957:2 (F)
    AJIL 57:460 (E)

1956 (cont.)

2881. November 8
    Temporary importation of vehicles (Central America)
    Gac (Costa Rica) 85:385, 1221 (Sp)
    DO (Guatemala) 1957:49 (Sp)
    Salvador. Tratados 6:85 (Sp)
    Boletin Informative ODECA (1961) p. 5 (Sp)

2882. November 10
    Passengers transit across borders (Central America)
    N.Y. Times November 11, 1956 (E)

2883. November 10
    United Nations Educational, Scientific and Cultural Organization
    UST 8:1395; TIAS 3889 (E, F)

2884. November 15
    Asian Legal Consultative Committee
    UN Doc A/CN.4/110, p. 33 (E, F)

2885. November 19
    Whaling
    UNTS 338:366 (E, F)
    TIAS 4228, UST 10:952 (E)
    Cmd 100, Misc 1957:2 (E)
    GBTS 1959:68, Cmd 849 (E)
    CanTS 1959:11 (E, F)
    Trb 1957:38 (E, Dut)
    Australia TS 1959:20 (E)

2886. November 30
    German external debts
    TIAS 3717, UST 7:3442 (E, F, G)
    GBTS 1957:43, Cmd 177 (E, F)

2887. December 1
    Sugar
    UNTS 326:314 (E, F, Ch, R, Sp)
    TIAS 3937, UST 8:1937 (E, F, Ch, R, Sp)
    Cmd 101, Misc 1957:6 (E)
    GBTS 1958:43, Cmd 557 (E, F, Ch, R, Sp)
    CanTS 1957:5 (E, F)
    IreTS 1958:15 (E)
    Trb 1957:37 (E, F, Dut)
    Australia TS 1957:7 (E)

2888. December 1
    Prevention of foot-and-mouth disease
    IreTS 1959:11 (E, F)
    Israel TS 408 (E, F, Heb)

2889. December 10
    Student and frontier workers: accession of Germany and Italy: Western European Union
    UNTS 385:366 (E, F)
    GBTS 1960:76, Cmd 1209 (E, F)
    BG Bl 1960, II, p. 138 (E, F, G)
    Vert BRD 17:123 (E, F, G)
    Troclet. Legislation Sociale Internationale 3:474 (F)

1956 (cont.)

2890. December 12
Assistance to ship and aircraft in the Baltic Sea
Russia. Treaties. Sbornik mezhd. Konventsii (1959) p. 185 (R)
Sbornik dog. SSSR 19:386 (R)

2891. December 12
Assistance to ship and aircraft in the Baltic Sea: protocol
Russia. Treaties. Sbornik mezhd. Konventsii (1959) p. 187 (R)

2892. December 13
North Atlantic Treaty Organization: non-military cooperation
Relazioni Internazionali 26 (47 supp):89 (It)

2893. December 14
Taxation of road vehicles engaged in international transport of passengers
UN Doc E/ECE/261 (E, F)
Cmd 320, Misc 1957:26 (E)
IreTS 1962:12 (E)
Trb 1957:213 (E, F, Dut)
OFS 1963:117 (E, Nor)
SÖ 1958:4 (E, F, Swe)
GBTS 1963:43, Cmd 2063 (E, F)
UNTS 436:131 (E, F)

2894. December 14
Taxation of road vehicles engaged in international goods transport
U.N. Doc E/ECE/262 (E)
IreTS 1962:6 (E)
Trb 1957:212 (E, F, Dut)
OFS 1963:126 (E, Nor)
SÖ 1958:5 (E, F, Swe)
GBTS 1963:43, Cmd 2063 (E, F)
UNTS 436:115 (E, F)

2895. December 15
Cultural cooperation (Europe)
UNTS 278:73 (E, F)

2896. December 15
Equivalence of periods of university study (Europe)
UNTS 278:73 (E, F)
GBTS 1957:71, Cmd 301 (E, F)
EurTS 21 (E, F)
JO (Fr) 1958:3809 (F)
IreTS 1957:12 (E)
Trb 1957:202 (E, F, Dut)
OFS 1958:209 (E, F, Nor)

2897. December 15
Privileges and immunities: Council of Europe: protocol 12
UNTS 261:410 (E, F)
EurTS 22 (E, F)
GBTS 1958:50, Cmd 579 (E, F)
Vert BRD 15:483 (E, F, G)
Trb 1957:120 (E, F, Dut)
OFS 1957:550 (E, F, Nor)

1956 (cont.)

2898. December 19
Sick help benefits during temporary stay (North Europe)
UNTS 427:93 (E, F, Dan, Ic, Nor, Swe)
OFS 1961:43 (Nor)

2899. December 21
Scandinavian medical center for treatment and training in Korea
UNTS 427:81 (E, F, Nor)

2900. December 26
Maintenance and support
DO (Guatemala) 1957:73 (Sp)

2901. December 28
Benelux: trade with Denmark
Trb 1957:47 (F)

1957

2902.
Protection of agriculture against animal and plant disease (Central America)
Salvador. Tratados 6:353 (Sp)

2903.
State responsibility (Garcia Amador draft)
Münch. Das völkerrechtliche Delikt (1963) p. 303 (E)

2904. January 16
Extending the period of validity of the convention on declaration of death of missing persons
Israel TS 272 (E, F, Heb)

2905. January 19
Solidarity (Jordan, Syria, Saudi Arabia, Egypt)
Middle East J 11:194 (E)
Khalil. The Arab states and the Arab League 2:287 (E)

2906. January 20
Economic and Social Committee (European Economic Community and Euratom draft)
Zellentin. Der Wirtschafts- und Sozialausschuss der EWG und Euratom (1962) p. 200 (F)

2907. January 31
German assets in Thailand
UNTS 278:105 (E)
TIAS 3747, UST 8:129 (E)
GBTS 1957:27, Cmd 108 (E)

1957 (cont.)

2908. February 9
North Pacific fur seals: interim convention
UNTS 314:105 (E, F, R, J)
TIAS 3948, UST 8:2283 (E, F, R, J)
CanTS 1957:26 (E, F)
Sbornik dog. SSSR 19:162 (R)

2909. February 19
General Agreement on Tariffs and Trade: 7th supplementary concessions
UNTS 309:364 (E)
TIAS 4324, UST 10:1720 (E, F)

2910. February 20
Nationality of married women
Israel TS 248 (E, F, Heb)
Sbornik dog. SSSR 20:438 (R)
Ukrainska SSR v mizhn. vidnos (1959) p. 237 (Ukr)
Belorusskaia SSR v mezhd. otnosheniiakh (1960) p. 254 (R)
Prieto-Castro y Roumier. Nacionalidad Multiple (1962) p. 203 (Sp)
Australia TS 1961:4 (E)
UNTS 309:65 (E, F, Ch, R, Sp)
GBTS 1958:59, Cmd 601 (E, F, Ch, R, Sp)
SÖ 1958:27 (E, F, Swe)
RO (Ecuador) 1136, 3 June 1960 (Sp)

2911. February 20
Arab Postal Union: supplementary agreement
Weekly Gaz (Iraq) 1963:940 (E)

2912. February 20
Arab Postal Union: parcel post
Weekly Gaz (Iraq) 1963:943 (E)

2913. February 22
Advanced School of Public Administration for Central America (ESAPAC)
UNTS 274:93 (Sp)
DO (Guatemala) 1957:321 (Sp)
Salvador. Tratados 6:345 (Sp)

2915. March 18
Disarmament (Soviet draft)
Siegler. Dokumentation zur Deutschlandfrage (1961) 1:606 (G)
UN Doc DC/SC.1/49, March 18, 1957 (E, F)
National Lawyers Guild. International Law Committee. Summary of Disarmament Documents 1945-1962 (1963) p. 62 (E)

2915. March 20
Interim labor agreement (Benelux)
Trb 1957:58 (F, Dut)

1957 (cont.)

2916. March 25
Intergovernmental Conference on the Common Market and Euratom: final act
Europäische Gemeinschaften. Verträge von Rom. (1962) p. 2 (F, G, It, Dut)
Intergovernmental Conference on the Common Market and Euratom, Rome, 1957. Communauté Economique Européenne (1958) p. 2 (F)
Intergovernmental Conference on the Common Market and Euratom, Rome, 1957 (1962) p. 105 (E)
Marché Commun Européen (1963) sect. A (F)
Stein and Hay. Documents (1963) p. 92 (E)
Traktat om opprettelse av det Europeiske Okonomiske Felleskap (1962) p. 162 (F, Nor)

2917. March 25
European Economic Community
UNTS 295:2; 296:2; 297:2; 298:3, 5, 11 (F, G, It, Dut)
JO (Fr) 1958:1188 (F)
BG Bl (Ger) 1957, II, p. 753, 1678 (G)
Vert BRD 12:3 (F, G, It, Dut)
Trb 1957:74 (F); 1957:91 (Dut)
AJIL 1957:865 (E)
European Yearbook (1958) 4:412 (E, F)
Instituciones y textos europeos (1960) p. 123 (Sp)

Intergovernmental Conference on the Common Market and Euratom, Rome, 1957. Communauté Economique Européenne (1958) p. 5 (F)
Kuhn. Die Europäische Wirtschaftsgemeinschaft (1962) p. 17 (G)
Minet. Full text of the Rome Treaty, p. 105 (E)
Polledri. Prospettive di una legislazione Comunitaria europea (1958) p. 63 (It)
Stein and Hay. Documents (1963) p. 45 (E)
Traktat om opprettelse av det Europeiske Okonomiske Felleskap (1962) p. 3 (F, Nor)
U. S. Dept. of State. American Foreign Policy 1950-55 (1957) 1:1107 (E)
Europäische Gemeinschaften. Verträge von Rom. (1962) p. 12 (F, G, It, Dut)
Reuter. Traités et documents diplomatiques (1963) p. 233 (F)
Instituto Inter-Americano de Estudios Juridicos Internacionales no Americanas (1964) p.435 (Sp)

1957 (cont.)

2918. March 25
    European Investment Bank: statute
UNTS 298:120 (F, G, It, Dut)
JO (Fr) 1958:1225 (F)
European Yearbook (1958) 4:586 (E, F)
Europäische Gemeinschaften. Verträge von
  von Rom. (1962) p. 210 (F, G, It, Dut)
Intergovernmental Conference on the Common Market and Euratom, Rome, 1957.
  Communaute Economique Européenne
  (1958) p. 55 (F)
Kuhn. Die Europäische Wirtschaftsgemeinschaft (1962) p. 108 (G)
Stein and Hay. Documents (1963) p. 88 (E)
Traktat om opprettelse av det Europeiske Okonomiske Fellesskap (1962) p. 112 (F, Nor)
Reuter. Traités et documents diplomatiques (1963) p. 296 (F)

2919. March 25
    European Economic Community: problems of concern to France
Europäische Gemeinschaften. Verträge von Rom. (1962) p. 232 (F, G, Dut)
Intergovernmental Conference on the Common Market and Euratom, Rome, 1957.
  Communaute Economique Européenne
  (1958) p. 60 (F)
Kuhn. Die Europäische Wirtschaftsgemeinschaft (1962) p. 106 (G)
Marché Commun Européen (1963) sect. A (F)
Stein and Hay. Documents (1963) p. 92 (E)
Traktat om opprettelse av det Europeiske Okonomiske Fellesskap (1962) p. 125 (F, Nor)
Reuter. Traités et documents diplomatiques (1963) p. 305 (F)

2920. March 25
    European Economic Community: protocol concerning Luxemburg
Europäische Gemeinschaften. Verträge von Rom. (1962) p. 236 (F, G, It, Dut)
Intergovernmental Conference on the Common Market and Euratom, Rome, 1957.
  Communaute Economique Européenne
  (1958) p. 61 (F)
Marché Commun Européen (1963) sect. A (F)
Traktat om opprettelse av det Europeiske Okonomiske Fellesskap (1962) p. 127 (F, Nor)
Reuter. Traités et documents diplomatiques (1963) p. 308 (F)

1957 (cont.)

2921. March 25
    European Economic Community: protocol concerning Italy
Europäische Gemeinschaften. Verträge von Rom. (1962) p. 234 (F, G, It, Dut)
Intergovernmental Conference on the Common Market and Euratom, Rome, 1957.
  Communaute Economique Européenne
  (1958) p. 61 (F)
Marché Commun Européen (1963) sect. A (F)
Traktat om opprettelse av det Europeiske Okonomiske Fellesskap (1962) p. 126 (F, Nor)
Reuter. Traités et documents diplomatiques (1963) p. 307 (F)

2922. March 25
    European Economic Community: internal trade of Germany
Europäische Gemeinschaften. Verträge von Rom. (1962) p. 230 (F, G, It, Dut)
Intergovernmental Conference on the Common Market and Euratom, Rome, 1957.
  Communaute Economique Européenne
  (1958) p. 60 (F)
Marché Commun Européen (1963) sect. A (F)
Stein and Hay. Documents (1963) p. 92 (E)
Traktat om opprettelse av det Europeiske Okonomiske Fellesskap (1962) p. 124 (F, Nor)
Reuter. Traités et documents diplomatiques (1963) p. 305 (F)

2923. March 25
    European Economic Community: association with overseas countries and territories
UNTS 298:157 (F, G, It, Dut)
JO (Fr) 1958:123 (F)
European Yearbook (1958) 4:616 (E, F)
Europäische Gemeinschaften. Verträge von Rom. (1962) p. 244 (F, G, It, Dut)
Intergovernmental Conference on the Common Market and Euratom, Rome, 1957.
  Communaute Economique Européenne
  (1958) p. 63 (F)
Kuhn. Die Europäische Wirtschaftsgemeinschaft (1962) p. 100 (G)
Marché Commun Européen (1963) sect. A (F)
Traktat om opprettelse av det Europeiske Okonomiske Fellesskap (1962) p. 131 (F, Nor)

2924. March 25
    European Economic Community: mineral oils
Europäische Gemeinschaften. Verträge von Rom. (1962) p. 242 (F, G, It, Dut)
Intergovernmental Conference on the Common Market and Euratom, Rome, 1957.
  Communaute Economique Européenne
  (1958) p. 63 (F)
Marché Commun Européen (1963) sect. A (F)

2925-2931

1957 (cont.)

2924 cont Reuter. Traités et documents diplomatique (1963) p. 310 (F)

2925. March 25
   European Economic Community: application to Netherlands overseas territories
Europaische Gemeinschaften. Verträge von Rom. (1962) p. 244 (F, G, It, Dut)
Intergovernmental Conference on the Common Market and Euratom, Rome, 1957. Communaute Economique Européenne (1958) p. 63 (F)
Marché Commun Européen (1963) sect. A (F)
Traktat om opprettelse av det Europeiske Okonomiske Fellesskap (1962) p. 131 (F, Nor)
Reuter. Traités et documents diplomatiques (1963) p. 310 (F)

2926. March 25
   European Economic Community: products falling under the European Coal and Steel Community with regard to Algeria
Europaische Gemeinschaften. Verträge von Rom. (1962) p. 240 (F, G, It, Dut)
Intergovernmental Conference on the Common Market and Euratom, Rome, 1957. Communaute Economique Européenne (1958) p. 62 (F)
Marché Commun Européen (1963) sect. A (F)
Traktat om opprettelse av det Europeiske Okonomiske Fellesskap (1962) p. 129 (E, Nor)
Reuter. Traités et documents diplomatiques (1963) p. 309 (F)

2927. March 25
   European Economic Community: preferential importation treatment
Europaische Gemeinschaften. Verträge von Rom. (1962) p. 238 (F, G, It, Dut)
Intergovernmental Conference on the Common Market and Euratom, Rome, 1957. Communaute Economique Européenne (1958) p. 62 (F)
Marché Comun Européenne (1963) sect. A (F)
Traktat om opprettelse av det Europeiske Okonomiske Fellesskap (1962) p. 129 (F, Nor)
Reuter. Traités et documents diplomatiques (1963) p. 308 (F)

1957 (cont.)

2928. March 25
   European Economic Community: importation of bananas
Europäische Gemeinschaften. Verträge von Rom. (1962) p. 254 (F, G, It, Dut)
Intergovernmental Conference on the Common Market and Euratom, Rome, 1957. Communaute Economique Européenne (1958) p. 66 (F)
Marché Comun Européen (1963) sect. A (F)
Traktat om opprettelse av det Europeiske Okonomiske Fellesskap (1962) p. 136 (F, Nor)

2929. March 25
   European Economic Community: importation of green coffee
Europäische Gemeinschaften. Verträge von Rom. (1962) p. 256 (F, G, It, Dut)
Intergovernmental Conference on the Common Market and Euratom, Rome, 1957. Communaute Economique Européenne (1958) p. 66 (F)
Marché Commun Européen (1963) sect. A (F)
Traktat om opprettelse av det Europeiske Okonomiske Fellesskap (1962) p. 138 (F, Nor)

2930. March 25
   European Economic Community: privileges and immunities
Marché Commun Européen (1963) sect. A (F)
Stein and Hay. Documents (1963) p. 83 (E)
Traktat om opprettelse av det Europeiske Okonomiske Fellesskap (1962) p. 139 (F, Nor)
Reuter. Traités et documents diplomatiques (1963) p. 388 (F)

2931. March 25
   Common organs of European communities
UNTS 298:267 (E)
JO (Fr) 1958:1260 (F)
BG Bl (Ger) 1957, II, p. 1165 (G)
Vert BRD 12:647 (F, G, It, Dut)
Trb 1957:76 (F); 1957:93 (Dut)
AJIL 57:1000 (E)
European Yearbook (1959) 5:586 (E, F)
Intergovernmental Conference on the Common Market and Euratom, Rome, 1957 (1962) p. 98 (E)
Europaische Gemeinschaften. Verträge von Rom. (1962) 402 (F, G, It, Dut)
Kuhn. Die Europäische Wirtschaftsgemeinschaft (1962) p. 118 (G)
Stein and Hay. Documents (1963) p. 81 (E)
Reuter. Traités et documents diplomatiques (1963) p. 405 (F)

1957 (cont.)

2932. March 25
European Atomic Energy Community
UNTS 295:259; 296:259; 297:259; 298:3, 5, 167 (E, F, G, It, Dut)
JO (Fr) 1958:1234 (F)
BG Bl (Ger) 1957, II, p. 1014 (G)
Vert BRD 12:403 (F, G, It, Dut)
Trb 1957:75 (F); 1957:92 (Dut)
AJIL 57:955 (E)
Europäische Gemeinschaften. Verträge von Rom. (1962) p. 260 (F, G, It, Dut)
Instituciones y textos europeos (1960) p. 309 (Sp)
Intergovernmental Conference on the Common Market and Euratom, Rome, 1957. Treaty establishing Euratom (1962) p. 1 (E)
Polledri. Prospettive di una legislazione comunitaria europea (1958) p. 143 (It)
Stein and Hay. Documents (1963) p. 1 (E)
Reuter. Traités et documents diplomatiques (1963) p. 350 (F)

2933. March 25
Application of Euratom to Netherlands overseas territories
Europaische Gemeinschaften. Verträge von Rom. (1962) p. 400 (F, G, It, Dut)
Intergovernmental Conference on the Common Market and Euratom, Rome, 1957. Treaty establishing the Euratom (1962) p. 80 (E)

2934. March 28
Asian Peoples' Anti-Communist League: Secretariat
Asian Peoples' Anti-Communist Conference 3d, Saigon, 1957. Important documents (1959) p. 130 (E)

2935. April 11
General Agreement on Tariffs and Trade: 6th protocol to rectifications to schedules
GATT pub. 11 April 1957 (E)

2936. April 12
European Coal and Steel Community: European School
Trb 1957:246 (Dut)
Diritto Internazionale 13, II, p. 113 (It)

2937. April 17
European Economic Community: privileges and immunities
JO (Fr) 1958:3395 (F)
Trb 1957:95 (F, Dut)
European Yearbook (1959) 5:426 (E, F)
Europaische Gemeinschaften. Verträge von Rom. (1962) p. 428 (F, G, It, Dut)

1957 (cont.)

2938. April 17
Court of Justice of European Communities
JO (Fr) 1958:3397 (F)
Trb 1957:94 (F, Dut)
European Yearbook (1959) 5:438 (E, F)
Europaische Gemeinschaften. Verträge von Rom. (1962) p. 412 (F, G, It, Dut)
Kuhn. Die Europäische Wirtschaftsgemeinschaft (1962) p. 124 (G)
Marché Commun Européen (1963) sect. A (F)
Reepinghen. Procédure devant la Cour de Justice des Communautés Européennes (1961) p. 112 (F)
Stein and Hay. Documents (1963) p. 85 (E)
European Community. Court of Justice. Recueil des textes (1963) p. 23 (F)
Reuter. Traités et documents diplomatiques (1963) p. 343 (F)

2939. April 17
European Atomic Energy Community
UNTS 298:249 (F, G, It, Dut)
JO (Fr) 1958:3402 (F)
European Yearbook (1959) 5:454 (E, F)

2940. April 17
Euratom: privileges and immunities
JO (Fr) 1958:3400 (F)
Trb 1957:97 (F, Dut)
European Yearbook (1959) 5:560 (E, F)
Europäische Gemeinschaften. Verträge von Rom. (1962) p. 458 (F, G, It, Dut)
Intergovernmental Conference on the Common Market and Euratom, Rome, 1957 (1962) p. 81 (E)

2941. April 17
Court of Justice of the European Atomic Energy Community
Europäische Gemeinschaften. Verträge von Rom (1962) p. 440 (F, G, It, Dut)
Intergovernmental Conference on the Common Market and Euratom, Rome, 1957 (1962) p. 87 (E)
European Community. Court of Justice. Recueil des textes (1963) p. 116) (F)

2942. April 29
Peaceful settlement of disputes (Europe)
UNTS 320:243 (E, F)
EurTS 23 (E, F)
Cmd 1060, Misc 1960:6 (E)
GBTS 1961:10, Cmd 1298 (E, F)
BG Bl (Ger) 1961, II, p. 82 (G)
Vert BRD 17:211 (E, F, G)
Pasin. (Lux) 33:99 (F)
Trb 1957:203 (E, F, Dut)
OFS 1958:276 (E, Nor)

2943-2955

1957 (cont.)

2942 Archiv des Völkerrechts 8:323 (F)
cont Archiv des Völkerrechts 10:79 (G)
European Yearbook (1959) 5:346 (E, F)
Rivista di Studi Politici Internazionali
1957:645 (It)
SÖ 1958:26 (E, F, Swe)

2943. May 1
Rights and duties of states in event of civil strife (Pan America Union)
UNTS 284:201 (E, F, Sp, Port)
PAUTS 7 (E, F, Sp, Port)
Annals of the OAS 9:181 (E)

2944. May 25
Uniform road marking (draft)
Seminar on Engineering and Traffic Aspects of Highway Safety, Tokyo, 1957. Report (1958) p. 61 (E)

2945. June 3
Arab Financial Institution for Economic Development
Jami at al-duwal al-'arabyyah. Secretariat General. Arab Financial Institution for Economic Development (1957) p. 8 (E)
Khalil. The Arab states and the Arab League 2:130 (E)
Recueil des Lois et de la Legislation Financiére de la Republique Arabe Syrienne (no. 1) 16:16 (F)

2946. June 12
European Commission for the Control of Aphtous Fever: foot and mouth disease
Feuille Fédérale (Switz) 1960, II:24 (F, G)
RO (Switz) 1961:399 (F, G)

2947. June 15
Classification of goods and services to which trademarks apply
Australia TS 1961:11 (E)
GBTS 1963:23, Cmd 2007 (E, F)
Israel TS 409 (F, Heb)
GU (It) January 16, 1960 (F)
Trb 1958:76 (F)
OFS 1961:285 (F, Nor)
CL (Port) 1958(2):95 (F, Port)
Rivista di Diritto Internazionale 45:315 (F)
Lovt C 1962:94 (F, Dan)
SO 1961:40 (F, Swe)

2948. June 15
Trade mark registration
JO (Fr) 1960:4391 (F)
BG Bl (Ger) 1962, II, p. 125 (F, G)
GU (It) January 16, 1960 (F)
Trb 1958:75 (F)
CL (Port) 1958(2):84 (F, Port)
Revue Critique de Droit International Privé 49:418 (F)
Rivista di Diritto Internazionale 45:306 (F)
Union internationale pour la protection de

1957 (cont.)

la propriéte industrielle. Conférence diplomatique de Nice (1957) p. 5 (E, F)

2949. June 15
Trade marks (Madrid)
Blatt für Patent-, Muster- und Zeichenwesen 64:202 (F, G)

2950. June 20
General Agreement on Tariffs and Trade: supplementary concessions (8th)
UNTS 274:322 (E, F)
TIAS 3882, UST 8:1343 (E, F)

2951. June 20
Multilateral clearing (East Europe)
Zsoldos. Economic Integration of Hungary into the Soviet Bloc (1963) p. 133 (E)

2952. June 25
Forced labor (ILO 105)
UNTS 320:291 (E, F)
Australia TS 1960:9 (E)
CL (Costa Rica) 1959(1):138 (Sp)
Vert BRD 15:475 (E, F, G)
DO (Guatemala) 1959:1345 (Sp)
Israel TS 315 (E, F, Heb)
Trb 1957:210 (E, F, Dut)
CL (Port) 1959(2):58 (F, Port)
Salvador. Tratados 6:457 (Sp)
DSB 49:326 (E)
Derecho Positivo 6:560 (Sp)

SÖ 1958:25 (E, F, Swe)
JO (CAR) 1964:391 (F)
RO (Ecaudor), 159 17 May 1962 (Sp)

2953. June 26
Judicial assistance (Nordic Countries)
UNTS 324:97 (E, F, Dan, Nor, Swe)
OFS 1958:509 (Nor)
SÖ 1958:47 (Dan, Nor, Swe)

2954. June 26
Weekly rest (ILO 106)
UNTS 325:279 (E, F)
CL (Costa Rica) 1959(1):140 (Sp)
DO (Guatemala) 1959:1346 (Sp)
Israel TS 450 (E, F, Heb)
Trb 1962:40 (E, F)

2955. June 26
Protection and integration of indigenous populations in independent countries (ILO 107)
UNTS 328:247 (E, F)
CL (Costa Rica) 1959(1):144 (Sp)
Salvador. Tratados 6:499 (Sp)
Evangelista. Portugal vis-a-vis the United Nations (1961) p. 46 (E)

1957 (cont.)

2956. June 27
    General Agreement on Tariffs and
      Trade (United States-Benelux)
    UNTS 284:139 (E)
    TIAS 3854, UST 8:933 (E)
    Trb 1957:199 (E)

2957. June 28
    European Payments Union: protocol 9
    Cmd 259, Misc 1957:21 (E, F)
    Trb 1957:217 (E, F, Dut)
    OFS 1958:515 (E, F, Nor)
    SÖ 1958:6 (E, F, Swe)

2958. June 28
    Whaling
    TIAS 3944, UST 8:2203 (E)
    GBTS 1961:49, Cmd 1404 (E)
    GBTS 1961:113, Cmd 1560 (E)

2959. July 12
    Nordic passports
    UNTS 322:245 (E, F, Dan, Fin, Nor, Swe)
    OFS 1959:559 (Nor)
    SÖ 1958:24 (Dan, Fin, Nor, Swe)

2960. July 26
    Railway rates through Austria: European Coal and Steel Community
    UNTS 386:3 (E, F, G, It, Dut)
    JO (Fr) 1958:2067 (F)
    Vert BRD 13:26 (F, G, It, Dut)
    Trb 1957:232 (G, Dut)

2961. August 2
    Assistance to ship in distress in the
      Danube River Gates
    Russia.Treaties. Sbornik mezhd. Konventsii (1959) p. 432 (R)

2962. August 29
    General disarmament (Western draft)
    Siegler. Dokumentation zur Deutschlandfrage (1961) 1:680 (G)
    US Department of State. Office of Public Services. Disarmament (1960) p. 60 (E)

2963. September 26
    Civil status
    JO (Fr) 1959:8614 (F)
    BG Bl (Ger) 1961, II, p. 1007 (G)
    Vert BRD 17:347 (F, G)
    Revue Critique de Droit International Privé 48:551 (F)

2964. September 30
    Carriage of dangerous goods by road (ADR)
    JO (Fr) 1960:7230, 82-152 C. 1 (F)
    GU (It) supp 20, 23 January 1963 (F)
    Cmd 734, Misc 1959:6 (E)
    Leggi 1963:452 (It)

2965. October 3
    Universal Postal Union
    UNTS 364:1 (E, F)
    TIAS 4202, UST 10:413 (E, F)
    GBTS 1960:79, Cmd 1218 (E, F)
    Australia TS 1959:13 (E)
    JO (Fr) 1959:11896, C. 1 (F)
    Vert BRD 14:96 (F, G)
    Israel TS 366 (F, Heb)
    GU (It) 1960:3997 (It)
    Trb 1958:158 (E, F)
    OFS 1959:1 (E, Nor)

    Belorusskaia SSR v mezhd. otnosheniiakh (1960) p. 531 (R)
    Ukrainska SSR v mizhn. vidnos (1959) p. 288 (Ukr)
    Diritto Internazionale 15, II, p. 11 (F)
    O. N. U. Şi Institutiie Specializate (1962) p. 193 (Rum)
    GO (Ven) 896 extraordinario, 6 February 1964 (Sp)
    Instituto Inter-Americano de Estudios Juridicos Internacionales. Organizaciones Internacionales no Americanas (1964) p. 219 (Sp)
    Union Postale Universelle. 14th Congress, Ottawa, 1957. Weltposthandbuch, Ottawa, 1957. (1959) (F, G)

2966. October 3
    Postal checks
    UNTS 366:3 (E, F)

2967. October 3
    C.O.D. items
    UNTS 366:87 (E, F)

2968. October 3
    Collection of bills, drafts
    UNTS 366:141 (E, F)

2969. October 3
    International Bank Service
    UNTS 366:193 (E, F)

2970. October 3
    Mailing of subscriptions to newspapers and periodicals
    UNTS 366:255 (E, F)

2971. October 3
    Money orders
    UNTS 365:207 (E, F)
    Australia TS 1959:13 (E)
    Belorusskaia SSR v mezhd. otnosheniiakh (1960) p. 663 (R)

2972. October 3
    Parcel post
    UNTS 365:3 (E, F)
    Australia TS 1959:13 (E)
    Belorusskaia SSR v mezhd. otnosheniiakh (1960) p. 685 (R)
    GO (Ven) 896 extraordinario, 6 February 1964 (Sp)

1957 (cont.)

2973. October 7
    Unification of certain rules relating to the carriage of passengers by sea
    Revista de Ciencias Juridicas y Sociales 1961:247 (Sp)
    International Maritime Committee. Conference, Rijeka, 1959, p. 60 (E, F)

2974. October 8
    Benelux: customs protocol 16
    UNTS 356:326 (F, Dut)
    Trb 1957:215 (F, Dut)

2975. October 10
    Limitation of liability of owners of seagoing ships
    JO (Fr) 1959:11668 (F)
    Israel TS 279 (E, F, Heb)
    AMC 1957:1972 (E)
    Revue Critique de Droit International Privé 48:746 (F)
    International Maritime Committee. Conference, Rijeka, 1959, p. 34 (E, F)
    Singh. British Shipping Laws (1963) 8:1058 (E)

2976. October 10
    Stowaways
    GU (It) 1963:154 (E, F)
    Israel TS 280 (E, F, Heb)
    AMC 1957:1980 (E)
    International Maritime Committee. Conference, Rijeka, 1959, p. 51 (E, F)
    Singh. British Shipping Laws (1963) 8:1064 (E)
    Leggi 1963:60 (It)
    Revista Peruana de Derecho Internacional 22:255 (Sp)

2977. October 15
    International Silkworm Commission
    JO (Fr) 1962:1084 (F)

2978. October 26
    Assistance to commercial ships in the Danube River Gates
    Russia. Treaties. Sbornik mezhd. Konventsii (1959) p. 444 (R)

2979. October 30
    Free trade zone (Maudling proposals)
    Siegler. Dokumentation der Europäischen Integration (1961) p. 148 (G)

2980. October 31
    Hague Conference on Private International Law: statute
    UNTS 220:121 (E, F)
    BFSP 158:563 (E)
    GBTS 1955:65, Cmd 9582 (E, F)
    Vert BRD 9:2 (F, G)
    Trb 1953:80 (F, Dut); 1960:170 (F)
    OFS 1956:1 (F, Nor)

1957 (cont.)

2981. October 31
    Iberoamerican Office of Education
    Salvador. Tratados 6:473 (Sp)

2982. November
    North Atlantic Treaty Organization: scientific and technical cooperation
    Relazioni Internazionali 26 (47 supp):100 (It)

2983. November 1
    Telecommunications (North Europe)
    OFS 1958:416 (Nor)

2984. November 22
    Benelux Interparliamentary Council
    Benelux Economic Union. Benelux economische unie (1961) p. 185 (Dut)

2985. November 23
    Refugee seamen
    GBTS 1962:3, Cmd 1578 (E, F)
    JO (Fr) 1959:383 (F)
    BG Bl (Ger) 1961, II, p. 829 (G)
    Vert BRD 17:375 (E, F, G)
    Lovt C 1963:208 (E, F, Dan)
    OFS 1962:26 (E, Nor)
    Revue Internationale de la Croix Rouge, February, 1962:55 (F)
    ICLQ 7:344 (E)
    Singh. British Shipping Laws (1963) 8:1040 (E)

    Germany (FR) Maritime Law. Das deutsche Seerecht (1964) 3:384 (G)
    SÖ 1959:16 (E, F, Swe)
    RO (Switz) 1964:141 (F)

2986. November 25
    European Coal and Steel Community: relation with United Kingdom
    UNTS 403:169 (E, F, G, It, Dut)
    Cmd 326, Misc 1957:27 (E)
    GBTS 1959:26, Cmd 693 (E, F, G, It, Dut)
    Vert BRD 16:386 (E, F, G)

2987. November 30
    General Agreement on Tariffs and Trade: application of schedules
    UNTS 285:372 (E)
    UNTS 388:334 (E, F)

2988. November 30
    General Agreement on Tariffs and Trade: schedule rectifications 7th
    GATT pub. 30 November 1957 (E)

2989. November 30
    General Agreement on Tariffs and Trade: standstill provision
    UNTS 328:290 (E, F)
    UNTS 388:334 (E, F)
    TIAS 4345, UST 10:1842 (E, F)

1957 (cont.)

2990. December 13
   Extradition (Europe)
   UNTS 359:276 (E, F)
   EurTS 24 (E, F)
   Lovt C 1963:218 (E, F, Dan)
   OFS 1960:361 (E, Nor)
   European Yearbook (1959) 5:362 (E, F)
   Rivista Italiana di Diritto e Procedura
      Penale 6:507 (F)
   Salis. Multilaterale Auslieferungsvertrag
      (1962) p 88 (E), 103 (F)
   SÖ 1959:65 (E, F, Swe)

   Leggi 1963:943 (It)
   GU (It) no. 84, 28 March 1963 (It)

2991. December 13
   Movement of persons (Europe)
   UNTS 315:139 (E, F)
   EurTS 25 (E, F)
   JO (Fr) 1960:4618 (F)
   Vert BRD 13:96 (E, F, G)
   Pasin (Lux) 33:41 (F)
   Trb 1960:103 (E, F, Dut)
   European Yearbook (1959) 5:382 (E, F)
   Revue Critique de Droit International
      Privé 49:398 (F)
   Revue Générale de Droit International
      Public 65:212 (F)

   Feblot. La Convention Franco-Allemande
      d'établissement (1961) p. 189 (F)

2992. December 13
   Road marking (Europe)
   UNTS 372:159 (E, F)
   BG Bl (Ger) 1962, II, p. 841 (E, F, G)
   Pasin (Lux) 33:114 (F)
   CL (Port) 1958(2):58 (F, Port)
   CL (Rum) no. 5, 1963:7 (Rum)

2993. December 13
   Delivery of goods among Council for
      Mutual Economic Assistance members
   Uschakow. Rat für gegenseitige Wirt-
      schaftshilfe (1962) p. 119 (G)

2994. December 14
   Control of armament (Brussels Treaty)
   Cmd 389, Misc 1958:5 (E)
   Pasin. (Lux) 33:124 (F)

2995. December 14
   Cooperation and defense: protocol 4
      (Brussels Treaty)
   Cmd 388, Misc 1958:4 (E)
   GBTS 1962:37, Cmd 1712 (E, F)
   BG Bl (Ger) 1961, II, p. 746 (E, F)
   Vert BRD 17:317 (E, F, G)
   Trb 1958:71 (E, F, Dut)

1957 (cont.)

2996. December 16
   Organization for the Cooperation of
      Socialist Countries in matters of pos-
      tal service and telecommunication
   Uschakow. Rat für gegenseitige Wirt-
      schaftshilfe (1962) p. 152 (G)

2997. December 16
   Coordination of ionospheric services
   Uschakow. Rat für gegenseitige Wirt-
      schaftshilfe (1962) p. 157 (G)

2998. December 20
   Inter-American radio communications
   TIAS 4079, UST 9:1037 (E, F, Sp, Port)
   Can TS 1958:32 (E, F)

2999. December 20
   Constitution of the European Company
      for the chemical processing of irra-
      diate fuels: Eurochemic
   JO (Fr) 1960:7072 (F)
   Vert BRD 13:340 (E, F, G)
   OFS 1960:58 (E, F, Nor)
   CL (Port) 1959(2):30 (F, Port)
   SÖ 1960:73 (E, F, Swe)
   AJIL 53:1030 (E)
   European Yearbook (1959) 5:302 (E, F)

3000. December 20
   Eurochemic: statute
   JO (Fr) 1960:7078 (F)
   CL (Port) 1959(2):34 (F, Port)
   SÖ 1960:73 (E, F, Swe)
   AJIL 53:1037 (E)
   European Yearbook (1959) 5:314 (E, F)

3001. December 20
   European Nuclear Energy Agency:
      statute
   Cmd 357, Misc 1958:2 (E)
   AJIL 53:1012 (E)
   European Yearbook (1959) 5:272 (E, F)
   OECD. The Organization for Economic
      Cooperation and Development (1962)
      p. 237 (E)

3002. December 20
   Nuclear energy: security control
   Cmd 357, Misc 1958:2 (E)
   GBTS 1960:8, Cmd 971 (E, F)
   JO (Fr) 1960:7072 (F)
   Vert BRD 13:310 (E, F, G)
   IreTS 1959:7 (E)
   Pasin (Lux) 33:53 (F)
   OFS 1960:40 (E, Nor)
   CL (Port) 1959(2):83 (F, Port)
   SÖ 1960:71 (E, F, Swe)
   AJIL 53:1018 (E)

1957 (cont.)

3002 Atomo, Petrolio, Elettricità 5:82 (It)
cont. European Yearbook (1959) 5:282 (E, F)
Rivista di Diritto Internazionale 46:687 (It)
GU (It) no. 40, 12 February 1963 (It)
Leggi 1963:413 (It)

3003. December 20
Tribunal established by the convention relative to security control in the field of nuclear energy
Pasin (Lux) 33:53 (F)
CL (Port) 1959(2):91 (F, Port)
SÖ 1960:72 (E, F, Swe)

1958

3004.
Benelux: arbitration
Benelux Economic Union. Benelux economische unie (1961) p. 241 (Dut)

3005. January 1
Cairo declaration (Afro-Asian Peoples' Solidarity Conference)
Afro-Asian Peoples' Solidarity Conference, Cairo, 1957-1958. Konferentsiia solidarnosti narodov Azii i Akriki (1958) p. 180 (R)

3006. January 2
Transportation facilities (Southeast Asia)
UNTS 304:227 (E, F)
TIAS 3994, UST 9:217 (E)

3007. January 15
Customs: EUROPwagons
UNTS 383:229 (E, F)
JO (Fr) 1960:3113 (F)
BG Bl (Ger) 1960, II, p. 1314 (F, G)
Vert BRD 17:201 (F, G)
RO (Switz) 1960:1633 (F, G)
Diritto Internazionale 16, II, p. 12 (F)

3008. January 16
Danube River: sanitary and veterinary rules
Russia. Treaties. Sbornik mezhd. Konventsii (1959) p. 366 (R)

3009. January 20
Danube River fisheries
Sbornik dog SSSR 20:531 (R)

3010. January 20
Customs cooperation (Arab countries)
N.Y. Times 1958 January 18 (E)

1958 (cont.)

3011. January 27
International Coffee Organization
Salvador. Tratados 6:487 (Sp)
Annals of the OAS 10:27 (E)

3012. January 29
Fishing in the Danube
UNTS 339:23 (Bulg, Rum, R, Y)
Vedomosti verkhovnogo soveta SSSR 1960 no. 14, art. 91 (R)

3013. February 3
Benelux Economic Union
UNTS 381:165 (E, F, Dut)
European Yearbook (1959) 5:166 (E, F)
Benelux Bulletin Officiel, no. 4 annex March 1958 (F, Dut)
Benelux Economic Union. Textes de base p. 2 (F, Dut)
Benelux Economic Union. Benelux economische unie (1961) p. 1 (Dut)
Lawson. International regional organization (1962) p. 173 (E)

3014. February 3
Benelux: protocol of execution
Benelux Economic Union. Benelux economische unie (1961) p. 96 (Dut)

3015. February 3
Interparliamentary Consultative Council (Benelux)
Benelux Economic Union. Textes de base (F, Dut)
Benelux Economic Union. Benelux economische unie (1961) p. 183 (Dut)

3016. February 3
Benelux: Rhine navigation
Benelux Economic Union. Benelux economische unie (1961) p. 116 (Dut)

3017. February 3
Benelux: transitory agreement
Benelux Economic Union. Benelux economische unie (1961) p. 77 (Dut)

3018. March 8
United Arab States Pact
United Arab Republic. Constitution. United Arab Pact (1958) p. 1 (E)
United Arab Republic. Constitution. Constitution of the Arab Federation (1958) p. 1 (E)

3019. March 20
Motor vehicle equipment and parts
UNTS 335:211 (E, F)
Cmd 1830, Misc 1962:28 (E)
SÖ 1959:28 (E, F, Swe)

1958 (cont.)

3020. March 27
　　　Rights and duties of states in case of
　　　　civil war (Americas)
　　Salvador. Tratados 6:821 (Sp)

3021. March 31
　　　Cape Spartel Light
　　UNTS 320:103 (E, F)
　　TIAS 4029: UST 9:527 (E)
　　Singh British Shipping Laws (1963) 8:33
　　　(E)
　　SO 1958:101 (F, Swe)

3022. April 3
　　　Olive oil
　　UNTS 302:122 (E, F, Sp)
　　U.N. Doc. E/Conf. 19/L.9 (E)
　　JO (Fr) 1960:3733 (F)
　　Israel TS 363 (E, F, Heb)
　　CL (Port) 1959(1):275 (F, Port)
　　Propriété Industrielle 1961:230 (F)
　　Revue de Droit Intellectual 52:217 (F)

3023. April 15
　　　Maintenance obligations toward children
　　BG Bl (Ger) 1961, II, p. 1006 (G)
　　Vert BRD 17:399 (F, G)
　　Trb 1959:187 (F)
　　Conférence de Droit International Privé
　　　8th. The Hague. 1956. Recueil de
　　　Textes (1959) p. 37 (F)
　　Conférence de Droit International Privé
　　　9th. The Hague. 1960. Recueil des
　　　Conventions de la Haye (1961) p. 36 (F)

　　Lansky. Das Haager Uebereinkommen
　　　vom 15. April 1958...(1960) p. 150
　　　(F, G)
　　Hoyer. Staatsverträge über Rechtshilfe und
　　　Vollstreckung (1964) p. 59 (G)

3024. April 15
　　　Conflict of laws: movable goods sales
　　Conférence de Droit International Privé
　　　8th. The Hague, 1956. Recueil de Textes. (1959) p. 16 (F)
　　Conférence de Droit International Privé.
　　　9th. The Hague, 1960. Recueil des Conventions de la Haye (1961) p. 16 (F)

3025. April 15
　　　International sales of movable goods:
　　　　capacity of parties
　　Conférence de Droit International Privé
　　　8th. The Hague, 1956. Recueil de
　　　Textes (1959) p. 20 (F)
　　Conférence de Droit International Privé
　　　9th. The Hague, 1960. Recueil des
　　　Conventions de la Haye (1961) p. 20
　　　(F)

1958 (cont.)

3026. April 22
　　　Conference of Independent African
　　　　States (Accra)
　　Conference of Independent African States.
　　　1st. Accra, 1958. Declarations and
　　　resolutions (1958) p. 1 (E)
　　Conference of Independent African States.
　　　1st. Accra, 1958. Konferenz der Unabhängigen Staaten Afrikas (1958) p. 63 (G)
　　Elias. Government and politics in Africa
　　　(1963) p. 275 (E)
　　Legum. Pan-Africanism (1962) p. 139 (E)

3027. April 28
　　　Fishing: high seas
　　U.N. Doc. A/Conf 13/L 54 (E, F)
　　Australia TS 1963:12 (E)
　　Mem (Colombia) 1961-62(2):130 (Sp)
　　Israel TS 410 (E, F, Heb)
　　Trb 1959:125 (E, F, Dut)
　　American Foreign Policy 1958:276 (E)
　　AJIL 52:851 (E)
　　DSB 38:1118 (E)
　　Revue de Droit International pour le Moyen-
　　　Orient 1958:56 (E)

　　Bache og Heggemsnes. Traktatsamling
　　　(1963) p. 130 (Nor)
　　Brandão. Direito Internacional Maritimo
　　　(1963) p. 315 (Port)
　　McDougal. The public order of the oceans,
　　　p. 1164 (E)
　　Shalowitz. Shore and sea boundaries (1962)
　　　p. 383 (E)
　　U.N. Conference on the Law of the Sea,
　　　Geneva, 1958. Four conventions and an
　　　optional protocol formulated at the United
　　　Nations Conference on the Law of the Sea
　　　(1959) p. 42 (E)

　　U.S. 86th Congress. 1st session.
　　　Senate Executive L (1959) (E)
　　Koretskii. Ocherki mezhd. morskogo-
　　　prava (1962) p. 365 (R)

3028. April 29
　　　Continental shelf
　　U.N. Doc. A/Conf. 13/L.55 (E, F)
　　Australia TS 1963:12 (E)
　　Leyes (Colombia) 1961:56 (Sp)
　　Lovt C 1963:83 (E, F, Dan)
　　DO (Guatemala) 1961:433 (Sp)
　　Belorusskaia SSR v mezhdunarodnykh
　　　otnosheniiakh (1960) p. 271 (R)
　　Israel TS 410 (E, F, Heb)
　　American Foreign Policy 1958:281 (E)
　　AJIL 52:858 (E)

1958 (cont.)

3028 cont. Revue de Droit International pour le Moyen-Orient 1958:64 (E)
Bache og Heggemsnes. Traktatsamling (1963) p. 134 (Nor)
Brandão. Direito Internacional Maritimo (1963) p. 319 (Port)
McDougal. The public order of the oceans p. 1173 (E)
Shalowitz. Shore and sea boundaries (1962) p. 376 (E)
U.N. Conference on the Law of the Sea, Geneva, 1958. Four conventions and an optional protocol formulated at the United Nations Conference on the Law of the Sea (1959) p. 52 (E)
U.S. 86th Congress. 1st session. Senate Executive M (1959) (E)
Vasquez Rocha. Teoria juridica sobre la platforma continental (1963) p. 122 (Sp)
Koretskii. Ocherki mezhd. morskogo prava (1962) p. 375 (R)

3029. April 29
High seas
U.N. Doc. A/Conf. 13/L. 53 (E, F)
TIAS 5200, UST 13:2312 (E, F, Ch, R, Sp)
GBTS 1963:5, Cmd 1929 (Ch, E, F, R, Sp)
Australia TS 1963:12 (E)
Leyes (Colombia) 1961:410 (Sp)
DO (Guatemala) 1961:457 (Sp)
Trb 1959:124 (E, F, Dut)
Belorusskaia SSR v mezhd otnosheniiakh (1960) p. 259 (R)
American Foreign Policy 1958:269 (E)
AJIL 52:842 (E)
Revue de Droit International pour le Moyen-Orient 1958:46 (E)
U.S. 86th Congress. 1st session. Senate Executive K (1959) (E)
Brandão. Direito Internacional Maritimo (1963) p. 309 (Port)
McDougal. The public order of the oceans, p. 1153 (E)
Shalowitz. Shore and sea boundaries (1962) p. 378 (E)
Singh. British Shipping Laws (1963) 8:1145 (E)
U.N. Conference on the Law of the Sea, Geneva, 1959. Four conventions and an optional protocol formulated at the United Nations Conference on the Law of the Sea (1959) p. 28 (E)
Bache og Heggemsnes. Traktatsamling (1963) p. 125 (Nor)
Israel TS 410 (E, F, Heb)
Koretskii. Ocherki mezhd. morskogo prava (1962) p. 351 (R)

1958 (cont.)

3030. April 29
Territorial sea
UN Doc A/Conf. 13/L. 52 (E, F)
Australia TS 1963:12 (E)
Israel TS 410 (E, F, Heb)
Trb 1959:123 (E, F, Dut)
Belorusskaia SSR v mezhd. otnosheniiakh (1960) p. 276 (R)
American Foreign Policy 1958:264 (E)
AJIL 52:834 (E)
DSB 38:1111 (E)
Revue de Droit International pour le Moyen-Orient 1958:38 (E)
Bache og Heggemsnes. Traktatsamling (1963) p. 121 (Nor)
Brandão. Direito Internacional Maritimo (1963) p. 301 (Port)
McDougal. The public order of the oceans, p. 1143 (E)
Shalowitz. Shore and sea boundaries (1962) p. 371 (E)
Singh. British Shipping Laws (1963) 8:1139 (E)
U.N. Conference on the law of the sea, Geneva, 1958. Four conventions and an optional protocol formulated at the United Nations Conference on the law of the sea (1959) p. 14 (E)
U.S. 86th Congress. 1st session. Senate. Executive J (1959) (E)
Koretskii. Ocherki mezhd. morskogo prava (1962) p. 339 (R)

3031. April 29
Law of the sea: settlement of disputes
Australia TS 1963:12 (E)
Cmd 584 (1958) (E)
GBTS 1963:60, Cmd 2112 (E, F, R, Ch, Sp)
Israel TS 410 (E, F, Heb)
American Foreign Policy 1958:283 (E)
AJIL 52:862 (E)
DSB 38:1123 (E)
Shalowitz. Shore and sea boundaries (1962) p. 387 (E)
U.N. Conference on the law of the sea, Geneva, 1958. Four conventions and an optional protocol formulated at the United Nations Conference on the law of the sea (1959) p. 61 (E)
U.S. 86th Congress. 1st session. Senate. Executive N (1959) (E)

3032. April 30
Unification of the Maghrib countries (Tangier conference)
Free Algeria (special issue, May 1958) (E)
Khalil. The Arab states and the Arab League 2:469 (E)
Sayegh. Arab unity, p. 266 (E)

1958 (cont.)

3033. May 14
   Seamen: wages and hours of work (ILO 109)
   DO (Guatemala) 1961:305 (Sp)
   Singh. British Shipping Laws (1963) 8:940 (E)

3034. May 18
   Seafarer's national identity documents (ILO 108)
   UNTS 389:277 (E, F)
   DO (Guatemala) 1960:705 (Sp)
   Singh. British Shipping Laws (1963) 8:907 (E)

3035. May 24
   Warsaw Pact powers declaration
   Sbornik dog. SSSR 20:70 (R)

3036. May 30
   Council of Europe: statute amendment
   SÖ 1958:103 (E, F, Swe)

3037. June 1
   Non-aggression pact between the Warsaw Pact and NATO members (draft)
   Meissner. Warschauer Pakt (1962) p. 176 (G)

3038. June 4
   Employment on plantations (ILO 110)
   DO (Guatemala) 1961:785 (Sp)

3039. June 6
   Major international highways: annexes
   Mon (Belg) 1963:10381 (Dut, F)

3040. June 10
   Recognition and enforcement of foreign arbitral awards
   UNTS 330:38 (Ch, E, F, R, Sp)
   Sop S 1962:25 (E, Fin)
   JO (Fr) 1959:8726 (F)
   BG Bl (Ger) 1961, II, p. 123 (G)
   Vert BRD 17:255 (E, F, G)
   Israel TS 287 (E, F, Heb)
   CT (Jap) 39:15 (E, F, Ch, R, Sp, J)
   OFS 1961:197 (E, Nor)
   CL (Rum) no. 3, 1963:16 (Rum)
   Nederlands Tydschrift voor International Recht 6:110 (E)
   Briseño Sierra. El arbitraje en el derecho privado (1963) p. 399 (Sp)
   International Chamber of Commerce. International Commercial Arbitration and the Convention of New York (1960) p. 11 (E)
   U.N. Conference on International Commercial Arbitration, New York, 1958. Convention on the Recognition and Enforcement of Foreign Arbitral awards (1959) p. 91 (E)

1958 (cont.)

   U.N. doc. E/Conf. 26/8/Rev/ 10 June 1958 (E, F)
   Hoyer. Staatsverträge über Rechtshilfe und Vollstreckung (1964) p. 49 (G)

3041. June 10
   Free trade and economic integration (Central America)
   UN Doc E/3150, p. 5 (E)
   DO (Guatemala) 1959:1009 (Sp)
   Salvador. Tratados 6:607 (Sp)
   Boletin Informativo ODECA (1961) p. 9 (Sp)
   Pincus. The Central American Common Market (1962) p. 159 (E)
   U.N. Doc E/CN.12/621 Multilateral economic cooperation in Latin America (1962) 1:17 (E)

3042. June 10
   Industrial integration (Central America)
   UN Doc E/3150, p. 5 (E)
   DO (Guatemala) 1959:1385 (Sp)
   Salvador. Tratados 6:635 (Sp)
   Boletin Informativo ODECA (1961) p. 27 (Sp)
   Industry and Labor 21:325 (E)
   Pincus. The Central American Common Market (1962) p. 171 (E)
   UN Doc E/CN.12/621 Multilateral economic cooperation in Latin America (1962) 1:23 (E)

3043. June 10
   Uniform road signals (Central America)
   Gac (Costa Rica) 85:386, 1193 (Sp)
   DO (Guatemala) 1959:1161 (Sp)
   Salvador. Tratados 6:680 (Sp)
   Boletin Informativo ODECA (1961) p. 57 (Sp)

3044. June 10
   Road traffic (Central America)
   Gac (Costa Rica) 85:254 (Sp)
   DO (Guatemala) 1959:1193 (Sp)
   Salvador. Tratados 6:643 (Sp)
   Boletin Informativo ODECA (1961) p. 33 (Sp)

3045. June 18
   Trade (Yugoslavia-Benelux)
   UNTS 386:345 (E, F)

3046. June 18
   Payments (Yugoslavia-Benelux)
   UNTS 386:355 (E, F)

3047. June 19
   Social security of employees in colonial service (Benelux)
   Mon (Belg) 1963:8169 (F, Dut)

1958 (cont.)

3048. June 25
    Discrimination (ILO 111)
    UNTS 362:31 (E, F)
    DO (Guatemala) 1960:241 (Sp)
    Israel TS 288 (E, F, Heb)
    GU (It) 1963:1824 (F)
    Trb 1962:41 (E, F)
    OFS 1960:150 (E, Nor)
    CL (Port) 1959(2):351 (F, Port)
    JO (CAR) 1964:392 (F)
    RO (Ecuador) 219, 30 July 1962 (Sp)
    Leggi 1963:1082 (F)

3049. June 27
    European Monetary Agreement: protocol 2
    Cmd 554, Misc 1958:12 (E, F)
    JO (Fr) 1960:7314 (F)
    OFS 1961:207 (E, F, Nor)
    European Yearbook (1959) 7:267 (E, F)
    SO 1959:6 (E, F, Swe)

3050. June 27
    European Payments Union: supplementary protocol 10
    OFS 1960:268 (E, F, Nor)
    SO 1959:5 (E, F, Swe)

3051. June 27
    Whaling
    UNTS 337:408 (E)
    TIAS 4193, UST 10:330 (E)
    GBTS 1959:27, Cmd 694 (E)

3052. July
    World Health Organization: privileges and immunities
    Lovt C 1962:65 (E, Dan)

3053. July 24
    European Economic Community: agriculture proposals
    Siegler. Dokumentation der europäischen Integration (1961) p. 188 (G)

3054. July 25
    Benelux: tariffs
    UNTS 352:3 (E, F, Dut)
    Mon (Belg) 1960:9502 (F, Dut)
    Mem (Lux) December 29, 1960 (F)
    Trb 1960:143 (Dut)
    Benelux Economic Union. Textes de base (F, Dut)

3055. August 9
    German assets in Spain
    TIAS 4606; UST 11:2274 (E, F, Sp)

3056. August 10
    Declaration of Bogotá
    RO (Ecuador) 610, 8 September 1958 (Sp)

1958 (cont.)

3057. September
    International Union for the Conservation of Nature and of Resources
    Vert BRD 13:78 (F, G)

3058. September 4
    International Commission on Civil Status: exchange of information on matters of civil status
    JO (Fr) 1959:11064 (F)
    BG Bl (Ger) 1961, II, p. 1071 (G)
    Vert BRD 17:355 (F, G)
    Revue Critique de Droit International Privé 48:754 (F)
    European Yearbook (1959) 6:262 (E, F)

3059. September 4
    International Commission on Civil Status: change of names
    JO (Fr) 1959:11064 (F)
    BG Bl (Ger) 1961, II, p. 1076 (G)
    Vert BRD 17:367 (F, G)
    Revue Critique de Droit International Privé 48:762 (F)
    European Yearbook (1959) 6:260 (E, F)

3060. September 8
    Workmen's compensation (Scandinavia)
    UNTS 383:203 (E, F, Dan, Fin, Ic, Nor, Swe)

3061. September 20
    Crimes on board aircraft (draft)
    Westerburg. Die Polizeigewalt des Luftfahrzeugkommandanten (1961) p 214 (E)

3062. September 25
    Social security for migrant workers: European Economic Community
    JOCE 30, December 16, 1958 (F)
    Troclet. Legislation Sociale Internationale (1962) 3:571 (F)

3063. October 17
    Free trade zone (Ockrent report)
    Siegler. Dokumentation der europäischen Integration (1961) p. 205 (G)

3064. October 17
    Free trade zone (Council of Europe proposals)
    Siegler. Dokumentation der europäischen Integration (1961) p. 203 (G)

3065. October 24
    Sugar (draft)
    Cmd 587, Misc 1958:16 (E)
    U.N. Sugar Conference, Geneva, 1958 Summary of proceedings (1960) p. 42 (E)

1958 (cont.)

3066. October 27
   German assets in Portugal
   UNTS 351:303 (E, F, Port)

3067. October 31
   Cessation of atomic and hydrogen weapons tests (Soviet draft)
   U.S. Disarmament Administration. Geneva Conference on the Discontinuance of Nuclear Weapons Tests (1961) p. 313 (E)

3068. October 31
   False indications of origin of goods
   Cmd 876, Misc 1959:16 (E)
   GBTS 1963:56, Cmd 2103 (E, F)
   Sbornik Zák. 1963:257 (Cz)
   Israel TS 313 (F, Heb)
   RO (Switz) 1963:138 (F)
   Union Internationale pour la protection de la propriété Industriale. Bureau. Beschluesse der Revisionskonferenzen von Nizza und Lissabon (1959) p. 24 (F, G)

3069. October 31
   Industrial property
   TIAS 4931, UST 13:1 (E, F)
   Cmd 875, Misc 1959:15 (E, F)
   GBTS 1962:38, Cmd 1715 (E, F)
   JO (Fr) 1962:637 (F)
   BG Bl (Ger) 1961, II, p. 274 (G)
   Vert BRD 17:411 (F, G)
   Trb 1962:70 (Dut)
   Israel TS 312 (F, Heb)
   RO (Switz) 1963:117 (F)
   AS (Switz) 1963:121 (G)

   Annales de la Propriété Industrielle, Artistique et Littéraire 96:2 (F)
   Revue Critique de Droit International Privé 51:156 (F)
   Revue Internationale de la Propriété Industrielle et Artistique 1963 (March):68 (F)
   Rivista di Diritto Industriale 1962, I, p. 265 (F)
   U.S. 87th Congress. House. Committee on the Judiciary. International Convention: patents and trademarks (1961) p. 21 (E)
   Union International pour la protection de la

   propriété industrielle. Bureau. Beschluesse der Revisionskonferenzen von Nizza und Lissabon (1959) p. 5 (F, G)
   CL (Rum) no. 5, 1963:60 (Rum)
   Gt. Britain. Board of Trade. International Convention for the Protection of Industrial Property (1959) (E)
   Journal du Droit International 89:541 (E, F)

3070. November
   Meshes of fish nets and size limits of fish
   UNTS 354:408 (E, F)

1958 (cont.)

3071. November 5
   Carriage of persons and goods by road (Nordic countries)
   UNTS 428:73 (E, F, Dan, Fin, Nor, Swe)
   OFS 1959:473 (Nor)
   SO 1958:76 (Dan, Fin, Nor, Swe)

3072. November 22
   General Agreement on Tariffs and Trade: Swiss accession
   UNTS 350:3 (E, F)
   TIAS 4461, UST 11:745 (E, F)
   BG Bl (Aus) 1962:1133 (E, G)
   GU (It) 1962, December 7 (F, It)
   CT (Jap) 1960:1412 (E, F, J)
   RO (Switz) 1962:1076, 1079 (F)

3073. November 22
   General Agreement on Tariffs and Trade: procés verbal
   UNTS 328:298 (E, F)
   TIAS 4345, UST 70:1842 (E, F)

3074. November 24
   Hoof and mouth disease (Europe)
   UNTS 315:241 (E, F)

3075. November 29
   Telegraph regulations
   TIAS 4390, UST 10:2423 (E, F)

3076. December 1
   Inter-American Institute for Agricultural Sciences
   Mon (Haiti) 1960:517 (F)
   Salvador. Tratados 6:809 (Sp)
   U.S. Congress. Senate. 86th, 1st session Executive C (1959) (E)

3077. December 1
   Sugar
   UNTS 385:137 (E, F, Ch, R, Sp)
   TIAS 4389, UST 10:2189 (E, F, Ch, R, Sp)
   GBTS 1960:55, Cmd 1146 (E, F, Ch, R, Sp)
   CanTS 1959:3 (E, F)
   Leyes (Colombia) 1961:17 (Sp)
   CL (Costa Rica) 1959(1):269 (Sp)
   RO (Ecuador) 131, 4 February 1961 (Sp)
   Recueil des Traités de la France 1961:10 (F)
   Vert BRD 15:73 (E, F, G)
   DO (Guatemala) 1959:1377 (Sp)

   Israel TS 411 (E, F, Heb)
   GU (It) January 26, 1962 (F)
   Vedomosti verkhovnogo soveta SSR 1960, 15, art. 107 (R)
   Salvador. Tratados 6:763 (Sp)
   Salvador. Tratados. Recopilación de los instrumentos internacionales (1962) p. 238 (Sp)
   SATS 1958:12 (E, Dut)
   Australia TS 1959:5 (E)

1958 (cont.)

3078. December 2
    German credit agreement: protocol 4
    Vert BRD 13:170 (E, G)

3079. December 3
    United Nations Educational, Scientific and Cultural Organization
    UST 10:959, TIAS 4230 (E, F)
    GBTS 1961:36, Cmd 1376 (E, F)
    O.N.U. Și Institutiie Specializate (1962) p. 256 (Rum)

3080. December 4
    Nuclear testing (Soviet draft)
    Siegler. Dokumentation zur Deutschlandfrage (1961) 2:37 (G)

3081. December 5
    Publications exchange
    Cmd 1242, UN 1960:6 (E)
    GBTS 1962:41, Cmd 1742 (E, F, R, Sp)
    DO (Guatemala) 1960:609 (Sp)
    Israel TS 365 (E, F, Heb)
    GU (It) May 19, 1961 (F)
    Rivista di Diritto Internazionale 45:324 (F)

3082. December 5
    Exchange of official publications
    UNTS 398:9 (E, F, R, Sp)
    UNTS 416:51 (E, F, R, Sp)
    GBTS 1962:43, Cmd 1758 (E, F, Sp, R)
    DO (Guatemala) 1960:473 (Sp)
    Israel TS 364 (E, F, Heb)
    GU (It) May 19, 1961 (F)
    Rivista di Diritto Internazionale 45:319 (F)

3083. December 11
    Benelux: excise taxes
    UNTS 387:342 (E)
    Benelux Economic Union. Textes de base (F, Dut)

3084. December 13
    All-African Peoples' Conference (Accra)
    Legum. Pan-Africanism (1962) p. 223 (E)

3085. December 15
    Program exchanges by television films (Europe)
    GBTS 1961:88, Cmd 1509 (E, F)
    JO (Fr) 1959:2677 (F)
    European Yearbook (1959) 6:236 (E, F)
    Lovt C 1962:247 (E, F, Dan)
    SO 1961:3 (E, F, Swe)

3086. December 15
    Therapeutic substances of human origin (blood) exchange (Europe)
    UNTS 351:159 (E, F)
    JO (Fr) 1960:6144 (F)
    BG Bl (Ger) 1962, II, p. 1442 (E, F, G)
    IreTS 1959:2 (E)
    Trb 1959:118 (E, F, Dut)
    OFS 1959:483 (E, Nor)
    European Yearbook (1959) 6:230 (E, F)
    Rivista di Diritto Internazionale 45:330 (F)

1958 (cont.)

3087. December 18
    Utilities claims settlement
    UNTS 325:233 (E, F, K)

3088. December 22
    Establishment of a common tariff: Euratom
    Vert BRD 13:174 (F, G, It, Dut)

3089. December 22
    Indo-Pacific Fisheries Council
    UNTS 343:343 (E, F)
    TIAS 5218, UST 13:2511 (E, F)

3090. December 31
    General Agreement on Tariffs and Trade: protocol schedule III (Brazil)
    Contracting parties to the General Agreement on Tariffs and Trade. Protocol relating to negotiations for the establishment of a new schedule III- Brazil (1958) p. 1 (E)

1959

3091. January 10
    German peace treaty (Soviet draft)
    Friede durch die Sowjetsche (1961) p. 55 (G)
    Embree. The Soviet Union and the German question, September 1958-June 1961 (1963) p. 89 (E)
    Siegler. Dokumentation zur Deutschlandfrage (1961) 2:106 (G)
    Líska. Uzavřít mírovou smlouvu s Německem (1961) p. 185 (Cz)

3092. January 10
    Social security of workers engaged in international transport
    JO (Fr) 1960:9060 (F)
    Pasin (Lux) 33:166 (F)
    Trb 1961:14 (F, Dut)

3093. January 15
    Customs: transport of goods: TIR convention
    UNTS 348:13 (E, F)
    GBTS 1960:18, Cmd 1012 (E, F)
    JO (Fr) 1960:668 (F)
    GU (It) 1962:277 supp (F)
    OFS 1960:281 (E, F, Nor)
    Diritto Internazionale 15, II, p. 98 (F)
    SO 1959:54 (E, F, Swe)
    CL (Rum) no. 5, 1963:14 (Rum)

1959 (cont.)

3094. January 16
   Inter-governmental Maritime Consultative Organization: privileges and immunities
   UNTS 323:364 (E, F)
   Lovt C 1962:65 (E, Dan)
   IMCO. Basic documents (1962) p. 48 (E)

3095. January 21
   Joint Institute for Nuclear Research
   Izvestia. January 22, 1959 (E)

3096. January 21
   Financing air navigation services to Iceland
   UST 10:723, TIAS 4204 (E)

3097. January 24
   North Atlantic Fisheries
   JO (Fr) 1964:224 (F)
   BG Bl (Ger) 1963, II, p. 158 (E, F, G)
   Dz Ust 1963:497 (F, Pol)
   SÖ 1960:4 (E, F, Swe)
   Germany (FR) Maritime Law. Das deutsche Seerecht (1964) 3:1243 (G)
   OFS 1964:2 (E, Nor)

3098. February 2
   Inter-American Institute of Agricultural Sciences
   CL (Costa Rica) 1960, 1:115 (Sp)

3099. February 18
   General Agreement on Tariffs and Trade: rectification 8th schedule
   GATT pub. 18 February 1959 (E)

3100. February 19
   Cyprus settlement (draft)
   American foreign policy. Current documents 1959:765 (E)

3101. March 1
   Third party liability in the field of nuclear energy (draft)
   International Maritime Committee. Conference, Rijeka, 1959. p. 97 (E)

3102. March 3
   Court of Justice of European Economic Communities: rules of procedure
   JOCE March 21, 1959 (F)
   European Coal and Steel Community. Court of Justice. The rules of procedure. (1962) p. 9 (E)
   Reepinghen. Procédure devant la Cour de Justice des Communautés Européennes (1961) p. 127 (F)
   European Community. Court of Justice. Recueil des Textes (1963) p. 155 (F)

1959 (cont.)

Leyden University. Europa Instituut. The rules of procedure of the Court of Justice of the European Communities (1962) (E)

3103. March 5
   Archives of Allied High Commission for Germany
   UNTS 341:386 (E, F)
   TIAS 4195, UST 10:347 (E)

3104. March 5
   Central Treaty Organization: United States cooperation
   TIAS 4191, UST 10:320 (E)
   Lawson. International regional organizations (1962) p. 246 (E)

3105. March 6
   Council of Europe: privileges and immunities: 3rd protocol
   Mon (Belg) 1963:4802 (F, Dut)
   BG Bl (Ger) 1963, II, 237 (E, F, G)
   Diritto Internazionale 15, II, p. 107 (It)
   European Yearbook 7:336 (E, F)
   Rivista di Diritto Internazionale 46:287 (F)

3106. March 16
   European Economic Union: proposed
   American foreign policy. Current documents 1959:561 (E)

3107. March 20
   Inter-American Cotton Federation (Central America)
   Salvador. Tratados 6:711 (Sp)
   CL (Costa Rica) 1960, 2:430 (Sp)

3108. March 23
   High temperature reactors and refrigeration by gas
   RO (Switz) 1962:411 (F, G)
   Feuille Fédérale (Switz) 1959, II, p. 65 (F, G)

3109. March 23
   Carriage of goods by rail
   UNTS 375:344, 366 (E, F)
   GBTS 1962:49 Cmd 1785 (E, F)
   SÖ 1959:30 (F, Swe)

3110. March 23
   Carriage of passengers by rail
   UNTS 375:362 (E, F)
   GBTS 1962:48 Cmd 1784 (E, F)
   SÖ 1959:29 (F, Swe)

3111. March 31
   Trademarks (Benelux)
   European Yearbook (1960) 7:178 (E, F)

1959 (cont.)

3112. March 31
Uniform law regarding trademarks
(Benelux)
European Yearbook (1960) 7:182 (E, F)

3113. April
International Finance Corporation:
privileges and immunities
UNTS 327:326 (E, F)
Lovt C 1962:65 (E, Dan)

3114. April 7
Tariffs on international railroads
JO (Fr) 1959:4533 (F)

3115. April 8
Inter-American Developement Bank
(Pan American Union)
UNTS 389:69 (E, F, Sp, Port)
TIAS 4397, UST 10:3029 (E, F, Sp, Port)
PAUTS 14 (E)
DO (Guatemala) 1959:1313 (Sp)
Mon (Haiti) 1959:511 (F)
Salvador. Tratados 6:827 (Sp)
American foreign policy. Current documents 1959:440 (E)
Blanco Videl. Organizaciones internacionales de Creditos (1962) p. 161 (Sp)
Gonzalez. Textos internacionales del Peru (1962) p. 421 (Sp)
Grez Zuloago. Banco interamericano do desarrollo (1961) p. 88 (Sp)
U.S. Administrative and Law. Legislation on foreign relations (1963) p. 486 (E)
Inter-American Economic and Social Council. Specialized Committee for Negotiating and Drafting the Instrument of Organization of an Inter-American Financial Institution. Convenio Constitutivo del Banco Inter-Americano de Desarrollo (1960) (Sp)

3116. April 13
European social charter (draft)
Instituciones y textos europeos (1960) p. 375 (Sp)

3117. April 15
World Meteorological Organization
UNTS 394:260 (E, F)
GBTS 1961:15, Cmd 1317 (E, F)

3118. April 20
Vehicle insurance (Europe)
Diritto Internazionale 15, II, p. 141 (F)
European Yearbook (1959) 7:364 (E, F)
International Institute for the Unification of Private Law. Yearbook 1961 (1962) p. 157 (E, F)

1959 (cont.)

3119. April 20
Assistance in criminal matters
(Europe)
Lovt C 1963:95 (E, F, Dan)
GU (It) April 13, 1961 (F)
OFS 1962:215 (E, Nor)
Diritto Internazionale 15, II, p. 147 (F)
European Yearbook (1959) 7:382 (E, F)
Rivista di Diritto Internazionale 45:450 (F)
Aktuelle Nachrichten für Steuer- und Zollrecht 24:101 (G)

3120. April 20
Abolition of visas for refugees (Europe)
UNTS 376:85 (E, F)
JO (Fr) 1959:7359, 7803 (F)
BG Bl (Ger) 1961, II, p. 1098 (E, F, G)
Vert BRD 17:323 (E, F, G)
Pasin (Lux) 33:38 (F)
OFS 1961:96 (E, F, Nor)
SO 1960:75 (E, F, Swe)
Diritto Internazionale 15, II, p. 471 (F)
European Yearbook (1959) 7:401 (E, F)
Revue Critique de Droit International Privé 48:558 (F)

EurTS 31 (E, F)

3121. April 22
Inter-American Nuclear Energy Commission
American foreign policy. Current documents 1959:488 (E)
Inter-American Nuclear Energy Commission. Statute and regulations (1960) p. 1 (E)
Inter-American Nuclear Energy Commission. Statute and regulations (1961) p. 1 (E, Port, Sp)

3122. April 24
Wheat
UNTS 349:167 (E, F, Sp)
TIAS 4302, UST 10:1477 (E, F, Sp)
GBTS 1960:28, Cmd 1072 (E, F, Sp)
CanTS 1959:17 (E, F)
Recueil des Traités de la France 1961:18 (F)
BG Bl (Ger) 1960, II, p. 2011 (G)
Vert BRD 15:519 (E, F, G)
Israel TS 372 (E, F, Heb)
CT (Jap) 1960:1410 (E, F, G, J)
OFS 1959:660 (E, Nor)

PhilTS (no. 4) 3:40 (E)
CL (Port) 1959(2):1055 (F, Port)
Salvador. Tratados 6:865 (Sp)
SATS 1959:1 (E, Dut)
Diritto Internazionale 15, II, p. 119 (F)
Münch. Internationale Organisationen (1962) p. 180 (G)
SO 1959:31 (E, F, Sp, Swe)
Australia TS 1959:24 (E)
CL (Costa Rica) 1960, 2:526 (Sp)

1959 (cont.)

3123. April 28
    World Meteorological Organization:
        amending article 6(a)(2)
    U.S. Congress. Senate. 87th Congress,
        1st session. Executive F (E)

3124. April 29
    Lake Inari
    UNTS 346:167 (E, F, Fin, Nor, R)
    Izvestia April 30, 1959 (R)

3125. May 1
    Union of Independent African States
    Legum. Pan-Africanism (1962) p. 160
        (E)

3126. May 11
    Commercial debts owed by residents
        of Turkey
    Vert BRD 16:432 (E, F, G)
    OFS 1960:166 (E, Nor)
    SO 1960:56, 57 (E, F, Swe)
    Diritto Internazionale 15, II, p. 87 (F)

3127. May 14
    Carriage of goods by rail
    UNTS 329:3 (E, F)

3128. May 14
    Peace treaty with Germany (Western
        draft)
    Documents on International Affairs 1959:34
        (E)
    Siegler. Dokumentation zur Deutschland-
        frage (1961) 2:217 (G)

3129. May 15
    Peace treaty with Germany (Soviet
        draft)
    Documents on International Relations
        1959:40 (E)
    Siegler. Dokumentation zur Deutschland-
        frage (1961) 2:227 (G)

3130. May 24
    Frontier crossing of goods and
        passengers by rail
    UNTS 328:319 (E, F)

3131. May 25
    General Agreement on Tariffs and
        Trade: Yugoslavia accession
    UNTS 346:312 (E)
    TIAS 4385, UST 10:2142 (E, F)

3132. May 26
    Berlin settlement (Western draft)
    Siegler. Dokumentation zur Deutschland-
        frage (1961) 2:231 (G)

1959 (cont.)

3133. May 28
    World Health Organization: articles
        24-25
    UNTS 377:380 (E, F, Ch, R, Sp)
    TIAS 4643, UST 11:2553 (E, F, Ch, R, Sp)
    GBTS 1961:24, Cmd 1351 (E, F, Ch, R, Sp)
    DO (Guatemala) 1961:153 (Sp)
    Israel TS 412 (E, F, Heb)
    Salvador. Tratados 6:825 (Sp)

3134. May 29
    General Agreement on Tariffs and
        Trade: Israel accession
    UNTS 344:304 (E, F)
    TIAS 4384, UST 10:2135 (E, F)
    Israel TS 449 (E, F, Heb)

3135. May 29
    African Council (Ivory Coast, Dahomey,
        Upper Volta, Niger)
    Revue Juridique et Politique 18:52 (F)

3136. June 9
    West African Customs Union
    JO (Maur) 1960:22 (F)

3137. June 10
    Berlin settlement (Soviet draft)
    Siegler. Dokumentation zur Deutschland-
        frage (1961) 2:233 (G)

3138. June 16
    Berlin settlement (Western draft)
    Siegler. Dokumentation zur Deutschland-
        frage (1961) 2:236 (G)

3139. June 19
    Minimum age: fishermen (ILO 112)
    UNTS 413:147 (E, F)
    Mon (Belg) 1963:9460 (F, Dut)
    BU 1963:720 (F)
    Lovt C 1962:355 (E, F, Dan)
    BG Bl (Ger) 1962, II, p. 1429 (E, F, G)
    DO (Guatemala) 1961:105 (Sp)
    Israel TS 439 (E, F, Heb)
    Trb 1962:42 (E, F)
    OFS 1963:180 (E, Nor)
    ILO Official Bull 12, no. 1 (E)

    Yearbook on Human Rights 1959:367 (E)
    Germany (FR) Maritime Law. Das
        deutsche Seerecht (1964) 3:392 (G)

3140. June 19
    Medical examination: fishermen (ILO
        113)
    UNTS 413:157 (E, F)
    Mon (Belg) 1963:9460 (F, Dut)
    BU 1963:721 (F)
    DO (Guatemala) 1961:201 (Sp)
    Trb 1962:43 (E, F)
    Diritto Internazionale 15, II, p. 157 (F)
    ILO Official Bull 12, no. 1 (E)
    Yearbook on Human Rights 1959:368 (E)

1959 (cont.)

3141. June 19
Fishermen's articles of agreement
(ILO 114)
UNTS 413:167 (E, F)
Mon (Belg) 1963:9460 (F, Dut)
BU 1963:722 (F)
DO (Guatemala) 1961:121 (Sp)
Trb 1962:44 (E, F)
Diritto Internazionale 15, II, p. 159 (F)
ILO Official Bull 12, no. 1 (E)
Yearbook on Human Rights 1959:368 (E)
BG Bl (Ger) 1964, II, p. 179 (E, F, G)

3142. June 22
North Atlantic Treaty Organization:
Maintenance of Supply Service System
TIAS 4252, UST 10:1156 (E)

3143. June 23
Customs Union (Equatorial Africa)
Conference des Chefs d'Etats de l'Afrique Equatoriale. Convention portant statut (1959) p. 9 (F)
JO (Congo, Br) 1963:710 (F)

3144. June 23
Statute of the Prime Ministers Conference of the States of Equatorial Africa
Conférence des Chefs d'Etats de l'Afrique Equatoriale. Convention portant statut (1959) p. 1 (F)
Revue Juridique et Politique 18:52 (F)

3145. June 26
European Conference of Postal and Telecommunications Administrations
OFS 1960:418 (F, Nor)
Vert BRD 17:49 (F, G)
Diritto Internazionale 15, II, p. 162 (F)
European Yearbook (1959) 7:639 (E, F)

3146. July 1
Privileges and immunities: International Atomic Energy Agency
UNTS 374:147 (E, F)
GBTS 1962:27, Cmd 1675 (E, F, R, Sp)
Cmd 1176, Misc 1960:4 (E)
Lovt C 1963:243 (E, F, Dan)
Vert BRD 15:489 (E, F, G)
OFS 1962:94 (E, Nor)
OG (Phil) 58:6650 (E)
Weekly Gaz (Iraq) no. 1, 1964:9 (E)
SO 1961:26 (E, Swe)

3147. July 1
Whaling
TIAS 4404, UST 11:32 (E)

3148. July 7
Fishing in the Black Sea
UNTS 377:203 (E, F, R, Bulg, Rum)
Vedomosti Verkhovnogo Soveta SSR 1960, 14, article 91 (R)

1959 (cont.)

3149. July 11
Maintenance of frontier bridges
(Luxemburg, Rhineland-Pfalz, Saarland)
Pasin (Lux) 33:298 (F)

3150. July 12
Liability of operators of seagoing nuclear ships (draft)
International Maritime Committee. Conference, Rijeka, 1959, p. 118 (E, F)

3151. July 19
Community of Independent African States: proposed
Legum. Pan-Africanism (1962) p. 162 (E)

3152. July 20
European Free Trade Association: proposed
American foreign policy. Current documents 1959:566 (E)

3153. July 28
Central Treaty Organization: United States adhesion (Baghdad Pact)
UNTS 335:205 (E, F)

3154. August 3
Organization and juridical personality of the International Hydrographic Bureau
SATS 1959:4 (E, Dut)

3155. August 3
North Atlantic Treaty Organization: status of forces in Federal Republic of Germany
Cmd 852, Misc 1959:12 (E)
JO (Fr) 1964:115 (F)
Mon (Belg) 1963:6464 (F, Dut)
Trb 1960:37, 38, 39 (E, Dut); 1961:119, 120, 121 (Dut)
TIAS 5352, UST 14:531, 536, 631, 670, 677, 686 (E, F, G)

3156. August 8
Resolutions of the Monrovia Conference of Independent African States
American foreign policy. Current documents 1959:1081 (E)
Documents on International Affairs 1959:623 (E)
Legum. Pan-Africanism (1962) p. 165 (E)

3157. August 17
General Agreement on Tariffs and Trade: 9th schedule rectifications
BG Bl (Ger) 1962, II, p. 1549 (E, F, G)
OFS 1960:120 (E, Nor)

1959 (cont.)

3158. August 19
    Declaration of Santiago de Chile: rule of law
    DSB 41:342 (E)

3159. August 20
    Financial guarantees to certain airlines (Scandinavia)
    UNTS 344:324 (E, F, Dan, Nor, Swe)
    UNTS 376:99 (E, F, Dan, Nor, Swe)
    OFS 1959:744 (Nor)
    OFS 1964:67 (Nor)
    SO 1959:42, 43 (Dan, Nor, Swe)

3160. September 1
    Equalization of import duties and charges (Central America)
    Pincus. The Central American Common Market (1962) p. 177 (E)
    U.N. Department of Economic and Social Affairs. Multilateral economic cooperation in Latin America (1962) p. 11 (E)
    U.N. Economic Commission for Latin America. Report of the Central American Economic Cooperation Committee (1962) p. 25 (E)

3161. September 1
    Central American preferential tariff
    Pincus. The Central American Common Market (1962) p. 185 (E)
    U.N. Department of Economic and Social Affairs. Multilateral economic cooperation in Latin America (1962) p. 15 (E)
    U.N. Economic Commission for Latin America. Report of the Central American Economic Cooperation Committee (1962) p. 59 (E)

3162. September 4
    Crime on board aircraft (ICAO draft)
    Westerburg. Die Polizeigewalt des Luftfahrkommandanten (1961) p. 218 (E)

3163. September 7
    Diplomatic asylum (draft amendment)
    Inter-American Council of Jurists. 4th meeting, Santiago de Chile, 1959. Afirmações na prática do direito internacional (1960) p. 65 (Port)

1959 (cont.)

3164. September 7
    Extradition (draft)
    Inter-American Council of Jurists. 4th meeting, Santiago de Chile, 1959. Afirmações na prática do direito internacional (1960) p. 79 (Port)

3165. September 8
    Human rights (Americas) (draft)
    Journal of the International Commission of Jurists 4:160 (E)
    Revue de la Commission Internationale de Jurists 4:172 (F)
    Inter-American Council of Jurists. 4th meeting, Santiago de Chile, 1959. Afirmações na prática do direito internacional (1960) p. 109 (Port)
    Inter-American Commission on Human Rights Basic documents (1960) p. 28 (E)

    Pan-American Council of Jurists, 4th meeting. Final act, 1959 (F)

3166. September 8
    Unemployment insurance (Scandinavia)
    UNTS 383:203 (Dan, E, F, Fin, Ic, Nor, Swe)
    OFS 1960:122 (Nor)
    SO 1959:44 (Dan, Fin, Ic, Nor, Swe)

3167. September 8
    European Court of Human Rights: rules of court
    Council of Europe. European Court of Human Rights. Rules of court (1962) p. 2 (E, F)

3168. September 9
    Inter-American Council of Jurists: final act
    Inter-American Council of Jurists, 4th meeting, Santiago, Chile, 1959. Final act (1959) (E, Sp)

3169. September 10
    Sanitary control of traffic: protocol (Scandinavia)
    SO 1959:45 (Dan, Nor, Swe)

3170. September 18
    Rules of the European Court of Justice
    European Yearbook (1959) 7:311 (E, F)
    Pardos Perez. Derechos del Hombre en el Consejo de Europa (1960) p. 129 (Sp)

3171-3185

1959 (cont.)

3171. September 19
Road traffic signs: protocol
BU (San Marino) 1963:53 (F)

3172. September 24
Coffee
Cmd 1621, Misc 1962:2 (E, F, Sp, Port)
RO (Ecuador) 88, 16 December 1960 (Sp)
RO (Ecuador) 260, 10 July 1961 (Sp)
Ecuador. Tratados. Recopilación de los internacionales (1962) p. 295 (Sp)

3173. September 26
Liability of operators of nuclear ships (draft)
Deutscher Verein für internationales Seerecht. Haftung für mit Kernenergie angetriebene Schiffe (1960) p. 33 (E)
International Maritime Committee. Conference, Rijecka, 1959, p. 361, 436 (E, F)

3174. September 29
Equatorial Customs Union: changes in tariffs, etc.
JO (CAR) 1960:40, 41, 42, 43, 44, 45, 46 (F)

3175. September 29
Equatorial Customs Union: steering committee regulations
JO (CAR) 1960:39 (F)

3176. October 8
International deposit of designs (draft)
U.S. Congress. House. Committee on the Judiciary. Reports on the revision of the Hague arrangement concerning the International Deposit of Designs (1960) p. 16 (E)

3177. October 14
Protection of shellfish: protocol (Scandinavia)
UNTS 427:365 (E, F, Nor)

3178. October 29
Inter-Arab oil convention
Documents on International Affairs 1959: 370 (E)

1959 (cont.)

3179. November
Food and Argiculture Organization: privileges and immunities
Lovt C 1962:65 (E, Dan)

3180. November 7
High seas fisheries in the North Pacific
TIAS 4493, UST 11:1503 (E)

3181. November 9
General Agreement on Tariffs and Trade: Poland accession
UNTS 381:386 (E, F)
TIAS 4649, UST 11:2580 (E, F)

3182. November 12
General Agreement on Tariffs and Trade: Tunisia accession
UNTS 362:328 (E, F)
TIAS 4498, UST 11:1538 (E, F)
Diritto Internazionale 15, II, p. 174 (F)

3183. November 13
General Agreement on Tariffs and Trade: Swiss accession
TIAS 4462, UST 11:1299 (E, F)
RO (Switz) 1962:1076, 1079 (F)

3184. November 18
Forest Research and Training Institute (Latin America)
UNTS 390:227 (E, F)
Cmd 1171, UN 1960:3 (E)
GBTS 1961:53, Cmd 1395 (E, F, Sp)
Gac (Costa Rica) 84:4177 (Sp)
CL (Costa Rica) 1962(2):552 (Sp)
Trb 1960:164 (E, Dut)

3185. November 19
Poplar Commission
UNTS 410:155 (E, F, Sp)
GBTS 1962:52, Cmd 1799 (E, F, Sp)
Vert BRD 17:235 (E, F, G)
GU (It) 1963:226 (F)
Trb 1961:97 (E, F)
Ire TS 1961:4 (E)
Leggi 1963:73 (It)

1959 (cont.)

3186. November 19
    General Agreement on Tariffs and
      Trade: procès verbal of standstill
      provision
    UNTS 349:314 (E, F)

3187. November 20
    Food and Agriculture Organization
    TIAS 4803, UST 12:980 (E, F, Sp)
    GBTS 1961:11, Cmd 1299 (E)
    Trb 1961:97 (E, F)

3188. November 20
    Rights of the child
    American foreign policy. Current documents
      1959:134 (E)
    International Review of the Red Cross 2:57
      (E)
    Revue Internationale de Criminologie 17:66
      (F)
    U.N. Review. December 1959, p. 88 (E)
    University of Illinois Law Forum 1962:630
      (E)

3189. November 20
    European Broadcasting Union: statutes
    Jahrbuch für Internationales Recht 10:300
      (E, F, G)

3190. November 20
    General Agreement on Tariffs and
      Trade: Nicaragua import duties:
      schedule
    Contracting Parties to the General Agreement on Tariffs and Trade. Basic instruments and selected documents, supp. 8,
      p. 52 (E)

3191. November 20
    European Free Trade Association:
      proposed
    American foreign policy. Current documents 1959:570 (E)

3192. November 23
    Equatorial Customs Union: changes in
      tariffs etc.
    JO (CAR) 1960:47, 48, 49, 50, 51 (F)

1959 (cont.)

3193. November 24
    Equatorial Customs Union: changes
      in tariffs etc.
    JO (CAR) 1960:52, 53, 56 (F)

3194. November 25
    Student employees: protocol accession
      of Greece, Norway and Sweden
    SO 1960:80 (E, F, Swe)

3195. December 1
    Antarctic Treaty
    UNTS 402:71 (E, F, R, Sp)
    TIAS 4780, UST 12:794 (E, F, R, Sp)
    GBTS 1961:97, Cmd 1535 (E, F, R, Sp)
    Australia TS 1961:12 (E)
    Recueil des Traités de la France 1961:
      49 (F)
    CT (Jap) 39:11 (E, F, R, J, Sp)
    OFS 1961:294 (E, Nor)
    AJIL 54:477 (E)
    Documents on International Affairs 1959:
      144 (E)

    Revista de Derecho Internacional 8:160
      (Sp)
    Annual Register of World Events - 1959
      (1960) p. 540 (E)
    Bache og Heggemsnes. Traktatsamling
      (1963) p. 137 (Nor)
    Haley. Space law and government (1963)
      p. 427 (E)
    Mencer. Mezinárodné právní problémy
      antarktidy (1963) p. 189 (Cz)
    Tenopala Mendizabai. Adquisición de
      Soberanía en Antártida (1962) p. 173
      (Sp)

    Lecciones y ensayos (Buenos Aires)
      20:135 (Sp)
    SATS 1959:10 (E, Dut)
    JO (Fr) 6 Decembre 1961 (F)
    Journal du Droit International 89:528 (E, F)
    National Lawyers Guild. International Law Committee. Summary of Disarmament Documents 1945-1962 (1963) p. 91 (E)

3196. December 2
    German credit agreement: protocol
      5
    Vert BRD 13:462 (E, G)

3197. December 4
    Advanced School of Public Administration for Central America
    UNTS 345:251 (E, F, Sp)

1959 (cont.)

3198. December 4
   Prime Minister Conference of the
   States of Equatorial Africa
   JO (CAR) 1960:57-62, 65 (F)

3199. December 5
   Prime Minister Conference of the
   States of Equatorial Africa: acts
   JO (CAR) 1960:61, 64 (F)

3200. December 7
   Prime Minister Conference of the
   States of Equatorial Africa: acts etc.
   JO (CAR) 1960:60, 66, 67, 68, 69, 70, 71,
   73 (F)

3201. December 8
   Prime Minister Conference of the
   States of Equatorial Africa: acts,
   decisions
   JO (CAR) 1960:59, 60 (F)

3202. December 12
   Agency for the security of air naviga-
   gion in Africa and Madagascar
   JO (CAR) 1961:445 (F)
   JO (Dahomey) 1962:803 (F)
   Revue Générale de l'Air. 23(n.s.):303 (F)

3203. December 14
   Council for Mutual Economic Assis-
   tance: Comecon
   UNTS 368:253 (E, F)
   Sbírka zákonu a nařízení 1960:115 (Cz)
   Ustava Ceskoslovenske socialisticke re-
   publiky (1962) p. 107 (Cz)
   Vedomosti Verkhovnogo Soveta SSSR 23:
   999 (R)
   Lawson. International regional organiza-
   tions (1962) p. 210 (E)
   Sovetskii Yezhegodnik Mezhdonarodnogo

   prava 1960:480 (R)
   Strasbourg Université. Centre de Re-
   cherches sur l'URSS et les Pays de
   l'Est. L'URSS (1962) p. 636 (F)
   Uschakow. Der Rat für gegenseitige
   Wirtschaftshilfe (1962) p. 73 (G)
   Vneshniaia Torgovlia 1960:39 (no. 9) (R)
   U.S. Joint Publications Research Service
   3393 (E)

1959 (cont.)

3204. December 14
   Council for Mutual Economic Assis-
   tance: privileges and immunities
   UNTS 368:237 (E, F, R)
   Sbírka zákonù 1960:515 (Cz)
   Ústava Československé socialistické re-
   publiky 1962:125 (Cz)
   Vedomosti Verkhovnogo Soveta SSR 1960
   no. 15, art. 105 (R)
   Vneshniaia Torgovlia (no. 9) 1960:43 (R)
   Sovetskii Yezhegodnik Mezhdonarodnogo
   prava 1960:485 (R)

   Strasbourg Université Centre de Recherches
   sur l'URSS et les Pays de l'Est. L'URSS
   (1962) p. 644 (F)
   Uschakow. Rat für gegenseitige Wirtschafts-
   hilfe (1962) p. 82 (G)

3205. December 14
   International direct goods traffic by
   rail and water
   UNTS 422:75 (E, F, R)
   Vneshniaia Torgovlia (no.11) 1960:46 (R)

3206. December 14
   Quarantine of plants and their protec-
   tion against pests and their diseases
   UNTS 422:33 (E, F, R)
   Vedomosti Verkhovnogo Soveta SSR 1960,
   no. 43 art. 396 (R)

3207. December 14
   Veterinary cooperation in the field of
   science
   UNTS 422:57 (E, F, R)
   Vedomosti Verkhovnogo Soveta SSR 1960
   no. 38 art. 354 (R)

3208. December 14
   Recognition of university qualifications
   (Europe)
   Cmd 1037, Misc 1960:4 (E, F)
   GBTS 1962:7, Cmd 1591 (E, F)
   Lovt C 1962:45, 216 (E, F, Dan)
   Trb 1961:74 (Dut)
   OFS 1963:258 (E, Nor)
   Diritto Internazionale 15, II, p. 175 (F)
   European Yearbook (1959) 7:407 (E, F)
   Leggi 1963:554 (It)
   GU (It) no. 49, February 20, 1963 (It)
   EurTS 32 (E, F)

   UNTS 444:193 (E, F)

1959 (cont.)

3209. December 15
    Equivalence of academic grades
      (Europe)
Mitt Europarat, February 1963, supp (G)

3210. December 18
    European monetary agreement: protocol 3
Trb 1960:174 (E, F, Dut)
OFS 1962:299 (E, F, Nor)
European Yearbook (1959) 7:289 (E, F)

3211. December 19
    Nuclear weapons tests (draft)
American foreign policy. Current documents 1959:1368 (E)

3212. December 21
    Administrative radio conference: final act
Journal IUT 1960:147, 222 (E)

3213. December 21
    Telecommunications
TIAS 4892, UST 12:1761 (E, F, Ch, R, Sp)
GBTS 1961:74, Cmd 1484 (E, F)
BG Bl (Aus) 1962:1285 (F, G)
Australia TS 1962:2 (E)
Mon (Belg) 1962:11042 (F, Dut)
DO Colombia 1963:393 (Sp)
Gac (Costa Rica) supp 10, 85:737 (Sp)
Sop S 1963:243 (E, Fin)
BG Bl (Ger) 1962, II, 2173 (F, G)
CT (Jap) 1960:1451 (E, F, Sp, J)

Trb 1960:144 (F)
OFS 1961:307 (F, Nor)
Dz. Ust. 1963:1 (F, Pol)
RO (Switz) 1960:1451 (F)
Diritto Internazionale 15, II, p. 177 (F)
Deutsche Liga für die Vereinten Nationen. Die Organisation der Vereinten Nationen (1962) 3:290 (G)
ONU Și Institutiie Specializate (1962) p. 159 (Rum)
Singh. British Shipping Laws (1963) 8:281 (E)
DO (Guatemala) 169:627, 646 (Sp)

Institute Inter-Americano de Estudios Juridicos Internacionales. Organizaciones Internacionales no Americanas (1964) p. 263 (Sp)

1959 (cont.)

3214. December 21
    Radio regulations
UST 12:2377, TIAS 4893 (E)
Trb 1960:144 (F); 1961:115 (E)
Administrative Radio Conference, Geneva, 1959. Radio Regulations (1959) p. 1 (E)
International Telecommunications Union. Regolamento della radiocomunicazioni (1961) p. 3 (It)
Singh. British Shipping Laws (1963) 8:350 (E)

Administrative Radio Conference, Geneva, 1959. Vollzugsordnungen für den Funkdienst (1961) p. 3 (G)

3215. December 21
    Additional radio regulations
Administrative Radio Conference, Geneva, 1959. Radio Regulations (1959) p. 455 (E)
International Telecommunications Union. Regolamento delle radiocomunicazioni (1961) p. 429 (It)
Singh. British Shipping Laws (1963) 8:55 (E)

1960

3216.
    East African Common Services Organization (Kenya, Tanganyika, Uganda)
Cmd 1433 (1961) (discussion) (F)

3217.
    International Covenant for Outer Space (draft)
Colloquium on the law of outer space. Proceedings 3:122 (E)

3218.
    International Astronautical Federation (draft)
Miller. Report on the 11th annual meeting of the IAF (1961) p. 17 (E)

3219.
    International Institute of Space Law
Miller. Report on the 11th annual meeting of the IAF (1961) p. 27 (E)

3220-3232

1960 (cont.)

3220.
North Atlantic Treaty Organization: development of western science
Relazioni Internazionali 26 (47 supp.):102 (It)

3221.
Uniform Law on the International Sale of Tangible Personal Property (draft)
Inter-American Juridical Committee. Draft Convention on the Uniform Law on the International Sale of Tangible Personal Property (1960) (E)

3222. January 1
International Maritime Committee
International Maritime Committee. Conference, Rijeka, 1959 p. 7 (F)

3223. January 1
Carriage of goods by rail (Communist countries)
Uschakow. Rat für gegenseitige Wirtschaftshilfe (1962) p. 160 (G)

3224. January 1
Carriage of passengers by rail: (Communist countries
Abkommen über den Internationalen Personenverkehr (1960) p. 5 (G)

3225. January 4
European Free Trade Association
UNTS 370:3 (E, F)
GBTS 1960:30, Cmd 1026 (E, F)
GBTS 1962:23, Cmd 1668 (E, F)
GBTS 1963:72, Cmd 2158 (E)
OFS 1960:541 (E, Nor)
SÖ 1960:1 (E, F, Swe)
RO (Switz) 1960:635 (F, G); 1961:472, 987 987 (F, G); 1962:970 (F)
Archiv des Völkerrechts 10:439 (E)
European Yearbook (1960) 7:662 (E, F)

Bache og Heggemsnes. Traktatsamling (1963) p. 141 (Nor)

3226. January 5
European Free Trade Association: application of Liechtenstein
UNTS 420:130 (E, F)
SÖ 1960:2 (E, F, Swe)
Feuille Fédérale (Switz) 1961, I, p. 1003 (F, G)
RO (Switz) 1961:499 (F, G)
European Yearbook (1960) 7:724 (E, F)

1960 (cont.)

3227. January 8
Religious discrimination
Documentos 1:77 (Sp)

3228. January 15
European Monetary Union: protocol 3
Diritto Internazionale 16, II, p. 29 (F)

3229. January 26
International Development Association
TIAS 4607, UST 11:2284 (E, F)
GBTS 1961:1, Cmd 1244 (E, F)
Australia TS 1960:12 (E)
Leyes (Colombia) 1961:97 (Sp)
Mon (Congo, Leopoldville) 1963:321 (F)
CanTS 1960:8 (E, F)
Sop S 1961:3 (E, Fin)
Recueil des Traités de la France 1961:46 (F)
BG Bl (Ger) 1960, II, p. 2138 (E, G)
Vert BRD 17:151 (E, G)

DO (Guatemala) 1961:857 (Sp)
Israel TS 414 (E, Heb)
CT (Jap) 1961:1433 (E, J)
Trb 1960:142 (E, Dut)
OFS 1961:125 (E, Nor)
SÖ 1960:24 (E, Swe)
Archiv des Völkerrechts 10:193 (G)
Diritto Internazionale 16, II, p. 15 (E)
Blanco Videl. Organizaciones internacionales de credito (1962) p. 131 (Sp)
Gonzalez. Textos internacionales del Peru (1962) p. 327 (Sp)

U.S. Administrative Law. Legislation on foreign relations (1963) p. 515 (E)
UNTS 439:249 (E, F)

3230. January 30
All-African Peoples' Conference (Tunis)
All African Peoples' Conference, 1960. Deuxieme Conference des Peuples Africains (1961) p. 31 (F)
Legum. Pan-Africanism (1962) p. 236 (E)

3231. January 31
Civil responsibility relative to nuclear energy
Atomo, Petrolio, Elettricità 1963:143 (It)

3232. February 5
Warsaw Pact declaration
Documentos 1:99 (Sp)

1960 (cont.)

3233. February 5
General Agreement on Tariffs and Trade: schedules
UNTS 350:1 (E, F)

3234. February 6
Central American Economic Association
UNTS 383:24 (E, F, Sp)
Annuario di Politica Internazionale 1960: 376 (It)
Archiv für Völkerrecht 11:71 (E)
Boletin Informativo ODECA (1961) p. 133 (Sp)
Pincus. The Central American Common Market (1960) p. 189 (E)

3235. February 18
Third party liability in the field of nuclear energy (draft)
Deutscher Verein für internationales Seerecht Haftung für mit Kernenergie angetriebene Schiffe (1960) p. 39 (E)

3236. February 18
Latin American Free Trade Association (Montevideo)
Leyes (Colombia) 1961:318 (Sp)
Mem (Colombia) 1961-62(2):195 (Sp)
RO (Ecuador) 8, 16 November 1961 (Sp)
Ecuador. Treaties. Recopilación de los instrumentos internacionales (1962) p. 304 (Sp)
Archiv für Völkerrecht 11:77 (E)
Economic Commission for Latin America. Annual report (1960) p. 32 (E)

Informacion Juridica 230-231:69 (Sp)
Gomez. Proyecciones del tratado de Montevideo (1962) p. 77 (Sp)
Gonzalez. Textos internacionales del Peru (1962) p. 398 (Sp)
Lawson. International regional organizations (1962) p. 345 (E)
U.S. Congress. 87th, 2d session. Joint Economic Committee. Economic policies and programs in South America (1962) p. 85 (E)
Urquidi. Free trade and economic integration in Latin America (1962) p. 136 (E)
Annuario di Politica Internazionale 1960: 860 (It)
Documentos 5:135 (Sp)
U.N. Economic Bulletin for Latin America. Department of Economic and Social Affairs. Multilateral economic cooperation in Latin America (1962) 1:57 (E)

1960 (cont.)

3237. February 26
Central American Air Navigation Services Corporation
UNTS 418:171 (E, F, Sp)
DO (Guatemala) 1961:921 (Sp)

3238. March
Carriage of goods and passengers by rail: amendments
UNTS 375:345, 363, 367 (E, F)

3239. March 10
General disarmament (Western draft)
Documentos 1:35 (Sp)
Siegler. Dokumentation zur Deutschlandfrage (1961) 2:395 (G)

3240. March 15
Asylum (draft)
Schätzel. Handbuch des internationalen Flüchtlingsrechts (1960) p. 346 (E)

3241. March 15
Collision in inland navigation
Diritto Internazionale 16, II, p. 32 (F)
Diritto Marittimo 64:436 (F)

3242. March 15
Disarmament (Western draft)
Annuario di Politica Internazionale 1960: 122 (It)
National Lawyers Guild. International Law Committee. Summary of Disarmament Documents 1945-1962 (1963) p. 86 (E)

3243. March 20
Former French West Africa: financial convention
JO (Dahomey) 1961:397 (F)

3244. March 22
Air agreement (South Africa, Denmark, Norway, Sweden)
SA TS 1960:4 (E, Dut)

3245. March 28
Nordic Postal Association
OFS 1960:527 (Nor)

1960 (cont.)

3246. March 29
    Social security: old age (Europe)
GBTS 1960:58, Cmd 1161 (E)

3247. March 29
    Social security: other than old age
    (Europe)
GBTS 1960:59, Cmd 1162 (E)

3248. March 30
    Pan American Union: regulations
Organization of American States. Council.
  Regulations of the PAU (1960) p. 1 (E)

3249. March 30
    North Atlantic Ocean weather stations
    (ICAO)
ICAO Doc. C-WP/2136 April 4, 1960 (E)

3250. April
    Protection of foreign property (OECD
    draft)
International Legal Materials 2:241 (E)
OECD, Draft Convention on the Protection
  of Foreign Property (1962) p. 56 (E)

3251. April 6
    Disarmament (USSR draft)
Documentos 1:41 (Sp)

3252. April 11
    Benelux: movement of persons
UNTS 374:3 (E, F, Dut)
Trb 1960:102 (F, Dut)
European Yearbook (1960) 8:169 (E, F)
Benelux Economic Union. Textes de base
  (F, Dut)
Benelux Economic Union. Benelux econo-
  mische unie (1961) p. 224 (Dut)

3253. April 15
    Solidarity Organization of the Peoples
    of Asia and Africa (Conakry)
Afro-Asian Solidarity Conference 2d,
  Conakry, 1960, Vtoraia Konferentsiia
  solidarnosti narodor Azii i Afrik (1961)
  p. 342 (R)

3254. April 15
    Settlement of credits of Belgium and
    Luxemburg in Yugoslavia
BU 1963:344 (F)

1960 (cont.)

3255. April 22
    Certificates of airworthiness
UNTS 418:211 (E, F, Sp)
GBTS 1962:34, Cmd 1687 (E, F, Sp)
Lovt C 1962:5, 304 (E, F, Dan)
BG Bl (Ger) 1962, II, p. 24 (G)
Trb 1961:117 (E, F, Dut)
OFS 1962:239 (E, Nor)
Feuille Fédérale (Switz) 1961, I, p. 553
  (F)
RO (Switz) 1961:929, 1088 (F)
Germany. Aviation Law. Luftfahrtgesetz
  bang (1964) p. 333 (G)

3256. April 28
    Customs free medical equipment
    (Europe)
UNTS 376:111 (E, F)
GBTS 1960:52, Cmd 1136 (E, F)
JO (Fr) 1960:6674 (F)
Ire TS 1960:3 (E)
Trb 1961:91 (E, F)
OFS 1960:629 (E, Nor)
Diritto Internationale 16, II, p. 37 (F)
European Yearbook (1960) 8:437 (E, F)
Lovt C 1962:210 (E, F, Dan)

Leggi 1963:46 (It)
GU (It) no. 8, January 10, 1963 (It)
EurTS 33 (E, F)

3257. May 3
    Afro-Asian Organization for Economic
    Cooperation: constitution
Afro-Asian economic conference, 2nd,
  Cairo, 1960. (1960) p. 80 (E)

3258. May 6
    Fishing nets and size of fish
UNTS 431:304 (E, F)
GBTS 1960:66, Cmd 1181 (E)
OFS 1961:72 (E, Nor)

3259. May 14
    International Academy of Astronautics
    (draft)
Miller. Report on the 11th annual meeting
  of the IAF (1961) p. 23 (E)

3260. May 17
    Union of Central African Republics
    (Central Africa, Congo, Chad)
JO (Chad) 1960:272 (F)

1960 (cont.)

3261. May 17
Uniform tax of states of Equatorial Africa
JO (CAR) 1960:292 (F)

3262. May 17
Establishment of Euratom (draft)
European Yearbook (1960) 8:487 (E, F)

3263. May 17
Direct elections of European Assembly (draft)
Documentos 2:497 (Sp)
Pryce. The political future of the European Community (1962) p. 98 (E)
Siegler. Dokumentation der europäischen Integration (1961) p. 362 (G)

3264. May 19
Sanitary regulations: aircraft
TIAS 4896, UST 12:2950 (E, F)
GBTS 1963:6, Cmd 1930 (E, F)
Sop S 1961:31 (E, Fin)

3265. May 20
Protection of performing artists (draft)
Streuli. Examen du projet de convention internationale concernant la protection des artistes interprètes ou exécutants (1961) p. 73 (F)

3266. May 25
Inter-American Commission on Human Rights
Inter-American Commission on Human Rights. Basic documents (1960) p. 9 (E)

3267. June 2
Disarmament treaty: Soviet proposal
Documentos 2:98 (Sp)
Soviet News. Disarmament (1962) 25 (E)
National Lawyers Guild. International Law Committee. Summary of Disarmament Documents 1945-1962 (1963) p. 95 (E)

3268. June 2
European Free Trade Association: origin or re-exported goods: Council decision 4
Sop S 1961:21 (E, Fin)

1960 (cont.)

3269. June 4
General Agreement on Tariffs and Trade: schedule XIII (New Zealand)
Contracting parties to the General Agreement on Tariffs and Trade. Basic instruments and selected documents, supp 9, p. 42 (E)

3270. June 8
West African Postal and Telecommunications Union
JO (Dahomey) 1960:384 (F)

3271. June 8
Central American Economic Association
DO (Guatemala) 1960:265 (Sp)

3272. June 13
Social and medical assistance
GBTS 1960:61, Cmd 1169 (E)

3273. June 15
Samples: customs
UNTS 414:396 (E, F)
GBTS 1961:89, Cmd 1510 (E, F)
Sop S 1962:217 (E, Fin)
Diritto Internazionale 16, II, p. 37 (F)
European Yearbook 1961:357 (E, F)

3274. June 16
European Free Trade Association: Portuguese duties: Council decision 5
Sop S 1961:21 (E, Fin)

3275. June 17
Safety of life at sea
Trb 1961:83; 84 (E, F); 1963:89 (Dut)
Japan. Unyu-sho. Sepaku kyoku. International conference on safety of life at sea, 1960 (1961) p. 8 (E)
Diritto Internzionale 16, II, p. 703 (F)
Singh. British Shipping Laws. (1963) 8:117 (E)
U.S. Congress. Senate. 1st Sess. Executive K (E)

International Conference on Safety of Life at Sea, London, 1960. International Convention for Safety of Life at Sea (1961) p. 22 (E)
Revista Peruana de Derecho Internacional 22:263 (Sp)

209

3276-3287

1960 (cont.)

3276. June 17
Regulations for preventing collisions at sea
Cmd 1949 (1963) (E)
Singh. British Shipping Laws (1963) 8:260 (E)

3277. June 19
European Atomic Energy Committee
BG Bl (Ger) 1960, II, p. 2419 (G)
JOCE 1960:1449 (F)
Blätter für Patent, Muster, Zeicherwesen 1961:7 (G)

3278. June 21
Caribbean Organization
UNTS 418:109 (E, F, Dut, Sp)
TIAS 4853, UST 12:1297 (E, F, Dut, Sp)
GBTS 1962:5, Cmd 1589 (E, F, Sp)
Trb 1960:130 (Dut) 1961:124 (E, Sp)
DSB 43:1098 (E)
Diritto Internazionale 15, II, p. 472 (Sp)
Lawson. International regional organizations (1962) p. 370 (E)
U.S. 87th Congress. House. Committee on Foreign Affairs. Staff memorandum on the Carribbean Commission (1961) p. 10 (E)
Revista Peruana de Derecho Internacional 22:158, 160 (Sp)

3279. June 22
Protection of workers against radiation (ILO 115)
UNTS 431:41 (E, F)
Weekly Gaz (Iraq) 1963:259 (E)
Trb 1962:45 (E, F)
OFS 1962:132 (E, Nor)
Diritto ed Economia Nucleare 2:354 (F)
Diritto Internazionale 16, II, p. 38 (F)
International Association of Democratic Lawyers. Legal problems arising from the development and utilisation of atomic energy (1960) p. 108 (E)
Jacchia. Il rischio da radiazioni nell'era nucleare (1963) p. 429 (It)
RO (Switz) 1963:30 (F)
SO 1961:12 (E, F, Swe)
GBTS 1963:41, Cmd 2058 (E, F)

3280. June 22
Conciliation and court of arbitration (France, Madagascar, Mali, Gabon)
JO (Fr) 1960:6575 (F)
JO (Gabon) 1960:642 (F)
Revue Critique de Droit Internazionale Privé 49:255 (F)

1960 (cont.)

3281. June 22
Fundamental rights of nationals of the states of the (French) Community
JO (Congo, Br) 1960:608 (F)
JO (Fr) 1960:6575, 6642 (F)
JO (Gabon) 1960:641 (F)
Revue Critique de Droit International Privé 49:257 (F)
Yearbook on Human Rights 1960:435 (E)

3282. June 22
European Free Trade Association: segregation by accounting methods: Council decision 6
Sop S 1961:21 (E, Fin)

3283. June 22
Television broadcasts (Europe)
GBTS 1961:87, Cmd 1508 (E, F)
Diritto Internazionale 16, II, p. 41 (F)
Lovt C 1962:199 (E, F, Dan)
SO 1961:4 (E, F, Swe)
EurTS 34 (E, F)

3284. June 23
Court of Justice of European Communities: instructions to the clerk of court
JOCE November 18, 1960 (F)
Reepinghen. Procédure devant la Cour de Justice des Communautés Européennes (1961) p. 171 (F)

3285. June 24
Whaling
TIAS 5014, UST 13:493 (E)
UNTS 435:324 (E, F)

3286. June 24
Conference of Independent African States (Addis Ababa)
Legum. Pan-Africanism (1962) p. 149 (E)

3287. June 27
Disarmament (United States draft)
Documentos 2:116 (Sp)
National Lawyers Guild. International Law Committee. Summary of Disarmament Documents 1945-1962 (1963) p. 95 (E)

1960 (cont.)

3288. July
Carriage of goods by rail: art. 5
GBTS 1962:49 Cmd 1785 (E, F)
RO (Switz) 1961:123 (F)

3289. July 1
Social security: old age (Europe)
GBTS 1960:67, Cmd 1182 (E)

3290. July 27
European Free Trade Association: origin for consignments: Council decision 16
Sop S 1961:21 (E, Fin)

3291. July 28
Privileges and immunities: European Free Trade Association
UNTS 394:37 (E, F)
GBTS 1961:104, Cmd 1546 (E, F)
OFS 1961:247 (E, F, Nor)
SO 1961:19 (E, F, Swe)

3292. July 28
Association of Spanish Language Academies
DO (Colombia) 1963:441 (Sp)
Gac (Costa Rica) 1963:3213 (Sp)
Gac (Costa Rica) 1963:1893 (Sp)
DO (Guatemala) 1963:196 (Sp)
Anales de Legislation Argentina 23(a):40 (Sp)

3293. July 29
Nuclear energy liability
Trb 1961:27 (E, F, Dut)
AJIL 55:1082 (E)
Diritto Internazionale 16, II, p. 45 (F)
European Nuclear Energy Agency. Convention on the third-party liability in the field of nuclear energy (E, F)
Pan American Union. Codification Division. Third-party liability in the field of nuclear energy p. 56 (E)
Responsabilitá Civile e Previdenza 28:352 (It)

3294. July 29
Load line of ships on the Black Sea
UNTS 392:69 (R, Bulg, Rum)

1960 (cont.)

3295. August
International Office for the Protection of Industrial Literary and Artistic Property: statute
Diritto Internazionale 16, II, p. 715 (F)

3296. August 2
Social security -other than old age
GBTS 1960:68, Cmd 1183 (E)

3297. August 5
European Commission on Human Rights: rules of procedure
Robertson. Human Rights in Europe (1963) p. 203 (E)

3298. August 8
Uniform conditions of approval and reciprocal recognition of approval for motor vehicles equipment and parts: regulations 1 and 2
UNTS 372:370 (E, F)

3299. August 15
Defense treaty (France, Central Africa, Congo, Chad)
JO (Congo, Br) 1960:603 (F)

3300. August 15
Economic and financial cooperation (France, Central Africa, Congo, Chad)
JO (Congo Br) 1960:605 (F)

3301. August 15
Higher education (France, Central Africa, Congo, Chad)
JO (Congo Br) 1960:607 (F)

3302. August 16
Cyprus: independence
UNTS 382:8 (E, F)
GBTS 1961:4, Cmd 1252 (E)
Diritto Internazionale 16, II, p. 766 (E)

1960 (cont.)

3303. August 16
Cyprus: guarantee
UNTS 382:3 (E, F)
GBTS 1961:5 Cmd 1253 (E, F)
Diritto Internazionale 16, II, p. 765 (E)

3304. August 16
Alliance (Greece, Turkey, Cyprus)
UNTS 397:287 (F)

3305. August 23
International tracing service
UNTS 377:402 (E, F, G)
TIAS 4736, UST 12:444 (E, F, G)
GBTS 1961:22, Cmd 1370 (E, F, G)
Israel TS 444 (E, F, Heb)
Diritto Internazionale 16, II, p. 708 (F)

3306. August 29
Germany: external debts
TIAS 4609, UST 11:2324 (E, G)
GBTS 1960:84, Cmd 1239 (E, F, G)

3307. August 29
Declaration of San José
Annuario di Politica Internazionale 1960: 391 (It)
Annuario de Derecho (Panamà) 5:95 (Sp)
Documentos 2:292 (Sp)

3308. September
Unification of certain rules relating to international carriage by air performed by a person other than the contracting carrier (draft)
International Conference on Private Air Law. Guadalajara, 1961. Papers. (1963) 2:19 (E)

3309. September 1
Tin
UNTS 403:3 (E, F, Sp)
GBTS 1962:45, Cmd 1759 (E, F, Sp)
Australia TS 1961:20 (E)
BG Bl (Aus) 1962:1815 (F, G)
Mon (Congo Br) 1962:183 (F)
JO (Fr) 1962:11012 (F)
GU (It) 1963:674 (F)
Trb 1961:29 (E, F); 1961:38 (Dut)
U. N. Tin Conference, 1960. Summary of proceedings (1961) p. 25 (E)

Lovt C 1964:49 (E, F, Dan)

1960 (cont.)

3310. September 12
Act of Bogotà: economic development of Latin America
Annuario di Politica Internazionale 1960: 396 (It)
DSB 43:537 (E)
U. S. Administrative Law. Legislation on foreign relations (1963) p. 370 (E)
Morse. The Bogotà Conference (1961) p. 13 (E)

3311. September 14
Organization of Petroleum Exporting Countries
Gac (Ven) May 26, 1961 (Sp)
Annuario di politica Internazionale 1960: 938 (It)
Documentos 3:285 (Sp)
Venezuela. Presidencia. Secretaria general. Venezuela and OPEC (1961) p. 8 (Ar, E, Sp)

3312. September 15
Germany: disarmament (East German draft)
Documentos 3:169 (Sp)

3313. September 19
Indus Waters
UNTS 419:125 (E, F)
TIAS 4671, UST 12:99 (E)
GBTS 1961:34, Cmd 1527 (E)
Australia TS 1961:2 (E)
CanTS 1961:1 (E, F)
NZTS 1961:9 (E)

3314. September 19
Indus Basin Development Fund
UNTS 444 (E, F)
GBTS 1961:34, Cmd 1527 (E)

3315. September 19
Benelux: arts. 55 and 56
Mon (Belg) 1963:9339 (Dut, F)
BU 1963:718 (F)
Trb 1960:135 (F, Dut)
Benelux Economic Union. Benelux economische unie (1961) p. 237 (Dut)

1960 (cont.)

3316. September 19
Benelux: establishment
Trb 1960:135 (F, Dut)
Benelux Economic Union. Textes de base (F, Dut)
Troclet. Législation Sociale International (1962) 3:461 (F)

3317. September 20
Sanitary control of traffic (Europe, North)
SÖ 1960:22 (Dan, Fin, Nor, Swe)

3318. September 21
Inventions of interest to defense: North Atlantic Treaty Organization
UNTS 394:3 (E, F)
TIAS 4676, UST 12:43 (E, F)
GBTS 1962:9, Cmd 1595 (E, F)
Mon (Belg) March 21, 1962 (F)
Trb 1961:82 (E, F); 1962:4 (Dut); 1963:15 (E, F)
OFS 1961:167 (E, Nor)
Diritto Internazionale 16, II, 709 (F)
Revue de Droit Intellectuel 52:229 (F)

Lovt C 1962:5 (E, F, Dan)

3319. September 23
Disarmament treaty (Soviet draft)
Soviet News. Disarmament (1962) 48 (E)
Siegler. Dokumentation zur Deutschlandfrage (1961) 2:499 (G)
Kudriavtsev, Borba SSSR za razoruzhenie pasle vtoroi mirovoi voiny (1962) p. 147 (R)

3320. September 29
International Atomic Energy Agency: rules of procedure
IAEA General Conference (1961) p. 1 (E)

3321. October
European Commission of Human Rights: rules
Pardos Perez. Derechos del Hombre en el Conseje de Europa (1960) p. 163 (Sp)

3322. October 4
European Free Trade Association: artificial resins: Council decision 20
Sop S 1961:21 (E, Fin)

1960 (cont.)

3323. October 6
Temporary importation of containers: customs
Mon (Belg) 1963:3125 (F, Dut)
BU 1963:651 (F)
Pasin (Belg) 1963:1169 (F)
JO (Fr) 1962:3898 (F)
RO (Switz) 1963:441 (F)
AS (Switz) 1963:445 (G)
Diritto Internazionale 16, II, 92 (F)
Sbírka zákonů 1964:109 (Cz)

3324. October 6
Customs on importation of packings
BG Bl (Aus) 1962:923 (E, F, G)
Mon (Belg) 1963:8125 (Dut, F)
Lovt C 1962:52, 285 (E, F, Dan)
GU (It) 1963:199 (F)
Israel TS 440 (E, F, Heb)
Trb 1962:10 (E, F)
European Yearbook 1961:359 (E, F)
RO 1963:441 (F)
AS 1963:445 (G)
Leggi 1963:66 (It)

SÖ 1961:14 (E, F, Swe)

3325. October 8
Benelux: trade with Japan
Trb 1960:52 (Dut)
Contemporary Japan 27:164 (E)

3326. October 11
Latin America: social and economic development: Act of Bogotá
Committee for Economic Development. Cooperation for Progress in Latin America (1961) p. 50 (E)

3327. October 14
Postal Union of the Americas and Spain
DO (Colombia) 1963:441 (Sp)
TIAS 4871, 4872, 4876, UST 12:1449 (E, Sp)
DO (Guatemala) 1964:465 (Sp)

3328. October 14
Postal Union of the Americas and Spain: money orders
TIAS 4873, UST 12:1449 (E, Sp)
DO (Guatemala) 1964:515, 527 (Sp)

3329. October 14
Postal Union of the Americas and Spain: registered letters
DO (Guatemala) 1964:507 (Sp)

1960 (cont.)

3330. October 25
    World Health Organization: constitution as amended
  World Health Organization. Basic documents (1963) p. 1 (E)

3331. October 26
    Protection of minors (draft)
  Boletin del Instituto de Derecho Comparado de Mexico 14:708 (Sp)
  Revue Hellénique de Droit International 14:306 (F)

3332. October 26
    Legalization of foreign public documents (draft)
  Loussouarn. Convention supprimant l'exigence de la légalisation des actes publics étrangers (1961) p. 1 (F)
  Boletin del Instituto de Derecho Comparado de Mexico 14:701 (Sp)
  Revue Hellénique de Droit International 14:296 (F)

3333. October 26
    Wills: conflicts of law (draft)
  Boletin del Instituto de Derecho Comparado de Mexico 14:705 (Sp)
  ICLQ 1961:45 (E)
  Revue Hellénique de Droit International 14:301 (F)
  Batiffol. Convention sur les conflits de lois en matière de forme des dispositions testamentaires (1961) (F)
  Overback. Unification des règles des conflits de lois en matière de forme de testaments, p. 135 (F)

3334. October 27
    Benelux: labor
  Troclet. Législation Sociale Internationale 3:465 (1962) (F)

3335. November 9
    Central Treaty Organization: representatives and staff
  GBTS 1963:13, Cmd 1957 (E)

3336. November 18
    General Agreement on Tariffs and Trade: Argentine accession
  TIAS 5184, UST 13:2190 (E, F)
  TIAS 5266 (E, F)
  BG Bl (Aus) 1962:1906 (E, G)

1960 (cont.)

3337. November 19
    General Agreement on Tariffs and Trade: article XVI:4: effect
  TIAS 5227 (E, F)
  BG Bl (Aus) 1962:322 (E, G)

3338. November 19
    General Agreement on Tariffs and Trade: article XVI:4: extension of standstill provisions
  BG Bl (Aus) 1962:321, 1977 (E, G)
  TIAS 5227, UST 13:2605 (E, F)

3339. November 20
    International Rice Commission
  UNTS 418:334 (E, F)
  TIAS 5204, UST 13:2403 (E, F)

3340. November 23
    European Free Trade Association: drawback: Council decision 24
  Sop S 1961:21 (E, Fin)

3341. November 28
    Industrial designs
  BG Bl (Ger) 1962, II, p. 774 (F, G)
  Trb 1961:40 (F); 1963:188 (Dut)
  Blatt für Patent-, Muster- und Zeichenwesen 64:213 (F, G)
  Diritto Internazionale 16, II, p. 96 (F)
  Conférence internationale pour la protection de la propriété industrielle. The Hague, 1960. Agreement of the Hague concerning the international deposit of industrial designs (1960) (E)

3342. November 29
    Railway rates through Austria: European Coal and Steel Community
  UNTS 414:412 (E)

3343. November 30
    European Free Trade Association: Norwegian duties: Council decision 26
  Sop S 1961:21 (E, Fin)

1960 (cont.)

3344. December 1
    Space research (Europe)
UNTS 414:109 (E, F)
GBTS 1961:60, Cmd 1425 (E, F)
Trb 1961:61 (E, F)
Diritto Internazionale 16, II, p. 109 (F)
Societá Italiana per l'Organizzazione Internazionale, Rome. Enti Spaziali Internazionali (1962) p. 102 (E, F)
European Yearbook (1962) 10:1110 (E, F)

3345. December 2
    Collective marks (North Europe)
International Institute for the Unification of Private Law. Yearbook 1961 (1962) p. 273 (E)

3346. December 2
    Trade-marks Act (North Europe)
International Institute for the Unification of Private Law. Yearbook 1961 (1962) p. 259 (E)

3347. December 3
    Equalization of import charges and duties
U.N. Economic Commission for Latin America. Report of the Central American Economic Cooperation Committee (1964) p. 53 (E)

3348. December 5
    European Customs Union: Müller-Armack Plan
Siegler. Dokumentation der europäischen Integration (1961) p. 389 (G)

3349. December 5
    Multilateral exchange of goods and payment (Finland and western Europe)
Feuille Fédérale (Switz) 1961, II, p. 15 (F, G)
RO (Switz) 1961:226 (F, G)

3350. December 7
    European Free Trade Association: origin for re-exported goods: Council decision 27
Sop S 1961:21 (E, Fin)

3351. December 7
    Creation of the Inter-African Coffee Organization
JO (CAR) 1961:118 (F)

1960 (cont.)

3352. December 8
    International Vocational Training Information and Research Center
UNTS 389:291 (F)

3353. December 9
    Eastern Regional Organization for Public Administration: EROPA
Australia TS 1961:21 (E)

3354. December 9
    Customs treatment of pallets in international transport
UNTS 429:211 (E, F)
Cmd 1344, Misc 1961:4 (E)
GBTS 1963:10, Cmd 1938 (E, F)
Recueil des Traités de la France 1961:32 (F)
Trb 1961:140 (E, F, Dut)
AS (Switz) 1963:512 (G)
RO (Switz) 1963:508 (F)
BG Bl (Aus) 1964:381 (E, F, G)

BG Bl (Ger) 1964, II, 406 (E, F, G)
Amtsblatt der Osterreichischen Finanzverwaltung 1964:87 (G)

3355. December 13
    Air safety: Eurocontrol
Cmd 1373, Misc 1961:5 (E)
GBTS 1963:39, Cmd 2114 (E, F, G, Dut)
Mon (Belg) 1963:3428 (F, Dut)
Pasin (Belg) 1963:355 (F)
JO (Fr) 1963:3156 (F)
BG Bl (Ger) 1962, II, 2273 (E, F, G, Dut)
Trb 1961:62 (Dut); 1961:63 (E, F)
European Yearbook 1961:727 (E, F)
Journal du Droit International 90:873 (E, F)
Revue Générale de l'Air 23 (ns):331 (F)

Germany. Aviation law. Luftfahrgesetzgebung (1964) p. 433 (G)

3356. December 13
    Import tariffs (Central America)
Boletin Informativo ODECA (1961) p. 153 (Sp)
U.N. Doc. E/CN.12/621 Multilateral Economic Cooperation duties in Latin America (1962) 1:16 (E)
U.N. Department of Economic and Social Affairs. Multilateral economic cooperation in Latin America (1962) p. 16 (E)
Pincus. The Central American Common Market (1962) p. 209 (E)

1960 (cont.)

3357. December 13
    Central American Bank for Economic Integration
    Boletin Informativo ODECA (1961) p. 245 (Sp)
    Pincus. The Central American Common Market (1962) p. 212 (E)
    U.N. Doc. E/CN.12/621. Multilateral Economic Cooperation in Latin America (1962) 1:26 (E)
    U.N. Department of Economic and Social Affairs. Multilateral economic cooperation in Latin America (1962) p. 5 (E)

3358. December 14
    Organization for European Economic Cooperation
    GBTS 1962:21, Cmd 1646 (E, F)
    Trb 1961:41 (E, F)
    Diritto Internazionale 16, II, p. 111 (F)
    Informacion Juridica 230-231:67 (Sp)
    Rivista di Diritto Internazionale 45:470 (F)
    OECD Ministerial Conference, Paris, 1960. Convention relative to the OECD (1960) p. 48 (E, F)
    OECD. The Organization for Economic Cooperation and Development (1962) p. 54 (E)
    SO 1961:22 (E, F, Swe)

3359. December 14
    Organization for Economic Cooperation and Development
    TIAS 4891, UST 12:1728 (E, F)
    GBTS 1962:20, Cmd 1646 (E, F)
    CanTS 1961:18 (E, F)
    JO (Fr) 1961:10100 (F)
    Recueil des Traités de la France 1961:45 (F)
    BG Bl (Ger) 1961, II, p. 1150 (G)
    Vert BRD 17:269 (E, F, G)
    GU (It) May 18, 1962 (F)
    Trb 1961:42 (E, F); 1961:60 (Dut)
    RO (Switz) 1961:884 (F, G)
    AJIL 55:789 (E)
    Archiv des Völkerrechts 10:87 (G)
    Annuario di Politica Internazionale 1960:846 (It)
    Current History 42:238 (E)
    DSB 44:11 (E)
    European Yearbook (1960) 8:259 (E, F)
    Información Juridica 230-231:57 (Sp)
    Revue Générale de Droit International 66:454 (F)
    Revista di Diritto Internazionale 45:463 (F)

1960 (cont.)

Documentos 3:260 (Sp)
Bache og Heggemsnes. Traktatsamling (1963) p. 155 (Nor)
Lawson. International Regional Organizations (1962) p. 11 (E)
Organization for European Economic Cooperation. Organisation de Coopération et de Développement Economique (1960) p. 9 (F)
OECD Ministerial Conference, Paris, 1960. Convention relative to the OECD (1960) p. 1 (E, F)
OECD. The Organization for Economic Cooperation and Development (1962) p. 43 (E)
Siegler. Dokumentation der Europäischen Integration (1961) p. 395 (G)
Stein and Hay. Documents (1963) p. 165 (E)
Troclet. Legislation Sociale International (1962) 3:517 (F)
U.S. Senate Committee on Foreign Relations. Background documents relating to the Organization for Economic Cooperation and Development (1961) p. 40 (E)
U.S. Administrative Law. Legislation on Foreign relations (1963) p. 563 (E)
U.S. Congress. Senate. 87th Congress. Executive B (E)
Reuter. Traités et documents diplomatiques (1963) p. 409 (F)
Journal du Droit International 89:290 (E, F)
SO 1961:21 (E, F, Swe)
Instituto Inter-Americano de Estudios Juridicos Internacionales. Organizaciones Internacionales no Americanas (1964) p. 535 (Sp)

3360. December 14
    Council for Mutual Economic Cooperation
    Documentos 3:268 (Sp)

3361. December 15
    Discrimination in education (UNESCO)
    UNTS 429:93 (E, F, R, Sp)
    GBTS 1962:44, Cmd 1760 (E, F, R, Sp)
    Gac (Costa Rica) 1963:1633, 2757 (Sp)
    JO (Fr) 1961:10166 (F)
    Recueil des Traités de la France 1961:46 (F)
    Israel TS 441 (E, F, Heb)
    NZTS 1963:9 (E)
    OFS 1963:135 (E, Nor)
    Diritto Internazionale 16, II, p. 113 (F)
    Journal du Droit International 89:299 (E, F)

1960 (cont.)

3362. December 19
    Founding of Brazzaville Group
    Legum. Pan-Africanism (1962) p. 176
    (F)

3363. December 23
    Indus Water Treaty: protocol
    UNTS 419:290 (E, F)

3364. December 24
    Founding of Union of African States
    (Conacry)
    Egyptian Society of International Law.
    Constitutions of the new African states
    (1962) p. 98 (E)
    Legum. Pan-Africanism (1963) p. 175
    (E)

1961

3365.
    Sanitary regulations
    Singh. British Shipping Laws (1963)
    8:783 (E)

3366.
    State responsibility (Garcia Amador
    revised draft)
    Münch. Das völkerrechtliche Delikt (1963)
    p. 307 (E)

3367. January 7
    African Charter (Casablanca)
    Annuario di Politica Internazionale 1961:591
    (It)
    Annual Register of World Events-1961 (1962)
    p. 528 (E)
    Conference of Heads of African States at Casablanca, January 3-7, 1961 (E, F)
    Egyptian Society of International Law. Constitutions of the new African states (1962)
    p. 92 (E)
    Elias. Government and Politics in Africa
    (1963) p. 282 (E)
    Lawson. International regional organizations (1962) p. 303 (E)
    Legum. Pan-Africanism (1962) p. 187
    (E)
    JO (Mali) 1963:25 (F)

1961 (cont.)

3368. January 18
    Railroad rates through Austria: European Coal and Steel Community
    UNTS 386:3 (E, F, G, It, Dut)

3369. January 20
    Inter-governmental Maritime Consultative Organization: rules of procedure of the Council
    IMCO. Basic documents (1962) p. 63 (E)

3370. January 23
    Indo-Pacific Fisheries Council
    UNTS 418:348 (E, F)
    TIAS 5218, UST 13:2511 (E, F)

3371. January 26
    Danube River: unification of regulations
    (draft)
    Danube Commission. Rekomendatsii po unifikatsii pravil tamozhennogo nadzora na
    Dunae (1961) p. 4 (R)

3372. February 13
    Social security: old age (Europe)
    GBTS 1961:19, Cmd 1339 (E)
    Trb 1962:13 (Dut)

3373. February 16
    International Patents Bureau
    Trb 1961:73 (F)
    RO (Switz) 1962:430 (F)

3374. February 25
    Transport of passengers by rail (CIV)
    GBTS 1962:50, Cmd 1786 (E, F)
    GU (It) supp 158, 1963:3 (F)
    Trb 1961:161 (F); 1963:62 (Dut)
    Diritto Internazionale 16, II, p. 178 (F)
    Conférence internationale sur le transport
    des marchandises par chemins de fer,
    Bern, 1961. (6th revision conference)
    Actes de la 6e Conférence de Revision
    (1962) 2:233 (F, G)
    International Institute for the Unification
    of Private Law. Yearbook 1961 (1962)
    p. 349 (F)
    SO 1963:3 (F, Swe)

217

1961 (cont.)

3375. February 25
Transport of goods by rail (CIM)
UNTS 423:321 (E, F)
GU (It) supp 158, 1963:24 (F)
Trb 1961:160 (F)
RO (Switz) 1962:475 (F)
Conférence internationale sur le transport des marchandise par chemins de fer, Bern, 1961 (6th revisional conference). Actes de la 6e Conférence de Révision (1962) 2:179 (F, G)
Diritto Internazionale 16, II, p. 143 (F)

International Institute for the Unification of Private Law. Yearbook 1961 (1962) p. 287 (F)
SÖ 1963:2 (F, Swe)

3376. February 25
Transport of goods and passengers by rail: protocol (CIV)
Conférence internationale sur le transport des marchandises par chemins de fer, Bern, 1961 (6th revisional conference) Actes de la 6e Conférence de Révision (1962) 2:267 (F), 2:371 (G)
International Institute for the Unification of Private Law. Yearbook 1961 (1962) p. 381 (F)
SÖ 1963:4 (F, Swe)

3377. March
Protection of wounded, sick, and civilian medical personnel
Red Cross. International Committee, Geneva. Course of five lessons on the Geneva Conventions, p. 59 (E)

3378. March 16
Ex-Import (Benelux)
Trb 1961:44 (F, Dut)

3379. March 17
Equatorial Customs Union: tariff regulations
JO (Chad) 1961:223 (F)

3380. March 17
Laos neutrality (Soviet draft)
Annuario di Politica Internazionale 1961:219 (It)

1961 (cont.)

3381. March 27
European Free Trade Association: association of Finland
UNTS 420:109 (E, F)
Cmd 1335, Misc 1961:3 (E)
Sop S 1961:16 (E, Fin)
RO (Switz) 1961:489, 560 (F, G)
SÖ 1961:23 (E, F, Swe)

3382. March 28
Air transport (Africa)
JO (CAR) 1961:191 (F)
Revue Française de Droit Aérien 17:329 (F)
JO (Dahomey) 1961:618 (F)

3383. March 28
African and Malagasy Union: air transportation: Air Afrique
JO (Chad) 1961:246 (F)
JO (Dahomey) 1961:618 (F)
Revue Française de Droit Aérien 17:334 (F)

3384. March 28
African and Malagasy Organization for Economic Cooperation
JO (Chad) 1961:243 (F)
JO (Dahomey) 1961:524 (F)
Annuario di Politica Internazionale 1961:594 (It)
Diritto Internazionale 15, II, p. 477 (F)
Revue Juridique et Politique 18:56 (F)

3385. March 30
Narcotic drugs
Cmd 1580, Misc 1962:1 (E)
Weekly Gaz (Iraq) 1962:1016 (E)
Trb 1962:30 (E, F); 1963:81 (Dut)
Diritto Internazionale 16, II, p. 200 (F)
Indian Journal of International Law 2:101 (E)

3386. March 31
All-African Peoples' Conference (Cairo)
Legum. Pan-Africanism (1962) p. 247 (E)

3387. April 10
Lease of enriched uranium (IAEA, Norway, USA)
UNTS 402:281 (E, F)

1961 (cont.)

3388. April 13
    Inter-governmental Maritime Consultative Organization: financial regulations
  IMCO. Basic documents (1962) p. 89 (E)

3389. April 13
    Inter-governmental Maritime Consultative Organization: relations with non-governmental organizations
  IMCO. Basic documents (1962) p. 123 (E)

3390. April 13
    Inter-governmental Maritime Consultative Organization: staff regulations
  IMCO. Basic documents (1962) p. 103 (E)

3391. April 14
    Rhine River: licensing of ship captains
  RO (Switz) 1961:916 (F)

3392. April 14
    Rhine River: navigation police
  RO (Switz) 1961:774 (F)

3393. April 14
    Rhine River: roadstead
  RO (Switz) 1961:473 (F)

3394. April 14
    Rhine River: searching of vessels
  RO (Switz) 1961:849 (F)

3395. April 14
    Rhine River: transport of dangerous substances
  RO (Switz) 1961:500 (F)

3396. April 14
    Asian Productivity Organization
  UNTS 422:101 (E, F)
  CT (Jap) 1961:23 (E, J)

3397. April 15
    State responsibility (Harvard Law School draft)
  Münch. Das völkerrechtliche Delikt (1963) p. 337 (E)

1961 (cont.)

3398. April 18
    Diplomatic relations
  DO (Guatemala) 1963:193 (Sp)
  Trb 1962:101 (E, F); 1962:159 (Dut)
  B Bl (Switz) 115:241 (G)
  AJIL 55:1064 (E)
  Annuario di Politica Internazionale 1961:438 (It)
  Anuario Uruguayo de Derecho Internacional 1960:330 (Sp)
  Current Notes on International Affairs (no. 8) 32:23 (E)

  Diritto Internazionale 15, II, p. 480 (F)
  Documentos 5:11 (Sp)
  Internationales Recht und Diplomatie 1961: 81 (E, F, G)
  Journal of International Law and Diplomacy 61 (no. 1-2):iii (E)
  Revue Générale de Droit International 65:671 (Sp)
  Revista Peruana de Derecho Internacional 21:173 (Sp)
  Schweizerisches Jahrbuch für Internationales Recht 18:229 (F)
  Zbiór Dokumentów 19:749 (F, Pol)

  Bache og Heggemsnes. Traktatsamling (1963) p. 159 (Nor)
  Cardinale. Le Saint-Siége et la diplomatie (1962) p. 274 (F)
  Cahier. Le droit diplomatique contemporain (1962) p. 478 (F)
  U.N. Doc. A/Conf. 20/13 (E, F)
  JO (Algeria) 1964:430 (F)
  RO (Switz) 1964:429 (F)
  Blishchenka. Diplomaticheskoe i konsulskoi pravo (1962) p. 435 (R)

3399. April 18
    Discontinuance of nuclear weapon tests (Anglo-American draft treaty)
  U.S. Arms Control and Disarmament Agency. Documents on disarmament 1961, p. 82 (E)
  U.S. Department of State. Draft treaty on the discontinuance of nuclear weapons tests (1961) p. 1 (E)
  U.S. Disarmament Administration. Geneva Conference on the Discontinuance of Nuclear Weapons Tests (1961) p. 475 (E)

  National Lawyers Guild. International Law Committee. Summary of Disarmament Documents 1945-1962 (1963) p. 109 (E)

1961 (cont.)

3400. April 21
International commercial arbitration (Europe)
CL (Rum) no. 2, 1963:16 (Rum)
Diritto Internazionale 16, II, p. 221 (F)
International Institute for the Unification of Private Law. Yearbook 1961 (1962) p. 409 (E, F)
Revue Critique de Droit International Privé 50:430 (F)
Revue de l'Arbitrage 1961:196 (F)
Zeitschrift für Zivilprozess 76:369 (G)

Briseño Sierra. El arbitraje en el derecho privado (1963) p. 399 (Sp)
U.N. Doc. E/ECE/423 (E, F)
BG Bl (Ger) 1964, II 425 (E, F, G, R)
Pointet. Convenzione Europea sull'arbitrato Commerciale Internazionale (1962) p. 41 (It)

3401. April 24
Northwest Atlantic Fisheries
GBTS 1963:71, Cmd 2140 (E)
OFS 1964:22 (E, Nor)
TIAS 5380, UST 14:924 (E)

3402. April 26
Transportation of passengers by sea: rules (draft)
International Conference on Maritime Law, Brussels, 1961. Conférence diplomatique de droit maritime (1961) p. 371 (F)

3403. April 26
European Free Trade Association: seaweed meal: Council decision 10
Sop S 1961:25 (E, Fin)

3404. April 28
Tariffs (Benelux)
Trb 1961:55 (Dut)

3405. April 29
Carriage of passengers by sea
Trb 1962:71 (E, F)
Diritto Internazionale 16, II, p. 228 (F)
Revista de Ciencias Juridicas y Sociales 1961:251 (Sp)
International Conference on Maritime Law, Brussels, 1961. Internationales Uebereinkommen für die Vereinheitlichung bestimmter Regeln über den Transport von Passagieren auf See (1961) p. 1 (E, F)
International Institute for the Unification of Private Law. Yearbook. 1961 (1962) p. 385 (E, F)
Singh. British Shipping Laws (1963) 8:1067 (E)

1961 (cont.)

3406. April 29
Union of African States: charter
Ghana Gazette July 1, 1961 (E)
Ghana. Embassy, Washington. Press release 31/61, July 2, 1961 (E)
Diritto Internazionale 15, II, p. 490 (F)
Egyptian Society of International Law. Constitutions of the new African states (1962) p. 93 (E)
Rivista di Diritto Internazionale 45:147 (E)
Lawson. International regional organizations (1962) p. 306 (E)

3407. May 3
European Free Trade Association: origin criteria: Council decision 11
Sop S 1961:24 (E, Fin)

3408. May 4
Equatorial Customs Union: investments
JO (CAR) 1961:124 (F)

3409. May 5
African Charter: protocol
Legum. Pan-Africanism (1962) p. 193 (E)
Egyptian Society of International Law. Constitutions of new African states (1962) p. 93 (E)

3410. May 12
Founding of Monrovia Group
Legum. Pan-Africanism (1962) p. 198 (E)

3411. May 12
Fishing: meshing of nets and limits of fish
GBTS 1962:39, Cmd 1732 (E, F)

3412. May 13
Liability for nuclear damage (draft convention)
Pan American Union. Codification division. Third-party liability in the field of nuclear energy, p. 48 (E)

3413. May 16
European Coal and Steel Community: article 69
BG Bl (Ger) 1963, II, p. 173 (F, G, It, Dut)

1961 (cont.)

3414. May 17
   Laos settlement (Soviet draft)
   Annuario di Politica Internazionale 1961: 218 (It)

3415. May 24
   Brussels treaty: amendments of annex III to protocol III
   European Yearbook 1961:169 (E, F)

3416. May 30
   All-African Trade Union Federation
   Legum. Pan-Africanism (1962) p. 221 (E)

3417. May 31
   Tariffs (Benelux)
   Trb 1961:75, 76 (Dut)

3418. June 1
   Central-American Bank for Economic Integration
   Centro de Estudios Monetarios Latinoamericanos. Legislacion Financiera, 1962:33 (Sp)

3419. June 7
   Equality of treatment of nationals and non-nationals in social security (ILO draft)
   International Labor Conference, 45th, Geneva, 1961. Delegation from New Zealand. International Labor Organisation: report (1961) p. 58 (E)

3420. June 8
   Customs on goods for display
   GBTS 1963:61, Cmd 2115 (E, F)
   Australia TS 1963:2 (E)
   BG Bl (Aus) 1962:336, 1995 (E, F, G)
   GU (It) 1963, I, p. 2071 (F)
   Trb 1962:109 (E, F); 1963:149 (Dut)
   RO (Switz) 1963:464 (F)
   AS (Switz) 1963:467 (G)
   Diritto Internazionale 16, II, p. 231 (F)
   European Yearbook 1961:391 (E, F)
   Customs Cooperation Council. Activities of the Council- 1961. Bulletin 8 (1962) p. 123 (E)
   Leggi 1963:1123 (F)

1961 (cont.)

3421. June 8
   Customs: professional equipment
   GBTS 1963:62, Cmd 2125 (E, F)
   BG Bl (Aus) 1963:1 (E, F, G)
   GU (It) 1963, I, p. 2199 (F)
   Trb 1962:90 (E, F); 1963:148 (Dut)
   RO (Switz) 1963:449 (F)
   AS (Switz) 1963:453 (G)
   Diritto Internazionale 16, II, p. 238 (F)
   European Yearbook 1961:371 (E, F)
   Customs Cooperation Council. Activities of the Council-1961. Bulletin 8 (1962) p. 137 (E)
   Leggi 1963:1167 (F)

3422. June 9
   Air navigation services in Greenland
   TIAS 4804, UST 12:1029 (E)

3423. June 12
   Declaration of non-aligned nations (Belgrade)
   Annuario di Politica Internazionale 1961: 194 (It)

3424. June 14
   Consensus of San José
   Conference of Lawyers of the Americas on World Peace through World Law, San José, Costa Rica, 1961 (E)

3425. June 19
   Social Progress Trust Fund: OAS
   TIAS 4763 (E)
   U.S. 87th Congress. Joint Economic Committee. Economic policies and programs in South America (1962) p. 116 (E)

3426. June 21
   International Civil Aviation Organization: article 50(a)
   TIAS 5170, UST 13:2105 (E, F, Sp)
   GBTS 1962:59, Cmd 1826 (E, F, Sp)
   Australia TS 1957:5, 1962:6 (E)
   BG Bl (Aus) 1962:1815 (E, G)
   Gac (Costa Rica) 85:1161 (Sp)
   Lovt C 1962:300 (E, F, Dan)
   BG Bl (Ger) 1962, II, p. 884 (E, G)
   Weekly Gaz (Iraq) 1963:293 (E)
   Israel TS 443 (E, F, Heb)
   GU (It) 1963:106 (F)

1961 (cont.)

3426 cont.
Trb 1961:110 (E, Dut)
OFS 1963:148 (E, Nor)
Diritto Internazionale 16, II, p. 246 (F)
Leggi 1963:43 (It)
Recueil des lois et de la legislation financiere de la Republique Arabe Syrienne (no. 6) 1962:26 (F)

3427. June 23
Cocoa (draft)
Food and Agriculture Organization of the United Nations. Cocoa Study Group. Draft. International Cocoa Agreement (1961) (E)

3428. June 23
European broadcasting agreement
European Broadcasting Conference, Stockholm, 1961. Regional agreement for the European broadcasting area (1961) p. 1 (E)

3429. June 23
Whaling
TIAS 5015, UST 13:497 (E)
UNTS 435:328 (E, F)

3430. June 26
Revision of conventions (ILO 116)
UNTS 423:11 (E, F)
GBTS 1962:53 Cmd 1802 (E, F)
Australia TS 1963:25 (E)
Lovt C 1963:299 (E, F, Dan)
OFS 1963:185 (E, Nor)
Trb 1962:46 (E, F)
BG Bl (Ger) 1963, II, p. 1135 (E, F, G)
RO (Switz) 1962:1404 (F)
Diritto Internazionale 16, II, p. 247 (F)
International Labor Conference, 45th, Geneva, 1961. Delegation from New Zealand. International Labor Organisation: report (1961) p. 61 (E)
Weekly Gac (Iraq) 1963:268 (E)
BG Bl (Aus) 1964:437 (E, F, G)

3431. June 27
European Communities: fusion of the executives (draft)
Pryce. The political future of the European Community (1962) p. 100 (E)

3432. June 29
European Free Trade Association: origin of re-exported goods: Joint Council decision 2
Sop S 1961:21 (E, Fin)

1961 (cont.)

3433. June 29
European Free Trade Association: Portuguese duties: Joint Council decision 3
Sop S 1961:21 (E, Fin)

3434. June 29
European Free Trade Association: segregation by accounting methods: Joint Council decision 4
Sop S 1961:21 (E, Fin)

3435. June 29
European Free Trade Association: origin for consignments: Joint Council decision 5
Sop S 1961:21 (E, Fin)

3436. June 29
European Free Trade Association: artificial resins: Joint Council decision
Sop S 1961:21 (E, Fin)

3437. June 29
European Free Trade Association: drawback: Joint Council decision 7
Sop S 1961:21 (E, Fin)

3438. June 29
European Free Trade Association: Norwegian duties: Joint Council decision 8
Sop S 1961:21 (E, Fin)

3439. June 29
European Free Trade Association: origin for re-exported goods: Joint Council decision 9
Sop S 1961:21 (E, Fin)

3440. June 29
European Free Trade Association: application to Finland: Joint Council decision 10
Sop S 1961:25 (E, Fin)

1961 (cont.)

3441. June 29
European Free Trade Association:
application to Finland: Joint Council
decision 11
Sop S 1961:24 (E, Fin)

3442. June 29
European Free Trade Association:
origin of materials: Joint Council
decision 12
BG Bl (Austria) 1962:393 (E, G)
Sop S 1961:21 (E, Fin)

3443. July 1
Union of African States (Accra)
Legum. Pan-Africanism (1962) p. 183
(E)

3444. July 6
German Peace Treaty (East German draft)
Siegler. Dokumentation zur Deutschlandfrage (1961) 2:601 (G)

3445. July 9
European Economic Community:
association of Greece
JOCE 1963:293 (F)
Mon (Belg) 1962:246 (F, Dut)
JO (Fr) 1962:10564 (F)
BG Bl (Ger) 1962, II, p. 1141 (F, G, It, Dut, Gr)
Trb 1961:132 (F, Dut) 1962:105 (Dut)
Annuario di Politica Internazionale 1961: 690 (It)
Diritto Internazionale 16, II, p. 248 (F)

Documentos 11:244 (Sp)
European Yearbook 1961:453 (E, F)
Journal du Droit International 90:225 (E, F)
Relazioni Internazionali 26:1296 (It)
Revue Critique de Droit International Privé 51:760 (F)
Revue Hellénique de Droit International 15: 182 (F)

3446. July 14
Reciprocal recognition and enforcement of judgments in civil and commercial matters
GBTS 1962:70 Cmd 1868 (E, F)

1961 (cont.)

3447. July 18
Political unity of Europe: Bad Godesberg declaration
Annuario di Politica Internazionale 1961: 158 (It)
Problèmes de l'Europe 15:74 (F)

3448. July 21
General Agreement on Tariffs and Trade in cotton textiles
TIAS 4884 (E)
Australia TS 1962:17 (E)

3449. July 21
Casablanca States: Economic Committee
Annuario di Politica Internazionale (1961) 17:594 (It)
Europa-Archiv 17:D551 (G)

3450. July 24
Furtherance of principles and objectives of Antarctic Treaty
TIAS 5094, UST 13:1349 (E)

3451. July 28
Central American Clearing House
Gac (Costa Rica) 84:3261 (Sp)
CL (Costa Rica) 1962(1):428 (Sp)

3452. August
Arbitral Tribunal for Foreign Investment (International Law Association draft)
International Law Association. Report of the 50th Conference, Brussels, 1962 (1963) p. 132 (E)

3453. August 2
Treaty of Panama: preferential interchange and free trade (Panama, Nicaragua, Costa Rica)
Pincus. The Central American Common Market (1962) p. 223 (E)

3454. August 4
Inter-American Banana Organization: OIB (draft)
Mem (Colombia) 1961-62(2):241 (Sp)

1961 (cont.)

3455. August 17
　　Punta del Este Charter: Alliance for Progress
　Annual Register of World Events-1961 (1962) p. 530 (E)
　Annuario di Politica Internazionale 1961: 286 (It)
　Archiv für Völkerrecht 11:90 (E)
　DSB 45:463 (E)
　Revista Peruana de Derecho Internacional 21:194 (Sp)
　Zbiór Dokumentow 1962:830 (Pol, Sp)

　Dreier. The Alliance for Progress, p. 118 (E)
　Gordon. A new deal for Latin America (1963) p. 118 (E)
　Gonzalez. Textos internacionales del Peru (1962) p. 461 (Sp)
　Inter-American Economic and Social Council. Special Meeting at the Ministerial Level. Ideario y Planificación de la alianza para el progreso (1962) p. 315 (Sp)
　Inter-American Economic and Social Council. Special Meeting at the Ministerial Level. Alianza para el progreso (1961) p. 5 (Sp)
　Inter-American Economic and Social Council. Special Meeting at the Ministerial Level. Punta del Este, Uruguay, 1961. Alliance for progress (1961) p. 5 (E)
　Pan American Union. Alliance for Progress (1961) p. 5 (E)
　U.S. 87th Congress. Joint Economic Committee. Economic policies and programs in South America (1962) p. 106 (E)
　U.S. Administrative Law. Legislation on foreign relations (1963) p. 376 (E)
　Mem (Colombia) 1961-62(2) 153 (Sp)

3456. August 21
　　Casablanca states
　Europa-Archiv 17:D554 (G)

3457. August 30
　　Statelessness
　Cmd 1825, Misc 1962:27 (E)

3458. September 1
　　International Finance Corporation: amendments
　TIAS 4894, UST 12:2945 (E)
　GBTS 1963:4, Cmd 1924 (E)
　Mon (Congo, Leopoldville) 1963:363 (F)
　UNTS 439:318 (E, F)

3459. September 6
　　Belgrade Conference of non-aligned countries: declaration
　The conference of heads of state or governments of non-aligned countries. Proceedings and papers, p. 253 (E)
　Conference of heads of state or government of non-aligned countries, Belgrade, 1961. La conférence (1962) p. 271 (F)

3460. September 6
　　Caribbean Organization
　TIAS 4853 (E, F, Dut, Sp)

3461. September 6
　　European Free Trade Association: schedule 1, annex B: Council decision 17
　Sop S 1961:30 (E, Fin)

3462. September 7
　　Central American Bank
　Gac (Costa Rica) 84:3264 (Sp)

3463. September 7
　　African and Malagasy Union: charter
　JO (Chad) 1961:719 (F)
　JO (Dahomey) 1962:157 (F)
　JO (Malgache) 1961:2241 (F)
　La Comunita Internazionale 18:151 (E)
　Europa-Archiv 17:D541 (G)
　Lawson. International Regional Organizations (1962) p. 295 (E)
　Revue Juridique et Politique 18:59 (F)

3464. September 8
　　African and Malagasy Union: diplomatic representation
　JO (Dahomey) 1962:158 (F)
　JO (Gabon) 1961:720 (F)
　JO (Malagache) 1963:901 (F)
　JO (Cameroon) 1963:128 (F)

3465. September 9
　　African and Malagasy Union: defense pact
　JO (Dahomey) 1962:292 (F)
　Pénant 73:11 (F)
　JO (Cameroon) 1963:132 (F)

1961 (cont.)

3466. September 11
International conciliation: Resolution-
Institute of International Law
Friedens-Warte 56:254 (F)

3467. September 11
Utilization of non-maritime international waters: Resolution-Institute
of International Law
Friedens-Warte 56:253 (F)

3468. September 12
International problems (Africa-Madagascar)
Europa-Archiv 17:D542 (G)

3469. September 12
African and Malagasy Economic Cooperation Union
JO (Malgache) 1961:1783 (F)
JO (Dahomey) 1961:524 (F)

3470. September 12
African and Malagasy Union: privileges and immunities
JO (Dahomey) 1962:163 (F)
JO (Gabon) 1961:723 (F)

3471. September 12
Cooperation in matters of justice (African and Malagasy Union)
JO (Dahomey) 1962:166 (F)
JO (Gabon) 1961:727 (F)
JO (Malgache) 1961:2242 (F)

3472. September 12
African and Malagasy Union: persons and conditions of establishment
JO (Gabon) 1961:727 (F)
JO (Dahomey) 1962:160 (F)
JO (Malgache) 1961:2247 (F); 1963:945 (F)
JO (Senegal) 1963:1100 (F)
JO (Cameroon) 1963:31 (F)

3473. September 12
African and Malagasy Union: creation of Postal and Telecommunications Unions
JO (Dahomey) 1962:161 (F)
JO (Malgache) 1961:2248 (F)

1961 (cont.)

3474. September 13
European Conference of Local Authorities: charter
European Yearbook 1961:311 (E, F)

3475. September 13
Social security (Scandinavia)
UNTS 434:312 (E, F)

3476. September 14
Recognition of children
JO (Fr) 1962:7286 (F)
Trb 1962:96 (F, Dut)
Diritto Internazionale 16, II, p. 272 (F)
European Yearbook 1961:342 (F)
Journal du Droit International 89:1149 (E, F)
Revue Critique de Droit International Privé 51:595 (F)

3477. September 15
European Free Trade Association: application to Finland: Joint Council decision 13
BG Bl (Austria) 1962:394 (E, G)
Sop S 1961:30 (E, Fin)

3478. September 18
Air transportation
Trb 1962:37 (E, F) 1963:67 (Dut)
B Bl (Switz) 1963:223 (G)
Arkiv for Luftrett 1:358 (E)
Diritto Internazionale 16, II, p. 274 (F)
Lawyer's Journal 27:351 (E)
Revue Génerale de l'Air 24(ns):393 (F)
Zeitschrift für Luftrecht und Weltraumrechtsfragen 11:41 (E); 11:320 (G)
International Conference on Private Air Law. Guadalajara, 1961. Papers (1963) 2:1 (E, F, Sp)
International Institute for the Unification of Private Law. Yearbook 1961 (1962) p. 399 (E, F)
Germany. Aviation law. Luftfahrtgesetzgebung (1964) p. 326 (G)

3479. September 25
Disarmament (United States draft)
U.S. Dept. of the Army. Army Library. U.S. security arms control and disarmament, 1960-1961 (1961) p. 139 (E)
UN Doc A/4891, September 25, 1961 (E, F)
National Lawyers Guild. International Law Committee. Summary of Disarmament Documents 1945-1962 (1963) p. 123 (E)

3480-3492

1961 (cont.)

3480. September 30
> Rules of procedure: Organization for Economic Cooperation and Development

OECD. The Organization for Economic Cooperation and Development (1962) p. 59 (E)

3481. October 4
> International Atomic Energy Agency: art. VI A 3

TIAS 5284, UST 14:135 (E, F, Ch, R, Sp)
Senate Doc A. 87th Congress, 2nd session (E)
GBTS 1963:38, Cmd 2053 (E, F, R, Ch, Sp)
Australia TS 1963:17 (E)
BG Bl (Austria) 1963:655 (E, F, G)
Mon (Belg) 1963:4514 (F, Dut)
Sbírka Zákonů 1963:270 (Cz)
Sop S 1963:218 (F, Fin)

BG Bl (Ger) 1963, II, p. 329 (E, G)
Gac (Nicaragua) 66:244 (Sp)

3482. October 4
> Transfer of enriched uranium for a research reactor: (IAEA, USA, Yugo)

UNTS 412:225 (E)

3483. October 5
> Protection on minors

Trb 1963:29 (F)
Comité Français de Droit International Privé. Travaux 21-23:218 (F)
Conférence de Droit International Privé. 9th, The Hague, 1960. Recueil des Conventions de la Haye (1961) p. 42 (F)

3484. October 5
> Abolishing the requirement of legislation for foreign public documents

Trb 1963:28 (E, F)
Conférence de Droit International Privé 9th, The Hague. 1960. Recueil des Conventions de la Haye (1961) p. 56 (E, F)

3485. October 5
> Conflict of laws relating to the forms of testamentary dispositions

BG Bl (Aus) 1963:2537 (E, F, G)
Österreichische Notariats-Zeitung 95:71 (G)
Conférence de Droit International Privé. 9th. The Hague, 1960. Recueil des Conventions de la Haye (1961) p. 48 (E, F)

1961 (cont.)

3486. October 5
> European Free Trade Association: Portuguese duties: Council decision 18

Sop S 1961:34 (E, Fin)

3487. October 11
> Phyto-Sanitary Convention for Africa South of Sahara

UNTS 425:336 (E, F)
GBTS 1962:10, Cmd 1605 (E, F)

3488. October 18
> European Social Charter (draft)

Eur TS 35 (E, F)
Trb 1962:3 (E, F); 1963:90 (Dut)
Archiv des Völkerrechts 1963:335 (F)
European Yearbook 1961:247 (E, F)
Robertson. Human Rights in Europe (1963) p. 242 (E)
Troclet. Législation Sociale Internationale (1962) 3:487 (F)

3489. October 20
> European Free Trade Association: drawback: Council decision 19

BG Bl (Austria) 1962:402 (E, G)
Sop S 1961:37 (E, Fin)

3490. October 20
> European Free Trade Association: Portuguese duties: Joint Council decision 15

Sop S 1961:34 (E, Fin)

3491. October 26
> Performing artists

Archiv für Urheber- Film- Funk- und Theaterrecht 37:73 (E, F, G)
Diritto Internationale 16, II, p. 279 (F)
Droit d'Auteur 75:310 (G)
Gewerblicher Rechtsschutz und Urheberrecht 1962:501 (G)
Rassegna della Proprietà Industriale 25:66 (F)
U. S. Congress. House. Committee on the Judiciary. Report on the diplomatic conference for the adoption of an international convention concerning the protection of performers (1962) p. 15 (E)

3492. November 1
> Social security: other than old age

GBTS 1961:20, Cmd 1340 (E)

1961 (cont.)

3493. November 2
  European Free Trade Association:
    schedule IV, annex B: Council decision 20
  BG Bl (Austria) 1962:403 (E, G)
  Sop S 1961:33 (E, Fin)

3494. November 2
  European Free Trade Association:
    origin of consignments: Council decision 21
  BG Bl (Aus) 1962:405 (E, G)
  Sop S 1961:37 (E, Fin)

3495. November 3
  Council of Europe
  GBTS 1962:33, Cmd 1686 (E, F)
  Ire TS 1961:3 (E)

3496. November 10
  Union of European States (draft)
  Pryce. The political future of the European Community (1962) p. 103 (E)

3497. November 11
  High Seas fisheries of the North Pacific Ocean
  TIAS 4992, UST 13:372 (E, J)

3498. November 15
  Inter-American Economic and Social Council: statute
  Inter-American and Social Council. Statute. (1962) p. 1 (E)

3499. November 15
  International Institute for the Unification of Private Law: charter
  U.S. Congress. House. Committee on Foreign Affairs. U.S. participation in the Hague Conference and the Rome Institute (1963) p. 44 (E)
  RO (Switz) 1964:465 (F)

3500. November 17
  European Free Trade Association:
    drawback: Joint Council decision 16
  BG Bl (Aus) 1962:431 (E, G)
  Sop S 1961:37 (E, Fin)

1961 (cont.)

3501. November 17
  European Free Trade Association:
    origin for consignments: Joint Council decision 17
  BG Bl (Aus) 1962:432 (E, G)
  Sop S 1961:37 (E, Fin)

3502. November 17
  European Free Trade Association:
    application to Finland: Joint Council decision 18
  BG Bl (Aus) 1962:433 (E, G)
  Sop S 1961:33 (E, Fin)

3503. November 18
  Industrial designs
  JO (Fr) 1962:12364 (F)
  BG Bl (Ger) 1962, II, p. 937 (F, G)
  Trb 1962:91 (F)
  Revue Critique de Droit International Privé 52:128 (F)

3504. November 21
  European Free Trade Association:
    amendment of no. 2 of article 3: decision of the Council no. 22 of 1961
  BG Bl (Aus) 1962:442 (E, G)
  Sop S 1962:86 (E, Fin)

3505. November 24
  Judicial assistance (Benelux)
  Trb 1961:163 (F, Dut)

3506. November 24
  Tariffs (Benelux)
  Trb 1962:18 (Dut)

3507. November 26
  Food and Agriculture Organization:
    constitution amendments
  TIAS 5229, UST 13:2616 (E, F, Sp)

3508. November 28
  Discontinuance of nuclear tests (Soviet draft)
  Annuario di Politica Internazionale 1961: 102 (It)
  Soviet News. Disarmament (1962) 114 (E)
  U.S. Arms Control and Disarmament Agency. Documents on disarmament 1961 p. 664 (E)
  U.S. Arms Control and Disarmament Agency. International negotiations on

3509-3522

1961 (cont.)

3508 ending nuclear weapon tests (1962)
cont. p. 158 (E)
UN Doc A/4990 (E, F)
National Lawyers Guild. International Law
Committee. Summary of Disarmament
Documents 1945-1962 (1963) p. 111 (E)

3509. November 29
Financing of assistance under Alliance
for Progress
TIAS 4887 (E)

3510. November 30
Elimination of double taxation (Dahomey, Upper Volta, Niger)
JO (Dahomey) 1962:283 (F)

3511. December 2
Vegetable plants protection
Cmd 1947, Misc 1963:2 (E, F)
Trb 1962:21 (F), 1962:117 (Dut)
Gewerblicher Rechtsschutz und Urheberrecht 1962:384 (F)
Propriété Industrielle 1962:6 (F)
Rassegna della Proprietà Industriale 25:66 (F)
Rivista di Diritto Industriale 11:134 (F)
Revue de Droit Intellectuel 52:202 (F)

3512. December 4
Multilateral trade and payments
Trb 1962:32 (E, F, Dut)
Lovt C 1962:61 (E, Dan)

3513. December 4
Protection of workers against radiation
RO (Switz) 1963:30 (F)

3514. December 6
A.T.A. Convention: temporary import of goods
Cmd 1852, Misc 1963:1 (E)
BG Bl (Aus) 1963:2347 (E, F, G)
JO (Fr) 1963:10453 (F)
Trb 1962:8 (E, F); 1963:129 (Dut)
RO (Switz) 1963:476 (F)
AS (Switz) 1963:479 (G)
European Yearbook 1961:407 (E, F)
Customs Cooperation Council. Activities of the Council, 1961, Bull 8 (1962) p. 153 (E)

1961 (cont.)

3515. December 7
European Free Trade Association:
amendment of annex D and schedule
I to annex B: decision of the Council no. 23 of 1961
BG Bl (Aus) 1962:434 (E, G)
Sop S 1962:88 (E, Fin)

3516. December 8
General Agreement on Tariffs and
Trade: Swiss accession
TIAS 4957, UST 13:184 (E, F)
BG Bl (Ger) 1963, II, p. 1037 (E, F, G)

3517. December 9
General Agreement on Tariffs and
Trade: Tunis accession
TIAS 4958, UST 13:189 (E, F)
BG Bl (Aus) 1962:1131 (E, G)
BG Bl (Ger) 1964, II, p. 105 (E, F, G)

3518. December 9
Customs on palets
JO (Fr) 1961:7543 (F)
RO (Switz) 1963:508 (F)
AS (Switz) 1963:512 (G)

3519. December 9
East African Common Services Organization
UNTS 437:47 (E, F)

3520. December 12
European Monetary Agreement: protocol 4
BG Bl (Aus) 1962:775 (E, F, G)
Lovt C 1962:380 (E, F, Dan)
BG Bl (Ger) 1963, II, p. 317 (E, F, G)
OFS 1962:306 (E, F, Nor)
Diritto Internazionale 16, II, p. 286 (F)

3521. December 14
European Free Trade Association: use
of non-area wool: decision of Council no. 24 of 1961
BG Bl (Aus) 1962:443 (E, G)
Sop S 1962: 17 (E, Fin)

3522. December 15
Technical supervision over ships and
their classification (East Europe)
UNTS 424:43 (E, F, R)

1961 (cont.)

3523. December 16
Privileges and immunities: Council of Europe, 4th protocol
BG Bl (Austria) 1962:508 (E, F, G)
Lovt C 1962:391 (E, F, Dan)
BG Bl (Ger) 1963, II, 1215 (E, F, G)
OFS 1962:488 (E, Nor)

3524. December 16
Privileges and immunities: European Court of Human Rights
Cmd 1696 (1961) (E)
Trb 1962:56 (E, F)
OFS 1962:188 (E, Nor)

3525. December 16
Council for Cultural Cooperation (Europe)
European Yearbook 1961:317 (E, F)

3526. December 16
Student employees (Europe)
Trb 1962:39 (E, F)

3527. December 16
Travel by young persons on collective passport (Europe)
Eur TS 37 (E, F)
Mon (Belg) 1963:1043 (F, Dut)
Pasin (Belg) 1963:136 (F)
Ire TS 1962:2 (E)
Trb 1962:88 (E, F)
European Yearbook 1961:279 (E, F)

3528. December 18
Laos neutrality
Annuario di Politica Internazionale 1961: 222 (It)

3529. December 20
European Free Trade Association: decision of Joint Council no. 19 of 1961 (Finland)
BG Bl (Aus) 1962:459 (E, G)
Sop S 1962:16 (E, Fin)

3530. December 20
Air agreement (South Africa, Denmark, Norway, Sweden)
SA TS 1962:1 (E, Dut)

1961 (cont.)

3531. December 20
Ice-breaking (Denmark, Finland, Norway, Sweden)
UNTS 419:79 (E, F, Dan, Fin, Nor, Swe)
Lovt C 1962:175 (Dan, Fin, Nor, Swe)
Sop S 1961:36 (Fin, Swe)
OFS 1962:194 (Nor)

3532. December 31
Punta del Este Declaration (Cuba)
Annuario de Derecho (Universidad de Panamá) 5:100 (Sp)

1962

3533.
Exploration and uses of outer space (draft)
Cohen. Law and Politics in Space (1964) p. 153 (E)
David Davies Memorial Institute of International Studies. Study Group on the Law of Outer Space. Draft code of rules on the exploration and uses of outer space (1962) p. 5 (E)
Journal of Air Law and Commerce 29:141 (E)
Zeitschrift für Luftrecht und Weltraumrechtsfragen 13:60 (G)

3534.
Uniform rules relative to documentary credit: International Chamber of Commerce
Banca, Borsa e Titoli di Credito 15:138 (F)
Eisemann. Le crédit documentaire dans le droit et dans la pratique (1963) p. 77 (F)

3535.
Protection of foreign property (OECD draft)
International Legal Materials 2:241 (E)

3536.
Unjust enrichment (draft)
Documentos 11:244 (Sp)

3537.
Uniform law for the international sale of moveable goods (draft)
Commission Spéciale Nommée par la Conférence de la Haye sur la vente. Projet d'une loi uniforme sur la vente internationale des objets mobiliers corporels (1963) p. 1 (F)

229

1962 (cont.)

3538. January 10
    Maritime Safety Committee (IMCO): rules of procedure
IMCO. Basic documents (1962) p. 77 (E)

3539. January 15
    Transport of perishable foodstuffs
Trb 1962:115 (E, F)
Diritto Internazionale 17, II, p. 25 (F)

3540. January 16
    Privileges and immunities (FAO)
BG Bl (Aus) 1962:437 (E, F, G)

3541. January 19
    Road transport: AETR (Europe)
Cmd 1877, Misc 1962:35 (E)
Trb 1962:52 (E, F); 1962:119 (Dut)
Diritto Internazionale 17, II, p. 30 (F)

3542. January 20
    Atlantic Community: Declaration of Paris
Documentos 1962:8, p. 137 (Sp)
Herter. Toward an Atlantic Community (1963) p. 79 (E)

3543. January 30
    Inter-African and Malagasy Organization: proposed charter
Europa-Archiv 17:D558 (G)
Conference of Heads of African and Malagasy States, Lagos, 1962. Proposed charter of the Inter-African and Malagasy States Organization (1962) p. 1 (E)

3544. January 30
    Dual or multiple nationality (draft)
Asian African Legal Consultative Committee. Report of the Fifth Session (1963) p. 23 (E)

3545. January 31
    Punta del Este: final act
AJIL 56:601 (1962) (E)
DSB 46:278 (E)
Diritto Internazionale 16, II, p. 723 (E)
Revue Générale de Droit International Public 66:675 (F)
Brazil. Ministério das relações exteriores. O Brasil em Punta del Este (1962) p. 7 (Port)
Inter-American Economic and Social Council. Special meeting at the ministerial level.

1962 (cont.)

Ideario y Planificación de la Alianza para el progreso (1962) p. 483 (Sp)
Meeting of Consultation of Ministers of Foreign Affairs of the American Republics, 8th, Punta del Este, Uruguay, 1962, p. 1 (E)
U.S. Congress. Senate. Committee on Foreign Relations. Punta del Este Conference, p. 7 (E)

3546. February
    Arbitration and conciliation: Permanent Court of Arbitration
AJIL 57:500 (E)
Friedens-Warte 56:258 (F)
Nederlands Tijdschrift voor Internationaal Recht 9:339 (F)

3547. February 5
    Rules of procedure: European Court of Justice
JOCE May 5, 1962 (F)
Rivista di Diritto Internazionali 45:336 (It)
European Yearbook (1962) 10:730 (F)

3548. February 6
    European Economic Community: antitrust (article 85-86 of the Rome Treaty)
JOCE 1962:204, 1655 (F)
Revue Critique de Droit International Privé 51:588 (F)
Rivista Diritto Industriale 11:150 (It)

3549. February 9
    Pan-African Freedom Movement: proposed constitution
Annual Register of World Events 1962 (1963) p. 531 (E)
PAFMECA Conference. 4th, February 2-10, 1962. African Department of Foreign Office, Addis Ababa, p. 88 (E)

3550. February 9
    General Agreement on Tariffs and Trade: trade in cotton textiles
TIAS 4884, UST 12:1674 (E)
TIAS 5240, UST 13:2672 (E,)
Australia TS 1962:17 (E)
Trb 1963:163 (E)
Diritto Internazionale 17, II, p. 8 (F)
Contracting Parties to the General Agreement on Tariffs and Trade. Basic instruments and selected documents, supp. 11 (1963) p. 25 (E)

Gazette Fiscale, Commerciale et Industrielle 14:48 (F)

1962 (cont.)

3551. February 20
Red Sea lights
Trb 1962:128 (E, F), 1963:134 (Dut)
Diritto Internazionale 17, II, p. 41 (F)
Singh. British Shipping Laws (1963)
8:34 (E)

3552. February 21
Space research (Europe)
Cmd 1898, Misc 1962:34 (E, F)
Trb 1962:114 (E, F)
Diritto Internazionale 17, II, p. 15 (F)
Società Italiana per l'Organizzazione Internazionale, Rome. Enti Spaziali Internazionali (1962) p. 110 (E, F)
GBTS 1963:49, Cmd 2091 (E, F)

3553. February 21
European Free Trade Association: Danish basic duties: decision of the Council no. 1 of 1962
Sop S 1962:55 (E, Fin)

3554. February 28
European Free Trade Association: Finland: decision of Joint Council no. 1 of 1962
Sop S 1962:54 (E, Fin)

3555. March
Uniform patent law (Scandinavian draft)
Gewerblicher Rechtschutz und Urheberrecht 1962:590 (G)

3556. March 7
Procedures implementing the Agreement for Mutual Safeguarding of Secrecy of Inventions relating to Defence and for which Applications for Patents have been made (NATO)
Cmd 2167, Misc 1963:17 (E)

3557. March 7
General Agreement on Tariffs and Trade (United States-European Economic Community interim agreement)
TIAS 5021, UST 13:611 (E)
Diritto Internazionale 17, II, p. 17 (F)
UNTS 446:81 (E, F)

1962 (cont.)

3558. March 7
Corn sorghum, ordinary wheat, rice and poultry (European Economic Community-United States)
TIAS 5034, UST 13:960 (E, F)
Trb 1963:143 (E, F)
Bulletin of the European Economic Community (no. 4) 5:69 (E)
UNTS 445:199 (E, F)

3559. March 7
Quality wheat (European Economic Community-United States)
TIAS 5035, UST 13:964 (E, F)
Trb 1963:144 (E, F)
UNTS 445:205 (E, F)

3560. March 9
Court of Justice of the European Communities: supplementary rules of procedure
European Coal and Steel Community. Court of Justice. The rules of procedure (1962) p. 56 (E)

3561. March 15
Disarmament (Soviet draft)
Documents on American foreign relations (1962) p. 89 (E)
Indian Journal of International Law 2:410 (E)
Zbiór Dokumentów 1962:3 (R, Pol)
Zbiór Dokumentów 1963:233 (R, Pol)
France. Ministère des Affaires Étrangères. Documents sur le désarmement (1963) p. 117 (F)
Russia. Treaties. No arms- no wars (1962) p. 7 (E)
U.S. Arms Control and Disarmament Agency. Documents on disarmament (1962) p. 103 (E)
National Lawyers Guild. International Law Committee. Summary of Disarmament Documents 1945-1962 (1963) p. 133 (E)

3562. March 19
Education in Latin America (Santiago declaration)
International Associations 14:535 (E)

1962 (cont.)

3563. March 19
    Trademarks (Benelux)
Trb 1962:58 (F, Dut)
Revue de Droit Intellectuel 52:156 (F)
Revue Internationale de la Propriété Industrielle et Artistique 1963 (March): 31 (F)
Rivista di Diritto Industriale 1962, I, p. 249 (F)

3564. March 22
    Discontinuance of nuclear tests (Soviet draft)
Indian Journal of International Law 2:410 (E)
International Law Association. Report of the 50th Conference, Brussels, 1962 (1963) p. 344 (E)

3565. March 23
    Collection of maintenance
Lovt C 1963:95 (E, F, Dan)
Norsk Lovt 1962:668 (Nor)
OFS 1963:190 (Nor)

3566. March 23
    Nordic cooperation (Helsinki)
UNTS 434:145 (E, F, Dan, Fin, Nor, Swe)
Lovt C 1962:123 (Dan, Fin, Ic, Nor, Swe)
Sop S 1962:99 (Dan, Fin, Nor, Swe)
OFS 1962:402 (Nor)
Comunità Internazionale 17:554 (It)
Current Notes on International Affairs (September) 1962:6 (E)
Documentos (no. 8) 1962:293 (Sp)
Archiv des Völkerrechts 11:313 (G)
European Yearbook (1962) 10:940 (E, F)

3567. March 23
    Tariff (Benelux)
Trb 1962:55 (Dut)

3568. March 25
    Responsibility of nuclear ships (draft: diplomatic conference on maritime law)
Associazione Italiana di Diritto Maritimo. Bolletino di Informazioni (July, 1962) 17:11 (It)

3569. March 26
    Treaties: conclusion, entry into force, registration (draft)
UN International Law Commission. First report on the law of treaties, A/Cn. 41/144, p. 13 (E)

1962 (cont.)

3570. March 27
    African-Malagasy Union
Europa-Archiv 17:D542 (G)

3571. March 28
    Denuclearized and limited armaments zone in Europe: Rapacki Plan
U.S. Arms Control and Disarmament Agency. Documents on disarmaments (1962) p. 201 (E)

3572. March 29
    European Organization for the Development and Construction of Space Vehicle Launchers
Cmd 1731, Misc. 1962:17 (E, F)
BG Bl (Ger) 1963, II, p. 1562 (E, F, G)
Trb 1962:131 (E, F); 1963:18 (Dut)
Diritto Internazionale 17, II, p. 69 (F)
Società Italiana per l'Organizzazione Internazionale Rome. Enti Spaziali Internazionali (1962) p. 22 (E, F)
European Yearbook (1962) 10:1152 (E, F)

Mon (Belg) 1964:6192 (F, Dut)

3573. March 29
    Ordinary wheat: EEC - Canada
Trb 1963:145 (E, F)

3574. March 29
    Quality wheat: EEC - Canada
Trb 1963:147 (E, F)

3575. March 31
    Disarmament (United Kingdom amendments to Soviet draft)
France. Ministère des Affaires Étrangères. Documents sur le Désarmament (1963) p. 136 (F)

3576. March 31
    Afro-Asian Rural Reconstruction Organization
Korean Affairs 2:237 (E)

3577. April
    Commonwealth sugar agreement
Great Britain. Ministry of Food. Commonwealth Sugar Agreement (1962) p. 1 (E)

1962 (cont.)

3578. April
Declaration of Atlantic unity
Atlantic Community Quarterly 1:275
(E)

3579. April 2
Disarmament (India draft)
France. Ministère des Affaires Étrangères. Documents sur le Désarmement (1963) p. 138 (F)

3580. April 2
Disarmament (Canada draft)
France. Ministère des Affaires Étrangères. Documents sur le Désarmement (1963) p. 137 (F)

3581. April 6
General Agreement on Tariffs and Trade: accession of Cambodia
Diritto Internazionale 17, II, p. 18 (F)
Contracting Parties to the General Agreement on Tariffs and Trade. Protocol to the accession of Cambodia (1962) p. 1 (E)
Contracting Parties to the General Agreement on Tariffs and Trade. Basic instruments and selected documents, supp 11 (1963) p. 12 (E)

3582. April 6
General Agreement on Tariffs and Trade: accession of Israel
TIAS 5249, UST 13:2806 (E, F)
BG Bl (Aus) 1963:2562 (E, G)
Contracting Parties to the General Agreement on Tariffs and Trade. Protocol for the accession of Israel (1962) p. 1 (E)
Contracting Parties to the General Agreement on Tariffs and Trade. Basic instruments and selected documents, supp 11 (1963) p. 17 (E)

3583. April 6
General Agreement on Tariffs and Trade: Portuguese accession
TIAS 5248, UST 13:2739 (E, F)
BG Bl (Aus) 1963:2573 (E, G)
Contracting Parties to the GATT. Protocol for the accession of Portugal (1962) p. 3 (E)
Contracting Parties to the General Agreement on Tariffs and Trade. Basic instruments and selected documents, supp 11 (1963) p. 20 (E)

1962 (cont.)

3584. April 11
Pollution of the sea by oil: final act
Trb 1962:124 (E, F)
Diritto Internazionale 17, II, p. 84 (F)
Conference of Contracting Governments to the International Convention for the Prevention of Pollution of the Sea by Oil 1954. Final act (1962) p. 2 (E, F)
Singh. British Shipping Law (1963) 8:1171 (E)

3585. April 13
European School: protocol
Diritto Internazionale 17, II, p. 94 (It)

3586. April 13
Inter-Governmental Maritime Consultative Organization: rules of procedure of the Assembly
IMCO. Basic documents (1962) p. 51 (E)

3587. April 16
Disarmament: declaration of 18 neutral nations
Documentos 9:50 (Sp)
Indian Journal of International Law 2:395 (E)
U.S. Arms Control and Disarmament Agency Documents on Disarmament (1962) p. 334 (E)
National Lawyers Guild. International Law Committee. Summary of Disarmament Documents 1945-1962 (1963) p. 133 (E)

3588. April 18
Disarmament (United States draft)
AJIL 56:889 (E)
DSB 46:747 (E)
Documentos 9:41 (Sp)
Documents on American Foreign Relations (1962) p. 149 (E)
Zbior Dokumentów 18:379 (E, Pol)
Melman. Disarmament (1962) p. 279 (E)
U.S. Arms Control and Disarmament Agency. Documents on Disarmament (1962) p. 351 (E)
National Lawyers Guild. International Law Committee. Summary of Disarmament Documents 1945-1962 (1963) p. 133 (E)

3589. April 21
International Maritime Law Conference: resolutions (Athens)
Diritto Marittimo 64:112 (F)

1962 (cont.)

3590. April 21
     Damages in boarding ship (draft)
     Diritto Maritimo 64:126 (F)

3591. May
     World Disarmament and World Development Organization (Clark-Sohn draft treaty)
     Clark and Sohn. Draft of a proposed treaty establishing a World Disarmament and World Development Organization within the framework of the United Nations (1962) p. 5 (E)

3592. May 2
     European Free Trade Association: decisions of Council no. 7 of 1962
     BG Bl (Aus) 1962:784 (E, G)

3593. May 3
     European Economic Community: antitrust. art. 85-86 of the Rome Treaty
     JOCE 1962:1655 (F)
     Revue Critique de Droit International Privé 51:588 (F)
     Revista di Diritto Industriale 11:162 (It)

3594. May 8
     European Free Trade Association: decision of Council no. 4 of 1962
     BG Bl (Aus) 1962:1399 (E, G)

3595. May 8
     European Free Trade Association: decision of Joint Council no. 2 of 1962
     BG Bl (Aus) 1962:1397 (E, G)
     Sop S 1962:85 (E, Fin)

3596. May 8
     European Free Trade Association: decision of Joint Council no. 3 of 1962
     BG Bl (Aus) 1962:1398 (E, G)
     Sop S 1962:87 (E, Fin)

3597. May 9
     European and Mediterranean Plant Protection Organization: arts. 14 and 15
     GBTS 1962:74, Cmd 1886 (E, F)
     Sop S 1962:46 (E, Fin)

1962 (cont.)

3598. May 9
     European Organization for the Development and Construction of Space Vehicle Launchers
     GBTS 1962:68; Cmd 1895 (E, F)
     Australia TS 1962:16 (E)
     Trb 1962:132 (E, F); 1963:19 (Dut)
     Diritto Internazionale 17, II, p. 21 (F)
     Società Italiana per l'Organizzazione Internazionale, Rome. Enti Spaziali Internazionali (1962) p. 94 (E, F)
     European Yearbook (1962) 10:1202 (E, F)

3599. May 11
     Fishing nets and sizes
     Sop S 1963:30 (E, Fin)

3600. May 12
     Economic cooperation: France and West African Monetary Union
     JO (Dahomey) 1962:733 (F)
     JO (Fr) 1963:4541 (F)
     Journal du Droit International 90:868 (E, F)

3601. May 12
     Central Bank of West African States: statute
     JO (Fr) 1963:4542 (F)

3602. May 14
     Exchange of blood-grouping reagents
     Lovt C 1963:161 (E, F, Dan)
     OFS 1962:417 (E, Nor)
     Diritto Internazionale 17, II, p. 99 (F)

3603. May 14
     Medical treatment (Europe)
     GBTS 1962:57, Cmd 1822 (E, F)
     Lovt C 1963:151 (E, F, Dan)
     Ire TS 1962:3 (E)
     Diritto Internazionale 17, II, p. 96 (F)

3604. May 15
     Wheat agreement
     TIAS 5115, UST 13:1571 (E, F, R, Sp)
     GBTS 1963:15, Cmd 1867 (E, F)
     Australia TS 1962:10 (E)
     Sop S 1963:157 (E, Fin)
     JO (Fr) 1963:9651 (F)
     BG Bl (Ger) 1963, II, 798 (E, F, G, Sp)
     Trb 1962:57 (E, F, R, Sp)
     Diritto Internazionale 17, II, p. 44 (F)
     International Wheat Council. International Wheat Agreement, 1962 (1962) p. 1 (E)

1962 (cont.)

3604 cont.
U.N. Wheat Conference, Geneva, 1962. Summary of proceedings (1962) p. 28 (E)
U.S. President. International Wheat Agreement, 1962 (1962) p. 6 (E)
Ire TS 1962:8 (E)
Mon (Belg) 1964:2967 (F, Dut)
UNTS 444:3 (E, F, R, Sp)
Gac (Costa Rica) 1963:3921 (Sp)
BU 1964:280 (F)

3605. May 16
<u>European Free Trade Association: Finland: decision of the Joint Council no. 5 of 1962</u>
BG Bl (Aus) 1962:1399 (E, G)
Sop S 1962:71 (E, Fin)

3606. May 16
<u>European Free Trade Association: amendment of schedule II to annex B: decision of the Joint Council no. 8 of 1962</u>
BG Bl (Aus) 1962:1395 (E, G)
Sop S 1962:72 (E, Fin)

3607. May 21
<u>International Center for the Study of Mediterranean Agronomy</u>
Diritto Internazionale 17, II, p. 103 (F)

3608. May 25
<u>Declaration against war propaganda</u>
U.S. Arms Control and Disarmament Agency. Documents on disarmament (1962) p. 545 (E)

3609. May 25
<u>Nuclear ships liability</u>
Germany (FR) Maritime Law. Das deutsche Seerecht (1964) 3:1201 (E)
AJIL 57:268 (E)
Atomo, Petrolio, Elettricità 4:156 (F)
Associazione Italiana di Diritto Marittimo. Bolletino di Informazioni 1962 (17):11 (F)
Baltic and International Maritime Conference 1962:9577 (E)
Diritto Marittimo 64:415 (E, F)
Droit Maritime Français 14:582 (E, F)

1962 (cont.)

Revue Générale de Droit Internationale Public 66:894 (F)
International Conference on Maritime Law. Brussels, 1962. Convention on the liability of operators of nuclear ships (1962) (E)
International Maritime Committee. Brussels Convention, 1962 (E, F)
International Maritime Committee. Liability of operators of nuclear ships, 1962 (E, F)
Pan American Union. Codification division. Third-party liability in the field of nuclear energy, p. 70 (E)
Singh. British Shipping Laws (1963) 8:1071 (E)

Gazette Fiscale, Commerciale et Industrielle 15:45 (E)

3610. June 6
<u>Assistance to astronauts and spaceships in distress</u> (Soviet draft)
Korovin. Sovremennye problemy kosmicheskogo prava (1963) p. 394 (R)
Haley. Space law and government (1963) p. 443 (E)

3611. June 12
<u>Carriage of goods by rail</u> (CIM): revised annex I
UNTS 430:289 (E, F)

3612. June 14
<u>European Space Research Organization</u>
Cmd 1840, Misc 1962:30 (E)
BG Bl (Ger) 1963, II, p. 1539 (E, F, G)
Trb 1963:2 (E, F); 1963:20 (Dut)
Diritto Internazionale 17, II, p. 107 (F)
Società Italiana per l'Organizzazione Internazionale, Rome. Enti Spaziali Internazionali (1962) p. 120 (E, F)
European Yearbook (1962) 10:1114 (E, F)
Mon (Belg) 1964:6180 (F, Dut)

3613. June 17
<u>Casablanca states</u>
Europa-Archiv 17:D556 (G)

3614. June 20
<u>Recognition of university studies</u> (Central America)
Gac (Hond) no. 18.014, July 3, 1963 (Sp)
Boletin Informativo ODECA 1962, August 15:28 (Sp)

3615-3627

1962 (cont.)

3615. June 20
    Tariffs (Benelux)
Trb 1962:142, 144, 145 (Dut)

3616. June 22
    Social policy (ILO 117)
Cmd 1833, (1962) p. 16 (E)
Trb 1962:121 (E, F)
Diritto Internazionale 17, II, p. 121 (F)
ILO Bulletin Officiel (supp 1) 45:4 (E, F)
International Labor Conference. 46th, 1962
  Record of proceedings (1963) p. 844 (E, F)
JO (CAR) 1964:393 (F)

3617. June 22
    Unification of education (Central America)
DO (Guatemala) 1963:321 (Sp)
Boletin Informativo ODECA 1962, August 15:17 (Sp)

3618. June 22
    Exercise of a free profession (Central America)
Gac (Hond) no. 18.014, July 3, 1963 (Sp)

3619. June 22
    European Free Trade Association: amendment paragraph 2 of article 3 of the constitution: decision of the Council no. 11 of 1962
BG Bl (Aus) 1962:1396 (E, G)

3620. June 27
    Benelux: extradition and judicial aid in criminal matters
Trb 1962:97 (F, Dut)

3621. June 27
    European Parliament: rules of procedure
Constitutional and Parliamentary Information April, 1963:44 (E)
European Yearbook (1962) 10:714 (F)

3622. June 28
    Equality of treatment in social security (ILO 118)
Cmd 1833 (1962) p. 40 (E)
DO (Guatemala) 1963:217 (Sp)
Trb 1962:122 (E, F)
Diritto Internazionale 17, II, p. 126 (F)
ILO Bulletin Official supp 1 45:38 (E, F)
International Labor Conference. 46th, 1962
  Record of proceedings (1963) p. 894 (E, F)
JO (CAR) 1964:397 (F)

1962 (cont.)

3623. June 29
    Conclusion of treaties (International Law Commission draft)
AJIL 57:197 (E)

3624. June 30
    International Labor Organization: amendments
Australia TS 1963:13 (E)
BG Bl (Aus) 1963:2433 (E, F, G)
Mon (Belg) 1962:10915 (F, Dut)
DO (Colombia) 1963:889 (Sp)
CL (Costa Rica) 1962(2):418 (Sp)
Sop S 1963:216 (F, Fin)
Gac (Hond) 17.970, 88:1 (Sp)
Weekly Gaz (Iraq) 1463:1175 (E)
Trb 1962:120 (E, F, Dut)

OFS 1963:192 (E, Nor)
OG (Philippines) 59:2304 (E)
AS (Switz) 1963:855 (G)
RO (Switz) 1963:847 (F)
Royal Thai Gov't Gaz 1963:444 (E)
Derecho Positivo 1963:19 (Sp)
Diritto Internazionale 17, II, p. 120 (F)
Dz Ust 1963:269 (E, F, Pol)
ILO Bulletin Officiel (supp 1) 45:1 (F)
Philippines International Law Journal 2:179 (E)
International Labor Conference. 46th, 1962.
  Record of proceedings (1963) p. 842 (E, F)

International Labor Organization. Substitution in the provisions of the constitution of ILO (1961) p. 8 (E)
O.N.U. Şi Institutiie Specializate (1962) p. 77 (Rum)
TIAS 5401, UST 14:1039 (E, F)

3625. July
    Protection of foreign investment (OECD draft)
ABA. Section on International and Comparative Law. Committee on International Trade and Investment. The protection of private property invested abroad (1963) p. 60 (E)

3626. July 5
    Customs cooperation (Communist countries)
Gesetzblatt der D.D.R. 1962, II, 736 (G, R)
CL (Rum) 4, 1963:11 (Rum)
Sbírka zákonů 1964:105 (Cz)

3627. July 6
    Whaling
TIAS 5277, UST 14:112 (E)

236

1962 (cont.)

3628. July 14
European Space Research Organization
Archiv für Völkerrecht 11:196 (F)

3629. July 16
General Agreement on Tariffs and
 Trade: tariff conference final act
Contracting Parties to the General Agreement on Tariffs and Trade. Basic instruments and selected documents, supp. 11 (1963) p. 7 (E)

3630. July 16
General Agreement on Tariffs and
 Trade: protocol embodying results
 1960-61
UNTS 440:1, 441:1 (E, F)
TIAS 5253 UST 13:2889 (E, F)
Contracting Parties to the General Agreement on Tariffs and Trade. Final act (1962) p. 7 (E)
Contracting Parties to the General Agreement on Tariffs and Trade. Basic instruments and selected documents, supp. 11
  (1963) p. 8 (E)

3631. July 18
Cairo declaration of developing countries
Communità Internazionale 17:787 (F)
Current Notes on International Affairs (August) 1962:32 (E)
Documentos 10:291 (Sp)
Relazioni Internazionali 26:970 (It)

3632. July 23
Neutrality of Laos
TIAS 5410, UST 14:1104 (E)
GBTS 1962:1, Cmd 1828 (E)
CanTS 1962:20 (E, F)
Archiv des Völkerrechts 10:456 (E)
British Survey 161:13 (E)
Current History 43:234 (E)
Diritto Internazionale 16, II, p. 837 (F)
Documentos 10:313 (Sp)
Documents on American Foreign Relations (1962) p. 284 (E)

Europa Archiv 17:D399 (G)
Indian Journal of International Law 2:135 (E)
Journal of International Law and Diplomacy 1963:112 (E, J)
Review of Contemporary Law 9:155 (E)
Zbiór Dokumentów 1962:877 (E, Pol)
Clubb. The United States and the Sino-Soviet bloc in Southeast Asia (1962) p. 157 (E)
Reuter. Traités et Documents diplomatiques (1963) p. 429 (F)

1962 (cont.)

3633. July 27
Control of insurance companies
JO (CAR) 1963:21 (F)
JO (Fr) 1963:8675 (F)
Revue Critique de Droit Privé 53:133 (F)
Journal du Droit International 91:202 (F)

3634. July 27
Cooperation between France and
 former French colonies in Africa
JO (Fr) 1963:8675 (F)

3635. July 28
Furtherance of objectives of Antarctic
 Treaty
TIAS 5274, UST 14:99 (E, F)

3636. July 31
Equalization of import duties and
 charges (Central America)
Gac (Costa Rica) supp 8, 85:613 (Sp)
DO (Guatemala) 1963:137 (Sp)
DO (Guatemala) 1964:675 (Sp)
U.N. Economic Commission for Latin America. Report of the Central American Economic Cooperation Committee (1964) p. 54 (E)

3637. July 31
Tax incentives for industrial development (Central America)
Gac (Costa Rica) supp 8, 85:616 (Sp)
DO (Guatemala) 1963:241 (Sp)
U.N. Economic Commission for Latin America. Report of the Central American Economic Cooperation Committee (1964) p. 56 (E)

3638. August
Crimes on board aircraft (draft,
 International Civil Aviation Organization)
Revue Français de Droit Aérien 16:397 (F)

3639. August
Peaceful coexistence (USSR draft)
AJIL 57:92 (E)

3640. August
Peaceful coexistence (United States
 draft)
AJIL 57:93 (E)

3641. August
Registration of ships under construction (draft)
Associazione Italiana di Diritto Marittimo Bollettino di Informazioni 18:47 (E)

3642-3657

1962 (cont.)

3642. August 1
Social Security for employees in Belgian Congo and Ruanda-Urundi (Benelux)
Mon (Belg) 1963:8167 (F, Dut)

3643. August 8
Disarmament: U.S. proposal
Documents on American foreign relations (1962) p. 149 (E)

3644. August 14
European Economic Community: association of Surinam
Diritto Internazionale 17, II, p. 22 (F)

3645. August 20
Tariffs (Benelux)
Trb 1962:146 (Dut)

3646. August 22
Enforcement of foreign judgments: International Law Association. Report of the 50th Conference, Brussels, 1962 (1963) p. 492 (E)

3647. August 23
Visits of Rhine vessels
Mon (Belg) 1962:11763 (F, Dut)

3648. August 23
Berlin: abolition of the Soviet command
Documents on American foreign relations (1962) p. 199 (E)

3649. August 27
Atomic testing in all environments (United States and United Kingdom draft)
Documents on American foreign relations (1962) p. 157 (E)
Europa Archiv 17:D501 (G)
Indian Journal of International Law 2:396, 407 (E)
Conference of the Eighteen-Nation Committee on Disarmament (1962) (E)
U.S. Arms Control and Disarmament Agency. International negotiations on ending nuclear weapon tests (1962) p. 286 (E)
U.S. Arms Control and Disarmament Agency. Documents on Disarmament (1962) p. 792 (E)

1962 (cont.)

3650. August 27
Limited nuclear weapons test ban: U.S. and U.K. proposal
Documents on American foreign relations (1962) p. 169 (E)
Indian Journal of International Law 2:407 (E)
U.S. Arms Control and Disarmament Agency. Documents on Disarmament (1962) p. 804 (E)

3651. August 29
Nordic School of Health
Lovt C 1963:187 (Dan, Fin, Nor, Swe)
Sop S 1962:75 (Fin, Nor)

3652. September 10
European Free Trade Association: amendment to schedule III of annex B: decision of the Council no. 13 of 1962
BG Bl (Aus) 1962:1903 (E, G)
Sop S 1962:204 (E, Fin)

3653. September 10
Peaceful uses of outer space (Soviet draft)
U.S. Arms Control and Disarmament Agency. Documents on Disarmament (1962) p. 871 (E)

3654. September 11
European Free Trade Association: Decision of the Joint Council no. 6 of 1962 (Finland)
BG Bl (Aus) 1962:1903 (E, G)
Sop S 1962:203 (E, Fin)

3655. September 12
Maternal filiation of natural infants
Trb 1963:93 (F, Dut)
Diritto Internazionale 17, II, p. 131 (F)
European Yearbook (1962) 10:696 (F)

3656. September 13
African-Malagasy Union
Europa-Archiv 17:D549 (G)

3657. September 13
Creation of the African and Malagasy Union Bank for Development
JO (CAR) 1963:105 (F)
JO (Maur) 1963:180 (F)
JO (Senegal) 1963:1100 (F)
JO (Niger) 1963:2 (F)

1962 (cont.)

3658. September 13
    African-Malagasy Office of Industrial property
    JO (CAR) 1963:3 (F)
    JO (Congo, Br) 1963:527 (F)
    Industrial Property 2:66 (E)
    Propriété Industrielle 79:66 (F)
    Revue de Droit Intellectual 53:91 (F)
    Revue Internationale de la Propriété Industrielle et Artistique (no. 10) 55:63 (F)
    Blatt für Patent-, Muster-, und Zeichenwesen 66:31 (G)

    JO (Maur) 1963:183 (F)
    JO (Senegal) 1963:1100 (F)
    JO (Ivory Coast) 1963:300 (F)
    JO (Niger) 1963:2 (F)
    JO (Dahomey) 1963:499 (F)
    JO (High Volta) 1963:336 (F)
    JO (Chad) 1963:148 (F)
    JO (Madagascar) 1963:1998 (F)
    JO (Cameroon) 1963:36 (F)

3659. September 13
    Industrial models and design (African and Malagasy Union)
    Revue Internationale de la Propriété Industrielle et Artistique (no. 10) 55:72 (F)

3660. September 13
    Trademarks (African and Malagasy Union)
    Revue International de la Propriété Industrielle et Artistique (no. 10) 55:67 (F)

3661. September 13
    Technical cooperation in matters of personnel (Africa)
    JO (CAR) 1963:28 (F)
    JO (Maur) 1963:249 (F)
    JO (Senegal) 1963:1099 (F)
    JO (Niger) 1963:2 (F)
    JO (Congo, Br) 1963:41 (F)
    JO (Chad) 1963:125 (F)
    JO (Madagascar) 1963:89 (F)

3662. September 14
    Middle Eastern Regional Radioisotope Center for the Arab Countries
    Diritto ed Economia Nucleare 4:464 (E)
    Weekly Gaz (Iraq) no. 13, 1964:2 (E)

3663. September 14
    Peaceful uses of outer-space (United Arab Republic draft)
    Zbior Dokumentów 1963:462 (E, Pol)
    U.S. Arms Control and Disarmament Agency. Documents on Disarmament (1962) p. 873 (E)

1962 (cont.)

3664. September 15
    International Civil Aviation Organization: amendment of article 48(a)
    Cmd 2042, Misc 1963:6 (E)
    Trb 1963:31 (E)
    OFS 1963:200 (E, Nor)
    Recueil des lois et de la legislation financiere de la Republique Arabe Syrienne (no. 12) December 1963 p. 72 (F)
    Diritto Internazionale 17, II, p. 132 (F)
    BG Bl (Ger) 1964, II, p. 217 (E, G)

3665. September 18
    Uniform rules for water markers (Scandanavia)
    UNTS 442:215 (E, F, Dan, Fin, Nor, Swe)
    Lovt C 1962:65, 373 (Dan, Fin, Nor, Swe)
    OFS 1963:203 (Nor)
    Sop S 1962:173 (Fin, Swe)

3666. September 18
    Assembly of Captive European Nations: charter
    Assembly of Captive European Nations. 8th session (1962) p. 210 (E)

3667. September 22
    Disarmament treaty (Union of Soviet Socialists Republic draft)
    Documents on American foreign relations (1962) p. 173 (E)
    Melman. Disarmament (1962) p. 309 (E)
    U.S. Arms Control and Disarmament Agency. Documents on Disarmament (1962) p. 913 (E)

3668. September 24
    Uniform rules for sea patrols (Scandinavia)
    OFS 1963: 203 (Nor)

3669. September 26
    European Economic Community: administrative cooperation (Greece)
    Mon (Belg) 132:11219 (F, Dut)
    Trb 1962:155 (F, Dut)
    Diritto Internazionale 17, II, p. 5 (It)
    GU (It) no. 26, 29 January 1963 (It)
    Leggi 1963:183 (It)

1962 (cont.)

3670. September 28
   Coffee Agreement
   U.N. Doc. E/Conf. 42/R.2 (E)
   TIAS 5505 (E)
   Cmd 1841, Misc 1962:31 (E)
   BG Bl (Aus) 1963:2273 (E, F, G)
   JO (CAR) 1963:615 (F)
   DO (Colombia) 1963:561 (Sp)
   Gac (Costa Rica) 85:165 (Sp); 85:3021 (Sp)
   JO (Fr) 1963:9162 (F)
   BG Bl (Ger) 1963, II, p. 915 (E, F, G, Sp)

   DO (Guatemala) 1963:1017 (Sp)
   JO (Malgache) 1963:2486 (F)
   Trb 1963:36 (E); 1963:60 (Dut)
   Gac (Nicaragua) 67:2873 (Sp)
   OFS 1963:273 (E, Nor)
   U.S. Congress. Senate. International coffee agreement, 1962. (Executive H) (E)
   Venezuela. Ministerio de Relativo Exterio Libro Amarillo (1963) p. 130 (Sp)
   Derecho Positivo 7:363 (Sp)
   Diritto Internazionale 17, II, p. 133 (F)
   International Legal Materials 1:236 (E)

   Coffee Study Group. Draft of the International Coffee Agreement (long-term) (E)
   U.S. Senate. Committee on Finance. Coffee (1964) p. 29 (E)

3671. October
   European patent law (draft)
   European Economic Community. Avant projet de convention relatif à un droit européen des brevets (1962) p. 15 (F, G)
   European Economic Community. Translation of a draft convention relating to a European Patent Law (1963) p. 1 (E)

3672. October 2
   European Free Trade Association: certificates of origin: Council decision 14
   BG Bl (Aus) 1962:329, 1988 (E, G)
   Sop S 1962:233 (E, Fin)

3673. October 2
   International Development Association: privileges and immunities
   BG Bl (Austria) 1962:1909 (E, F, G)
   Lovt C 1962:65 (E, Dan)

3674. October 5
   European Organization for Astronomical Research in the Southern Hemisphere
   Trb 1962:156 (F, Dut)
   JO (Fr) 1964:3478 (F)

1962 (cont.)

3675. October 9
   European Free Trade Association: origin criteria: Council decision 15
   BG Bl (Aus) 1962:330, 1989 (E, G)
   Sop S 1962:197 (E, Fin)

3676. October 11
   Visit of Rhine vessels
   Mon (Belg) 1963:8554 (Dut, F)

3677. October 16
   European Free Trade Association: certificates of origin: Joint Council decision 7
   BG Bl (Aus) 1962:332, 1992 (E, G)
   Sop S 1962:232 (E, Fin)

3678. October 16
   European Free Trade Association: Joint Council decision 8 (Finland)
   BG Bl (Aus) 1962:333, 1992 (E, G)
   Sop S 1962:196 (E, Fin)

3679. October 17
   Complete disarmament: United Nations resolution 1884 [XVIII]
   U.N. Doc. A/5571 (E, F)
   Cohen. Law and Politics in Space (1964) p. 151 (E)

3680. October 18
   Benelux: tariffs
   Trb 1963:40 (Dut)

3681. October 19
   Western European Union: amendment to no. V(c) of annex III to protocol III
   GBTS 1963:18, Cmd 1980 (E, F)

3682. October 20
   Conference of African and Asian Lawyers: declaration
   Review of Contemporary Law 9:171 (E)

3683. October 22
   European Free Trade Association: Joint Council decision 9 (Finland)
   BG Bl (Aus) 1962:334, 1993 (E, G)

3684. October 23
   General Agreement on Tariffs and Trade: admission of Trinidad and Tobago
   Contracting Parties to the General Agreement on Tariffs and Trade. Basic instruments and selected documents, supp. 11 (1963) p. 44 (E)

1962 (cont.)

3685. October 23
   General Agreement on Tariffs and Trade: admission of Uganda
   Contracting Parties to the General Agreement on Tariffs and Trade. Basic instruments and selected documents, supp. 11 (1963) p. 45 (E)

3686. October 23
   Organization of American States: resolution on Cuba
   Current History 44:111 (E)

3687. October 27
   Inter-American Telecommunications Commission (draft)
   Inter-American Economic and Social Council meeting, 1st, Mexico City, 1962. Final report (1962) p. 55 (E)

3688. October 30
   European Free Trade Association: Convention timetable (Austria): Council decision 16
   BG Bl (Aus) 1962:331, 1991 (E, G)

3689. October 31
   General Agreement on Tariffs and Trade: schedule XIII (New Zealand)
   Contracting Parties to the General Agreement on Tariffs and Trade. Basic instruments and selected documents, supp. 11 (1963) p. 69 (E)

3690. November 1
   Fraudulent enrichment in public office (draft)
   Inter-Parliamentary Bull 42:169 (E)
   Inter-Parliamentary Union. 51st Conference, Brasilia, 1962. Compte Rendu (1962) p. 14 (F); p. 246 (E)

3691. November 2
   European Free Trade Association: Convention timetable: Joint Council decision 10 (Austria)
   BG Bl (Aus) 1962:335, 1994 (E, G)

3692. November 7
   General Agreement on Tariffs and Trade: accession of Argentina
   TIAS 5266, UST 13:3900 (E, F)
   Diritto Internazionale 17, II, p. 155 (F)
   Contracting Parties to the General Agreement on Tariffs and Trade. Basic instruments and selected documents, supp. 11 (1963) p. 42 (E)
   BG Bl (Ger) 1964:576 (E, G)

1962 (cont.)

3693. November 7
   General Agreement on Tariffs and Trade: amendment protocols: entry into force
   Contracting Parties to the General Agreement on Tariffs and Trade. Basic instruments and selected documents, supp. 11 (1963) p. 54 (E)

3694. November 7
   General Agreement on Tariffs and Trade: participation of Spain
   Contracting Parties to the General Agreement on Tariffs and Trade. Basic instruments and selected documents, supp. 11 (1963) p. 44 (E)

3695. November 9
   General Agreement on Tariffs and Trade: Nicaragua import duties: schedule
   Contracting Parties to the General Agreement on Tariffs and Trade. Basic documents and selected documents, supp. 11 (1963) p. 70 (E)

3696. November 13
   General Agreement on Tariffs and Trade: import surcharges: schedule (Chile)
   Contracting Parties to the General Agreement on Tariffs and Trade. Basic instruments and selected documents, supp. 11 (1963) p. 68 (E)

3697. November 13
   General Agreement on Tariffs and Trade: accession of the United Arab Republic
   TIAS 5309 (E, F)
   DSB 48:184 (E)
   Diritto Internazionale 17, II, p. 161 (F)
   Contracting Parties to the General Agreement on Tariffs and Trade. Basic instruments and selected documents, supp. 11 (1963) p. 46 (E)
   TIAS 5309, UST 14:292 (E, F)

3698. November 13
   General Agreement on Tariffs and Trade: accession of Yugoslavia
   Diritto Internazionale 17, II, p. 159 (F)
   Contracting Parties to the General Agreement on Tariffs and Trade. Basic instruments and selected documents, supp. 11 (1963) p. 50 (E)
   BG Bl (Aus) 1964:650 (E, G)

3699-3714

1962 (cont.)

3699. November 13
    European Economic Community: association of Netherlands Antilles
    Diritto Internazionale 17, II, p. 156 (It)
    BG Bl (Ger) 1964, II, p. 231 (F, G, It, Dut)

3700. November 14
    European patent (draft)
    Gewerblicher Rechtschutz und Urheberrecht 1962:588 (G)
    Ingénieur-Conseil, October-November 1962 (F)
    Revue de Droit Intellectuel 52:256 (F)
    Oudemans. The draft European Patent Convention (1963) p. 100 (E, F)

3701. November 14
    General Agreement on Tariffs and Trade: application to newly independent states of Africa
    Contracting Parties to the General Agreement on Tariffs and Trade. Basic instruments and selected documents, supp. 11 (1963) p. 53 (E)

3702. November 15
    General Agreement on Tariffs and Trade: Canadian import surcharges: schedule
    Contracting Parties to the General Agreement on Tariffs and Trade. Basic instruments and selected documents, supp. 11 (1963) p. 57 (E)

3703. November 15
    General Agreement on Tariffs and Trade: Ceylon: temporary duty increases: schedule
    Contracting Parties to the General Agreement on Tariffs and Trade. Basic instruments and selected documents, supp. 11 (1963) p. 60 (E)

3704. November 15
    Latin American denuclearized zone (draft)
    U.S. Arms Control and Disarmament Agency. Documents on Disarmament (1962) p. 1056 (E)

3705. November 16
    Central American economic integration
    DO (Guatemala) 1963:1089, 1106 (Sp)
    Gac (Hond) 1963:18.079-18.089 (Sp)

3706. November 16
    Central American telecommunications
    DO (Guatemala) 167:122 (Sp)

1962 (cont.)

3707. November 17
    High Seas Fisheries of the North Pacific Ocean: halibut and herring
    TIAS 5385, UST 14:953 (E, J)

3708. November 23
    European collaboration in the field of space research: 2d protocol
    GBTS 1963:50, Cmd 2122 (E, F)
    Trb 1963:49 (E, F)
    Diritto Internazionale 17, II, p. 23 (F)
    Societá Italiana per l'Organizzazione Internazionale, Rome. Enti Spaziali Internazionali (1962) p. 116 (E, F)

3709. November 26
    Disarmament (Soviet draft)
    France. Ministére des Affaires Étrangères Documents sur le desarmement (1963) p. 215 (F)

3710. December
    European Economic Community: exclusive representation contracts and patent licence agreements
    JOCE December 24, 1962 (F)
    International Legal Materials 2:375 (E)

3711. December 1
    Trade and payments between Finland and West European countries
    Trb 1963:162 (E)
    AS (Switz) 1963:403 (G)
    RO (Switz) 1963:309 (F)

3712. December 4
    Peaceful uses of outer-space (United Kingdom draft)
    Zbiór Dokumentów 1963:466 (E, Pol)
    U.S. Arms Control and Disarmament Agency. Documents on Disarmament (1962) p. 1167 (E)

3713. December 8
    Peaceful uses of outer space (United States draft)
    Zbior Dokumentow 1963:468 (E, Pol)
    U.S. Arms Control and Disarmament Agency. Documents on Disarmament (1962) p. 1178 (E)

3714. December 8
    Danube-Sava-Adriatic Railroad Company
    Diritto Internazionale 17, II, p. 163 (F)
    Leggi 1964:241 (It)
    GU (It) no. 68, 16 March 1964 (It)

1962 (cont.)

3715. December 10
Consent to marriage
Communità Internazionale 18:155 (F)
United Nations Review (no. 12) 9:69 (E)

3716. December 12
Organization of Central American States: charter
Gac (Costa Rica) 1963:2542 (Sp)
DO (Guatemala) 1963:177 (Sp)
AJIL 58:134 (E)
International Legal Materials 2:235 (E)

3717. December 12
Creation of the Central American Institute for the Extension of Culture
Gac (Costa Rica) 1963:1751 (Sp)

3718. December 12
Conference of Six Afro-Asian Non-aligned Countries: final act
Conference of Six Non-aligned Countries, Colombo, 1962. Statements of leaders of delegations and text of conference proposals (1962) p. 34 (E)

3719. December 12
Reduction of the risk of war (United States working paper, Geneva draft)
DSB 47:1019 (E)
U.S. Arms Control and Disarmament Agency. Documents on Disarmament (1962) p. 1214 (E)

3720. December 14
Benelux: tariffs
Trb 1963:41 (Dut)

3721. December 14
North Atlantic Ocean stations: annex II-A
TIAS 5283, UST 14:133 (E)

3722. December 15
Establishment and operation of a Nordic-Tanganyikan Centre in Tanganyika
Lovt C 1963: 169 (E, Dan)

3723. December 17
Application of the European Convention for international commercial arbitration
Diritto Internazionale 17, II, p. 176 (F)
Zeitschrift für Zivilprozess 73:369 (G)
BG Bl (Ger) 1964, II, p. 448 (E, F, G)
EurTS 42 (E, F)

1962 (cont.)

3724. December 17
Liability of hotel-keepers concerning the property of their guests
Cmd 1978, Misc 1963:4 (E)
Eur TS 41 (E, F)
Trb 1963:44 (E, F)
Diritto Internazionale 17, II, p. 178 (F)

3725. December 17
Repair vouchers for prosthetics (Europe)
Cmd 2043, Misc 1963:7 (E)
JO (Fr) 1964:221 (F)
Trb 1963:176 (E, F, Dut)
Diritto Internazionale 17, II, p. 174 (F)
Mon (Belg) 1964:2347 (F, Dut)

3726. December 18
Unified Europe: declaration
Atlantic Community Quarterly 1:98 (E)

3727. December 19
Peaceful uses of outer space: United Nations resolution 1802 [XVII]
U. N. Doc. A/5341 (E, F)
Cohen. Law and Politics in Space (1964) p. 139 (E)

3728. December 20
European Economic Community: association with African and Malagasy Union
European Economic Community. Convention of Association with the African and Malagasy Union (1963) p. 1 (E)

3729. December 20
Inter-African and Malagasy Organization: charter
JO (CAR) 1963:316 (F)
JO (Dahomey) 1963:346 (F)

3730. December 21
European Economic Community: registration of two-party trade agreements
JOCE December 24, 1962 (F)
International Legal Materials 2:373 (E)

3731. December 21
European Economic Community: antitrust: art. 85-86 of the Treaty of Rome
JOCE 1962:2918 (F)

1963

3732. Bankruptcy (EEC draft)
Revue des Syndics et Administrateurs Judiciaires de France 6:292 (F)

3733. Civil and political rights (UN draft)
AJIL 58:863 (E)

3734. Double taxation on income and capital (Organization for Economic Cooperation and Development draft)
OECD. Fiscal Committee. Draft Double Taxation Convention on Income and Capital (1963) p. 35 (E)

3735. Human rights (UN draft)
AJIL 58:857 (E)

3736. World constitution (draft)
Brietner. World Constitution (1963) p. 1 (E)

3737. Freedom to leave any country (draft)
U.N. Subcommission on Prevention of Discrimination and Protection of Minorities. Study of discrimination (1963) p. 64 (E)

3738. Financing of imports by banks
Legislación Económica 1963:171 (Sp)

3739. Benelux: designs and models (draft)
Revue de Droit Intellectuel 53:160 (F)

3740. Teaching of law in Latin America (draft)
Justicia (July) 1963:49 (Sp)

3741. International Court of Justice (American Bar Association draft)
American Bar Association. Standing committee on peace and law through United Nations. Report (1963) p. 18 (E)

3742. Code of conduct towards prisoners of conscience (draft)
International Review of the Red Cross 4:44 (E)

1963 (cont.)

3743. January 15
Nordic-Tanganyikan cooperation
Lovt C 1963:181 (Dan, Fin, Nor, Swe)

3744. January 20
Sino-Indian border dispute: neutral plan for settlement
Pakistan Horizon 16:87 (E)

3745. January 23
Intergovernmental Committee for European migration: assistance to group settlements (draft)
International Legal Materials 2:543 (E)

3746. January 25
High Seas Fisheries of the North Pacific Ocean: herring
TIAS 5385, UST 14:953 (E, J)

3747. January 28
General Agreement on Tariffs and Trade: 10th protocol of supplementary concessions
TIAS 5404, UST 14:1052 (E, F)

3748. January 29
Central American industrial integration: protocol
DO (Guatemala) 169:661 (Sp)
U.N. Economic Commission for Latin America. Report of Central American Economic Cooperation Committee (1964) p. 22 (E)

3749. January 29
Equalization of import duties and charges (Central America)
DO (Guatemala) 169:653, 799, 818, 831, 838, 846, 855, 865, 878, 886, 898, 911 (Sp)
Gac (Hond) no. 18.019 July 9, 1963 (Sp)
Gac (Hond) no. 18.024 July 15, 1963 (Sp)
U.N. Economic Commission for Latin America. Report of the Central American Economic Cooperation Committee (1964) p. 28 (E)

3750. January 31
Third party liability in the field of nuclear energy
International Legal Materials 2:685 (E)
Jaarboek van het Ministerie van Burtenlandse zaken 1962-63:245 (Dut)
Trb 1963:171 (E, F, Dut)

3751. February
Arbitration and conciliation between two parties of which one is a state
Rivista di Diritto Internazionale 46:695 (F)

1963 (cont.)

3752. February 10
Afro-Asian Peoples Solidarity Conference: declaration
New Times, March 6, 1963, p. 33 (E)
Relazioni Internazionali 27:282 (It)

3753. February 20
Non-aggression pact (Soviet draft)
Europa-Archiv 18:D248 (G)
Documentos 12:50 (Sp)

3754. February 21
Protection of type faces (draft)
Industrial Property 2: 133 (E)

3755. February 21
Protection of type faces: regulations (draft)
Industrial Property 2: 136 (E)

3756. February 21
Economic cooperation: France and West African Monetary Union: protocol
JO (Fr) 1963:9708 (F)
JO (Congo, Br) 1963:709 (F)
Journal du Droit International 91:207 (F)

3757. March 1
European Monetary Agreement
OECD. The Organization for Economic Cooperation and Development (1962) p. 81 (E)

3758. March 8
Recognition and execution of foreign judgments (Hague draft)
Nederlands Tijdschrift voor Internationaal Recht 10: 328 (F)

3759. March 10
Wheat
DO (Guatemala) 1963:585 (Sp)

3760. March 13
European Court of Human Rights: rules
BG Bl (Aus) 1963:555 (E, F, G)
BG Bl (Ger) 1963, II, p. 351 (E, F, G)
Robertson. Human rights in Europe (1963) p. 221 (E)

1963 (cont.)

3761. March 19
Declaration of Central America (San José)
Dept. of State Press Release, March 20, 1963 (E)
DSB 48: 515 (E)
Relazioni Internazionali 27: 411 (It)
Europa-Archiv 18: D 235 (G)
Archiv für Völkerrecht 11: 104 (E)
Rivista di Studi Politici Internazionali 30: 444 (It)
Zbiór Dokumentów 1963:213 (E, Pol)

3762. March 23
Maintenance (North Europe)
Lovt C 1963:119 (E, F, Dan)

3763. March 29
Adoption (Hague draft)
Nederlands Tijdschrift voor Internationaal Recht 10:339 (F)
Standesamt 60:31 (G)
Diritto Internazionale, 17 II, 204 (F)

3764. April 4
Communism in Central America: final act
DSB 48:719 (E)

3765. April 5
American Institute of International Law: statute (draft)
Round Table of Western Hemisphere International Law Scholars. Final report (1963) p. 52 (E, Sp)

3766. April 6
Privileges and immunities: Council of Europe
BG Bl (Ger) 1963, II, p. 237 (E, F, G)

3767. April 6
Council of Europe Resettlement Fund
BG Bl (Ger) 1963, II, p. 247 (E, F, G)

3768. April 8
Facilities for voyagers (Benelux - Ireland)
Mon (Belg) 1963: 8413 (F, Dut)
BU 1963:676 (F)
Pasin (Belg) 1963:1198 (F)
Trb 1963:168 (F, Dut)

3769. April 16
Peaceful uses of outer space (USSR draft)
Zbiór Dokumentów 1963:471 (Pol, R)

1963 (cont.)

3770. April 19
Declaration of the Union Accord
(United Arab Republic)
Comunitá Internazionale 18:323 (F)
United Arab Republic. Declaration of
the Union Accord (1963) p. 1 (E)

3771. April 20
Olive oil
U.N. Doc. E/Conf. 45/4 (E, F)
JO (Fr) 1964:1971 (F)
JO (Algeria) 1964:422 (F)

3772. April 24
Conference on consular relations:
final act
Cmd 2113, Misc 1963:9 (E)
AJIL 57:993 (E)

3773. April 24
Consular relations (Vienna)
Current Notes on International Affairs
(May, 1963) p. 48 (E)
Indian Journal of International Law 3: 218
(E)
AJIL 57:995 (E)
Rivista di Diritto Internazionale 46:504 (F)
Bache og Heggemsnes. Traktatsamling
(1963) p. 168 (E)
Cmd 2113, Misc 1963:9 (E)
JO (Algeria) 1964:485 (F)
Zbiór Dokumentów 1963:1123 (F, Pol)

Revue Générale de Droit International
Public 68:272 (F)

3774. April 24
Acquisition of nationality
Cmd 2113, Misc 1963:6 (E)
AJIL 57:1022 (E)

3775. April 24
Compulsory settlement of disputes
Cmd 2113, Misc 1963:9 (E)
AJIL 57:1023 (E)

3776. April 25
European Free Trade Association:
origin criteria: Council decision 5
of 1963
Sop S 1963:29 (E, Fin)

3777. April 26
European Free Trade Association:
origin criteria: application to Finland
Sop S 1963:29 (E, Fin)

3778. April 29
Rhine River: transportation of com-
bustible liquids
RO (Switz) 1963:631 (F)

1963 (cont.)

3779. April 29
International Commission for the
Protection of the Rhine Against
Pollution
Trb 1963:104 (F, Dut)

3780. April 30
Commerce (Benelux - Japan)
Trb 1963:111 (E, Dut)

3781. April 30
Trade Relations (Benelux - Japan)
Trb 1963:112 (E, Dut)

3782. April 30
Customs Code: Equatorial Customs
Union
JO (CAR) numéro spécial, 28 September
1963 (F)
JO (Congo, Br) numéro spécial, 28 Septem-
ber 1963:790 (F)
JO (Gabon) numéro spécial, 10 September
1963 1963:696 (F)

3783. May 2
Rules of Procedure: European Com-
mission of Human Rights
BG Bl (Ger) 1963, II, p. 332 (E, F, G)

3784. May 6
Protection of Human Rights and Fun-
damental Freedoms, conferring upon
the European Court of Human Rights
competence to give advisory opinions:
Protocol no. 2
Trb 1963: 123 (E, F)
Cmd 2126, Misc 1963:12 (E)
EurTS 44 (E, F)
AJIL 58:331 (E)
Robertson. Human rights in Europe (1963)
p. 262 (E)

3785. May 6
European Convention of Human Rights
and Fundamental Freedoms: articles
29, 30, 34: 3rd protocol
Trb 1963:124 (E, F)
Cmd 2127, Misc 1963:13 (E)
EurTS 45 (E, F)
AJIL 58:333 (E)

3786. May 6
Council of Europe: statute amendment
Mon (Belg) 1963:6887 (F, Dut)
IreTS 1963:3 (E)

1963 (cont.)

3787. May 6
Reduction of cases of multiple nationality (Europe)
Cmd 2130, Misc 1963:11 (E)
EurTS 43 (E, F)
Trb 1964:4 (E, F, Dut)
Droit Européen 6:282 (F)
AJIL 58:573 (E)

3788. May 7
African Peanut Council
JO (Senegal) 1963:946 (F)

3789. May 10
European Free Trade Association: amendments to constitution regarding agriculture
Svensk Forfattningssamling 1963:1459 (Swe)
OFS 1964:54 (Nor)
AS (Switz) 1963:1063 (G)
RO (Switz) 1963:1067 (F)

3790. May 13
Creation of a Forestry Office (Equatorial Africa)
JO (Gabon) 1963:455 (F)
JO (Congo, Br) 1964:186 (F)

3791. May 20
Basic unification of education (Central America)
Gac (Hond) no. 18.060, 18.061, August 26, 27, 1963 (Sp)

3792. May 20
Nordic passports
Sop S 1963:131 (Fin, Nor)
OFS 1964:57 (Nor)

3793. May 21
Civil liability for nuclear damage
International Legal Materials 2: 727 (E)
International Atomic Energy Agency, Document CN 12/46 (E)
Jaarboek van het Ministerie van Burtenlandse zaken 1962-63: 250 (Dut)
Indian Journal of International Law 3:337 (E)

3794. May 21
Civil liability of nuclear damages: protocol concerning compulsory settlement of disputes
Indian Journal of International Law 3:353 (E)

1963 (cont.)

3795. May 23
Sanitary regulations: notification
TIAS 5459 (E, F)
BG Bl (Aus) 1963:2473 (E, G)
Trb 1963:178 (E, Dut)
RO (Switz) 1963:966 (F)

3796. May 25
Addis Ababa Conference: resolutions
Gazette Fiscale, Commerciale et Industrielle 15 (March-May 1963):43 (F)
Comunitá Internazionale 18:682 (F)
Rivista di Studi Politici Internazionali 30:357 (It)
Summit Conference of Independent African States, Addis Ababa, 1963. Proceedings 1(1): CIAS/Plen.2/Rev.2 (E)

3797. May 25
Organization of African Unity (Addis Ababa): charter
International Legal Materials 2:766 (E)
JO (CAR) 1963:421 (F)
JO (Congo, Br) 1963:571 (F)
JO (Malgache) 1963:1642 (F)
JO (Gabon) 1963:524 (F)
Europa-Archiv 18:D314 (E)
Comunitá Internazionale 18:485, 679 (F)
Gazette Fiscale, Commerciale et Industrielle 15:40 (F)

Current Notes on International Affairs, August 1963:12 (E)
External Affairs Review 13(5):35 (E)
International Conciliation 546:53 (E)
Indian Journal of International Law 3:375 (E)
Rivista di Studi Politici Internazionali 30:352 (It)
Revue Générale de Droit International Public 67:964 (F)
Zbiór Dokumentów 1963:561 (F, Pol)
Archiv des Völkerrechts 11:318 (G)
JO (Guineé) 1963:165 (F)
JO (Dahomey) 1963:407 (F)

Revue Juridique et Politique 18:60 (F)
Instituto Inter-Americano de Estadios Juridicos Internacionales. Organizaciones Internacionales no Americanas (1964) p. 559 (Sp)

3798. June
Industrial accidents and occupational diseases: proposed ILO convention
ILO. Benefits in the case of industrial accidents and occupational diseases (1963) p. 47 (E)

3799. June 11
Manila agreement (Malaysia)
Europa-Archiv 18:D502 (G)

1963 (cont.)

3800. June 14
    Bills of lading (International Maritime Committee draft)
    Versicherungsrecht 14: 697 (E)
    Droit Maritime Français 16: 402 (E, F)

3801. June 14
    Registration of rights in respect of ships under construction (International Maritime Committee draft)
    Versicherungsrecht 14: 694 (E)
    Droit Maritime Français 16: 412 (E, F)

3802. June 15
    Carriage of passenger luggage by sea (International Maritime Committee draft)
    Versicherungsrecht 14:695 (E)

3803. June 18
    Benelux: tariffs
    Trb 1963: 129 (Dut)

3804. June 18
    Financial guarantee to certain airlines (North Europe)
    Lovt C 1963:93 (Fin, Nor, Swe)

3805. June 19
    Seamen: travel documents (Benelux-Spain)
    Mon (Belg) 1963:10138 (F, Dut, Sp)
    BU 1963:851 (F)
    Trb 1963:109; 1964:6 (Dut)

3806. June 21
    Preparatory commission to study the possibilities of European collaboration in the field of space research: 3rd protocol
    GBTS 1963:79, Cmd 2173 (E, F)
    Trb 1963:169 (E, F)

3807. June 21
    Peaceful use of outer space (draft)
    Europa-Archiv 18:D486 (G)

3808. June 25
    Machinery protection (ILO 119)
    Cmd 2159 (1963) (E)
    ILO. Official Bulletin supp 1 1963:1 (E)
    ILO. Prohibition of the sale, hire, and use of inadequately guarded machinery (draft) (1963) p. 50 (E, F)
    DO (Guatemala) 1964:81 (Sp)
    International Labor Conference, 47th, Geneva, 1963. Record of the proceedings (1964) p. 642 (E, F)
    JO (CAR) 1964:399 (F)

1963 (cont.)

3809. June 25
    Social Security (Europe)
    GBTS 1963:70 Cmd 2139 (E)

3810. June 25
    Social and medical assistance (Europe)
    GBTS 1963:70, Cmd 2139 (E)

3811. June 26
    Joint Nordic Medical School
    OFS 1963: 196 (Nor)

3812. June 30
    Olive Oil
    Cmd 2155, Misc 1963:15 (E)

3813. July 9
    Malaysia
    Cmd 2094 (1963) (E)
    Cmd 2150 (1963) (E)
    Current Notes on International Affairs August 1963:5 (E)
    Europa Archiv 18:D504 (G)
    Indian JIL 3:372 (E)
    Zbior Dokumentów 1963:968 (E, Pol)

3814. July 20
    Importation of green coffee (Benelux)
    Trb 1963:175 (F, Dut)

3815. July 20
    European Economic Community: financing and administration of assistance programs
    Trb 1963:174 (F, Dut)

3816. July 20
    European Economic Community: association with certain African states
    International Legal Materials 2:971 (E)
    Europa-Archiv 18:D 383 (G)
    Trb 1963:172, 173 (Dut, F)
    JO (Malagache) 1963:2783 (F)
    JO (CAR) 1964:63 (F)
    Reuter. Traités et documents diplomatiques (1963) p. 311 (F)
    Rivista di Studi Politici Internazionali 30:595 (It)
    Archiv des Völkerrechts 11:324 (G)
    BG Bl (Ger) 1964, II, p. 289 (F, G, It, Dut)

3817. July 20
    European Economic Community: association with African states: products regulated by the European Coal and Steel Community
    JO (CAR) 1964:79 (F)
    Trb 1963:172 (Dut, F)

1963 (cont.)

3818. July 20
Industrial models and designs (African and Malagasy Union)
Revue Internationale de la Propriété Industrielle et Artistique 55:83 (F)

3819. July 20
Trademarks (African and Malagasy Union)
Revue Internationale de la Propriété Industrielle et Artistique 55:78 (F)

3820. July 25
European Free Trade Association: annex D
BG Bl (Aus) 1963:2548 (E, G)
Sop S 1963:366 (E, Swe)
Svensk Författningssamling 1963:1459 (Swe)
AS (Switz) 1963:1064 (G)
RO (Switz) 1963:1068 (F)

3821. July 25
Commonwealth Telegraph Agreement
Cmd 2144 (1963) (E)
Australia TS 1963:23 (E)

3822. July 31
Manila accord (Maphilindo)
MLQU Law Quarterly 13:1 (E)

3823. August 1
Sugar
DO (Guatemala) 1963:257 (Sp)
Trb 1963:170 (E, Dut)

3824. August 1
Aphtous fever (Central America)
Legislación Economica 23: 100 (Sp)

3825. August 1
Navigation of international canals (Baxter Draft)
Baxter. The Law of International Waterways (1964) p. 343 (E)

3826. August 3
Colonialism and self-determination (Manila Declaration)
International Legal Materials 2: 871 (E)
OG (Phil) 59: 5006 (E)

3827. August 5
Manila declaration (Malaysia)
Europa Archiv 18:D507 (G)
External Affairs Review (Aug, 1963) 13:34 (E)
MLQU Law Quarterly 13:6 (E)
Philippine International L J 2:200 (E)

1963 (cont.)

3828. August 5
Limited nuclear test ban
TIAS 5344 (E, R)
Cmd 2118, Misc 1963:10 (E)
DO (Guatemala) 1963:249 (Sp)
NZTS 1963:20 (E)
Trb 1963:122 (E, R, Dut)
Dz UST 1963:549 (E, R, Pol)
CL (Rum) no. 5, 1963:95 (Rum)
Vedomosti Verkhovnogo Soveta 42:1003 (R)
AJIL 57:1026 (E)
Comunitá Internazionale 18:678 (E)

Current History 45:235 (E)
Current Soviet Documents 1(21):4 (E)
Current Notes on International Affairs (no. 7) 34:43 (E); (no. 11) 34:6 (E)
Contemporary Japan 27:799 (E)
DSB 49:239 (E)
Europa-Archiv 18:D 407 (G)
External Affairs Review 13 (7):28 (E)
International Institute for Peace. Current documents and papers 1963:51 (E)
International Legal Materials 2:883 (E)
Indian JIL 3:369 (E)
N.Y. Times July 26, 1963 p. 8 (E)

New Times 31:34 (E)
Pakistan Horizon 16:280 (E)
Soviet News 4878:67 (E)
Die Vereinte Nationen und Osterreich 12 (8-9):1 (E)
Bache og Heggemsnes. Traktatsamling (1963) p. 186 (Nor)
U.S. 88th Congress. Senate Committee on Foreign Relations. Nuclear Test Ban Treaty (1963) p. 6 (E)
Archiv des Völkerrechts 11: 347 (E)
Recueil des Lois et de la Legislation Financiére de la Republique Arabe Syrienne (no. 1) 16:8 (F)

RO (Switz) 1964:189 (F)
AS (Switz) 1964:195 (G)
Zbiór Dokumentów 1963:1015 (E, Pol)
Australia TS 1963:26 (E)
GBTS 1964:3, Cmd 2245 (E)
Annual Register of World Events, 1963 (1964) p. 530 (E)
Revue Générale de Droit International Public 68:300 (F)
Revue Générale de l'Air 26:341 (F)

3829. August 13
Commerce (Benelux-Paraguay)
Trb 1963:166 (Dut, Sp)

3830. September 9
Benelux: turnover tax (draft)
Bulletin for International Fiscal Documentation 18:77 (F)

1963 (cont.)

3831. September 11
    Legal regime of outer space: resolution of the Institut de Droit International
    Cohen. Law and politics in space (1964) p. 181 (E)

3832. September 12
    European Economic Community: association of Turkey
    Trb 1963:184, 185, 186 (F, Dut)
    Europa-Archiv 18:D379 (G)
    International Legal Materials 3:65 (E)
    BG Bl (Ger) 1964:509 (F, G, It, Dut, Tur)

3833. September 12
    European Free Trade Association: annex E
    BG Bl (Aus) 1963:2553 (E, G)
    Sop S 1963:374 (E, Swe)
    Svensk Författningssamling 1963:1459 (Swe)
    AS (Switz) 1963:1066 (G)
    RO (Switz) 1963:1070 (F)

3834. September 12
    European Free Trade Association: annex D
    Sop S 1963:375 (E, Swe)
    Svensk Författningssamling 1963:1459 (Swe)
    AS (Switz) 1963:1064 (G)
    RO (Switz) 1963:1068 (F)

3835. September 13
    Commerce (Benelux-Hungary)
    Trb 1963:183 (F, Dut)

3836. September 13
    European Free Trade Association: association of Finland
    Sop S 1963:373 (E, Swe)
    Svensk Författningssamling 1963:1474 (Swe)
    AS (Switz) 1963:1066 (G)
    RO (Switz) 1963:1071 (F)

3837. September 14
    Offenses on board aircraft
    International Legal Materials 2:1042 (E)
    Revue Générale de l'Air 26:285 (F)
    Revue Française de Droit Aérien 18:82 (F)
    AJIL 58:566 (E)
    ICAO Doc 8364 (E)
    Zeitschrift für Luftrecht und Weltraumrechtsfragen 13:46 (E, G)
    Archiv für Luftrett 2:83 (E)

1963 (cont.)

3838. September 16
    Human rights: securing certain rights and freedoms other than those already included in the convention and in the 1st protocol (Europe)
    Council of Europe Doc. no. H (63)4 revised (E, F)
    EurTS 46 (E, F)
    AJIL 58:334 (E)

3839. September 23
    Application of safeguards to Japan-United States Atomic Energy Agreement
    International Legal Materials 2:1035 (E)

3840. October 3
    European Free Trade Association: amend schedule II of annex B
    BG Bl (Aus) 1963:2554 (E, G)

3841. October 8
    Space communications: International Telecommunication Union
    International Legal Materials 3:86 (E)

3842. October 10
    Protection of type face and their deposit (draft)
    Industrial Property 3:108 (E)

3843. October 11
    Central American Institute for the Extention of Culture
    Gac (Costa Rica) 1963:3769 (Sp)

3844. October 14
    Commercial agreement (European Economic Community, Iran)
    International Legal Materials 3:63 (E)

3845. October 17
    Orbiting nuclear weapons: United Nations resolution 1721
    UN Doc A/C.1/L.324 (E)
    UN Doc A/5026 (E, F)
    DSB 49:754 (E)
    Cohen. Law and politics in space (1964) p. 133 (E)

3846. October 22
    International Bank for Economic Cooperation (Communist Countries)
    International Legal Materials 3:324 (E)
    Vedmosti Verkhovnogo Soveta SSR (1964) no. 7, item 83 (R)

1963 (cont.)

3847. October 28
   Whaling: inspection scheme
   International Legal Materials 3:107 (E)

3848. November 11
   Customs: transportation of goods: TIR convention
   Mon (Belg) 1963:11696 (F, Dut)

3849. November 20
   Navigation on the Rhine: amendments to Mannheim Convention of 1868
   Revue de la Navigation Interieure et Rhénane 35:844 (F)

3850. November 21
   Elimination of racial discrimination: United Nations
   International Legal Materials 3:164 (E)
   U.N. General Assembly. Resolution 1904-XVIII (E)
   Comunità Internazionale 19:199 (F)
   Current Notes on International Affairs, no. 12, 34:5 (E)

3851. November 22
   Rhine River: inspection of vessels (article 1 bis)
   Mon (Belg) 1963:12152 (F, Dut)

3852. November 22
   Rhine River: inspection of vessels
   Mon (Belg) 1963:12154 (F, Dut)

3853. November 22
   Rhine River: licensing of ship captains
   Mon (Belg) 1963:12157 (F, Dut)

1963 (cont.)

3854. November 27
   Unification of certain points of substantive law on patents for inventions
   Gewerblicher Rechtsschutz und Urheberrecht 1964:259 (E, F, G)
   Eur TS 47 (E, F)

3855. December 1
   Multilateral payments (Finland-Western Europe)
   RO (Switz) 1964:529 (F)

3856. December 13
   Central American Uniform Customs Code
   DO (Guatemala) 1964:377 (Sp)
   Instituto Interamericano de Estudios Juridicos. Internaciónales Instrumentos relativos a la integración economica en America Latina (1964) p. 118 (Sp)

3857. December 14
   Central American Defense Council
   DO (Guatemala) 169:699 (Sp)
   Gac (Honduras) no. 18, 263, 1964:1 (Sp)

3858. December 31
   European Economic Community: application of articles 9 and 10
   JO (Fr) 1964:28 (F)

3859. December 31
   African Bank of Development
   JO (CAR) 1964:100 (F)
   JO (Algeria) 1964:585 (F)
   JO (Ivory Coast) 1964:56, 72 (F)
   JO (Niger) 1964:2 (F)
   JO (Togo) 1963:1 (F)

SUBJECT AND REGIONAL GUIDE

A.T.A. CARNET 2351
ABUKIR CAPITULATION [1801]
   108
ALAND ISLANDS 332
   Neutrality 947, 951, 1051
ACADEMIC DIPLOMAS
   Europe 2598
ACADEMIC TITLES
   America (Latin) 1591
   Europe 3209
ACADEMIC UNION
   International Academic Union 972
ACCOUNTING
   EFTA 3282, 3434
ACCRA CONFERENCE
   [1958] 3084
   [1961] 3443
ACCRA DECLARATION [1958] 3026
ADDIS ABABA CONFERENCE
   [1960] 3286
   [1963] 3796, 3797
ADMINISTRATIVE RADIO CONFERENCE [1959] 3212, 3213, 3214, 3215
ADOPTION 3763
   Europe (North) 1426, 2544
ADVANCED SCHOOL OF PUBLIC ADMINISTRATION FOR CENTRAL AMERICA 2913, 3197
AERIAL NAVIGATION 971, 988, 1098, 1103, 1138, 1252, 1269, 1270, 1287, 1347, 1365, 1577, 1851
   African and Malagasy Union 3202
   America (Central) 3237
   America (Latin) 1265
   Atlantic Ocean 2082
   Balkan Entente 1602
   Europe 2828, 3355
   Faroe Island 2233, 2867
   Greenland 2233, 2867, 3422
   Iceland 2172, 2868, 3096
   India 1435
   Italy 1435
   Pacific Area 2099, 2286, 2811
   United Kingdom 1435

AERONAUTICS 1486
AFRICA 577, 578
   Air transport 3382
   Animals 724
   Arbitration 3280
   Arms control 650, 852
   Arms trade 965
   Coffee organization 3351
   Commerce 1383
   Conciliation 3280
   Cooperation 963, 1859, 3026, 3084, 3125, 3151, 3156, 3230, 3253, 3286, 3362, 3364, 3367, 3386, 3406, 3409, 3410, 3443, 3456, 3463, 3468, 3543, 3570, 3613, 3796, 3797
   Customs Union 3136
   Development Bank 3859
   Economic cooperation 3449
   European Economic Community 2923, 3819, 3820
   Freedom movement 3549
   Liquor traffic 711, 725, 806, 965
   Locusts 2464
   Monrovia Conference 3156
   Parcel post 1709, 1739
   Photo-sanitary control 2651, 3487
   Scientific cooperation 2388
   Settlement of dispute 575
   Slave trade 132, 152, 180, 285, 580, 605, 650, 870, 964
   Taxation 3510
   Trade unions 3416
   Unity 3362, 3367, 3796, 3797
AFRICA (CENTRAL)
   Cooperation 3092
   Customs Union 3143, 3174, 3175, 3192, 3193, 3379
   Defense 3299
   Economic cooperation 3300
   Forestry office 3790
   Higher education 3301
   Prime Ministers' Conference 3144, 3199, 3200, 3201
   Taxation 3261
   Union 3260

AFRICA (EAST)
    Boundaries 747
    East African Common Service
      Organization 3216, 3519
AFRICA (SOUTH)
    Customs Union 653, 707, 761
    Peace treaty 748
    Telegraph 730
AFRICA (WEST)
    Central Bank 3601
    Finance 3243
    West African Postal and Tele-
      communications Union 3270
AFRICAN AND MALAGASY UNION
    3463, 3570
    Air navigation 3202
    Air services 3383
    Bank for development 3657
    Defense 3465
    Diplomatic representation 3464
    Economic cooperation 3384
    Economic Cooperation Union 3469
    Establishment 3472
    International problems 3468
    Judicial cooperation 3471
    Models and designs 3818
    Office of Industrial Property 3658
    Personnel 3661
    Persons 3472
    Postal and Telecommunications
      Union 3473
    Privileges and immunities 3470
    Trademarks 3819
AFRICAN BANK OF DEVELOPMENT
    3859
AFRICAN CHARTER [1961] 3367, 3409,
    3410
AFRICAN COUNCIL 3135
AFRICAN PEANUT COUNCIL 3788
AFRICAN POSTAL UNION 1596, 2198
AFRICAN TELECOMMUNICATIONS
    UNION 1597, 1738, 2199
AFRO-ASIAN ORGANIZATION FOR
    ECONOMIC COOPERATION 3257
AFRO-ASIAN PEOPLES' SOLIDARITY
    CONFERENCE 3005, 3752
AFRO-ASIAN RURAL RECONSTRUCTION
    ORGANIZATION 3576
AGENCY
    Europe (North) 921
AGENCY FOR THE SECURITY OF AIR
    NAVIGATION IN AFRICA AND MADA-
    GASCAR 3202
AGGRESSION 1498, 1499, 1736
AGRARIAN FUND 1395
AGRICULTURE 1395
    Africa 3576
    America (Central) 2902
    Americas 1817, 1834, 1836, 3076, 3098

AGRICULTURE (cont.)
    Asia 3576
    Cattle 1623
    Credit 1436
    European Economic Community 3053
    Experimental stations 1111
    Food and Agriculture Organization
      1904, 1931, 3187, 3507
    International Agricultural Mortgage
      Credit Company 1436
    International Society for Soil Research
      1180
    Labor
      Minimum wage 2395
      Right of association 1054, 1984
    Pests 514, 550, 643, 1010, 1251, 1561,
      1964, 2210, 2246, 2399, 2464, 2589, 3206
    Protection 743, 908, 2590, 2902
    Right of association 1054, 1984
    United Nations Conference [1943] 1821
    Warm climate 1292
AGRONOMY
    Mediterranean area 3607
AIR AFRIQUE 3383
AIR LAW 1486
    (see also Aerial navigation, Aviation)
AIR MAIL 1283, 2090
    Americas 1969, 2338
    Parcels 1284
AIR SERVICES 1851
    African and Malagasy Union 3383
    America (Central) 3237
    America (Latin) 1265
    Atlantic Ocean 2082
    Australia-New Zealand 2275, 2810
    Balkan Entente 1602
    Europe 2828
    Europe (North)-South Africa 3244, 3530
    Faroe Island 2867
    Greenland 2233, 2867, 3422
    Iceland 2172, 2868, 3096
    India 1435
    Italy 1435
    Pacific area 2099, 2286, 2811
    United Kingdom 1435
AIR TRAFFIC 1851, 2777
    Africa 3382, 3383
    Americas 1582
    Customs 1249
    International Air Transport 1852
    Rules 3308
AIRCRAFT
    Airworthiness 3255
    Attachment 1487
    Crimes on board 2607, 3061, 3162, 3837
    Damages 1724, 2524
    Importation 2835
    Rights in aircraft 2170
    Salvage at sea 1723

AIRCRAFT PERSONNEL
    Documents of identity 1704, 1706, 1708, 1716, 1762, 1768
AIRLINES
    Europe (North) 2441, 2778, 3159, 3804
    Financial guarantees 2441, 2778, 3159, 3804
    Non-scheduled airlines 2828
    Operation 1677
AIX-LA-CHAPELLE TREATY [1748] 85
ALEXANDRIA 619
    Port duties 531
ALEXANDRIA CAPITULATION [1801] 110
ALEXANDRIA PROTOCOL [1944] 1846
ALGERIA
    EEC 2926
ALGECIRAS CONVENTION [1906] 789
ALIENS
    America (Latin) 1592
    Americas 739, 1294
    Europe 2803
    Europe (North) 2493, 2787
    Iraq 1375
    Social security 3419
ALIMONY
    Europe (North) 1427, 2408, 2548, 3565
ALL AFRICAN TRADE UNION FEDERATION 3416
ALL AFRICAN PEOPLES' CONFERENCE 3084, 3230, 3386
ALL GERMAN COUNCIL 2785
ALL-INDIA INSTITUTE OF HYGIENE AND PUBLIC HEALTH 2406
ALLIANCE FOR PROGRESS 3455
    Financing 3509
ALLIANCES
    (see also Defense treaties)
    America (Latin) 409, 589
    Anti-Comintern Pact 1633, 1683, 1743, 1744, 1747, 1801
    Argentina-Brazil-Uruguay 404
    Augsburg League 35
    Austria-France-United Kingdom 131, 320
    Austria-Franconia-High Rhine 30
    Austria-Netherlands-United Kingdom 73
    Austria-Poland-Venice 34
    Austria-Prussia 139
    Austria-Prussia-Russia 118
    Austria-Russia-United Kingdom 87
    Austria-Sardinia-United Kingdom 77

ALLIANCES (cont.)
    Balkan Entente 1523, 1557
    Baltic Entente 1553
    Bern-Venice-Zurich 55
    Brunswick, Lüneburg, Netherlands 11
    Brunswick-Lüneburg, Netherlands, United Kingdom 37
    Denmark-German states 31
    Denmark-German states-Netherlands 12
    Denmark-Netherlands-United Kingdom 46
    Europe 18, 20, 21, 22, 23, 24, 32, 33, 39, 67, 71, 81, 101, 104, 128, 157, 168
    Four-Power Pact 1501
    France-German states 6, 10, 27
    France-Italian states-Spain 79
    France-Mantoue-Spain 50
    France-Netherlands-United Kingdom 1, 63, 65
    France-Prussia-United Kingdom 70
    France-Savoy-Spain 47
    France-Spain-United Kingdom 68, 72
    German states 4, 13, 17, 41, 99, 420, 426, 446
    German states-United Kingdom 151
    Germany-Netherlands-Savoy 163
    Holstein-Netherlands-United Kingdom 52
    Holy Alliance 168
    Little Entente 1404, 1483
    Netherlands-Palatinate-Spain 26
    Netherlands-Portugal-United Kingdom 53
    Netherlands-Spain-United Kingdom 38
    Netherlands-Sweden-United Kingdom 44, 54
    Netherlands-Trèves-United Kingdom 51
    Poland-Prussia-Russia 61
    Poland-Saxony-Spain 75
    Prussia-Pyrmont-Waldeck 432
    Quadruple Alliance 78, 121, 136, 140, 156, 257
    Tripartite Pact 1783
    Triple Alliance 554, 563, 618, 659, 753, 889, 904
    World War I 935, 938
ALLIED CONTROL COUNCIL FOR GERMANY 1887, 1891
ALLIED COUNCIL FOR JAPAN 1917
ALLIED HIGH COMMISSION FOR GERMANY 2245, 2363
    Archives 2643, 3103
ALTENBURG
    Succession 192
AMAZON RIVER BASIN 2163

AMERICA (CENTRAL)
- Advanced School of Public Administration 2913, 3197
- Agricultural protection 2902
- Air Navigation Service Corporation 3238
- Animal industry 1111
- Aphtous fever 3824
- Arbitration 732
- Arms control 1112
- Bank for Economic Integration 3357, 3418
- Bureau 844, 863
- Central American Institute for the Extension of Culture 3843
- Caribbean Commission 2046
- Caribbean Organization 3278, 3460
- Central American Bank 3462
- Central American Exchange 3451
- Central American Union 694, 1024
- Coffee 1858
- Commerce 187, 865
- Commissions 896, 1113
- Commissions of inquiry 1114
- Communications 841
- Communism 3764
- Conferences 843
- Cooperation 845, 1113
- Cotton 3107
- Court of justice 839
- Currency 862
- Customs code 3856
- Defense 589
- Defense council 3861
- Economic Association 3234, 3271
- Economic cooperation 2506
- Economic integration 3041
- Elections 1115
- Exchange of students 1120
- Extradition 842, 1116, 1530
- Federal Republic 186
- Fraternity 1531
- Free professions 1117, 1814, 3618
- Free trade 878, 1118, 3041, 3453
- Guarantee of peace 771
- Import duties 3160, 3347, 3356, 3749
- Independence 182
- Industrial integration 3042, 3748
- Industrial technology 2754, 2776
- Institute of Nutrition 2606
- Labor laws 1119
- Locusts 2246, 2399
- Maritime communications 894
- Motor vehicle imports 2881
- Organization of Central American States 2415
- Passenger transit 2882
- Peace Conference 820
- Pedagogical Institute of Central America 840, 861

AMERICA (CENTRAL) (cont.)
- Preferential tariff 3161
- Radio 1733
- Railways 893
- Recognition 846
- Recognition of university study 3614
- Relations 896
- Road signals 3043
- Road traffic 3044
- Tariffs 3161
- Telegraphic money order 895
- Telegraphic services 892
- Temporary import of motor vehicles 2881
- Tribunal 1121
- Unification of education 3617
- Weights and measures 864

AMERICA (LATIN)
- Academic titles 1591
- Aerial navigation 1265
- Alliances 409
- Armistice 476
- Banking 1791
- Commercial relations 885
- Consular privileges 886
- Credit 1791
- Economic development 3326
- Education 3562
- Execution of foreign judgments 887
- Extradition 1594
- Latin American Economic Union 2180
- Latin American Fisheries Council 2414
- Latin American Trade Association 3236
- Forestry 3184
- Historical documents 1590
- Immigrants 1795
- Legal education 3740
- Monetary Union 411, 490, 597, 599, 680, 703, 705, 757, 853, 987, 1067
- Oil pipelines 1790
- Parcel post 1793
- Pelcomago River 1797
- Publication exchange 1593
- Regional Office of Information and Economic Studies 1789
- Social development 3326
- Teaching law 3740
- Telegraph 388
- Tourist traffic 1792
- Transit 1794
- Transport rates 1796
- Undesirable aliens 1592
- Union 191

AMERICA (NORTH)
- Broadcasting 1690, 1788, 1927, 2341
- Radio frequencies 1338

AMERICA (SOUTH)
- Alliance 404
- Disputes 928
- Postal service 879

AMERICA (SOUTH) (cont.)
- Radiocommunications 1572, 1665, 1769
- Telegraph 462
- Trade 243

AMERICAN INSTITUTE OF INTERNATIONAL LAW 3765

AMERICAS
- Agriculture 1817, 1834, 1836, 3076, 3098
- Airplanes 1582
- Aliens 739, 1294
- Application of laws 636
- Arbitration 740, 1330, 1332
- Artistic exhibition 1637
- Asylum 1295, 1520, 1761, 2511, 2515, 2623, 2624, 3163
- Automotive traffic 1414, 1833
- Aviation 1296
- Biostatistics 2505
- Civil war 1300, 2943
- Claims 741, 798, 873
- Codification 735
- Coffee 1786, 1799, 1894, 1962, 2104
- Commercial arbitration 2813
- Commercial law 1776
- Commercial navigation 1775
- Conciliation 1331, 1515
- Conferences 2156
- Consular agents 1297
- Consultation 2370
- Contraband 1581
- Cooperation 1110, 1865
- Copyright 631, 640, 733, 801, 872, 884, 1298, 1760, 1941
- Corporations 1614
- Cultural relations 1639, 2620
- Customs 1130
- Diplomatic asylum 2515, 2623
- Diplomatic relations 1299
- Economic and Social Council 3498
- Economic assistance 2103, 2157, 3310, 3455, 3509, 3545, 3761
- Economic cooperation 3056
- Electrical communications 1187
- European possessions 1781, 1782
- Extradition 737, 1517, 2702
- Film exchange 1641
- Free professions 637, 738, 1759
- Good offices 1642
- Highways 1645
- Human rights 1918, 2159, 2621, 2622, 3165, 3266
- Immigrants 1742
- Indian Institute 1787
- Inter-American Banana Organization 3454
- Inter-American Bank 1779
- Inter-American Council of Jurists 3168
- Inter-American Peace Committee 1767

AMERICAS (cont.)
- International penal law 634, 1774
- Locusts 1964
- Maritime neutrality 1301
- Mediation 1642
- Merchandise classification 1131
- Most-favored nation clause 1550
- Nationality 799, 1518, 1519
- Nature protection 1784
- Neutrality 1301, 1784
- Non-aggression 1506
- Non-intervention 1644
- Nuclear energy 2121
- Organization of American States 2154
- Pan-American Commercial Committee 1580, 1601
- Pan-American Institute of Geography and History 1302
- Pan-American Sanitary Organization 2105
- Pan-American Union 1293, 3248
- Passport 1579
- Patents and trademarks 630, 633, 736, 802, 871, 874, 1127, 1335, 1336
- Peace 1643, 1865, 1866, 2102
- Peaceful orientation of public instruction 1646
- Police and judicial authorities 1808
- Postal Union 1045, 1266, 1447, 1636, 1968, 1969, 1970, 1971, 2337, 2338, 2339, 2340, 2790, 2791, 2792, 2793, 3327, 3328
- Power of attorney 1771
- Private international law 638, 1303, 1773
- Procedure 632, 1309, 1777
- Protection of historical property 1574
- Protection of monuments 1573
- Publication exchange 734, 1640
- Radio communications 1688, 1689, 1766, 1770, 2254, 2998
- Refugees 1761
- San José Conference [1961] 3424
- San José Declaration [1960] 3307
- Sanitary regulations 788, 922, 1201, 2106, 2138, 2520
- Settlement of disputes 1110, 1128, 1129, 1647, 2155
- Social Progress Trust Fund 3425
- Social security 1812
- Spanish speaking dictionary 1304
- State responsibility 1521, 1954, 2943
- Teaching of history 1522, 1679
- Telecommunications 1187, 1688, 1689, 1766, 1770, 1900, 2254, 2998
- Trade 639, 991
- Trademarks 874, 1127, 1335, 1336
- Treaties 1305, 1638
- Tropical Tuna Commission 2238
- University 1824

AMERICAS (cont.)
   Wildlife preservation 1784
   Women's rights 1516, 2158, 2159
ANARCHIST MOVEMENT 767
ANATOLIA 1001
ANIMAL INDUSTRIES
   America (Central) 1111
ANIMAL PRODUCTS
   Trade 1566, 1696
ANIMALS
   Africa 724
   America (Central) 3824
   Americas 1784
   Diseases 1552, 1695, 2590, 2888, 2902, 3207, 3286
   European Commission for the Control of Foot-and-Mouth Disease 2597, 2946, 3074
   International Office for Dealing with Contagious Diseases of Animals 1173
   Transit 1567
   Veterinary medicine 3008, 3207
ANNECY PROTOCOL [1949] 2283
ANTARCTICA 3195, 3450
   Free passage of aircraft 1727
ANTI-COMINTERN PACT 1633, 1683, 1743, 1744, 1747, 1801
ANTI-DIPHTHERIC SERUM 1277, 1410
ANTI-TRUST
   EEC 3548, 3593, 3858
ANZUS TREATY [1951] 2410
APHTOUS FEVER
   (see Animals-Diseases)
ARAB FINANCIAL INSTITUTION FOR ECONOMIC DEVELOPMENT 2945
ARAB MILITARY PACT [1956] 2875
ARAB POSTAL UNION 2550, 2822, 2911
   Parcel post 2912
ARAB STATES
   Cooperation 1846, 1868, 2305, 2362
   Customs 3010
   Defense 2305, 2362, 2826, 2875
   Execution of judgments 2517
   Extradition 2516
   Federation 3018
   League of Arab States 1846, 1868
   Letters of request 2518
   Maghreb countries 3032
   Nationality 2519, 2626
   Oil 3178
   Payments and transfer of capital 2580, 2701
   Postal Union 2550, 2822, 2911, 2912
   Privileges and immunities 2558
   Telecommunications 2551
   Trade and transit 2579
   Unity 3770
   Writs 2518
ARBITRAL AWARDS 1285, 2359, 2711, 3040
ARBITRAL TRIBUNAL FOR FOREIGN INVESTMENTS 3452
ARBITRATION 1153, 1944, 2359, 2547, 2711, 3751
   Africa 3280
   America (Central) 723
   Americas 740, 741, 1330, 1332, 2813
   Belgium 772
   Benelux 3004
   Europe 3400
   Europe (North) 769, 770, 772, 773, 774, 776, 1208
   France 769, 3280
   Leases 754, 779
   Little Entente 1343
   Mekong River 2706
   Oder River 1324
   Permanent Court of Arbitration 727, 3546
   Russia 773
   Spain 776
   Switzerland 774
   Taxation 2676
   United Kingdom 770
   Venezuela 758, 766
ARCHIVES
   Allied High Command for Germany 2643, 3103
   Austria-Hungary 1088
ARGENTINA
   GATT 3336
ARMAMENTS STANDARDIZATION 2687
ARMED NEUTRALITY 106
ARMENIA
   Minorities 1004
   Refugees 1182, 1250, 1314
ARMISTICES
   America (Latin) 476
   Austria 999
   Austria-Hungary 944
   Bulgaria 942, 962, 1848
   Crimean War 328
   Denmark 395
   Europe 150, 154, 352, 354
   Europe (Southeast) 506
   Finland 1845, 1847
   France 122, 123
   Germany 945, 946, 948, 950, 1839, 1871
   Hungary 1044, 1860
   Italy 40, 125, 1822, 1823, 1827
   Japan 1895, 1896
   Korea 2576
   Near East 2256
   Netherlands 2
   Rumania 1843
   Turkey 943
ARMS CONTROL 1220, 3211, 3591
   Africa 650, 852
   America (Central) 1112
   China 953

ARMS CONTROL (cont.)
   Ethiopia 810, 1411
   Europe 2782, 3571
   Germany 2079
   Naval armament 1077, 1392,
     1604, 1616, 1714
   Nuclear testing 3211, 3828,
     3845
   Western European Union
     2661, 2994
   World Disarmament and World
     Development Organization 3591
   Drafts: British 3575
           Canadian 3580
           East German 3312
           Indian 3579
           Neutrals 3587
           Soviet 2660, 2727, 2748,
             2855, 2914, 3067, 3080,
             3251, 3267, 3319, 3508,
             3561, 3564
           U.S. 2747, 3211, 3287,
             3479, 3588
           Western 2823, 2962, 3239,
             3242, 3399
ART WORKS
   Exchange 431
ARTISTIC EXHIBITIONS
   Americas 1637
ARTISTS
   Protection 2365, 3491
ASIA
   Afro-Asian Organization for Economic
     Cooperation 3257
   Cooperation 3253
   Disputes 513
   Plant protection 2807
ASIA (EAST)
   Relations 604
ASIA (SOUTHEAST)
   Center on Vital and Health Statistics
     for Southeast Asia 2401
   Plant protection 2815
   Southeast Asia Treaty Organization
     2654, 2655, 2656
   Transport facilities 3006
ASIAN LEGAL CONSULTATION COMMITTEE
   2884
ASIAN PEOPLES' ANTI-COMMUNIST
   LEAGUE 2934
ASIAN PRODUCTIVITY ORGANIZATION 3396
ASSISTANCE AT SEA 2771, 2819
   Baltic Sea 2890, 2891
   Communist Countries 2849
ASSOCIATION OF GERMAN STATES 99
ASSOCIATION OF SPANISH LANGUAGE
   ACADEMIES 3292
ASTRONAUTICS
   International Academy of Astronautics 2359

ASTRONAUTICS (cont.)
   International Astronautical Federation
     2708, 3218, 3219
ASTRONAUTS
   Rescue 3537, 3610
ASYLUM 2295, 3240
   Americas 1295, 1520, 1761, 2511,
     2515, 2623, 2624, 3163
ATHENS CONFERENCE [1962] 3589
ATLANTIC CHARTER [1941] 1800, 1802
ATLANTIC COMMUNITY 3542
ATLANTIC OCEAN
   Fisheries 2208, 2494, 2739, 2847, 3097,
     3401
   Ice patrol 2312, 2809
   Weather stations 1972, 2212, 2232, 2477,
     2614, 2734, 3249
ATLANTIC UNITY 3578
ATOMIC ENERGY, see Nuclear energy
AUDIO-VISUALS
   Circulation 2255, 2323
   Educational films 1641
   Exchange 2294
AUGSBURG LEAGUE 35
AUSTRIA
   Armistice 999
   Asset release 1386
   Claims 1211
   Central machinery 1883
   Customs 308
   Economic assistance 1472
   EFTA 3592
   Occupation 1885, 1943
   Peace treaty 968
   Possessions in Europe 88
   Property rights 2726
   Railways 304, 2960, 3342, 3368
   Reparations 1378
   Restoration 1102
   Reunion with Netherlands 62
   Status 2731
AUSTRIA-HUNGARY
   Archives 1088
   Armistice 944
   Debts 1086, 1137
   Emperor 477
   Insurance 1087, 1093
   Pensions 1163, 1164
   Public property 1094
   Reparations 966, 981, 1459
   Social security 1038
   Successor states 1085
   Vehicles 1066
AUSTRO-HUNGARIAN BANK
   Liquidation 1081
AVIATION 971, 988, 1098, 1103, 1138,
   1252, 1269, 1270, 1287, 1347, 1365,
   1852, 1853, 1877, 1879, 3478
   Americas 1296, 1582

AVIATION (cont.)
- Antarctic region 1727
- Europe 3355
- Europe (North) 2440
- European Civil Aviation Conference 2799
- International Civil Aviation Organization 1854, 1855, 2083, 2639, 2640, 3426
- Liabilities 1363, 1724, 2524, 2777, 3478
- Sanitary regulations 1484, 1857, 1935, 3264
- Weather stations 1972, 2212, 2477, 2614, 2734, 3249

AVIATION FUELS TAXATION 1746

AXIS POWERS
- Anti-Comintern Pact 1633, 1683, 1743, 1744, 1747, 1801

BACTERIOLOGICAL WARFARE 1219

BAD GODESBERG DECLARATION [1961] 3447

BADEN TERRITORY 171

BAGHDAD PACT [1955] 2712, 3104, 3153

BAGHDAD POSTAL MONEY ORDER 2822

BALKAN CONSULTATIVE ASSEMBLY 2713

BALKAN ENTENTE 1523, 1557
- Air navigation 1602
- Economic cooperation 1558
- Non-aggression 1717
- Post and tellecommunications 1622

BALKAN PACT [1953] 2542

BALKAN STATES 501

BALLOONS IN WARFARE 835

BALTIC ENTENTE 1553

BALTIC GEODESIC COMMISSION 1238, 1611, 1620

BALTIC SEA
- Assistance 2890, 2891
- Fisheries 1366
- Islands 848
- Neutrality 90
- Radio 1731, 1749
- Radiotelephone 1575, 2767

BANANAS
- European Economic Community 2928
- Inter-America Banana Organization 3454

BANDUNG CONFERENCE [1955] 2723, 2750

BANK FOR INTERNATIONAL SETTLEMENT 1382, 2165
- Privileges and immunities 1619

BANKING
- (see also Finance)
- America (Central) 3462

BANKING (cont.)
- America (Latin) 1791
- Postal service 2969

BANKRUPTCY
- Europe (North) 1511
- European Economic Community 3732

BARCELONA CONVENTION [1921] 1029, 1030, 1031, 1033, 1034

BEEF IMPORTS 1737

BELGIUM 127, 221, 253, 1658
- Commerce 233
- Credit in Yugoslavia 3254
- Fortresses 220, 222
- Independence 217, 934
- Neutrality 254
- Provinces 100
- Separation from Netherlands 215
- Union with Netherlands 214

BELGRADE CONFERENCE [1961] 3459

BELGRADE DECLARATION [1961] 3423

BENELUX 3017, 3315
- Arbitration 3004
- Capital transfer 2646, 2860
- Colonial service 3047
- Coffee imports 3814
- Customs 1842, 2076, 2128, 2236, 2318, 2336, 2432, 2512, 2513, 2539, 2555, 2570, 2596, 2641, 2657, 2698, 2699, 2749, 2806, 2831, 2974
- Denmark 2901
- Designs and models 3739
- Economic and social policy 1423, 2575, 2592, 2594, 2647, 2757
- Economic integration 2284, 3013, 3014
- Establishment 3316
- Excise taxes 2297, 2476, 2512, 3083
- Fiscal debts 2523
- Fish trade 2642, 2861
- GATT 2956
- Government contracts 2853
- Interparliamentary Consultative Council 2574, 2789, 2984, 3015
- Japan 3325
- Judicial assistance 3505
- Import-export 3378
- Labor 2842, 2915, 3334
- Monetary Union 1825, 1939, 2537
- Motor vehicle liability 2709, 2850
- Movement of persons 3252
- Policy towards Germany 2124
- Private international law 2384
- Rhine navigation 3016
- Seamen 3805
- Switzerland 2209
- Tariffs 3054, 3404, 3417, 3506, 3567, 3615, 3803

BENELUX (cont.)
   Taxation 3830
   Tourism 3768
   Trade 3780, 3781, 3829, 3835
   Trademarks 3111, 3112, 3563
BERLIN
   Access 2230
   Administration 1886
   Debts 2817
   Occupation 2234, 2367
   Status 1844, 1850, 1873, 1884, 2472, 2668, 2725, 3132, 3137, 3138
BERLIN DECLARATION [1945] 1873
BERNE CONVENTION
   [1886] 613
   [1896] 688
   [1908] 854
   [1914] 920
   [1928] 1310
   [1948] 2173
BERNE UNION [1890] 648
BESSARABIA 1009
   Boundaries 338, 342
BILLS OF EXCHANGE 509, 1399, 1400, 1401, 1701
BILLS OF HEALTH 1562
   Consular visas 1563
BILLS OF LADING 1022, 1191, 2280, 2502, 3800
BIOSTATISTICS
   Inter-American Center for Biostatistics 2505
BIRDS
   Diseases 1695
   Protection 743, 2331
BLACK SEA
   Distressed vessels 2863
   Fisheries 3148
   Load lines 3294
   Navigation 2504
   Neutralization 330
   Ports 2503
   Straits 269, 331, 473, 1149, 1618
   Transport 2503
BLOOD EXCHANGE
   Europe 3086, 3602
BOATS IMPORTATION 2835
BOER WAR [1902]
   Peace 748
BOGOTÁ ACT [1960] 3310, 3326
BOGOTÁ CHARTER [1948] 2154
BOGOTÁ CONVENTION [1948] 2157
BOGOTÁ DECLARATION [1958] 3056
BOGOTÁ PACT [1948] 2154, 2155
BONAPARTE FAMILY
   Exile 123
BONES EXPORTS 316, 1360

BORDER CROSSINGS
   German states 207
BORDER TRANSIT
   America (Central) 2882
BOUNDARIES
   Africa (East) 747
   Bessarabia 338, 342
   Bulgaria-Greece 915
   Bulgaria-Montenegro 530
   Bulgaria-Rumania 517, 525, 913
   Bulgaria-Rumelia 521
   Bulgaria-Serbia 914
   Burma-Thailand 1657
   China-Jammu-Tibet 275
   China (PR)-India 3744
   Ecuador-Peru 1806
   Egypt-Sudan 1703, 1729
   Europe 172
   Europe (Central) 1002
   Finland-Norway-Russia 2538
   Germany 2217
   Greece 202, 203, 224, 512
   Greece-Montenegro 537
   Greece-Turkey 534, 543, 546, 551
   Lapland 190
   Libya-Sudan 1551
   Montenegro 361, 530
   Po River 357
   Poland-Russia 1122
   Russia-Turkey 346, 532, 536
   Saarland 1018
   Syria 522
   Thrace 1150
BRAZZAVILLE DECLARATION [1960] 3362
BREST-LITOVSK TREATY [1918] 939, 940
BRETTON WOODS CONFERENCE [1944] 1837, 1838
BRIDGES
   Germany-Luxemburg 3149
   Rhine River 347, 360
BROADCASTING
   (see also Radio)
   America (North) 1680, 1788, 1927, 2341
   Europe 1489, 1750, 2485, 3283, 3428
   European Broadcasting Union 3189
   High frequency 2223
   Peace 1621, 1672
BRUNSWICK
   Non-intervention in Sweden 25
BRUSSELS CONFERENCE [1874] 491
BRUSSELS TREATY
   [1948] 2142, 2220, 2292
   [1954] 2661, 2679, 2680, 2681, 2682, 2683, 2684, 2685, 2994, 2995, 3415
BUCHAREST TREATY [1866] 601
   [1913] 912, 913, 914, 915
   [1918] 941

BUENOS AIRES TREATY [1910] 872
BULGARIA
    Armistice 942, 962, 1848
    Boundaries 517, 525, 913
    Loan 1308
    Occupation 1176
    Peace treaty 912, 974, 1271, 2070
    Refugees 1262
    Reparations 1123, 1380, 1457, 1470
BUOYAGE 1607
BURMA LOAN 2314
BUSTAMANTE CODE 1303
CAIRO CONFERENCE
    [1943] 1829, 1832
    [1961] 3386
CAIRO DECLARATION [1958] 3005
CAMBODIA
    GATT 3581
CAMEROUN 2056, 2057
CANADA
    Wheat 3573, 3574
CANALS
    Kembs Canal Scheme 1096
    Kiel Canal 955
    Navigation 3832
    Suez Canal 499, 581, 590, 629, 2858
    Suez Canal Users' Association 2865
CAPACITY TO ACT 783, 1158
    Europe (North) 1393
    Sales 3025
CAPE SPARTEL LIGHT 408, 3021
CAPITAL TRANSFERS
    Benelux 2646, 2860
    League of Arab States 2580, 2701
CAPITULATIONS
    Egypt 1660
CARACAS TREATY [1911] 884
CARIBBEAN COMMISSION 2046
CARIBBEAN ORGANIZATION 3278, 3460
CARLOS (of Portugal) 237, 238, 239
CASABLANCA CHARTER [1961] 3367 3406, 3409
CASABLANCA STATES 3456, 3613,
    Economic cooperation 3449
CASSEL ASSOCIATION 198, 200, 201
CATTLE HERDBOOK 1623
CENTRAL AMERICAN AIR NAVIGATION SERVICES CORPORATION 3238
CENTRAL AMERICAN BANK 3462
CENTRAL AMERICAN BANK FOR ECONOMIC INTEGRATION 3357, 3418
CENTRAL AMERICAN COURT OF JUSTICE 839
CENTRAL AMERICAN DEFENSE COUNCIL 3857

CENTRAL AMERICAN ECONOMIC ASSOCIATION 3234, 3271
CENTRAL AMERICAN EXCHANGE 3451
CENTRAL AMERICAN INSTITUTE FOR THE EXTENSION OF CULTURE 3843
CENTRAL AMERICAN INSTITUTE OF INVESTIGATION AND INDUSTRIAL TECHNOLOGY 2754, 2776
CENTRAL AMERICAN PEACE CONFERENCE 820
CENTRAL AMERICAN UNION 694, 1089
CENTRAL BANK OF THE WEST AFRICAN STATES 3601
CENTRAL PATENT BUREAU 1012
CENTRAL TREATY ORGANIZATION 2712, 3104, 3153
    Staff 3335
CEYLON
    GATT 2296
CHAPULTEPEC ACT [1945] 1865
CHECKS 1428, 1429, 1430, 1700
CHEESE
    Names 2387, 2400
    Sampling and analyzing 1533
CHEMISTRY
    International Chemistry Office 1288
    Permanent Bureau of Analytic Chemistry 902
CHICAGO CONVENTION [1944] 1851, 1852, 1853
CHILDREN
    Guardianship 752, 1161
    International Association for the Protection of Children 1100
    Labor 1463, 2005
    Maintenance 2873, 3023
    Night work 979, 1967, 1979, 2041, 2178
    Protection 2426, 3331, 3483
    Recognition 3476
    Rights 3188
    Traffic in children 1047
CHINA
    Arms control 953
    Boundaries 275
    Customs 755, 1075
    Emigration 412
    Extra-territoriality 1068, 1819
    Financial consortium 1008, 1023
    International settlement 1384
    Mixed courts 749, 1261
    Open door policy 723
    Relations 731, 1074
    Settlement courts 1481
    Taxation 524

CHINA (cont.)
   Tibet 925
   Trade 293, 368
CHOSEN (KOREA) CLAIMS 907
CIVIL PROCEDURE 782, 1186, 2422, 2615
   Americas 632, 1777
CIVIL RIGHTS 3733
CIVIL STATUS 2963
   Change of names 3059
   Europe 2870
   Exchange of information 3058
   International Commission on Civil Status 2329, 2521
CIVIL WAR
   Americas 2943, 3020
   Portugal 294
   Uruguay 389
CIVILIANS IN TIME OF WAR 2261
CLAIMS
   Americas 741, 798, 873
   Arbitration 911
   Austria 1211
   Austria-Hungary 1093
   China 1384
   Colombia 251
   Commission on foreign claims 867
   Europe 159, 160
   France 138, 165
   Hungary 1106, 1417
   Korea 907
   Mutual aid settlement 2084
   Portugal 660
   S.S. Marechal Joffre 2194
   Samoa 720
   Shimonoseki 400
   Utilities 3078
   Venezuela 758, 760, 766
   World War I 1037
CLEARING
   Europe (East) 2951
COAL EXPORT
   Germany 2080
COCOA 3427
CODIFICATION 800
   (see also Unification)
   Americas 735
   International Law Commission 2122
COFFEE 3172, 3670
   America (Central) 1858
   Americas 1786, 1799, 1894, 1962, 2104
   Benelux 3814
   European Economic Community 2929
   Inter-African Coffee Organization 3351

COINAGE
   Europe (North) 937
COLLECTIVE MARKS
   Europe (North) 3345
COLLISION OF SHIPS 877, 2168, 2462, 3276
   Inland navigation 1419, 3241
COLOMBIA
   Claims 251
COLOMBO PLAN 2322
COLONIALISM 3826
COMMERCIAL ARBITRATION 1153
   (see also Arbitration)
   Americas 2813
   Europe 3400
COMMERCIAL EXCHANGE 1661
COMMISSION FOR TECHNICAL CO-OPERATION IN AFRICA SOUTH OF THE SAHARA 2608
COMMISSION FOR THE INTERNATIONAL TRANSPORT BY RAILWAY 301
COMMISSION ON FOREIGN CLAIMS 867
COMMISSION ON FORESTS AND TIMBER (Axis Powers) 1804
COMMITTEE FOR EUROPEAN ECONOMIC COOPERATION 2105
COMMITTEE ON POLLUTED WATERS 2303
COMMODITIES EXCHANGE 2313
COMMONWEALTH OF NATIONS
   Extradition 1455, 1505, 1542
   Friendship 1524
   Korean currency 2658
   Merchant shipping 1449
   Sugar 2442, 3577
   Telecommunications 2164
   Telegraph 3823
   War graves 1570, 1600, 2578, 2609, 2653, 2766, 2820
COMMUNICATIONS
   (see also Telecommunications)
   Communist Countries 2996
   Electric communications 1187
   False information 2545
   Organization for Communication and Transit 1282, 1693
   Postal services 984
COMMUNISM
   America (Central) 3764
   Asia 2934
COMMUNIST COUNTRIES
   (see also Europe (East))
   Assistance to ships and aircraft 2849
   Clearing 2951
   Council for Mutual Economic Assistance 3203, 3204, 3360
   Customs 3626
   Goods delivery 2993

COMMUNIST COUNTRIES (cont.)
   International Bank for Economic Cooperation 3846
   Ionospheric services 2997
   Joint Institute of Nuclear Research 2824, 2869, 3095
   Organization for the Cooperation of Socialist Countries in Matters of Postal Services and Telecommunications 2996
   Rail and water transport 3205
   Rail transport 3223, 3224
   Warsaw Pact 2729, 2730, 2812, 3035, 3232

COMMUNITY OF INDEPENDENT AFRICAN STATES 3151

COMPUTATION
   International Computation Centre 2436

CONAKRY CONFERENCE [1960] 3253
CONAKRY DECLARATION [1960] 3364
CONCESSIONS
   Turkey 1145

CONCILIATION 1281, 3466, 3751
   Americas 1331, 1506, 1515
   Europe 1357
   Europe (North) 1208
   France-Africa 3280

CONFEDERATION TO PREVENT WAR [1682] 31

CONFERENCE OF INDEPENDENT AFRICAN STATES [1960] 3286

CONFERENCES
   America (Central) 843
   Americas 2156

CONFLICT OF LAWS
   (see Private international law)

CONGO
   Duties 655, 671, 744, 746
   Rubber duties 817
   Territorial integrity 936

CONGRESS OF VIENNA [1815] 146, 147
CONLINEBILL 2502
CONSERVATION 908, 916, 1340, 1512, 2435, 2601
   (see also Fisheries)
   Africa 724
   Animals 1784
   Asia 2807
   Asia (Southeast) 2815
   Birds 743, 2331
   European and Mediterranean Plant Protection Organization 2371, 2724, 3597
   International Union for the Conservation of Nature and of Resources 3057
   Pacific area 2696, 2697, 2807
   Vegetation 2191
   Whangpu Conservancy Board of Administration 900, 932

CONSTANCE LAKE 316, 433, 859, 860
CONSULS 1453, 3772, 3773
   America (Central) 866, 891
   America (Latin) 886
   Americas 1297
   Disputes 3775
   Tripoli 484

CONTAINERS 2298
   Customs 2832, 3323

CONTINENTAL SHELF 2692, 2695, 3028, 3030

CONTRABAND
   Americas 1581
   Constance Lake 316
   German states 246
   Liquor 1223, 1663

CONTRACTS
   C.I.F. Contracts 1474
   Europe (North) 930, 1123

COPYRIGHT 596
   Americas 631, 640, 733, 801, 872, 883, 1298, 1760, 1941
   Austria 261
   Bern Convention 613, 688, 854, 920, 1310, 2173
   Europe 571
   International Copyright Union 614
   International Office for the Protection of Industrial, Literary and Artistic Property 3295
   Italy 261
   Performing artists 3265
   Thuringia Association 295
   Universal Copyright Convention 2514

CORPORATIONS
   Americas 1614
   Recognition 2427, 2841

CORPSES TRANSPORT 1651
COTTON
   America (Central) 3107

COUNCIL FOR CULTURAL COOPERATION 3525

COUNCIL FOR MUTUAL ECONOMIC ASSISTANCE 3203, 3360
   Privileges and immunities 3204

COUNCIL FOR TECHNICAL COOPERATION 2322

COUNCIL FOR THE EXPLORATION OF THE SEA 2434

COUNCIL OF EUROPE 2231, 2385, 2438, 2557, 2844, 3036, 3495, 3786
   Privileges and immunities 2273, 2299, 2528, 2897, 3105, 3523, 3766
   Relationship with ECSC 2376
   Resettlement Fund 3767
   Seat 2272

COUNTERFEIT CURRENCY 1341
COURT OF JUSTICE OF THE EUROPEAN ATOMIC ENERGY COMMUNITIES 2941

COURT OF JUSTICE OF THE
EUROPEAN COAL AND
STEEL COMMUNITY
  Rules of procedure 2625
COURT OF JUSTICE OF THE
EUROPEAN COMMUNITIES
2375, 2935
  Clerk of courts 3284
  Rules of procedure 3102,
  3170, 3547, 3560
COURT OFFICIALS
  International Union for Court
  Officials 2554
COURTS
  Court of Justice of the European
  Atomic Energy Community 2941
  Court of Justice of the European
  Communities 2375, 2938, 3102,
  3547, 3560
  European Court of Human Rights
  3167, 3760
  European Nuclear Energy Agency
  3003
  Inter-American Court for the Pro-
  tection of Human Rights 2622
  International Central American
  Tribunal 1121
  International Court of Justice 1882,
  1938, 3741
  International Criminal Court 1684,
  2345
  International Military Tribunal 1889,
  1903, 1905, 1923
  International Prize Court 833, 875
  Jurisdiction 1451
  Permanent Court of International
  Justice 1014, 1259, 1362, 1603
  Shanghai 749, 1261, 1481
CRACOW 141, 292
CREDIT 1488, 2391, 3534
  America (Latin) 1791
  Germany 2394, 3078, 3196
  International Agricultural Mortgage
  Credit Company 1436
CRIMEAN WAR 318, 329
  Armistice 328
  Preliminary peace 327
  Prisoners 324
  Sardinia 321
  Turkey 334, 336
CRIMES
  Aircraft 2607, 3061, 3162, 3837
  Anarchy 767
  Counterfeiting 1341
  Genocide 2204
  Obscenity 868, 1152, 1178, 2116,
  2228
  Piracy 1454
  Terrorism 1685
  War 1803, 1890

CUBA 3532
CULTURAL MONUMENTS AND
PROPERTY IN TIME OF WAR
2631, 2632
CURRENCY
  America (Central) 862
  America (Latin) 987
  Counterfeit 1341
  Europe (North) 937
  Korea 2658
CUSTOMS
  Africa (Central) 3143, 3782
  Air traffic 1249
  America (Central) 3856
  Americas 1130
  Arab States 3010
  Benelux 1842, 2076, 2128, 2236,
  2318, 2432, 2512, 2539, 2555,
  2570, 2596, 2641, 2657, 2698,
  2699, 2749, 2806, 2831, 2974
  China 755, 1075
  Commercial travelers 570
  Communist countries 3626
  Containers 2832, 3323
  Display goods 3420
  Egypt 572, 647
  Europe 308
  Europe (Central) 1290
  Europe (North) 572, 647
  European Customs Union 2350,
  3348
  Europwagon 3007
  Formalities 1155
  German states 199, 204, 206, 211,
  216, 227, 247, 390
  Goods in transit 1290, 3093, 3848
  International Customs Union 651,
  2291
  Italian states 298
  Medical equipment 3256
  Motor vehicles 2636, 2833, 2834
  Nomenclature 2352
  Packings 3324
  Pallets 3354, 3518
  Professional equipment 2353, 3421
  Railways 607, 814
  Rhine River 2285
  Samples 2816, 3273
  Silk duties 456
  South African Customs Union 653,
  707, 761
  Tariff publication 626
  Thuringia Association 226, 228, 229,
  231, 232, 391, 392, 393, 422
  Tourism 2637, 2638
  Transport 2241, 3093
  Turkey 812
  Valuation 2354
  West African Customs Union 3136
  Zollverein 267, 406, 424, 427

CUSTOMS COOPERATION COUNCIL
2349
CYPRUS
    Guarantee 3303
    Independence 3302
    Settlement draft 3100
CZECHOSLOVAKIA
    Peace treaty 969
    Reparations 1379, 1441, 1467
    Territory 1476, 1722
DAB 1673
DAIRA LANDS
    Debts 502
DANGEROUS SUBSTANCES
    Combustible liquids 1741, 2143, 3778
    Explosives 2304
    Rail transport 1388, 2964
    Rhine navigation 759, 2143, 3395, 3778
DANUBE-SAVA-ADRIATIC RAILROAD COMPANY 1810
DANUBE RIVER 1043, 2181, 2437, 2439
    Assistance to vessels 2772, 2961, 2978
    Bulgarian boundary 523
    Commerce 440
    European Commission for the Danube 410, 474, 957, 1263, 1490, 1718, 1745
    Fisheries 3009, 3012
    Iron Gates 1466
    Loans 438, 453
    Navigation 344, 403, 542, 544, 559, 560, 564, 1083, 2398, 2568, 3371
    Neutralization 330
    Permanent Technical Hydraulic System Commission of the Danube 1134, 1177
    Police 1203, 1236
    Sanitary regulations 2569, 3008
    Tolls 471
    Transit and communications 1125
    Transport of goods 2773
    Veterinary rules 3008
DANUBIAN PRINCIPALITIES
    Russian occupation 318
DARDANELLES 269, 331, 473, 1149, 1618
DAWES PLAN [1924] 1179, 1188, 1195, 1207, 1224, 1269
DEATH
    Causes 1544, 1726, 2153
    Declaration 2302, 2447, 2496
DEBTS
    Austria-Hungary 1086, 1137
    Benelux 2523
    Berlin 2817
    Daïra lands 502
    Egypt 529
    Europe (North) 1605
    Franconia 114
    Germany 2364, 2540, 2689, 2825, 2886, 3306

DEBTS (cont.)
    Hungary 1461
    Liberation debt 1377
    Poland 1569
    Postal collection 2968
    Recovery 823
    Schwabach 115
    Turkey 3126
    World War I 1042, 1071
DEFENSE TREATIES
    (see also Alliances)
    Africa (Central) - France 3299
    African and Malagasy Union 3465
    Anzus 2410
    Arab Countries 2305, 2362, 2905
    Balkan Pact 2542
    Central American Defense Council 3857
    Central Treaty Organization 2712, 3104, 3153, 3335
    Cyprus-Greece-Turkey 3304
    Egypt-Jordan-Syria 2875
    Egypt-Saudi Arabia-Yemen 2826
    European Defense Community 2475
    Greece-Turkey-Yugoslavia 2591, 2652
    Iran-USSR-UK 1805
    League of Arab States 2305, 2362
    Middle East Defense Command 2431
    North Atlantic Treaty Organization 2221, 2392, 2413, 2416, 2458, 2474, 2507, 2665, 2892, 2982, 3142, 3155, 3220, 3318, 3556
    South East Asia Treaty Organization 2254, 2255, 2256
    Warsaw Pact 2729, 2730, 2812
    Western European Union 2142, 2220, 2292, 2316, 2661, 2679, 2680, 2681, 2682, 2683, 2684, 2685, 2728, 2994, 2995, 3415
DELIVERY OF GOODS
    Communist countries 2993
DENGUE FEVER 1552
DENMARK
    Armistice 395
    Benelux 2901
    Crown 306
    Duties 3553
    Monarchy 303
    Peace treaty 396, 401, 405
    Peace treaty with Sweden 8
    Renunciation to Hamburg 95
DEPENDENT TERRITORIES
    Africa 577, 578
    Americas 1781, 1782
    Egypt 109, 555, 557, 558
    Ifni 1221
    Karagateh 1147
    Labor conditions 3047
    Lebanon 366, 398, 445, 565, 673, 702, 756, 818, 906
    Morocco 789

DEPENDENT TERRITORIES (cont.)
    Pacific Islands 1069, 1073, 1076
    Samoa 569, 622, 644, 721
DESERTERS 66
    Seamen 385
DESIGNS 1230, 1538, 3176, 3341, 3503
    African and Malagasy Union 3818, 3819
    Benelux 3739
DIAMONDS 1820
DIAPASON (Music) 598
DICTIONARIES
    Spanish 1304
DIPHTHERIA
    Serum 1277, 1410
DIPLOMATIC AGENTS
    Privileges and immunities 1452
    Rank 133, 169
DIPLOMATIC ASYLUM 2295, 3163
    Americas 2623
DIPLOMATIC PROTECTION
    Morocco 535
DIPLOMATIC RELATIONS 3398
    African and Malagasy Union 3464
    Americas 1299
DISARMAMENT, see Arms control
DISEASES 2152
    (see also Animals)
    Contagious 1565
    Death causes 1544, 1726
    Diphtheria 1277, 1410
    Epizootic diseases 1695
    International Organization for the Prevention of Trachoma 1329
    Nomenclature 2179, 2248, 2837
    Occupational diseases 1217, 1546, 1990, 2014, 3798
    Plants 2191
    Smallpox vaccinations 2838
    Trachoma 1329
    Venereal diseases 1205
DISCRIMINATION
    Education 3361
    Labor 3048
    Race 3850
    Religion 3227
DISPLAY GOODS
    Customs 3420
DISPUTES, see Settlement of disputes
DISTRESSED SHIPS 545
    Black Sea 2863
DIVORCE AND SEPARATION 751, 1162
DOCUMENTARY CREDIT 1488, 2391, 3534
DOCUMENTS
    Legalization 2425, 3332, 3484
DOMICILE 2740
DRIVING PERMITS
    Europe (North) 2864

DRUGS 808, 898, 1210, 1354, 1440, 1615, 2054, 2197, 2467, 3385
    Formulae 1225, 1354, 2467
    Opium 910, 924, 1026, 1209, 1448
    Poppy plants 2562
DUAL NATIONALITY 3544
    Europe 3787
    Military service 1390
EAST AFRICAN COMMON SERVICE ORGANIZATION 3216, 3519
EAST EUROPEAN COMMISSION ON THE TRANSPORT OF GOODS AND PASSENGERS 2758
EASTERN REGIONAL ORGANIZATION FOR PUBLIC ADMINISTRATION 3353
ECONOMIC ASSISTANCE
    Africa (West) 3600
    Americas 2103, 2157, 3310, 3455, 3498, 3509, 3545, 3761
    Arab Financial Institution for Economic Development 2945
    Austria 1472
    Bank for International Settlement 1382, 2165
    Bulgaria 1308
    Burma 2315
    Commission for Technical Cooperation in Africa South of the Sahara 2608
    Council of Europe Resettlement Fund 3767
    Dawes Plan 1179, 1188, 1195, 1207
    Europe (North) 923
    European Economic Community 3817
    Germany 1402
    Greece 706
    Indonesia 2450
    Indus Basin 3313, 3314, 3363
    Inter-American Development Bank 3115
    Inter-American Economic and Social Council 3498
    International Bank for Reconstruction and Development 1915
    International Development Association 3229
    International Relief Union 1275
    Iran 1818
    Land lease 2192
    Rumania 1480
    Russia 142
    South Pacific Commission 2067, 2429, 2627
    Turkey 319
    United Nations Relief and Rehabilitation Administration 1828
    Yugoslavia 1278
ECONOMIC AND SOCIAL COMMITTEE 2906
ECONOMIC COOPERATION
    Africa 3449
    Africa-France 3300, 3600, 3756

ECONOMIC COOPERATION (cont.)
    African and Malagasy Organization
       for Economic Cooperation 3384,
       3469
    Afro-Asian Organization for Economic Cooperation 3257
    America (Central) 2506
    Americas 3056
    Austria-Hungary-Italy 1525
    Balkan Entente 1558
    Benelux 1423
    Benelux-France 1867
    Council for Mutual Economic Assistance 3203
    Europe (Central) 1003, 1525
    Europe (North) 1705
    International Bank for Economic Cooperation 3846
    League of Arab States 2305, 2362
    Organization for Economic Cooperation and Development 3359
    Organization for European Economic Cooperation 2151, 3358
    Organization for Trade Cooperation 2721
ECONOMIC INTEGRATION
    America (Central) 3041, 3042, 3748
    Benelux 2284, 3013, 3014
    Central American Bank for Economic Integration 3357, 3418
    Central American Economic Association 3234, 3271
    European Coal and Steel Community 2373
    European Customs Union 3348
    European Economic Community 2917
    European Economic Union 3106
    European Free Trade Association 3225
    Latin American Economic Union 2180
    Latin American Free Trade Association 3236
ECONOMIC STATISTICS 1327, 2203
ECUADOR
    Extradition 1542
EDUCATION
    Africa-France 3301
    America (Central) 1813, 3614, 3617, 3791, 3843
    America (Latin) 3562
    Americas 1641, 1646
    Discrimination 3361
    Europe 3208, 3209
    European School 2936, 3585
    Films 1641
    Iberoamerican Office of Education 2981
    Inter-American University 1824
    International Bureau of Education 1351
    Pedagogical Institute of Central America 840, 861

EDUCATION (cont.)
    UNESCO 1908, 1909, 2047, 2688, 2700, 2883, 3079
EDUCATIONAL OBJECTS
    Importation 2342
EGGS MARKING 1450
EGYPT 555, 557, 558
    Capitulations 1660
    Debts 529
    Evacuation 109
    Finance 576, 582, 593, 615
    Khedive debts 502
    Sanitary reform 670
    War graves 2479
ELBE RIVER
    Dues 466
    Navigation 175, 185, 279, 280, 313, 1079, 1109
    Transport of goods 176
ELECTIONS
    America (Central) 1115
ELECTRIC POWER 1166, 1167
ELSFLETH TOLL 167
EMIGRANTS
    Coolies 412
    Inspection 1253, 1994
    Transit cards 1346
EMPLOYMENT 2145
    Agencies 1491, 2006, 2176, 2250
    Contracts 2744
    Plantations 3038
    Rhine boatmen 2319, 2633
EPIZOOTIC DISEASES 1695
EQUATORIAL CUSTOMS UNION 3143
    Customs code 3782
    Investments 3408
    Regulations 3175, 3379
    Tariffs 3174, 3192, 3193
EQUATORIAL FORESTRY OFFICE 3790
ESCHEAT
    Abolition 96
ESTABLISHMENT
    African and Malagasy Union 3472
    Benelux 3316
    Europe 2803
    Turkey 1146
ETHIOPIA 809
    Arms control 810, 1411
EUROCHEMIC 2999, 3000
EUROCONTROL 3355
EUROFIMA 2781
EUROPE
    Academic diplomas 2598, 2896
    Academic grades 3209
    Air safety 3355
    Air services 2828
    Alliances 18, 20, 21, 22, 23, 24, 32, 33, 39, 67, 71, 81, 128
    Armistice 150

EUROPE (cont.)
    Armistice [1859] 352, 354
    Blood exchange 3086, 3602
    Boundaries 172
    Collective passports 3527
    Broadcasting 1489, 1750, 2189, 2485, 3428
    Civil status 2870
    Claims 159, 160
    Commercial arbitration 3400
    Commissions of conciliation 1357
    Constitution 2195
    Copyright 571
    Council of Europe 2231, 2272, 2385, 2438, 2557, 2844, 3036, 3495
    Court of Justice of the European Communities 2375, 2938, 3170, 3284, 3547, 3560
    Cultural cooperation 2703, 2895, 3525
    Demilitarization 2782, 3571
    Denuclearized zone 3571
    Disputes 2942
    Establishment 2803
    Extradition 384, 442, 457, 488, 505, 811, 2990
    Federation 2183
    Free Trade Zone 3063, 3064
    Human rights 2335, 2457, 3297, 3783, 3784, 3785
    Inheritance 642
    Inland transport 1870
    Judicial assistance 3119
    Maritime mobile radio 2190
    Medical equipment customs 3256
    Medical treatment 3603
    Migration 2584, 3745
    Monetary agreements 467
    Movement of persons 2991
    Nationality 3787
    Neutrality 89
    Non-aggression Pact 3753
    Organization for European Economic Cooperation 2151
    Passports 3527
    Patents 2599, 2600, 2704, 3854
    Payments 2193, 2218, 2274, 2309, 2328, 3855
    Peace treaties 6, 85, 104, 107, 111, 120, 126, 149, 157, 356, 399
    Political unity 3447
    Postal services 434, 439, 450, 483, 485
    Railways 299, 469, 2781
    Resettlement Fund 3767
    Road signs 2327, 2992
    Road transport 2325, 2326, 3541
    Slave trade 290
    Social Charter 3116, 3488
    Social and medical assistance 2603, 3810

EUROPE (cont.)
    Social assistance 2602, 3247, 3296, 3492
    Social security 2604, 3246, 3289, 3372, 3809
    Space research 3344, 3552, 3806
    Student workers 3526
    Sugar duties 463
    Telegraph 323, 326, 348, 350, 351, 358, 449, 479, 518, 526, 527, 528, 641, 654, 888
    Television broadcasts 3283
    Television film exchange 3085
    Therapeutic substances 3086, 3602
    Trade 193, 250, 252, 260, 263, 265, 266, 282, 291, 297, 309, 371, 489, 552, 588, 617, 669, 1169, 1213, 1222, 1237, 1242, 1258, 1260, 1267, 1279, 1306, 1307, 1319, 1328, 1339, 1342, 1356, 1412, 1595, 1926, 2213
    Union of European States 3496
    University qualifications 3208
    Vehicle insurance 3118
    Visas 3120
    War cripples 2804

EUROPE (Central)
    Boundaries 1002
    Cooperation 1526
    Customs 1290
    Economic and judicial relations 1003
    Economic relations 1525
    Nationality 1091
    Passports and visas 1062, 1072
    Policy toward Germany 2132
    Postal services 1063, 1092
    Private vehicles 1064
    Rail traffic 1059
    Rail transport 1388
    Taxation 1089
    Telegraph 609, 612, 1065
    Trade 1061
    War bonds 1090

EUROPE (East)
    (see also Communist Countries)
    Alliances 2729, 2812
    Clearing 2951
    Council for Mutual Economic Assistance 3203
    Peace and security 2691
    Railways 1126, 1364, 2383
    Ship supervision 3522
    Transport 2758
    Warsaw Pact 2729, 2812, 3035

EUROPE (North)
    Air services-South Africa 3244, 3530
    Agency 921
    Airlines 2441, 2778, 3159, 3804
    Aliens 2493, 2787
    Arbitration 769, 770, 772, 773, 774, 776, 1208

EUROPE (North) (cont.)
- Baltic Geodesic Commission 1238, 1620
- Boundaries 2538
- Capacity to act 1183
- Civil aviation 2440
- Coinage 937
- Collective marks 3345
- Common labor market 2634
- Conciliation 1208
- Conditional sales 929
- Contracts 930
- Cooperation with Tanganyika 3743
- Debts 1605
- Driving permits 2864
- Economic relations 1705
- Family law 1426, 2544
- Fisheries 712, 2455, 3183
- Geodesy 1238, 1611, 1620
- Ice breaking 3531
- Income tax on shipping profits 1107
- Indigent citizens 1323
- Judgments 1460, 2137
- Judicial assistance 2953
- Liquor traffic 1246
- Maintenance 1427, 2408, 2548, 3565, 3762
- Maternity assistance 2573
- Medical school 3811
- Military service 2818
- Monetary convention 487, 989, 1175
- Mutual relief 923
- Nationality 2818
- Neutrality 312, 1707, 2357
- Nordic Postal Association 3245
- North Sea radiotelephone 1555, 1731
- Passports 2492, 2635, 2959, 3792
- Patents 3555
- Postal service 434, 1397, 1564, 1678, 2048
- Radiotelephone 1555, 1731, 2767
- Road transport 2451, 2714, 3071
- Sales 781
- Sanitary control of traffic 2722, 3169, 3317
- Scandinavian Medical Center in Korea 2899
- Seamen 547
- Seaworthiness 1239
- Shellfish 2455, 3177
- Sickness benefits 2129, 2130, 2131, 2561, 2571, 2707
- Social security 2270, 2572, 2765, 3475
- Social welfare 1139, 1323, 2359, 2573
- Sound dues 339
- Telecommunications 1046, 1555, 1652, 1731, 2500, 2767, 2983
- Telegraphs and telephones 1020, 1101, 1675

EUROPE (North) (cont.)
- Territorial status quo 848
- Trade register 621
- Trademarks 3346
- Unborn 1393
- Unemployment insurance 3166
- Uniform patent law 3555
- Vehicle registration 2864
- Weather stations 2734
- Workmen's compensation 949, 1654, 3060

EUROPE (Southeast)
- Air navigation 1602
- Armistice 506
- Balkan Consultative Assembly 2713
- Balkan Entente 1523, 1557
- Balkan Pact 2542
- Economic cooperation 1558
- Non-aggression 1717
- Peace treaty 601
- Post and telecommunications 1622
- Reforms 501
- Tourist traffic 1702

EUROPEAN AND MEDITERRANEAN PLANT PROTECTION ORGANIZATION 2371, 2724, 3597

EUROPEAN ASSEMBLY
- Election 3263

EUROPEAN ATOMIC ENERGY COMMUNITY 2916, 2932, 2939, 3262, 3277
- Court 2941
- Economic and Social Committee 2906
- Netherlands territories 2933
- Privileges and immunities 2940
- Tariffs 3088

EUROPEAN BROADCASTING UNION 3189

EUROPEAN CENTRAL INLAND TRANSPORT ORGANIZATION 1899

EUROPEAN CIVIL AVIATION CONFERENCE 2799

EUROPEAN COAL AND STEEL COMMUNITY 2373, 3413
- Africa 3819
- Consultation 2830
- Court of Justice 2375
- Council of Europe 2376
- European School 2936
- Interim commission 2377
- Privileges and immunities 2374
- Saarland 2879
- Switzerland transport 2859
- United Kingdom 2705, 2986

EUROPEAN COAL ORGANIZATION 1920, 2055

EUROPEAN COMMISSION FOR THE CONTROL OF FOOT-AND-MOUTH DISEASE 2597, 2946, 3047

EUROPEAN COMMISSION FOR THE
   DANUBE 410, 447, 564, 957,
   1263, 1490, 1718
   German accession 1745
   Jurisdiction 1490
EUROPEAN COMMISSION ON HUMAN
   RIGHTS
   Rules of procedure 3297, 3321, 3783
EUROPEAN COMMUNITIES
   Executives 3431
   Organs 2931
EUROPEAN COMPANY FOR THE
   CHEMICAL PROCESSING OF IRRADIATE
   FUELS (Eurochemic) 2999, 3000
EUROPEAN CONFERENCE OF LOCAL
   AUTHORITIES 3474
EUROPEAN CONFERENCE OF MINISTERS
   OF TRANSPORT 2583
EUROPEAN CONFERENCE OF POSTAL AND
   TELECOMMUNICATIONS ADMINISTRATORS
   3145
EUROPEAN COURT OF HUMAN RIGHTS 3784,
   3785
   Privileges and immunities 3524
   Rules 3167, 3760
EUROPEAN CUSTOMS UNION 3417
   Study group 2350
EUROPEAN DEFENSE COMMUNITY 2474,
   2475, 2679, 2680, 2681, 2682, 2683,
   2684, 2685, 2728
EUROPEAN ECONOMIC COMMUNITY 2877,
   2916, 2917
   Africa 3816, 3817
   Algeria 2926
   Antitrust 3548, 3593, 3858
   Bananas 2928
   Bankruptcy 3732
   Coffee 2929
   Court of Justice 2375, 2938, 3102
   Economic and Social Committee 2906
   Economic assistance 3815
   Farm products 3558
   France 2919
   GATT 3557
   Germany 2992
   Greece 3445
   Importation 2927
   Iran 3844
   Italy 2921
   Luxemburg 2920
   Mineral oils 2924
   Netherlands Territories 2925
   Organs 2931
   Overseas territories 2923
   Privileges and immunities 2930, 2937
   Social security 3062
   Turkey 3834
   Wheat 3559, 3573, 3574
EUROPEAN ECONOMIC UNION 3106

EUROPEAN FEDERATION 2183
EUROPEAN FREE TRADE ASSO-
   CIATION 3152, 3191, 3225, 3504,
   3619, 3789, 3820, 3833, 3834
   Accounting 3282, 3434
   Austria 3592
   Consignment 3290, 3435, 3494, 3501
   Denmark 3553
   Drawback 3437, 3489, 3500
   Finland 3381, 3440, 3441, 3477, 3502, 3529,
      3554, 3594, 3595, 3596, 3605, 3777, 3836
   Liechtenstein 3226
   Norway 3343, 3438
   Origin criteria 3407, 3442, 3776
   Portugal 3274, 3433, 3486, 3490
   Privileges and immunities 3291
   Re-exported goods 3268, 3350, 3432,
      3439
   Resins 3322, 3436
   Schedules 3461, 3493, 3515, 3606,
      3840
   Seaweed 3403
   Wool 3521
EUROPEAN INVESTMENT BANK 2918
EUROPEAN MONETARY AGREEMENT
   2760, 3049, 3210, 3228, 3520, 3757
   Provisional application 2759
EUROPEAN MOVEMENT 2211
EUROPEAN NUCLEAR ENERGY AGENCY
   3001
EUROPEAN ORGANIZATION FOR NUCLEAR
   RESEARCH 2567
EUROPEAN ORGANIZATION FOR THE
   DEVELOPMENT AND CONSTRUCTION
   OF SPACE VEHICLE LAUNCHERS 3572,
   3598
EUROPEAN PARLIAMENT
   Rules of procedure 3621
EUROPEAN PAYMENTS UNION 2328, 2407,
   2491, 2566, 2644, 2746, 2761, 2762, 2848,
   2957, 3050
EUROPEAN POLITICAL UNION 2543
EUROPEAN POSTAL AND TELECOMMUNI-
   CATIONS UNION 1816
EUROPEAN SCHOOL 3585
   Luxemburg 2936
EUROPEAN SOCIAL CHARTER 3116, 3488
EUROPEAN SPACE RESEARCH ORGANIZA-
   TION 3612, 3628
EUROPWAGONS
   Customs 3007
EVACUATION
   France 166
   Genoa 105
   Jutland 401
   Lombardy 56
EXCHANGE
   Art works 431
   Audio-visuals 2255, 2294, 2323

EXCHANGE (cont.)
    Blood 3086
    Central American Exchange 3451
    Commodities 2313
    Official publications 3082
    Publications 3081
    TV films 3085
EXHIBITIONS 1325
    Rules 2160
EXILE
    Americas 2511
EXPLOSIVES
    (see also Dangerous substances)
    Civilian use 2304
    War 451
EXTRADITION 3164
    America (Central) 842, 1116, 1530
    America (Latin) 1594
    Americas 737, 1517, 2702
    Benelux 3620
    Commonwealth of Nations 1455, 1505, 1542, 1649
    Conscripts 116
    Ecuador 1542
    Europe 384, 442, 457, 488, 505, 811, 2990
    German States 179, 307
    League of Arab States 2516
    Luxemburg 1649
    Paraguay 1505
    Poland 235
    Portugal 1455
    United States 307
EXTRATERRITORIALITY
    China 1068, 1819
FALSE INFORMATION 2545
FAROE ISLAND
    Air navigation 2233, 2867
FEDERAL REPUBLIC OF CENTRAL AMERICA 186
FILMS
    Americas 1641
    Circulation 1507, 1721
    Television film exchange 3085
FINANCE
    Austro-Hungarian Bank 1081
    Bank for International Settlement 1382
    China 1008, 1023
    Egypt 576, 582, 593, 615
    Europe 515, 519
    European Investment Bank 2918
    European Payment Union 2328, 2407, 2491, 2566, 2644, 2746, 2761, 2762, 2848, 2957, 3050
    French West Africa 3243
    German States 244
    Germany 2471, 2677
    Hungary 1106, 1174, 1417

FINANCE (cont.)
    Imports 3738
    International Finance Commission for Tunisia 475
    Intergovernmental Maritime Consultative Council 3388
    International Bank for Economic Cooperation 3846
    International Bank for Reconstruction and Development 1837, 1915
    International Finance Corporation 2732, 3458
    International Monetary Fund 1838, 1916
    Vienna Postal Savings Bank 1211
FINLAND
    Armistice 1845, 1847
    EFTA 3381, 3440, 3441, 3477, 3502, 3529, 3554, 3594, 3595, 3596, 3605, 3777, 3836
    Peace treaty 2071
    Trade 3349
FIRE ARMS 1220
    Africa 650, 833
    America (Central) 1112
    China 953
    Ethiopia 810, 1411
    Proof marks 926
FISHERIES
    Atlantic Ocean 2208, 2494, 2739, 2847, 3097, 3401
    Baltic Sea 1366
    Benelux 2642, 2861
    Black Sea 3148
    Dab 1673
    Danube River 3009, 3012
    Europe (North) 712, 2455, 3183
    Fishing nets 278, 1656, 1932, 2549, 3070, 3258, 3411, 3599
    General Fisheries Council for the Mediterranean 2281
    Indo-Pacific Commission 2200, 2529, 2763, 3089, 3370
    Inter-American Tropical Tuna Commission 2238
    International Commission for the Scientific Investigation of Tuna 2206
    Latin American Fisheries Council 2414
    Newfoundland 93
    North Sea 549, 553, 574, 635, 745, 2735
    Pacific Ocean 2200, 2460, 3180, 3497, 3707, 3746
    Plaice 1478, 1673
    Salmon 591
    Sanctions 2693
    Seals 883, 890, 2453, 2908
    Shellfish 2455, 3177
    Whales 1445, 1664, 1712, 1713, 1835, 1902, 1910, 1928, 2051, 2052, 2075,

FISHERIES (cont.)
    Whales (cont.) 2240, 2317,
      2397, 2486, 2560, 2650, 2756,
      2857, 2885, 2958, 3027, 3051,
      3147, 3285, 3429, 3627, 3847
FISHERMEN 3141
    Medical examination 3140
    Minimum age 3139
FLAGS
    Countries with no sea coast 1030
    Inland navigation 1420
FOOD
    Analysis 903, 1439, 1533, 1578, 2663
    Service on board ship 1945, 2034
    Transport 3539
    U.N. Conference [1943] 1821
FOOD AND AGRICULTURE ORGANIZATION 1904, 1931, 3187, 3507
    Poplar Commission 3185
    Privileges and immunities 3179, 3540
FORCED LABOR 1406, 2002, 2952
FOREIGN ACTS EXECUTION 887
FOREIGN INVESTMENTS 2239, 3250, 3435, 3625
    Arbitral Tribunal for Foreign Investments 3452
FOREST RESEARCH AND TRAINING INSTITUTE 3079
FORESTRY
    Commission on Forests and Timber 1804
    Poplar Commission 3185
FORTEZZA GOLD 2108
FOUR POWER COMMISSION FOR GERMANY 2786
FOUR POWER NAVAL COMMISSION
    Italian fleet 2069
FOUR POWER PACT [1933] 1501
FRANCE
    Abukir capitulation 108
    Armistice 122, 124
    Claims 138, 165
    EEC 2919
    Evacuation 166
    Finance 3243
    Military lines 158
    Moroccan expedition 196
    Occupation 86, 119, 162
    Reparations 170
    St. Barthelemy Islands 504
    Spanish War 14
FRANCONIA
    Debts and pensions 114
FRANKFURT ASSOCIATION [1697] 41
FRANKFURT DOCUMENTS [1948] 2124
FREE TRADE ZONE
    Europe 2979, 3063, 3064

FRENCH COMMUNITY
    Nationality 3281
FRIENDSHIP TREATIES
    America (Central) 1531
    Americas 1806
    Egypt-Sudan 1703, 1729
    India-Yemen 1524
    Near East 1050, 1172, 1240
FRONTIER WORKERS
    Western European Union 2306, 2889
GAS WARFARE 1078, 1219
GDANSK
    German assets 1132
    Military transport 1482
    Polish troops 952
    Railways 1418
GENDRA TREATY [1923] 1128, 1129
GENERAL AGREEMENT ON TARIFFS AND TRADE 2113
    Accessions 2188, 2283, 2378, 2393
    Annecy Protocol 2283
    Argentina 3336
    Article XIV 2149
    Article XVI.A 3337
    Article XXIV 2146
    Article XXVI 2147
    Benelux 2956
    Cambodia 3581
    Ceylon 2296
    Concessions 2419, 2533, 2738, 2751, 2752, 2753, 2840, 2909, 2950, 3747
    Declarations 2147
    European Economic Community 3557
    French text rectification 2741, 2874
    Germany 2394, 2446
    Haiti 2332
    Indonesia 2333
    Israel 3134, 3582
    Japan 2586, 2710, 2737
    Modifications 2148, 2149, 2266
    New Zealand 3269
    Nicaragua 3190
    Organization 2718, 2719, 2801
    Part (1) 2185, 2717
    Part (2) 2186
    Parts (2 and 3) 2716
    Poland 3181
    Portugal 3583
    Provisional application 2112
    Rectification 2150, 2187, 2267, 2301, 2355, 2988
    Results [1960-61] 3630
    Schedules 2268, 2269, 2379, 2420, 2531, 2585, 2587, 2715, 2720, 2802, 2987, 2988, 3090, 3099, 3157, 3233
    Stand still provisions 2989, 3073, 3186, 3338

GENERAL AGREEMENT ON TARIFFS
  AND TRADE (cont.)
    Switzerland 3072, 3183, 3516
    Tariffs 2380, 3629
    Textiles 3448, 3550
    Torquay Protocol 2381
    Tunisia 3182, 3517
    Yugoslavia 3131
GENERAL FISHERIES COUNCIL FOR
  THE MEDITERRANEAN 2281
GENERAL POSTAL UNION 492
GENEVA
    Pacification 98
    Territory 137
GENEVA CONFERENCE
    [1954] 2648
    [1955] 2755, 2797
GENEVA CONVENTION
    [1906] 797
    [1929] 1352, 1353
    [1949] 2260, 2261, 2262, 2263
    [1952] 2514
GENOA 143
    Evacuation 105
GENOCIDE 2204
GEODESY
    Baltic Geodesic Commission
      1238, 1611, 1620
GEOGRAPHY
    Pan American Institute of Geography
      and History 1302
GERMAN STATES
    Alliances 4, 13, 17, 41, 99, 420,
      426, 432, 446
    Border crossing 207
    Confederation 174
    Contraband 246
    Customs 199, 204, 206, 216, 227,
      247
    Customs association 390
    Extradition 179, 307
    Finance 244, 274
    Neutrality 57, 58
    North German Confederation 417,
      425
    Postal services 435
    Railways 249, 262, 264, 271, 287
    Religious freedom 16
    Succession 102
    Tariffs 234
    Telegraph Union 302
    Trade 205, 208, 211, 225, 245,
      248, 270, 419
    Vagrants 213
    Zollverein 267, 406, 424, 427
GERMANIC CONFEDERATION 145, 174
GERMANY
    All German Council 2785
    Allied Control Council 1849, 1872,
      1887, 1891, 1897

GERMANY (cont.)
    Allied government 1875
    Allied High Commission 2245,
      2363, 2643, 3103
    Allied policy 2124
    Armistice 945, 946, 948, 950
    Assets 2125, 2207, 2310, 2361,
      2459
    Assets in Gdansk 1132
    Assets in Italy 2100, 2556, 2649
    Assets in Portugal 3066
    Assets in Spain 2044, 2162, 3055
    Assets in Sweden 1955
    Assets in Switzerland 1940, 2509
    Assets in Thailand 2907
    Berlin 1884, 2230, 2394, 2472,
      2668, 2725, 3132, 3137, 3138
    Boundary 2217
    Budget and currency 1179
    Coal exports 2080
    Credit 2800, 3078, 3196
    Debts 2365, 2540, 2689, 2825,
      2886, 3306
    Defense material 2366
    Demilitarization 2079
    Disarmament 3312
    Economic assistance 1402
    European Economic Community
      2922
    Finance 2471, 2677
    Foreign forces 2673, 2674
    Foreign forces taxation 2473,
      2498, 2675
    Four-power Commission 2786
    Four-power Pact 1936
    Frontier bridges 3149
    GATT 2394, 2446
    Industry 2224, 2369, 2497, 2536
    Most-favored-nation clause 2184,
      2264
    NATO 2686
    Occupation 1873, 1874, 1936, 2224,
      2364, 2369
    Occupation zones 1844, 1850, 1876,
      1886, 2222, 2468, 2499, 2671
    Patents 1960, 2098, 2343
    Peace treaties 954, 2456, 2666, 2667,
      3091, 3128, 3129, 3444
    Penal administration 2779
    Potsdam Agreement 1888
    Property rights 1021, 2678, 2856
    Railways 1355
    Refugees 1617, 1694, 1763
    Relations with the West 1874, 2469,
      2669
    Reparations 1080, 1095, 1105, 1133,
      1189, 1214, 1224, 1268, 1359, 1376,
      1442, 1471, 1898, 1930, 2087, 2115,
      2126, 2140, 2219, 2257, 2382
    Rights of Western Powers 2670

GERMANY (cont.)
    Slesvig 994
    Status 2077, 2132, 2133, 2171,
       2174, 2237, 2289, 2666
    Surrender 1871
    Tax arbitration 2676
    Teheran Conference 1830
    Trademarks in Italy 2851
    Transit 1032
    Unconditional surrender 1839
    War Graves 2820
    Western European Union 2685
    Yalta Conference 1861, 1862, 1863
GERMANY (Democratic Republic)
    Status 2628
GOOD OFFICES
    Americas 1642
GOODS
    Classification 1131, 2947
    Nomenclature 2352
    Origin 656, 880, 1229, 1537, 3068,
       3268, 3350, 3407, 3432, 3439
       3442, 3776
    Sales 2428, 2430
    Valuation 2354
GOVERNMENT CONTRACTS
    Benelux 2853
GRECO-TURKISH WAR
    Amnesty 1143
GREECE
    Atrocities 195
    Boundaries 202, 203, 224, 511,
       534, 546, 551
    EEC 3445
    Independence 376
    Ionian Islands 386
    Loan 706
    Minorities 1005
    Pacification 194
    Reparation 1144, 1156
    Refugees 1154, 1196
    Roman Catholics 212
    Sovereignty 209, 223
    Succession 230, 310, 373, 374, 375,
       377, 380, 382
    Thrace 1006
GREENLAND
    Air navigation services 2233, 2867,
       3422
GUANO EXPORTS 340
GUARDIANSHIP 404, 752, 785, 1161
    Europe (North) 1426, 2544
GUATEMALA
    National order 2645
GUSTAVUS ADOLPHUS, PRINCE
    Marriage 778
HAGUE CONFERENCE
    [1899] 713, 714, 715, 716, 717,
       718, 719

HAGUE CONFERENCE (cont.)
    [1907] 821, 822, 823, 824,
       825, 826, 827, 828, 829, 830,
       831, 832, 833, 834, 835
    [1951] 2421, 2422, 2423, 2424,
       2425, 2426, 2427, 2428
    [1956] 2871
    [1957] 2980
    [1963] 3758, 3763
HAGUE CONVENTION [1905] 1431
HAGUE PROTOCOL [1955] 2777
HAGUE RULES [1921] 1022
HAITI
    GATT 2332
HALLSTEIN REPORT [1959] 3106
HAMBURG
    Occupation by France 9
    Separation from Denmark 95
HARVARD RESEARCH IN INTER-
   NATIONAL LAW 1369, 1370, 1371
HAVANA ACT [1940] 1782
HAVANA CHARTER [1948] 2144
HAVANA TREATY [1928] 1298
HEALTH
    All India Institute of Hygiene and
      Public Health 2406
    Bills of health 1562, 1563
    Center for Vital and Health Statistics
      for Southeast Asia 2401
    International Health Conference 1956
    International Office of Public Health
      838, 1959
    Nomenclature of diseases 2179, 2248
    Scandinavian Medical Center for
      Treatment and Training in Korea
      2899
    Seamen 1053, 1205, 1628, 1950, 1989,
      2025, 2037
    Small pox vaccinations 2838
    South Pacific Health Service 1963, 2389
    Venereal diseases 1205
    World Health Organization 1957, 1958,
      3133, 3330
HEALTH INSURANCE
    Agriculture 1272, 1997
    Europe (North) 2129, 2130, 2131, 2561,
      2572, 2707, 2898
    Industry 1273, 1598
    Seamen 1628, 2025
HELSINKI TREATY [1962] 3566
HELVETIC CONFEDERATION 134
HESSE-HAMBURG
    Succession 413
HIGH SEAS 3029
    Fishing 3027
HIGH TEMPERATURE REACTORS 3108
HIGHWAYS 2418, 3039
    Construction 2324, 2805
    London-Istanbul 1681

HIGHWAYS (cont.)
    Pan American Highway 1645
    Signals 1433, 2278, 2327, 2944, 2992, 3043, 3171
    Traffic 857, 1247, 1248, 2279, 3044

HILEA AMAZONICA 2163

HISTORICAL DOCUMENTS
    America (Latin) 1590

HISTORICAL MONUMENTS AND PROPERTY IN TIME OF WAR 1573, 1574

HISTORY
    Pan American Institute of Geography and History 1302
    Teaching 1522, 1679

HOLY ALLIANCE 154, 168

HOSPITAL SHIPS 775

HOSTILITIES OPENING 824

HOTELS
    International Association of Hotel Owners 458
    Liability 3724

HOURS OF WORK
    Coal mines 1438, 1584
    Commerce 1407, 2003
    Forty hour week 1585, 2018
    Glass bottle works 1587, 2020
    Industry 975, 1974
    Public works 1612
    Road transport 1758, 2033
    Seamen 1629, 1953, 2244, 3033
    Sheet glass works 1547, 2015
    Statistics 1710, 2030
    Textile industry 1668

HOUSING
    International Association for Housing and Urbanism 973

HUMAN RIGHTS 2205, 3735
    Americas 1918, 2160, 2621, 2622, 3165, 3266
    Europe 2335, 2457, 3167, 3784, 3785, 3838

HUNGARY
    Armistice 1044, 1860
    Assets release 1408
    Debts 1461
    Hungarian Postal Savings Bank 1106, 1417
    Peace treaty 990, 1276, 2072
    Reparations 1394, 1443, 1444, 1456, 1468
    Territory 1476
    Trade 3835

HYDRAULIC POWER 1166

IBEROAMERICAN OFFICE OF EDUCATION 2981

ICE PATROL
    Atlantic Ocean 2312, 2809

ICE BREAKING
    Europe (North) 3531

ICELAND
    Air navigation services 2172, 2868, 3096

IFNI 1221

ILLEGAL ENTRY OF PERSONS
    Europe (North) 2493, 2787

IMMIGRATION
    Americas 1742, 1795

IMMUNITY OF STATE VESSELS 1244, 1536

IMPORT-EXPORT 1289, 1315, 1368, 3514
    America (Central) 3160, 3347, 3356, 3749
    Animal products 1566, 1696
    Benelux 3378
    Educational objects 2342
    EEC 2927
    Financing 3738
    German States 225
    Pleasure boats and aircraft 2835
    Samples 2530

INARI LAKE
    Niskakoski Dam 2814, 3124

INDIA
    Health 2406
    Reparations 2141

INDIANS
    Inter-American Indian Institute 1787

INDIGENOUS POPULATIONS 2955

INDIGENT CITIZENS
    Europe (North) 1323

INDIGENT WORKERS
    Employment 1755, 2031
    Employment contracts 2097
    Penal sanctions 1556, 2032

INDO-CHINA
    Mutual defense assistance 2358, 2443, 2581
    Status 2648

INDO-PACIFIC FISHERIES COUNCIL 2200, 2529, 2763, 3089, 3370

INDONESIA
    Economic cooperation 2450
    GATT 2333

INDUS BASIN DEVELOPMENT FUND 3313, 3314, 3363

INDUS WATER TREATY 3313, 3363

INDUSTRIAL ACCIDENTS
    (see also Workmen's compensation)
    Protection 1463, 2004

INDUSTRIAL DIAMONDS 1820

INDUSTRIAL PROPERTY 562, 606, 656, 657, 658, 728, 729, 880, 881, 1229, 1231, 1232, 1537, 1539, 1540, 1541, 2949, 3068, 3069

INDUSTRIAL PROPERTY (cont.)
   African and Malagasy Union 3818, 3819
   Americas 630, 633, 736, 802, 871, 874, 1127, 1335, 1336
   Benelux 3111, 3112, 3563, 3739
   Designs 1230, 1538, 3176, 3341, 3503
   Europe 2599, 2600, 2704
   Europe (North) 3345, 3346, 3555
   Germany 1960, 2098
   International Office for the Protection of Industrial, Literary, and Artistic Property 3295
   International Union for the Protection of Industrial Property 648
   Type face 3754, 3755, 3842
   World War I 993
   World War II 2068
INDUSTRIAL RESEARCH
   America (Central) 2754, 2776
INDUSTRY
   America (Central) 3042
INHERITANCE 1559, 2424, 3333, 3485
   Europe 642
INLAND NAVIGATION
   Americas 1775
   Austria 289
   Collisions 1419, 3241
   Combustible liquids 1741
   Constance Lake 859, 860
   Danube River 344, 403, 440, 542, 544, 559, 560, 564, 1043, 1083, 1125, 1203, 1236, 2181, 2398, 2437, 2439, 2568, 3371
   Elbe River 175, 176, 185, 279, 280, 313, 1079, 1109
   Europe 1870, 1899
   Flags 1420
   Free navigation 135
   German States 289
   Lahn River 283
   Mekong River 2706
   Moselle River 2878
   Neckar River 241, 273
   Pelcomayo River 1797
   Po River 300
   Pruth River 418, 472
   Registration of vessels 1421
   Rhine River 117, 147, 218, 219, 240, 242, 256, 259, 276, 281, 286, 288, 296, 337, 359, 447, 686, 708, 1025, 1027, 1070, 1108, 1124, 1171, 1212, 1241, 1367, 1606, 1720, 1748, 2143, 2466, 2617, 2618, 3016, 3392, 3778, 3849

INLAND NAVIGATION (cont.)
   Rivers 135
   Safety 919
   Suez Canal 581, 590, 629
   Tonnage 704, 850
   Vessel measurements 1234, 2846
   Weser River 183, 184, 188, 255
INSTITUTE OF NUTRITION OF CENTRAL AMERICA 2405, 2606
INSURANCE
   Austria-Hungary 1087, 1093
   Motor vehicles 3118
   Staar Insurance Co. 1811
INTER-AFRICAN AND MALAGASY UNION 3543
INTER-AFRICAN COFFEE ORGANIZATION 3351
INTER-AMERICAN BANANA ORGANIZATION 3454
INTER-AMERICAN BANK 1779
INTER-AMERICAN CENTER FOR BIOSTATISTICS 2505
INTER-AMERICAN COMMISSION ON HUMAN RIGHTS 3266
INTER-AMERICAN CONFERENCE OF POLICE AND JUDICIAL AUTHORITIES 1808
INTER-AMERICAN CONFERENCE ON SOCIAL SECURITY 1812
INTER-AMERICAN CONFERENCE ON THE MAINTENANCE OF PEACE AND SECURITY 2102
INTER-AMERICAN CONFERENCE ON THE PROBLEM OF WAR AND PEACE 1866
INTER-AMERICAN COTTON FEDERATION 3107
INTER-AMERICAN COUNCIL OF JURISTS 3168
INTER-AMERICAN COURT FOR THE PROTECTION OF HUMAN RIGHTS 2622
INTER-AMERICAN DEVELOPMENT BANK 3115
INTER-AMERICAN ECONOMIC AND SOCIAL COUNCIL 3498
INTER-AMERICAN INDIAN INSTITUTE 1787
INTER-AMERICAN INSTITUTE OF AGRICULTURAL SCIENCES 1834, 1836, 3076, 3098
INTER-AMERICAN NUCLEAR ENERGY COMMISSION 2121
INTER-AMERICAN PEACE COMMITTEE 1767
INTER-AMERICAN TROPICAL TUNA COMMISSION 2238
INTER-AMERICAN UNIVERSITY 1824
INTER-ARAB OIL 3178

INTERDICTION 786
INTERGOVERNMENTAL COMMITTEE
    FOR EUROPEAN MIGRATION 2584
    Assistance to group settlement 3745
INTERGOVERNMENTAL MARITIME
    CONSULTATIVE ORGANIZATION
    2135
    Assembly 3586
    Council 3369
    Finances 3388
    Maritime Safety Committee 3538
    Privileges and immunities 3094
    Procedure 3586
    Relation with non-governmental
      organizations 3389
    Rules 3369
    Staff regulation 3390
INTERNATIONAL ACADEMIC UNION
    972
INTERNATIONAL ACADEMY OF
    ASTRONAUTICS 2359
INTERNATIONAL AGRICULTURAL
    MORTGAGE CREDIT COMPANY
    1436
INTERNATIONAL AIR TRANSPORT
    1852
INTERNATIONAL ASSOCIATION FOR
    THE PROTECTION OF CHILDREN
    1100
INTERNATIONAL ASSOCIATION FOR
    HOUSING AND URBANISM 973
INTERNATIONAL ASSOCIATION OF
    HOTEL OWNERS 458
INTERNATIONAL ASSOCIATION OF
    VEHICLE MANUFACTURERS 1560
INTERNATIONAL ASTRONAUTICAL
    FEDERATION 2708, 3218, 3219
INTERNATIONAL ATOMIC ENERGY
    AGENCY 2876, 3481
    Privileges and immunities 3146
    Rules of procedure 3320
    Uranium leasing 3387, 3482
INTERNATIONAL AUTHORITY FOR
    THE RUHR 2226, 2293, 2417, 2496
INTERNATIONAL BANK FOR ECONO-
    MIC COOPERATION 3846
INTERNATIONAL BANK FOR RECON-
    STRUCTION AND DEVELOPMENT
    1837, 1915
INTERNATIONAL BUREAU OF EDU-
    CATION 1351
INTERNATIONAL BUREAU OF INTELLI-
    GENCE ON LOCUSTS 1251
INTERNATIONAL BUREAU OF WEIGHTS
    AND MEASURES 494
INTERNATIONAL CENTER FOR THE
    STUDY OF MEDITERRANEAN AGRO-
    NOMY 3607
INTERNATIONAL CENTRAL AMERICAN
    BUREAU 844, 863
INTERNATIONAL CENTRAL AMERICAN
    TRIBUNAL 1121
INTERNATIONAL CITIES
    Alexandria 619
INTERNATIONAL CHEMISTRY OFFICE
    1288
INTERNATIONAL CIVIL AVIATION ORGA-
    NIZATION 1853, 1854, 1855, 1877, 1879,
    2083, 2639, 2640, 3426
INTERNATIONAL COFFEE ORGANIZATION
    3011
INTERNATIONAL COMMISSION FOR THE
    PROTECTION OF THE RHINE AGAINST
    POLLUTION 3779
INTERNATIONAL COMMISSION FOR THE
    SCIENTIFIC INVESTIGATION OF TUNA
    2206
INTERNATIONAL COMMISSION ON CIVIL
    STATUS 2329, 2521
    Change of names 3059
    Exchange of information 3058
INTERNATIONAL COMMISSIONS OF INQUIRY
    America (Central) 1114
INTERNATIONAL COMPUTATION CENTRE
    2436
INTERNATIONAL CONFERENCE OF AMERI-
    CAN STATES [1948] 2156
INTERNATIONAL CONFERENCE ON PRIVATE
    INTERNATIONAL LAW 679, 683
INTERNATIONAL COPYRIGHT UNION 614
INTERNATIONAL COURT OF JUSTICE 1882,
    3741
    Privileges and immunities 1942, 2053
    Rules 1938
INTERNATIONAL CRIMINAL COURT 1684,
    1944, 2345
INTERNATIONAL DEVELOPMENT ASSOCIA-
    TION 3229
INTERNATIONAL FINANCE COMMISSION FOR
    TUNISIA 475
INTERNATIONAL FINANCE CORPORATION
    2732, 3458
    Privileges and immunities 3113
INTERNATIONAL HEALTH CONFERENCE
    [1946] 1956
INTERNATIONAL HYDROGRAPHIC BUREAU
    961, 1039, 3154
INTERNATIONAL INSTITUTE FOR THE UNI-
    FICATION OF INTERNATIONAL LAW 1772
INTERNATIONAL INSTITUTE FOR THE UNI-
    FICATION OF PRIVATE LAW 3499
INTERNATIONAL INSTITUTE "HILEA AMA-
    ZONICA" 2163
INTERNATIONAL INSTITUTE OF AGRICUL-
    TURE 780, 1245, 1931
INTERNATIONAL INSTITUTE OF INTELLEC-
    TUAL COOPERATION 1206
INTERNATIONAL INSTITUTE OF REFRIGERA-
    TION 992, 1662, 2690
INTERNATIONAL INSTITUTE OF SPACE LAW
    3219

INTERNATIONAL LABOR ORGANIZATION
958, 1906, 1973, 2042, 2152, 2563, 3624
Industrial accidents 3798
Revision of conventions 3430
Convention:
  1-975, 1974
  2-976, 1975
  3-980, 1976
  4-977, 1977
  5-978, 1978
  6-979, 1979
  7-995, 1980
  8-996, 1981
  9-997, 1982
  10-1056, 1983
  11-1054, 1984
  12-1055, 1985
  13-1058, 1986
  14-1057, 1987
  15-1052, 1988
  16-1053, 1989
  17-1217, 1990
  18-1218, 1991
  19-1215, 1992
  20-1216, 1993
  21-1253, 1994
  22-1256, 1995
  23-1257, 1996
  24-1272, 1997
  25-1273, 1998
  26-1311, 1999
  27-1348, 2000
  28-1349, 2001
  29-1406, 2002
  30-1407, 2003
  31-1438
  32-1462, 2004
  33-1463, 2005
  34-1491, 2006
  35-1492, 2007
  36-1493, 2008
  37-1494, 2009
  38-1495, 2010
  39-1496, 2011
  40-1499, 2012
  41-1545, 2013
  42-1546, 2014
  43-1547, 2015
  44-1548, 2016
  45-1583, 2017
  46-1584
  47-1585, 2018
  48-1586, 2019
  49-1587, 2020
  50-1610, 2021
  51-1612
  52-1613, 2022
  53-1625, 2023
  54-1626

INTERNATIONAL LABOR ORGANIZATION (cont.)
Convention:
  55-1627, 2024
  56-1628, 2025
  57-1629, 2026
  58-1630, 2027
  59-1666, 2028
  60-1667, 2029
  61-1668
  62-1669, 2030
  63-1710, 2031
  64-1755, 2032
  65-1756, 2033
  66-1757
  67-1758, 2034
  68-1945, 2035
  69-1946, 2036
  70-1947
  71-1948
  72-1949
  73-1950, 2037
  74-1951, 2038
  75-1952
  76-1953
  77-1965, 2039
  78-1966, 2040
  79-1967, 2041
  80-2042
  81-2093
  82-2094
  83-2095
  84-2088
  85-2096
  86-2097
  87-2175
  88-2176
  89-2177
  90-2178
  91-2242
  92-2243
  93-2244
  94-2247
  95-2249
  96-2250
  97-2251
  98-2252
  99-2395
  100-2396
  101-2481
  102-2483
  103-2484
  104-2744
  105-2952
  106-2954
  107-2955
  108-3034
  109-3033
  110-3038

INTERNATIONAL LABOR ORGANIZATION
(cont.)
Convention:
111-3048
112-3139
113-3140
114-3141
115-3279
116-3430
117-3616
118-3622
119-3808
INTERNATIONAL LABORATORY FOR
NUCLEAR RESEARCH 2452, 2565
INTERNATIONAL LAW 691, 693
Codification 800
Unification 1772
INTERNATIONAL LAW COMMISSION 2122
INTERNATIONAL MARINE CONFERENCE
[1889] 646
INTERNATIONAL MARITIME COMMITTEE
2808, 3222
INTERNATIONAL MARITIME LAW CONFERENCE 3589
INTERNATIONAL MILITARY
HEADQUARTERS
Germany 2508
INTERNATIONAL MILITARY
TRIBUNAL 1889, 1903
Procedure 1905
INTERNATIONAL MILITARY
TRIBUNAL FOR THE FAR EAST 1923
INTERNATIONAL MONETARY FUND
1838, 1916
INTERNATIONAL ODER COMMISSION
Arbitration 1324
INTERNATIONAL OFFICE FOR DEALING
WITH CONTAGIOUS DISEASES OF
ANIMALS 1173
INTERNATIONAL OFFICE FOR THE
PROTECTION OF INDUSTRIAL,
LITERARY AND ARTISTIC PROPERTY
3295
INTERNATIONAL OFFICE OF PUBLIC
HEALTH 838, 1959
INTERNATIONAL OLYMPIC COMMITTEE
682
INTERNATIONAL ORGANIZATION FOR THE
PREVENTION OF TRACHOMA 1329
INTERNATIONAL ORGANIZATION OF LEGAL
METROLOGY 2780
INTERNATIONAL PATENTS BUREAU 2085,
3373
INTERNATIONAL PENAL LAW
Americas 634, 1774
INTERNATIONAL PRIZE COURTS 833, 875
INTERNATIONAL REFUGEES OFFICE 1425
INTERNATIONAL REFUGEES ORGANIZATION
2066
Preparatory commission 2065
INTERNATIONAL RELIEF UNION 1275
INTERNATIONAL RICE COMMISSION
2201, 2465, 2798, 3339
INTERNATIONAL SCIENTIFIC ASSOCIATION FOR THE AGRICULTURE
OF WARM COUNTRIES 1292
INTERNATIONAL SILKWORM COMMISSION 2977
INTERNATIONAL SOCIETY FOR SOIL
RESEARCH 1180
INTERNATIONAL TELECOMMUNICATIONS UNION
Privileges and immunities 2330
Space communications 3841
INTERNATIONAL TRACING SERVICE
2736, 3305
INTERNATIONAL TRADE ORGANIZATION 2144
INTERNATIONAL UNION FOR THE CONSERVATION OF NATURE AND OF RESOURCES 3057
INTERNATIONAL UNION FOR THE PROTECTION OF INDUSTRIAL PROPERTY
648
INTERNATIONAL UNION FOR THE PUBLICATION OF CUSTOM TARIFFS 626,
651, 2291
INTERNATIONAL UNION OF COURT OFFICIALS 2554
INTERNATIONAL VOCATIONAL TRAINING
INFORMATION AND RESEARCH CENTER
3352
INTERNATIONAL WINE OFFICE 1204
INTERPARLIAMENTARY CONSULTATIVE
COUNCIL (Benelux) 2574, 2789, 2984,
3015
INTRA-EUROPEAN PAYMENTS 2193, 2218,
2274, 2309
INVALIDITY INSURANCE
Agriculture 1495, 2010
Industry 1495, 2009
INVENTIONS
NATO 3318, 3556
Nuclear 2866
INVESTMENTS
Equatorial Customs Union 3408
IONIAN ISLANDS 155, 383, 386
IONOSPHERIC SERVICES
Communist countries 2997
IRAN
European Economic Community 3844
Food supply 1818
IRAQ
Aliens 1375
War graves 2609
IRELAND
Tourism 3768
IRON GATES 1466
Assistance to ship 2961, 2978
IRRADIATE FUELS 2999, 3000

ISRAEL
    GATT 3134, 3582
ITALIAN STATES
    Customs 308
    Customs Union 298
    Railways 304
ITALY 164
    Armistice 125, 1822
    European Economic Community 2921
    German assets 2100, 2556, 2649
    German patents 2343
    German trademarks 2851
    Navy 2069
    Peace treaty 2073
    Placentia 94
    Reparations 967, 982
    Surrender 1823, 1827
    Trade 1387
    Trieste 2662
    Venezia Guilia 1878
JAPAN
    Allied Council 1917
    Assets in Thailand 2564
    Benelux 3325
    Foreign forces 2588, 2612
    GATT 2586, 2710, 2737
    International Military Tribunal 1923
    Nuclear safeguards 3839
    Peace treaty 2411, 2412, 2480, 2577
    Status of U.N. forces 2610, 2611, 2612
    Surrender 1895, 1896
    Trade 2448, 3780
    War graves 2766
    World War II 1863
JOINT INSTITUTE OF NUCLEAR RESEARCH 2824, 2869, 3095
JOINT NORDIC MEDICAL SCHOOL 3813
JUDGMENTS
    Europe (North) 1460, 2137
    League of Arab States 2517
    Recognition and enforcement 1233, 1598, 3446, 3646, 3758
JUDICIAL ASSISTANCE 1734
    African and Malagasy Union 3417
    America (Latin) 887
    Benelux 3505, 3620
    Europe 3119
    Europe (Central) 1003
    Europe (North) 2953
JUTLAND
    Evacuation 401
KARAGATEH 1147
KASCHAU-ODERBERG RAILROAD 1785
KELLOGG-BRIAND PACT [1928] 1312, 1320
KEMBS LATERAL CANAL SCHEME 1096
KHEDIVE DEBTS 502
KIEL CANAL 955

KOREA
    Armistice 2576
    Currency 2658
    National Medical Center 2821
    Scandinavian Medical Center 2899
LABOR
    (see also International Labor Organization)
    All African Trade Union Federation 3416
    America (Central) 1119
    Association 1054, 1984
    Benelux 2842, 2915, 3334
    Child labor 979, 1463, 1967, 1979, 2007, 2041, 2178
    Dependent territories 2088, 2095, 2096
    Discrimination 3048
    Equality of treatment 1215
    Europe (North) 2634
    European Social Charter 3116, 3488
    Forced labor 1406, 2002, 2952
    Hours of work 975, 1407, 1438, 1547, 1584, 1585, 1587, 1588, 1612, 1629, 1668, 1710, 1758, 1953, 1974, 2003, 2015, 2018, 2020, 2033, 2244, 3033
    Inspection 2093, 2096, 2559
    Minimum age 978, 1052, 1056, 1463, 1666, 1667, 1978, 1983, 1988, 2005, 2027, 2028, 3139
    Minimum wage 1311, 1999, 2395
    Night work 1216, 1993
    Nuclear safety 3279, 3513
    Plantation 3038
    Protection 777, 1058, 1349
    Public contracts 2247
    Recruiting 1610, 2021
    Right to organize 2175, 2252
    Vacations 1613, 1949, 2022, 2481
    Wages 2249, 2396
    Weekly rest 1057, 1987, 2954
    Women 804, 977, 1545, 1583, 1977, 2013, 2017, 2177, 2396
LAHN RIVER
    Navigation 283
LAOS
    Neutrality 3380, 3528
    Settlement 3414
LAPLAND
    Boundaries 190
LATIN AMERICAN ECONOMIC UNION 2180
LATIN AMERICAN FISHERIES COUNCIL 2414
LATIN AMERICAN FREE TRADE ASSOCIATION 3236
LATIN MONETARY UNION 411, 490, 597, 599, 680, 703, 705, 757, 853, 1067
    Small silver currency 987
LAUSANNE PROTOCOL [1949] 2256

LAUSANNE TREATY [1923] 1141, 1142
LEAGUE AGAINST SPAIN [1596] 1
LEAGUE OF ARAB STATES 1846, 1868
    Cultural relations 1911, 2049
    Defense and economic cooperation 2305, 2362
    Execution of judgments 2517
    Extradition 2516
    Letters of request 2518
    Nationality 2519, 2626
    Payments and transfer of capital 2580, 2701
    Postal Union 2550
    Privileges and immunities 2558
    Telecommunications 2551
    Trade exchange and transit 2579
    Writs 2518
LEAGUE OF NATIONS 956, 1048
    Procedure 1485
    Radio station 1398
LEAGUE OF NATIONS HIGH COMMISSION FOR REFUGEES 1313
LEAGUE TO PRESERVE PEACE IN ITALY 47
LEASES
    Arbitration 754, 779
LEBANON 366, 398, 445, 486, 565, 673, 702, 756, 818, 906
LEGAL EDUCATION
    America (Latin) 3740
LEND LEASE
    Use of funds 2192
LEOPOLD, PRINCE
    Greece 210
LETTERS OF DECLARED VALUE 663, 697, 793
    Postal Union of the Americas and Spain 2795
LIABILITY
    Aviation 1363, 1724, 2524, 2777, 3478
    Motor vehicles 2709, 2850
    Nuclear energy 3101, 3231, 3235, 3293, 3412, 3750, 3793, 3794
    Nuclear ship operators 3150, 3173, 3568, 3609
    Ships 1022, 1193, 1627, 2024, 2502, 2768, 2975, 3590
LIBERIA
    Reparations credit 1396
LIBYA
    Technical service 2390
LIECHTENSTEIN
    EFTA 3226
LIGHT SHIPS 1415
LIQUOR TRAFFIC
    Africa 711, 725, 806, 965
    Contraband 1223, 1663
    Europe (North) 1246
    North Sea 611, 624, 675

LISBON CONVENTION [1958] 3069
LITTLE ENTENTE 1405, 1483
    Arbitration and conciliation 1343
    Post and telecommunications 1554
LOANS
    Turkey 319, 322
LOAD LINES 1409, 1624, 1719, 2111, 2276
    Black Sea 3294
LOCAL AUTHORITIES
    European Conference of Local Authorities 3474
LOCARNO PACT [1925] 1227, 1235
LOCUSTS 1010, 1561, 2210, 2464, 2589
    America (Central) 2246, 2399
    Americas 1964
    International Bureau of Intelligence on Locusts 1251
LOMBARDY
    Evacuation 56
LONDON CONFERENCE [1948] 2133
LONDON DECLARATION [1909] 855
LONDON NAVAL TREATY [1936] 1604
LONDON PACT [1915] 927
LONDON TREATY
    [1871] 473, 474
    [1913] 909
    [1930] 1392
LUXEMBURG
    Credit in Yugoslavia 3254
    EEC 2920
    Extradition 1649
    Frontier bridges 3149
    Neutrality 423
MACHINERY
    Safety (ILO) 3808
MADRID CONVENTION
    [1891] 657
    [1900] 729
    [1911] 882
    [1925] 1232
    [1934] 1540, 1541
    [1957] 2949
MAGHRIB COUNTRIES 3032
MAINTENANCE 2845, 2900
    Children 2873, 3023
    Europe (North) 1427, 2408, 2548, 3565, 3762
MALAYSIA 3799, 3813, 3822, 3827
MANAGUA CONFERENCE [1963] 3764
MANCHESTER CONGRESS [1945] 1859
MANILA AGREEMENT [1963] 3799, 3813, 3822, 3827
MANILA CONFERENCE [1954] 2654, 2655, 2656
MANILA DECLARATION [1963] 3826, 3827
MANNHEIM CONVENTION [1868] 447

MARGARET, PRINCESS
  Marriage 778
MARITIME MATTERS
  (see also Fisheries)
  Assistance at sea 2771, 2819, 2849
  Athens Conference 3589
  Buoyage 1607
  Cape Spartel Lights 408, 3021
  Collision 877, 2168, 3276
  Communications 894
  Continental Shelf 2692, 2695, 3028, 3030
  Dispute 3031
  Exploration 710, 2434
  High seas 3029
  Intergovernmental Maritime Consultative Organization 2135
  International Maritime Committee 2808, 3222
  Lanes 2692, 2695
  Liens 1192, 1243
  Light ships 1415
  Limits 2694
  Maritime Safety Committee 3538
  Neutrality 1301
  Pollution by oil 2629, 2630, 3584
  Ports 1168
  Prizes 82
  Radio 1500, 1504, 1534, 1555, 1575, 1731, 1749, 2190, 2767
  Red Sea Lights 1422, 3551
  Regulations 856
  Safety of life at sea 918, 1344, 1424, 1437, 1479, 2169, 2764
  Salvage 876
  Signals 1416
  Territorial sea 2501
  United Maritime Authority 1840
  United Maritime Consultative Council 1924, 2045
  United Nations Conference 2134
  York-Antwerp rules 2280
MARRIAGE 750, 784, 1159, 1160
  Europe (North) 1426, 2544
MARSHALL PLAN [1947] 2105
MATCHES 805
MATERNITY 980, 1976, 2484
  Europe (North) 2573
MAUDLING PROPOSALS [1957] 2979
MECCA PILGRIMS 681, 1754
MEDIATION 333
  Americas 1642
MEDICAL ASSISTANCE 2288, 2308, 3272
  Europe 2603, 3812
  Korea 2821, 2899
MEDICAL EQUIPMENT
  Customs 3256
MEDICAL EXAMINATIONS
  Fishermen 3140

MEDICAL EXAMINATIONS (cont.)
  Seamen 1053, 1950, 1989, 2037
  Young persons - industry 1965, 2039
  Young persons - non-industry 1966, 2040
MEDICAL PERSONNEL IN TIME OF WAR 3377
MEDICAL SCHOOLS
  Joint Nordic Medical School 3811
MEDICAL TREATMENT
  Europe 3603
MEDITERRANEAN SEA
  General Fisheries Council for the Mediterranean 2281
  Piracy 1674, 1676
MEKONG RIVER
  Arbitration 2706
MEMEL 1181, 1383
MERCHANT SHIPS IN TIME OF WAR 827, 828, 1631
METEOROLOGY
  World Meteorological Organization 2109, 3117, 3123
METROLOGY
  International Organization of Legal Metrology 2780
MEXICO
  Peace treaty [1862] 370
MEXICO DECLARATION [1945] 1866
MEXICO TREATY [1902] 733
MIDDLE EAST DEFENSE COMMAND 2431
MIGRANT WORKERS
  Employment 2251
  EEC 3062
  Recruitment 1757
MIGRANTS
  Intergovernmental Committee for European Migration 2584, 3745
  Pensions 1586, 2019
MIGUEL (of Portugal) 237, 238, 239
MILITARY ASSISTANCE
  Indo-China 2358, 2443, 2581
  Turkey 317, 1765
MILITARY SERVICE
  Conscripts extradition 116
  Deserters 66
  Dual nationality 1390
  Europe (North) 2818
MINERAL OILS
  EEC 2924
MINES (Warfare) 829
MINIMUM AGE
  Agriculture 1056, 1983
  Fishermen 3139
  Industry 978, 1666, 1667, 1978, 2027, 2028
  Non-industry 1463, 2005

MINIMUM AGE (cont.)
    Seamen 995, 1630, 1980, 2026
    Trimmers and stockers 1052, 1988
MINIMUM WAGE
    Agriculture 2395
    Mechanics 1311, 1999
MINORITIES
    Armenia 1004
    Greece 1005
    Turkey 1148
MINORS, see Children
MISSING PERSONS 2302, 2447, 2904
    International Tracing Service 2736, 3305
MOLDAVIA 349, 355, 394, 414
MONETARY AGREEMENTS 2120
    Benelux 1825, 1939, 2537, 2698, 2699
    Europe 467, 515, 519, 2759, 2760, 3049, 3210, 3228, 3520, 3757
    Europe (North) 487, 989, 1175
    European Monetary Agreement 2760, 3049, 3210, 3228, 3520, 3757
    German States 274
    International Monetary Fund 1838, 1916
    Latin Monetary Union 411, 490, 597, 599, 680, 703, 705, 757, 853, 987, 1067
    Monetary Clearing Agreement 2120
    Stability 1556
    West African Monetary Union 3600, 3756
MONEY ORDERS 2091
    Americas 1970, 2339, 2791, 3328
    Baghdad 2822
    Postal 510, 587, 665, 699, 794, 1752, 2966, 2971
    Telegraphic 895
MONGOLIA 931
MONROVIA CONFERENCE
    [1959] 3156
    [1961] 3410
MONTENEGRO
    Boundaries 361, 530
MONTEVIDEO TREATY
    [1889] 630, 631, 632, 633, 634, 635, 636, 637, 638, 639
    [1939] 1759, 1760, 1761
    [1940] 1773, 1774, 1775, 1776, 1777
MOROCCO 789
    Diplomatic protection 535
    Egyptian troops 197
    French expedition 196
    Taxation 540, 689
MORTGAGES
    International Agricultural Mortgage Credit Company 1436
    Sea 1192, 1243

MOSCOW AGREEMENT [1945] 1917
MOSCOW CONFERENCE [1943] 1826
MOSELLE RIVER
    Canalization 2878
MOST FAVORED NATION CLAUSE
    Americas 1550
    Germany 2184, 2264
MOTOR VEHICLES 857, 1247, 1248, 2277, 2278
    America (Central) 3044
    Americas 1414, 1833
    Driving permits 2864
    Equipment 3019, 3298
    Europe 2325, 2326, 3120, 3541
    Europe (North) 2714, 3071
    Importation 2636, 2834, 2881
    Insurance 3118
    Liability 2709, 2850
    Parts 3019, 3298
    Registration 2864
    Taxation 1434, 2833, 2893, 2894
    Temporary importation 2881
    Triptychs 1432
MOVEMENT OF PERSONS
    Benelux 3252
    Europe 2991
MÜLLER-ARMACK PLAN [1960] 3348
MUNICH AGREEMENT [1938] 1722
MUSICAL PITCH 598
MUTUAL AID SETTLEMENT
    Claims 2084
NAMES
    Changes 3059
NAPOLEON
    Exile 123, 153
NARCOTIC DRUGS, see Drugs
NASSAU, HOUSE OF 129
NATIONALITY 1369, 2640, 3544, 3774
    Americas 799, 1518, 1519
    Burma-Thailand 1657
    Conflicts 1389
    Dual nationality 1390, 3544, 3787
    Europe 3787
    Europe (Central) 1091
    Europe (North) 2818
    French Community 3281
    League of Arab States 2519
    Married women 2613
    Military service 1390
    Statelessness 1391, 2403, 2487, 2659, 3457
    Women 1519, 2613, 2910
NATIONALIZATION 2239, 3250, 3435, 3625
    Suez Canal 2858
NAURU 1017, 1135, 2114
NEAR EAST
    (see also Arab states)
    Alliances 1805, 2905
    Armistice 2256
    Defense 2712

NEAR EAST (cont)
   Friendship 1050, 1172, 1240
   Non - aggression 1670
   Pacification 258
NECKAR RIVER
   Navigation 241, 273
NEGOTIABLE INSTRUMENTS
   Postal services 586, 662, 700, 795
NETHERLANDS 127, 144, 221, 253
   Reunion with Spain 62
   Separation from Belgium 215
   Union with Belgium 214
NETHERLANDS TERRITORIES
   EEC 2925
NEUFCHATEL AND VALENGIN 341
NEUILLY TREATY [1919] 974, 1271
NEUTRALITY 106, 826, 1730
   Aerial war 1735
   Aland Island 923, 951, 1051
   Americas 1764
   Baltic Sea 90
   Belgium 254
   Black Sea 330
   Danube River 330
   Europe 89
   Europe (North) 312, 1707, 2357
   German States 57, 58
   Laos 3380, 3528
   Luxemburg 423
   Naval war 834, 905, 1301, 1735
   Switzerland 161
NEW ZEALAND
   GATT 3269
NEWFOUNDLAND
   Defense installations 1937
   Fisheries 93
   U.S. bases 1798
NEWSPAPERS
   Postal subscription 666, 696, 793, 2970
NICARAGUA
   GATT 3190
NIGHT WORK 1216, 1993
   Women 804, 977, 1545, 1977, 2013, 2177
   Young persons 979, 1967, 1979, 2041, 2178
NISKAKOSKI DAM 2814, 3124
NON-AGGRESSION
   Americas 1506
   Balkan Entente 1717
   Draft treaty 2784, 3037, 3753
   Europe 2783, 3753
   Kellogg-Briand Pact 1312, 1320
   Locarno Pact 1227, 1235
   Near East 1670
NON-ALIGNED NATIONS 2723, 2750, 3005, 3423, 3459, 3752

NON-INTERVENTION
   Americas 1515, 1644
   Brunswick in Sweden 25
   Spain 1655
NON-SCHEDULED AIRLINES
   Europe 2828
NORDIC COUNCIL 2478, 3566
NORDIC POSTAL ASSOCIATION 3245
NORTH ATLANTIC ICE PATROL 2312, 2809
NORTH ATLANTIC OCEAN WEATHER STATIONS 1972, 2212, 2232, 2477, 2614, 2734, 3249
NORTH ATLANTIC TREATY ORGANIZATION 2221, 2665
   Armaments 2687
   European Defense Command 2474
   Germany 2686
   Greece 2416
   Headquarters 2507
   Inventions 3318, 3556
   Non-military cooperation 2892
   Nuclear information 2745
   Scientific cooperation 2982, 3220
   Staff 2413
   Status of forces 2392, 2458, 3155
   Turkey 2416
NORTH GERMAN CONFEDERATION 417, 425
NORTH SEA
   Fisheries 549, 553, 574, 635, 745, 2735
   Liquor traffic 611, 624, 675
   Radio 1555
   Radiotelephone 1731
   Territories 849
NORTHWEST ATLANTIC FISHERIES 2208, 2494, 2739, 2847, 3097, 3401
NORWAY
   Duties 3343, 3438
   Independence 837
   Spitsbergen 985
   Throne guarantee 325
NUCLEAR ENERGY 1907
   European Atomic Energy Community 2916, 2932, 2939, 3262, 3277
   European Company for the Chemical Processing of Irradiate Fuels 2999, 3000
   European Nuclear Energy Agency 3001
   European Organization for Nuclear Research 2567
   Inter-American Nuclear Energy Commission 2121
   International Atomic Energy Agency 2876, 3481
   International Laboratory for Nuclear Research 2452, 2565
   Inventions 2866

NUCLEAR ENERGY (cont.)
    Japan-U.S. safeguards 3839
    Joint Institute of Nuclear Research 2824, 2869, 3095
    Labor protection 3279, 3513
    Liability 3101, 3231, 3235, 3293, 3412, 3750, 3793, 3794
    Netherlands territories 2933
    North Atlantic Treaty Organization 2745
    Nuclear ship liability 3150, 3173, 3568, 3609
    Security control 3002, 3003
    Uranium leasing 3387, 3482
NUCLEAR TESTING 3828
    USSR draft 3067, 3080, 3508, 3564
    Western draft 3211, 3399
NUCLEAR WEAPONS
    Orbiting 3845
NUTRITION
    Institute of Nutrition of Central America 2405, 2606
NYON ARRANGEMENT [1937] 1674, 1676
OBSCENE PUBLICATIONS 868, 1152, 1178, 2116, 2228
OCCUPATION
    Austria 1883
    Berlin 2234, 2367
    Bulgaria 1176
    France 86, 119, 162
    Gdansk 952
    Germany 1133, 1849, 1872, 1873, 1874, 1875, 1876, 1897, 2222, 2224, 2364, 2369, 2468, 2499, 2671
    Hamburg 9
    Rhine 959
    Rhineland 1358
    Sardinia 177, 181
    Settlement 2470, 2482, 2672
    Syria 365
    Turkey 1140
OCEANOGRAPHY
    Pacific Ocean 2843
    Permanent International Council for the Exploration of the Sea 710
OCKRANT REPORT [1958] 3063
OFFICIAL JOURNALS
    Exchange 602
OFFICIAL PUBLICATIONS
    Exchange 603, 3082
OIL
    Arab States 3178
    Organization of Petroleum Exporting Countries 3311
    Pipelines 1790
    Sea pollution 1254, 2629, 2630, 3584
OLIVE OIL 2796, 3022, 3771, 3812

OLYMPIC GAMES
    International Olympic Committee 682
OPEN DOOR POLICY
    China 723
ORANGE, HOUSE OF 129
ORGANIZATION FOR COMMUNICATION AND TRANSIT 1282, 1693
ORGANIZATION FOR ECONOMIC COOPERATION AND DEVELOPMENT 3359
    Foreign investment 3625
    Foreign property 3435
    Rules of procedure 3480
ORGANIZATION FOR EUROPEAN ECONOMIC COOPERATION 2151, 3358
ORGANIZATION FOR THE COOPERATION OF SOCIALIST COUNTRIES IN MATTERS OF POSTAL SERVICE AND TELECOMMUNICATIONS 2996
ORGANIZATION FOR TRADE COOPERATION 2721
ORGANIZATION OF AFRICAN UNITY 3797
ORGANIZATION OF AMERICAN STATES 2154
    Claims 741
    Codification of International Law 735
    Cuba 3532
    Privileges and immunities 2235, 2495
ORGANIZATION OF CENTRAL AMERICAN STATES 2415
ORGANIZATION OF PETROLEUM EXPORTING COUNTRIES 3311
ORIGIN OF GOODS 656, 880, 1229, 1537, 3068
    EFTA 3268, 3350, 3407, 3432, 3439, 3442, 3776
OUCHY CONVENTION [1932] 1473
OUTER MONGOLIA 931
PACIFIC CHARTER [1954] 2656
PACIFIC ISLANDS 1015, 1069, 1073, 1076
    Trusteeship 2078
PACIFIC OCEAN 1073
    Air services 2286, 2811
    Fisheries 2460, 3180, 3497, 3707, 3746
    Permanent Commission for the Exploitation of the Maritime Wealth of the South Pacific 2696, 2697
    Plant protection 2807
    Research 2843
    Seals 883, 2453, 2908
    South Pacific Commission 2067
    South Pacific Health Service 1963, 2389
PACKAGES
    Weight markings 1348, 2000
PACKINGS
    Customs 3324
PAKISTAN
    Reparations 2141

PALLETS
    Customs 3354, 3518
PAN-AFRICAN CONGRESS 1859
PAN-AFRICAN FREEDOM MOVEMENT 3549
PAN-AFRICANISM 963
PAN AMERICAN COMMERCIAL COMMITTEE 1580, 1601
PAN AMERICAN HIGHWAY 1645
PAN AMERICAN INSTITUTE OF GEOGRAPHY AND HISTORY 1302
PAN AMERICAN POSTAL UNION 1045, 1266
PAN AMERICAN SANITARY ORGANIZATION 2106
PAN AMERICAN UNION 1293
    Procedure 1309
    Publications exchange 734
    Regulations 3248
PANAMA TREATY [1961] 3453
PARAGUAY 503
    Extradition 1505
    Trade 3829
PARCEL POST 538, 541, 556, 584, 623, 664, 674, 698, 792, 1753, 2092, 2489, 2972
    Africa 1709, 1739
    Americas 1793, 1971, 2340, 2792
    Arab States 2912
    Europe 548
PARIS CAPITULATION [1814] 122
PARIS CONFERENCE [1869] 454
PARIS CONGRESS [1919] 963
PARIS DECLARATION
    [1856] 335
    [1962] 3542
PARIS TREATY
    [1856] 329
    [1919] 983
    [1947] 2070, 2072, 2073
PARMA 84, 164, 284
    Occupation 74
PASSPORTS AND VISAS
    America (Central) 2882
    Americas 1579
    Benelux 3252
    Bills of health 1563
    Europe 2991, 3120, 3527
    Europe (Central) 1062, 1072
    Europe (North) 2492, 2635, 2788, 2959
    Fees 2110
    Pilots' certificates 1680
    Refugees 2043
    Seamen 3805
PATENTS 563, 606, 658, 728, 881, 1231, 1539, 3069
    Americas 630, 633, 736, 802
    Central Patent Bureau 1012

PATENTS (cont.)
    Europe 2599, 2600, 2704, 3854
    Europe (North) 3555
    Germany 1960, 2098
    International Patents Bureau 2085, 3373
    International Union for the Protection of Industrial Property 648
PAYMENTS 3512
    Benelux 3046
    Communist Countries 2951
    Europe 3855
    European Payments Union 2328, 2407, 2491, 2566, 2644, 2746, 2761, 2762, 2848, 2957, 3050
    Intra-European Payments 2193, 2218, 2274, 2309
    League of Arab States 2580, 2701
    Yugoslavia 3046
PEACE CONFERENCES 816
    America (Central) 820
    Americas 2102
    Hague
        [1899] 713
        [1907] 821
PEACE TREATIES
    America (Central) 771
    Americas 1767, 1806, 1865, 1866
    Austria 968
    Bulgaria 912, 974, 1271, 2080
    Bulgaria-Serbia-Turkey 601
    China 275
    Cologne-Münster-Netherlands 19
    Crimean war 327
    Czechoslovakia 969
    Denmark 396, 401, 405
    Denmark-Sweden 8
    Europe 6, 43, 85, 104, 107, 111, 120, 126, 130, 146, 149, 356
    Finland 2071
    France-Spain-UK 91, 92
    Germany 954, 2456, 2666, 2667, 3091, 3128, 3129, 3444
    Greece-Turkey 454
    Hungary 990, 1276, 2072
    Italy 2073
    Japan 2411, 2412, 2480, 2577
    Mexico 370
    Poland 960
    Rumania 941, 1007, 1028
    Russia 940, 1007, 1028
    Serbo-Croatia 970
    South Africa 748
    Thailand 1919
    Turkey 909, 1000, 1141, 1148
    Ukraine 939
    Westphalia 3
    Yugoslavia 970, 1142
PEACEFUL COEXISTENCE 2784, 3037

PEANUTS
    African Peanut Council 3788
PEDAGOGICAL INSTITUTE OF
    CENTRAL AMERICA 840, 861
PELCOMAYO RIVER 1797
PENAL ADMINISTRATION
    Germany 2779
PENSIONS
    Austria-Hungary 1163, 1164
    Franconia 114
PERMANENT BUREAU OF ANALYTIC
    CHEMISTRY 902
PERMANENT COMMISSION FOR THE
    EXPLOITATION AND CONSERVA-
    TION OF THE MARITIME WEALTH
    OF THE SOUTH PACIFIC 2696
PERMANENT COURT OF ARBITRATION
    727, 3546
PERMANENT COURT OF INTERNATION-
    AL JUSTICE 1014, 1259, 1362
    Interpretation 1431
    Rules 1603
PERMANENT INTERNATIONAL COMMIT-
    TEE FOR THE LONDON-ISTANBUL
    HIGHWAY 1681
PERMANENT INTERNATIONAL COUNCIL
    FOR THE EXPLORATION OF THE SEA
    710
PERMANENT TECHNICAL HYDRAULIC
    SYSTEM COMMISSION OF THE
    DANUBE 1134, 1177
PERSONS
    (see also Civil status)
    African and Malagasy Union 3472
    Benelux 3252
    Europe 2991
PHOSPHORUS MATCHES 805
PHYLLOXERA VASTATRIX 514, 550, 643
PHYTO-SANITARY CONTROL
    Africa 2651, 3487
PILGRIMS
    Mecca 681, 1754, 2839
PILOTS' CERTIFICATES 1680
PIPELINES
    Americas 1790
PIRACY 173, 1454
    Mediterranean Sea 1674, 1676
PLACENTIA 84, 94, 143, 284
    Occupation 74
PLAICE 1478, 1673
PLANTATIONS
    Labor 3038
PLANTS
    (see also Agriculture)
    Asia 2807
    Asia (Southeast) 2815
    Diseases 2191
    European and Mediterranean
        Plant Protection Organization
        2371, 2724, 3597

PLANTS (cont.)
    Protection 1340, 2435, 2601,
        3206, 3511
PLEBISCITES
    Silesia 1097
PO RIVER
    Boundaries 357
    Navigation 300
POLAND
    Eastern boundary 1122
    Extradition 235
    GATT 3181
    Peace treaty 960
    Reconstruction 1569
    Reparations 2253
    Succession 103
POLAR REGIONS
    Antarctica 3195, 3450
POLICE
    Americas 986
POLITICAL RIGHTS 3733
POMERANIA
    Restoration to Sweden 28
POPLAR COMMISSION 3185
PORTS 1033, 1168
PORTUGAL 568
    Civil war 294
    Claims 660
    Duties 3274, 3433, 3486, 3490
    Extradition 1455
    GATT 3583
    German assets 3066
    Pacification 236
    Sovereigns 238
POSTAL SERVICES 1041, 1571
    African and Malagasy Union 3473
    African Postal Union 1596, 2198
    Air mail 1283, 1969, 2090
    Air parcels 1284
    America (South) 879
    Arab States 2550, 2822, 2911, 2912
    Balkan Entente 1622
    Bank services 2969
    Bill collection 2968
    Bills of exchange 509
    British possessions 497
    Cash on delivery (COD) 2967
    Checks 2966
    Communications 984
    Europe 434, 439, 450, 483, 485,
        3145
    Europe (Central) 1063, 1092
    Europe (North) 436, 1397, 1564,
        2048
    European Postal and Telecommunica-
        tions Union 1816
    French possessions 497
    General Postal Union 492
    German States 435
    Identity certificates 667, 701

POSTAL SERVICES (cont.)
   Letters of declared value 663, 697, 791
   Little Entente 1554
   Money orders 510, 587, 665, 699, 794, 1752, 1970, 2191, 2339, 2791, 2822, 2971, 3328
   Negotiable instruments 586, 662, 700, 795
   Newspapers and periodicals 666, 696, 793, 2970
   Nordic Postal Association 3245
   Norway-Russia-Sweden 684
   Organization for the Cooperation of Communist Countries in Matters of Postal Services and Telecommunications 2996
   Pan American Postal Union 1011, 1266
   Parcel post 538, 541, 548, 556, 584, 623, 664, 674, 698, 792, 1709, 1739, 1753, 1793, 1971, 2092, 2340, 2489, 2792, 2912, 2972
   Registered mail 585, 2490, 2792
   Universal Postal Union 508, 583, 661, 695, 790, 1013, 1194, 1350, 1527, 1751, 2089, 2488, 2965
   Vienna Postal Savings Bank 1211
   West African Postal and Telecommunications Union 2370
POSTAL UNION OF AMERICAS AND SPAIN 1011, 1447, 1636, 1968, 2337, 2790, 3327
   Air mail 1969, 2338
   Letters of declared value 2795
   Money order 1970, 2339, 2791, 3328
   Parcel post 1793, 1971, 2340, 2792
   Rates 2794
   Registered mail 2793, 3329
POSTAL VOUCHERS
   Europe (North) 1678
POTSDAM AGREEMENT [1945] 1888
POWER OF ATTORNEY
   Americas 1771
PRIME MINISTERS' CONFERENCE OF THE STATES OF EQUATORIAL AFRICA 3144, 3199, 3200, 3201
PRISONERS OF WAR 1352, 1864, 2260, 3742
   Crimean War 324
   France-Russia 83
PRIVATE INTERNATIONAL LAW 636, 679, 683, 691, 693, 1040, 2421, 2423, 2980
   Americas 638, 1303, 1773
   Arbitration 2547
   Benelux 2383
   Interpretation 1431
   Treaties 1778

PRIVILEGES AND IMMUNITIES
   African and Malagasy Union 3470
   Bank for International Settlement 1619
   Consuls 886
   Council for Mutual Economic Assistance 3204
   Council of Europe 2273, 2299, 2528, 2897, 3105, 3523, 3766
   Diplomatic 1452
   European Atomic Energy Community 2940
   European Coal and Steel Community 2374
   European Court of Human Rights 3524
   European Economic Community 2930, 2937
   European Free Trade Association 3291
   Food and Agriculture Organization 3179, 3540
   Intergovernmental Maritime Consultative Organization 3094
   International Atomic Energy Agency 3146
   International Court of Justice 1942, 2053
   International Finance Corporation 3113
   International Telecommunication Union 2330
   League of Arab States 2558
   Organization of American States 2235, 2495
   Specialized agencies 2123
   United Nations 1925
   World Health Organization 3052
   World Meteorological Organization 2368
PRIZES 82
   Prize Courts 833, 875
PROFESSIONAL EQUIPMENT
   Customs 2353, 3421
PROFESSIONS
   America (Central) 1117, 1814, 3618
   Americas 637, 738, 1759
PROMISSORY NOTES 1701
PROPAGANDA 3608
PROPERTY RIGHTS 1609
   Germany 1021
PROSTITUTION 2290, 2300
PROVISIONAL MARITIME CONSULTATIVE COUNCIL 2045
PRUTH RIVER
   Navigation 418, 472
   Vessels 481
PUBLIC ADMINISTRATION
   Eastern Regional Organization for Public Administration 3353
PUBLIC DOCUMENTS
   Legalization 2425, 3332, 3484
PUBLIC PROPERTY
   Austria-Hungary 1094

PUBLIC PROPERTY (cont.)
  German States 459
PUBLICATIONS
  Americas 734, 1640
  Exchange 602, 603, 1593, 3084, 3085
PUERTO RICO
  Technical cooperation 2454
PUNTA DEL ESTE
  Charter [1961] 3455
  Conference [1962] 3545
  Declaration [1961] 3532
PYRMONT 429
QUADRUPLE ALLIANCE
  [1745] 78
  [1814] 121
  [1815] 136, 140, 156
  [1834] 237, 238, 239
  [1840] 257
QUITO CHARTER [1948] 2180
RACIAL DISCRIMINATION 3850
RADIATION
  Labor protection 3279, 3513
RADIO 764, 807, 901, 1226, 1291, 2433, 3212, 3214, 3215
  America (Central) 1733
  America (North) 1338, 1690, 1788
  America (South) 1572, 1665, 1689, 1769
  Americas 1688, 1766, 1770, 2254, 2998
  Baltic Sea 1575, 1731, 1749
  Europe 2189
  Europe (North) 1576, 2767
  Frequencies 1338
  League of Nations 1398
  Maritime radio 1500, 1504, 1534, 1575, 1731, 1749, 2190, 2767
  North Sea 1555
  Regulations 1699
  Stations 1337
RAIL TRANSPORT
  Commission for the International Transport by Railway 301
  Communist Countries 2383, 3205, 3223, 3224
  Europe (Central) 1388
  Goods 311, 511, 610, 652, 677, 678, 685, 709, 803, 1198, 1388, 1475, 1514, 1529, 1686, 1715, 2311, 2445, 2525, 2526, 2552, 2743, 3109, 3127, 3130, 3223, 3288, 3375, 3376, 3611
  Passengers 1199, 1513, 1687, 2444, 2527, 3110, 3130, 3224, 3374, 3376
RAILWAYS 566, 1034, 1165, 1933
  America (Central) 893
  Austria 2960, 3342, 3368

RAILWAYS (cont.)
  Customs 607, 814
  Europe 299, 304, 469, 2781
  Europe (Central) 1059
  Europe (East) 1364
  Europe (Southeast) 1810
  Gdansk 1418
  German States 249, 262, 264, 271, 287
  Germany 1355
  Kaschu-Oderberg 1785
  Rhodesia 2402
  St. Gotthard 464, 478, 858
  Southern Railroad Co. 1126, 1326
  Tariffs 1740, 3114
  Technical unity 608, 813
RAPACKI PLAN [1962] 3571
RAPALLO TREATY [1922] 1095, 1105
RECOGNITION
  Children 3476
  Governments 846, 2282
  Judgments 1598, 3446, 3758
  Sentences 1599
RED SEA LIGHTS 1422, 3551
REFRIGERATION 3108
  International Institute of Refrigeration 992, 1662, 2690
REFUGEES 1099, 1510, 2403, 2404, 3240
  Americas 1761, 2511
  Armenia 1182, 1250, 1314
  Bulgaria 1262
  Germany 1617, 1694, 1763
  Greece 1154, 1196
  International Refugee Office 1425
  International Refugee Organization 2065, 2066
  League of Nations High Commission for Refugees 1313
  Refugee Settlement Commission 1154
  Russia 1099, 1250, 1314
  Saarland 1589
  Seamen 2985
  Travel documents 2043
  U.N. High Commission 2348
REGISTERED MAIL 585
  Americas 2490, 2793, 3329
REGIONAL OFFICE OF INFORMATION AND ECONOMIC STUDIES 1789
RELIGIOUS DISCRIMINATION 3227
RELIGIOUS PROPERTY CLAIMS 911
REPARATIONS 998, 1035, 1060, 1202, 1381, 1465, 1469, 1914, 1921
  Austria 1378
  Austria-Hungary 966, 981, 1457
  Bulgaria 1123, 1380, 1457
  Czechoslovakia 1379, 1441, 1467
  France 170
  Germany 1080, 1095, 1105, 1189, 1214, 1224, 1268, 1359, 1376, 1442,

REPARATIONS (cont.)
  Germany (cont.) 1471, 1898,
    1930, 2087, 2115, 2125, 2126,
    2140, 2207, 2219, 2257, 2310,
    2361, 2382, 2459
  Greece 1144, 1156
  Hungary 1394, 1443, 1444, 1456,
    1468
  India 2141
  Italy 967, 982
  Liberation debt 1377
  Liberia 1396
  Pakistan 2141
  Poland 2253
  Reparation Commission assets
    1404
  Turkey 1144, 1157
  Young Plan 1345
RHINE CONFEDERATION 113
RHINE RIVER
  Benelux 3016
  Boatmen 2319, 2320, 2633
  Bridges 347, 360
  Combustible liquids 2143, 3778
  Course 337
  Customs 2285
  Dangerous substances 759, 3395
  Fuels 2466
  Inspection of vessels 3851, 3852
  Navigation 117, 147, 218, 219,
    240, 242, 256, 259, 276, 286,
    288, 296, 359, 447, 686, 708,
    1025, 1027, 1070, 1124, 1171,
    1212, 1241, 1367, 1606, 1748,
    3016, 3851
  Navigation certificates 1108
  Police regulations 1720, 2617,
    3392
  Pollution 3779
  Rhine Commission 1901
  Roadstead 2618, 3393
  Salmon fishing 591
  Searching of vessels 2119, 3394
  Ship captains 2829, 3391, 3853
RHINELAND
  Evacuation 1358
  Occupation 959
RHINELAND AGREEMENT [1925]
  1214
RHODESIA
  Railways 2402
RICE 2595, 2664
  International Rice Commission
    2201, 2465, 2798, 3339
  Rice Council 2139
RIO PACT [1947] 2103
RIO TREATY
  [1906] 801
  [1933] 1506
ROADS
  (see Highways)

ROME TREATY [1957] 2916, 2917,
  2918, 2919, 2920, 2921, 2922, 2923,
  2924, 2925, 2926, 2927, 2928, 2929,
  2930, 2931, 2932, 2933
RUANDI-URUNDI 2058
RUBBER 1535, 1588, 1608, 1650, 1725,
  1869
RÜGEN ISLAND
  Restoration to Sweden 29
RUHR
  International Authority for the Ruhr
    2226, 2293, 2417, 2496
RULE OF LAW
  Santiago Declaration 3158
RULES OF PROCEDURE
  Court of Justice of the European Communities 3102, 3170, 3547, 3560
  Court of Justice of the European Coal
    and Steel Community 2625
  European Commission on Human Rights
    3297, 3321, 3760, 3782
  European Parliament 3621
  Intergovernmental Maritime Consultative
    Organization 3369, 3586
  International Atomic Energy Agency 3320
  International Military Tribunal 1905
  League of Nations 1485
  Organization for Economic Cooperation
    and Development 3480
  Pan American Union 1309
  U.N. Economic and Social Council 2214
  U.N. General Assembly 2118
  U.N. Trusteeship Council 2081
RUMANIA
  Armistice 1843
  Bessarabia 1009
  Boundaries 517, 525, 913
  Peace treaty 941, 983, 2074
  Rumelia 521, 604
  Technical assistance 1480
RUMELIA 604
  Boundaries 523
RUSSIA
  Boundaries 346, 532, 536
  Dutch loan 142
  Peace treaty 940, 1007, 1028
  Refugees 1099, 1250, 1314
  Turkish War 315
  Ukraine peace treaty 939
S.S. MARÉCHAL JOFFRE
  Claims 2194
SAARLAND
  Boundaries 1018
  European Coal and Steel Community
    2879
  Refugees 1589
SAFETY
  Labor 777, 1669, 2029, 3810
  Life at sea 918, 919, 1344, 1424,
    1437, 1479, 2169, 2764, 3275, 3538
  Nuclear energy 3279, 3513

SAFETY (cont.)
    Ship loading 1349, 2004
SAIL MARKINGS 645
ST. BARTHELEMY ISLANDS 504
SAINT GERMAIN TREATY [1919]
    968, 969, 970
    Article 275 1038
SAINT GOTTHARD RAILWAY 464,
    478, 858
SALES
    Capacity of parties 3025
    Conflict of laws 3024
    Europe (North) 781, 929
    Goods 2428
    Movable goods 2430, 2742, 3537
    Personal property 3221
SALESMEN
    Privileges 570
SALVAGE AT SEA 876, 2771,
    2819
    Aircraft 1723
    Baltic Sea 2890, 2891
    Communist Countries 2849
SAMOA 569, 622, 644, 721
    Claims 720
    Mandate 1015
    Slave trade 493
    Trusteeship 2062
SAMPLES
    Customs 2816, 3273
    Importation 2530
SAN JOSÉ CONFERENCE [1961] 3424
SAN JOSÉ DECLARATION
    [1960] 3307
    [1963] 3761
SAN SALVADOR CHARTER [1951] 2415
SANCTIONS 786
SANITARY REGULATIONS 305, 676, 692,
    722, 765, 897, 1036, 1255, 1728, 1856,
    1934, 2386, 2733, 3365, 3795
    Africa 2651, 3487
    Americas 788, 922, 1201, 1286, 2138,
        2520
    Aviation 1484, 1857, 1935, 2364
    Danube River 2569, 3008
    Egypt 670
    Europe (North) 2722, 3169, 3317
    Pan American Sanitary Organization
        2106
    Pilgrims 681, 1754, 2839
    Smallpox vaccinations 2838
    Traffic 2722, 3317
SANNIQUELLIE DECLARATION [1959]
    3151
SANTIAGO DECLARATION
    [1959] 3158
    [1962] 3562
SARDINIA
    Crimean War 321
    Guarantees 69, 88
    Occupation 177, 181

SAXE-GOTHA
    Succession 192
SCANDINAVIAN MEDICAL CENTER
    FOR TREATMENT AND TRAINING
    IN KOREA 2899
SCHELDT TOLL 378, 379
SCHOENBURG HOUSE 76
SCHWABACH
    Debts 115
SCIENTIFIC COUNCIL FOR AFRICA
    SOUTH OF THE SAHARA 2388
SCREW THREADS 2196
SEA
    (see Maritime matters)
SEA TRANSPORT 646, 2134, 2774,
    2973
    Black Sea 2503
    C.I.F. Contracts 1474
    Communist Countries 3205
    Europe 7, 567
    Intergovernmental Maritime Con-
        sultative Organization 2135
    Luggage 3802
    Passengers 2770, 2973, 3402, 3405
    Regulations 856
    Stowaways 2769, 2976
    United Maritime Authority
        1840
    United Maritime Consultative Council
        1924, 2045
SEALS 890
    Pacific Ocean 883, 2453, 2908
SEAMEN 1256, 1995
    Catering 1945, 2034
    Certification 1951, 2038
    Cooks 1946, 2035
    Crew accomodations 1952, 2243
    Deserters 385
    Europe (North) 547
    Gdansk 1084
    Health insurance 1628, 2025
    Hours of work 1629, 3033
    Identity documents 3034
    Medical examinations 1053, 1950,
        1989, 2037
    Memel 1084
    Minimum age 995, 1630, 1980, 2026
    Pensions 1948, 2036
    Placement 997, 1982
    Refugees 2985
    Relief 545
    Repatriation 1257, 1996
    Shipwreck unemployment 996, 1981
    Social security 1947
    Travel documents 3807
    Vacations 1626, 1949, 2242
    Venereal disease 1205
    Wages and hours 1953, 2244, 3033
SELF-DETERMINATION 3826
    Cyprus 3100
SENTENCES
    Recognition 1599

SERBIA 372
    Boundary 522
SETTLEMENT OF DISPUTES
    333, 714, 726, 815, 816, 821,
    822, 1197, 1281, 1322, 2227,
    3466, 3775
    Africa 3410
    America (Central) 845
    America (South) 928
    Americas 1110, 1128, 1129,
        1643, 1647, 1865, 2155
    Asia 513
    Consuls 3775
    Economic disputes 1458
    Europe 1312, 2942
    Near East 258
    Sea 3031
    Syria 362, 363
SEVEN YEARS WAR 91, 92
SÈVRES TREATY
    [1920] 1000, 1001, 1002,
        1003, 1004, 1005
    [1923] 1148
SHANGHAI
    Mixed courts 749, 1261
    Settlement courts 1481
SHELLFISH
    Europe (North) 2455, 3177
SHIMONOSEKI INDEMNITIES 400
SHIPS
    Arrest of ships 2461
    Certificates 1333
    Collision 2462
    Commonwealth of Nations 1449
    Cooks 1946, 2035
    Damages in boarding 3590
    Danube River 2772
    Flags 1030
    Food serving on board 1945
    Liability 1022, 1193, 1627, 2024,
        2502, 2768, 2975, 3150, 3173,
        3568, 3590, 3609
    Loading accidents 1349, 2004
    Measurement 1234, 2846
    Merchant ships in war 827, 828,
        1631
    Officers 1625, 2023, 2829, 3391,
        3855
    Passengers 2770, 2973, 3402,
        3405
    Peanl jurisdiction 2463
    Pleasure boat duties 353
    Pruth River 481
    Registration 1421, 3801
    Rhine River 2829, 3391, 3851,
        3852, 3853
    Sail markings 645
    Searching 2118, 3394
    Seaworthiness 1239
    State vessels 1244, 1536
    Supervision 3522

SHIPS (cont.)
    Taxation 1107
    Tonnage 704, 850, 1274,
        1532, 2086
SILESIA
    Plebiscites 1097
SILK DUTIES 456
SILKWORMS
    International Silkworm Commission
        2977
SILVER 1502
SINGAPORE TREATY [1946] 1919
SKINS AND HIDES
    Exportation 1317, 1361
SLAVE TRADE 173, 272, 668, 768,
    869, 1047, 1264, 1508, 2117, 2202,
    2229, 2290, 2593, 2862
    Africa 132, 152, 180, 285, 580, 605,
        650, 870, 964
    Arbitration 178
    Europe 290
    Samoa 493
SLESVIG 994
SMALLPOX VACCINATIONS 2838
SOCIAL PROGRESS TRUST FUND 3425
SOCIAL SECURITY
    Agriculture 1272, 1493, 1497, 1997,
        2008, 2012
    Aliens 3419
    Americas 1812
    Austria-Hungary 1038
    Benelux 3047
    Coordination of schemes 2287
    Equality of treatment 3622
    Europe 3246, 3289, 3372, 3809
    Europe (North) 2129, 2130, 2131,
        2270, 2561, 2572, 2604, 2605, 2707,
        2765, 2898, 3475
    Industry 1273, 1492, 1496, 1998, 2007,
        2011
    Migrant workers 3062
    Minimum standards 2483
    Rhine boatmen 2320
    Seamen 1628, 1947, 2025, 2036
    Transport workers 2854, 3092
    Unemployment 976, 996, 1548, 1975,
        1981, 2016, 3166
SOCIAL WELFARE 2288, 2308, 3272
    America (Latin) 3326
    Benelux 2575, 2592, 2647, 2757
    Dependent territories 2094
    Europe 2602, 2603, 3247, 3492, 3810
    Europe (North) 1139, 2360
    European Social Charter 3116, 3488
    ILO Convention [117] 3616
SOIL RESEARCH 1180
SOLIDARITY ORGANIZATION OF THE
    PEOPLES OF ASIA AND AFRICA 3253
SOMALIA LAND
    Trusteeship 2344
SOUTH AFRICA
    Peace treaty 748

SOUTH AFRICAN CUSTOMS UNION 653, 707, 761
SOUTH PACIFIC COMMISSION 2067
   Frequency of sessions 2627
   Territorial scope 2429
SOUTH PACIFIC HEALTH SERVICE 1963, 2389
SOUTH WEST AFRICA 1016
SOUTHEAST ASIA TREATY ORGANIZATION 2654, 2655
SOUTHERN RAILROAD COMPANY 1126, 1326
SPACE
   (see also Astronautics)
   Communications 3841
   Communist Countries 2997
   European Organization for the Development and Construction of Space Vehicles 3572, 3598
   European Space Research Organization 3612, 3628
   Exploration 3533
   International Institute of Space Law 3219
   Legal regime 3217, 3831
   Peaceful uses 3769, 3807
   Research 3344, 3552, 3806
   Vehicle rescue 3537, 3610
SPAIN
   American and Spanish Postal Union 1447, 1636, 1968, 1969, 1970, 1971, 2337, 2338, 2339, 2340, 2790, 2791, 2792, 2793, 3327, 3328
   Civil war 1655
   French war 14
   German assets 2044, 2162, 3055
   Pacification 236
   Possessions in Europe 88
   Succession 42, 45, 49, 59, 60
   Territorial guarantee 15
SPANISH LANGUAGE
   Association of Spanish Language Academies 3292
   Dictionary 1304
SPECIALIZED AGENCIES
   Privileges and immunities 2123
SPITSBERGEN 985
STAAR INSURANCE COMPANY 1811
STANDARDIZATION
   Armaments 2687
   Fire arms proof marks 926
   Musical pitch 598
   Screw threads 2196
   Weights and measures 864, 1049
STATELESSNESS 1391, 2403, 2487, 2659, 3457
STATES
   Aggression 1736
   Arbitration 3751
   Austria 1102
   Austria-Hungary 1085
   Belgium 217, 1658

STATES (cont.)
   Civil war 1300
   Foreign investments 2239, 3250, 3435, 3625
   Germany 2077
   Immunity 1451
   Malaysia 3799, 3813, 3822, 3827
   Netherlands 144
   Norway 837
   Paraguay 503
   Portugal 568
   Rights and duties 1280, 1371, 1372, 1373, 1374, 1521, 1954, 2871, 2903, 3020, 3366, 3397
   State vessels 1244, 1536
   Syria 2050
STATUS OF FORCES
   Germany 2508, 2673, 2674, 2675
   Japan 2588, 2610, 2611, 2612
   NATO 2392, 2458, 3155
STOWAWAYS 2769, 2976
STUDENTS
   America (Central) 1120
   Europe 3526
   Western European Union 2307, 2889, 3194
SUBMARINE CABLES 573, 616, 620, 672
SUBMARINES 1078, 1632
SUCCESSION
   Austria-Hungary 1085
   Denmark 306
   German States 102
   Greece 210, 230, 310, 373, 374, 375, 377, 380, 382
   Hesse-Hamburg 413
   House of Schoenburg 76
   Poland 103
   Private International Law 1559, 2424, 3333, 3485
   Saxe-Gotha 192
   Spain 42, 45, 49, 59, 60
SUDETENLAND
   Cession 1722
SUEZ CANAL
   Nationalization 2858
   Navigation 499, 581, 590, 629
   Suez Canal Users' Association 2865
SUEZ CANAL USERS' ASSOCIATION 2865
SUGAR 402, 416, 625, 627, 628, 742, 796, 819, 1892, 1961, 2101, 2182, 2271, 2321, 2401, 2510, 2582, 2887, 3065, 3077, 3825
   Commonwealth of Nations 2442, 3577
   Duties 463, 496, 498, 500
   International Sugar Union 899
   Manufacture 430
   Sale 1659, 1809, 1841
SUPREME INTER-ALLIED WAR COUNCIL 938
SWEDEN
   German assets 1955
   Peace treaty with Denmark 8

SWEDEN (cont.)
    Territory 28, 29
    Throne guarantee 325
SWITZERLAND 341
    ECSC transportation 2859
    GATT 3072, 3183, 3516
    German assets 1940, 2509
    Helvetic Confederation 134
    Neutrality 161
    Tariffs 2209
    Territory 137
SYRIA 364
    Occupation 365
    Pacification 362, 363
    Unity 2050
TANGANYIKA 1660
    Cooperation with Scandinavia 3743
TANGIER CONFERENCE [1958] 3032
TANGIERS 1170, 1318, 1893, 2852
    International jurisdiction 2532
    Status 2880
TARIFFS 1315, 1368, 2144
    Africa 1385
    Africa (Central) 3143, 3174, 3175, 3192, 3193, 3379
    America (Central) 878, 1118, 3160, 3161, 3749
    America (Latin) 3236
    Benelux 2209, 3378, 3404, 3417, 3506, 3567, 3615, 3803
    Congo 655, 671, 744, 746, 817
    Customs Cooperation Council 2349
    Europe 2979, 3063, 3064, 3152, 3191
    European Atomic Energy Agency 3088
    European Economic Community 2877
    European Free Trade Association 3461, 3493, 3504, 3515, 3606, 3619
    GATT 2112, 2113, 2147, 2148, 2149, 2150, 2151, 2185, 2186, 2187, 2188, 2265, 2266, 2267, 2268, 2269, 2283, 2301, 2355, 2378, 2379, 2380, 2381, 2393, 2394, 2419, 2420, 2446, 2531, 2533, 2585, 2586, 2587, 2715, 2716, 2717, 2718, 2719, 2720, 2738, 2741, 2751, 2752, 2753, 2801, 2802, 2840, 2874, 2909, 2935, 2950, 2987, 2988, 2989, 3072, 3073, 3090, 3099, 3157, 3186, 3233, 3337, 3338, 3629, 3630
    German States 234
    Import-Export 1289
    Interdictions 786
    Japan 415
    Nomenclature 2352
    Ouchy Convention 1473
    Railroads 1740, 3114
    Scheldt Toll 378
    Sound dues 339
    Stade Toll 367

TARIFFS (cont.)
    Switzerland 2209
    Tea 456
    Unification 2775
    Valuation 2354
TAXATION
    Africa 3510
    Africa (Central) 2361
    Arbitration 2676
    Aviation fuel 1746
    Benelux 2297, 2476, 2512, 2513
    Capital 3083, 3734, 3830
    China 524
    Europe (Central) 1089
    Europe (North) 1107
    Foreign forces in Germany 2473, 2498
    Germany 2473, 2498, 2676
    Income 3734
    Morocco 540, 689
    Motor vehicles 1434, 2833, 2893, 2894
    Turnover tax 3830
TEA 2215
    Duties 456
TECHNICAL ASSISTANCE
    Africa South of the Sahara 2608
    Libya 2390
    Puerto Rico 2454
    United Nations 2314, 2449, 2541
TEGUCIGALJA TREATY [1952] 2506
TEHERAN CONFERENCE [1943] 1830, 1831
TELECOMMUNICATIONS 1041, 1477, 1571, 1635, 2107, 2535, 3213
    African and Malagasy Union 3473
    African Telecommunications Union 1597, 1738, 2199
    America (Central) 841, 892, 1733
    America (North) 1338, 1690, 1788, 1927
    America (South) 1572, 1665, 1769
    Americas 1187, 1688, 1689, 1766, 1770, 1900, 2254, 2998
    Arab States 2551
    Balkan Entente 1622
    Belgium-France-Netherlands 888
    Belgium-Netherlands-United Kingdom 641
    Canal Zone 1733
    Commonwealth of Nations 2164, 3821
    Commonwealth-18 Nations-US 1912, 2259, 2522
    Europe 1489, 2190, 2485, 3145, 3428
    Europe (North) 1020, 1101, 1576, 1652, 1675, 1731, 2500, 2767, 2983
    European Broadcasting Union 3189
    European Postal and Telecommunications Union 1816
    Finland-Norway-Russia 1046
    High frequency boradcasting 2223

TELECOMMUNICATIONS (cont.)
    Little Entente 1554
    Organization for Communications and Transit 1282, 1693
    Organization for the Cooperation of Socialist Countries in Matters of Postal Services and Telecommunications 2996
    Outer Mongolia 933
    Panama 1733
    Radio 730, 807, 901, 1226, 1291, 1337, 1699, 1733, 2190, 2254, 2433, 2998, 3212, 3214, 3215
    Radiotelephone 1731, 2767
    South Africa 730
    Space communications 3841
    Submarine cables 573, 616, 618, 672
    West African Postal and Telecommunications Union 2370

TELEGRAPH 407, 443, 444, 480, 495, 520, 533, 595, 649, 690, 763, 851, 1228, 1321, 1780
    America (Central) 892, 895
    America (Latin) 388
    America (South) 462
    Charges 539
    Commonwealth of Nations 3821
    Europe 323, 326, 348, 350, 351, 358, 421, 449, 479, 518, 526, 527, 528, 641, 654, 888
    Europe (Central) 609, 612, 1065
    Europe (North) 1046
    German States 302
    Money order 895
    Outer Mongolia 933
    Regulations 1697, 2258, 3075
    South Africa 730
    Transatlantic 387, 482

TELEPHONE
    Europe (Central) 1065
    Europe (North) 1675
    Regulations 1698

TELEVISION
    Europe 3085, 3283

TERRITORIAL SEA 1370, 2501, 2694, 3028, 3030

TERRORISM 1685

TEXTILE TRADE 3448, 3550

THAILAND
    German assets 2907
    Japanese assets 2564
    Peace treaty 1919
    Trade 369
    War graves 2653

THERAPEUTIC SUBSTANCES
    Europe 3086

THRACE 1006
    Boundaries 1150

THURINGIA CUSTOMS ASSOCIATION 226, 228, 229, 231, 232, 314

THURINGIA CUSTOMS ASSOCIATION (cont.)
    Copyright 295
    Duties 391, 392, 393, 422

TIBET 925
    Trade regulations 847

TIN 1509, 1549, 1648, 2616, 2832, 3309
    Buffer Stock Scheme 1711
    Production and export 1815
    Research 1692

TOGOLAND 2058, 2059

TONNAGE CERTIFICATES 1274
    Ships 2086

TORPEDO SALVAGE 1543, 1691

TORQUAY PROTOCOL [1951] 2381

TOURISM
    Americas 1792
    Balkan states 1702
    Benelux 3768
    Customs 2637, 2638
    Ireland 3768

TRACHOMA 1329

TRADE
    Algeria-Denmark-Tripoli 80
    America (Central) 182, 187, 865, 3041
    America (Latin) 885
    Americas 639, 991, 1776
    Argentina-German States 343
    Argentina-Norway-Sweden 592
    Arms 1220
    Austria-Belgium-Luxemburg 1169, 1258
    Austria-German States 437
    Austria-Hungary-Norway-Sweden 489
    Belgium-Canada-Luxemburg 1185
    Belgium-Czechoslovakia-Luxemburg 1237, 1260, 1306
    Belgium-France-Luxemburg 1242, 1307, 1339
    Belgium-Germany-Luxemburg 1213
    Belgium-Guatemala-Luxemburg 1200
    Belgium-Japan-Luxemburg 1184
    Belgium-Latvia-Luxemburg 1222
    Belgium-Lithuania-Luxemburg 1319
    Belgium-Luxemburg-Norway 1926, 2213
    Belgium-Luxemburg-Persia 1342
    Belgium-Luxemburg-Rumania 1412
    Belgium-Luxemburg-Siam 1682
    Belgium-Luxemburg-South Africa 1671
    Belgium-Luxemburg-Spain 1328
    Belgium-Luxemburg-Switzerland 1356
    Belgium-Luxemburg-Turkey 1279
    Belgium-Luxemburg-USSR 1595
    Belgium-Luxemburg-US 1568
    Belgium-Luxemburg-Uruguay 1653
    Belgium-Luxemburg-Yemen 1634
    Belgium-Luxemburg-Yugoslavia 1267
    Belgium-Netherlands-Prussia 260

TRADE (cont.)
- Benelux 2284, 2594, 3045, 3054, 3780, 3781, 3829, 3835
- Bolivia-Peru-US 243
- Bremen-Norway-Sweden 265
- Cassel Association 198, 200, 201
- China-German States 368
- China-Norway-Sweden 293
- Commonwealth of Nations 1151
- Congo-Norway-Sweden 579
- Costa Rica-Nicaragua-Panama 3453
- Custom formalities 1155
- Denmark-Netherlands-Norway 48
- Denmark-Netherlands-UK 36
- Eggs 1450
- Europe 3063, 3064
- Europe (Central) 1061
- Europe (East) 2951
- European Economic Community-Iran 3846
- European Free Trade Association 3789, 3820, 3833, 3834, 3840
- Exchange 1661
- Finland 3349
- France-German States 7, 64
- France-Norway-Sweden 507, 516, 552, 669
- German States 204, 205, 207, 208, 211, 245, 248, 270, 419
- German States-Rumanian States 440
- German States-Siam 369
- German States-Switzerland 455
- German States-UK 452
- Germany-United Kingdom 263
- Germany-Mexico 461, 465, 468
- Germany-Netherlands 252
- Guatemala 1200
- Hamburg-Norway-Sweden 266
- Hungary 3835
- International Trade Organization 2144
- Italy 1387
- Italy-Norway-Sweden 371
- Japan 1151, 1184, 2448, 3780, 3781
- Japan-Norway-Sweden 687
- Latin American Free Trade Association 3236
- League of Arab States 2579
- Liberia-Norway-Sweden 381
- Mecklenburg-Schwerin-Norway-Sweden 291
- Mexico-Norway-Sweden 594, 600
- Netherlands-Norway-Sweden 297
- Norway-Oldenburg-Sweden 277
- Norway-Persia-Sweden 345
- Norway-Portugal-Sweden 588
- Norway-Prussia-Sweden 193
- Norway-Spain-Sweden 561, 617
- Norway-Sweden-Rumania 250
- Norway-Sweden-Siam 441
- Norway-Sweden-UK 189

TRADE (cont.)
- Organization for Trade Co-operation 2721
- Pan American Commercial Committee 1580, 1601
- Paraguay 3829
- Payments 3512
- Screws 2196
- Statistics 917
- Tariffs 2775
- Textiles 3448, 3550
- Tibet 847
- Triptychs 1432
- York-Antwerp rules 2280
- Yugoslavia 3045

TRADE NAMES 656, 1229, 1537, 3068
- Cheese 1403, 2387, 2400

TRADE REGISTER
- Europe (North) 621

TRADEMARKS 657, 729, 880, 1232, 1540, 1541, 2949, 3069
- African and Malagasy Union 3819
- Americas 874, 1127, 1335, 1336
- Benelux 3111, 3112, 3563
- Classification 2947
- Europe (North) 3345, 3346
- International Union for the Protection of Industrial Property 648
- Registration 2948

TRANSIT 1029
- Airplanes 1579
- Americas 1794
- Animals 1567
- Emigrant cards 1346
- German States 225
- Germany 1032
- League of Arab States 2579
- Organization for Communications and Transit 1282, 1693

TRANSPORT
- Air 3308
- Americas 1796
- Asia (Southeast) 3006
- Combustible liquids 1741, 2143, 3778
- Containers 2298
- Corpses 1651
- Customs 2241, 3093
- Dangerous substances 759, 1388, 2964, 3395
- Danube River 2773
- Europe 2325, 2326, 2583, 3541
- Europe (East) 2758, 3205
- Europe (North) 2451, 2714, 3071
- European Central Inland Transport Organization 1899
- Explosives 2304
- Labor 2854, 3092
- Perishable foodstuffs 3539
- Railways 311, 511, 610, 652, 677, 678, 685, 709, 803, 1198, 1199, 1475, 1513, 1514, 1529, 1686, 1687, 1715, 2311,

TRANSPORT (cont.)
    Railways (cont.) 2444, 2445, 2525, 2526, 2527, 2552, 2743, 3109, 3110, 3127, 3130, 3288, 3374, 3375, 3376, 3612
    Roads 2277, 2324, 2325, 2451, 2619, 2714, 2836, 3071, 3541
    Rules 2356
    Sea 646, 856, 2134, 2503, 2659, 2770, 2774, 2973, 3205, 3402, 3405, 3802

TREATIES
    Americas 1305, 1638
    Conclusions 3569
    International Labor Organizations 3430
    Inviolability 470
    Private International Law 1778
    Publication 2064, 2347
    U.N. registration 2064, 2347
    U.N. regulation 2063
    Validity 470

TRIANON TREATY [1920] 990, 1276

TRIESTE 2662

TRIPARTITE PACT [1940] 1783

TRIPLE ALLIANCE
    [1717] 65
    [1882] 554
    [1883] 563
    [1887] 618
    [1891] 659
    [1902] 753
    [1911] 889

TRIPOLI
    Consular jurisdiction 484

TRIPTYQUES 1432, 1579

TUNA
    Inter-American Tropical Tuna Commission 2238
    International Commission for the Scientific Investigation of Tuna 2206

TUNIS CONFERENCE [1960] 3230

TUNISIA
    GATT 3182, 3517
    International Finance Commission 475

TURKEY
    Anatolia 1001
    Armistice 943
    Boundaries 532, 534, 546, 551
    Concessions 1145
    Customs 812
    Debts 3126
    Establishment 1146
    European Economic Community 3832
    Evacuation 336, 1140
    Guarantee 334
    Loan 319, 322
    Military aid 317

TURKEY (cont.)
    Mutual assistance 1765
    Peace treaty 909, 1000, 1141
    Reparations 1144, 1157
    Russian war 315

TURKISH-GREEK WAR
    Amnesty 1143

TURKISH STRAITS 268, 269, 331, 473, 1149, 1618

TUSCANY
    Occupation 74

TWELVE YEARS' TRUCE 2

TWENTY-SIX NATIONS DECLARATION [1942] 1802

TYPE-FACES 3754, 3755, 3842

UKRAINE
    Peace treaty 939

UNDERGROUND WORK
    Women 1583, 2017

UNEMPLOYMENT 976, 1548, 1975, 2016
    Insurance 3166
    Seamen 1000, 1981

UNIFICATION OF LAW
    (See also Codification)
    International Institute for the Unification of International Law 1772
    International Institute for the Unification of Private Law 3499
    Private International Law 1040

UNIFORM LAWS
    Bills of exchange 1401
    Checks 1430
    Neutrality 1730
    Patents 3555

UNION, LEAGUE AND PERPETUAL CONFEDERATION (Latin America) 191

UNION OF AFRICAN STATES 3364, 3406, 3443

UNION OF CENTRAL AFRICAN REPUBLICS 3260

UNION OF CENTRAL AMERICA 1024

UNION OF EUROPEAN STATES 3496

UNION OF INDEPENDENT AFRICAN STATES 3125

UNITED ARAB REPUBLIC 3770

UNITED ARAB STATES 3018

UNITED FOR PEACE 2334

UNITED KINGDOM
    Beef imports 1737
    Relations with the ECSC 2705, 2986

UNITED MARITIME AUTHORITY 1840

UNITED MARITIME CONSULTATIVE COUNCIL 1924, 2045

UNITED NATIONS
    Charter 1881, 2063, 2346
    Finance 2121
    Headquarters 2127
    International Law Commission 2122
    Preparatory Commission 1880

UNITED NATIONS (cont.)
   Privileges and immunities 1925
   Rules of procedure 1922, 2081,
     2118, 2214
   Specialized agencies 2123
   Staff rules 2166
   Technical assistance 2314, 2449,
     2541
   Treaties 2063, 2346, 2347
   United for Peace 2334
UNITED NATIONS EDUCATIONAL, SCIENTIFIC AND CULTURAL ORGANIZATION 1909, 2047, 2688, 2700, 2883, 3079
   Preparatory commission 1908
UNITED NATIONS HIGH COMMISSION FOR REFUGEES 2348
UNITED NATIONS RELIEF AND REHABILITATION ADMINISTRATION 1828
UNITED STATES
   Extradition 307
   Farm products 3558
   War of Independence 97
   Wheat 3559
UNIVERSAL COPYRIGHT CONVENTION 2514
UNIVERSAL POSTAL UNION 508, 583, 661, 695, 790, 1013, 1194, 1350, 1527, 1751, 2089, 2488, 2965
   Money orders 2971
   Parcel post 2489, 2972
   Registered mail 2490
UNIVERSITY STUDY
   America (Central) 3614
   America (Latin) 1591
   Europe 3208, 3209
   Inter-American University 1824
UNJUST ENRICHMENT 3536
URANIUM LEASING 3387, 3482
URBANISM
   International Association for Housing and Urbanism 973
URUGUAY
   Civil war 389
UTILITIES CLAIMS 3087
VACATIONS
   Agriculture 2481
   Pay 1613, 2022
   Seamen 1949
VAGRANTS
   German States 213
VALAIS
   Independence 112
VEGETABLE PLANTS 3511
VEGETATION PROTECTION 2191
VEHICLES
   (see also Motor vehicles)
   Austria-Hungary 1066
   Europe (Central) 1064
   International Association of Vehicle Manufacturers 1560

VENEREAL DISEASES 1205
VENEZIA GIULIA 1878
VENEZUELA
   Claims 760
   Claims arbitration 758, 766
VEREENIGING TREATY [1902] 748
VERSAILLES TREATY [1919] 954, 955, 957, 960, 1021, 1035, 1037, 1042, 1060, 1071, 1104, 1144
VETERINARY MEDICINE 3008, 3207
VIENNA CONFERENCE [1853] 315
VIENNA CONGRESS
   [1814] 130
   [1815] 146, 148
VIENNA CONVENTION [1963] 3772, 3773, 3774, 3775
VIENNA PEACE TREATY [1864] 401
VIENNA POSTAL SAVINGS BANK 1211
VITAL STATISTICS
   Center on Vital and Health Statistics for Southeast Asia 2401
WAGES
   Agriculture 2395
   Equal pay 2396
   Protection 2249
   Seamen 1953, 2244, 3033
   Statistics 1710, 2030
WALDECK 429
WALLACHIA 349, 355, 394, 414
WAR
   Aggression 1498, 1499
   Air 717, 835
   Civilians 2261
   Cultural monuments 2631
   Cultural property 2632
   Exchange of cripples 2804
   Expanding bullets 719
   Explosives 451
   Gas 718, 1078, 1219
   Industrial property 993, 2068
   Land 715, 825
   Merchant ships 827, 828, 1631
   Mines 829
   Naval bombardment 830
   Neutrality 834, 905, 1301, 1735
   Neutrals 826
   Opening of hostilities 824
   Prevention 1446, 1464
   Prisoners 1352, 1864, 2260, 3742
   Prizes 82
   Propaganda 3608
   Renunciation 1312, 1320, 1334
   Rules of war 491
   Sea 335, 716, 830, 831, 834, 855, 905
   Sea capture 832

WAR (cont.)
   Submarines 1078, 1632
   Wounded 397, 448, 797, 836,
     1353, 2262, 2263
WAR CRIMES
   Far East 1923
   Greece 195
   International Military Tribunal
     1889, 1903, 1905
   Prosecution 1890
   Punishment 1913
   Resolution 1803
WAR GRAVES
   Commonwealth of Nations 2820
   Egypt 2479
   Germany 1600, 2820
   Iraq 2609
   Italy 2578
   Japan 2766
   Thailand 2653
WAR LOANS
   Europe (Central) 1090
WARSAW-OXFORD RULES 1474
WARSAW CONFERENCE [1948]
   2171
WARSAW CONVENTION [1929]
   1363
WARSAW PACT [1955] 2729
   Declaration 2812, 3035, 3232
   Military command 2730
WASHINGTON CONVENTION
   [1946] 1941
WASHINGTON TREATY [1922]
   1077
WATER POLLUTION
   Committee on Polluted Waters
     2303
   Oil 1254, 2629, 2630, 3584
   Rhine River 3779
WATERWAYS 1031, 3467
WEIGHTS AND MEASURES 1049
   America (Central) 864
   International Bureau of Weights
     and Measures 494
WEATHER STATIONS
   Atlantic Ocean 1972, 2212, 2232,
     2477, 2614, 3249
   Europe (North) 2734
WEEKLY REST 1057, 1987, 2954
WEIGHTS AND MEASURES 428
WESER RIVER
   Navigation 183, 184, 188, 255
WEST AFRICAN CUSTOMS UNION 3136
WEST AFRICAN MONETARY UNION
   Economic cooperation with France
     3600, 3756
WEST AFRICAN POSTAL AND TELE-
   COMMUNICATIONS UNION 3270
WESTERN EUROPEAN UNION 2142,
   2220, 2679, 2995, 3415
   Arms control 2683, 2994

WESTERN EUROPEAN UNION (cont.)
   Assembly 2680
   Disarmament agency 2684
   Forces 2682
   Frontier workers 2306, 2889
   Germany and Italy 2661, 2685
   Military forces 2292
   Staff 2681, 2728
   Status of forces 2316
   Student workers 2306, 2889
WESTPHALIA PEACE TREATY
   [1648] 3
WHALING 1664, 1712, 1835, 1902,
   1910, 1928, 2051, 2075, 2240, 2317,
   2397, 2486, 2560, 2650, 2756, 2857,
   2885, 2958, 3027, 3051, 3147, 3285,
   3429, 3627
   Inspection scheme 3847
   Regulations 1445, 1713, 2052
WHANGPU RIVER 787
   Whangpu Conservancy Board of
     Administration 900, 932
WHEAT 1503, 1807, 1929, 2136, 2216,
   2225, 2553, 2827, 3122, 3604, 3759
   Canada 3573, 3574
   European Economic Community 3559,
     3573, 3574
   United States 3559
WHITE LEAD 1058, 1986
WEIMAR
   Cession 762
WILLS 1559, 2424, 3333, 3485
WINE
   Analysis 1578, 2663
   International Wine Office 1204
WOMEN
   Capacity 1516, 2158
   Equal pay 2396
   Nationality 1519, 2613, 2910
   Night work 804, 977, 1545, 1977,
     2013, 2177
   Political rights 2159, 2534, 2546
   Traffic 1047, 1508, 2117, 2300
   Underground work 1583, 2017
WOOL
   Imports 3521
WORKINGMEN'S COMPENSATION
   Accidents 1218, 1991
   Agriculture 1055, 1985
   Europe (North) 949, 1654, 3060
   Occupational diseases 1217, 1546,
     1990, 2014, 3798
WORLD CONSTITUTION 3736
WORLD DISARMAMENT AND WORLD
   DEVELOPMENT ORGANIZATION
   3591
WORLD HEALTH ORGANIZATION 1958,
   3133, 3330
   Interim commission 1957
   Privileges and immunities
     3052

WORLD METEOROLOGICAL ORGANI-
  ZATION 2109, 3117, 3123
  Privileges and immunities 2368
WOUNDED 397, 797, 3377
  Land war 397, 797, 2262
  Naval war 448, 836, 1353, 2263
WRITS
  League of Arab States 2518
YALTA CONFERENCE [1945] 1861,
  1862, 1863
YORK-ANTWERP RULES 2280
YORKTOWN CAPITULATION [1781] 97
YOUNG PLAN 1345
YUGOSLAVIA
  Belgian credits 3254
  GATT 3131
  Payments 3046
  Peace treaty 970, 1142
  Relief debts 1278
  Trade 3045
ZOLLVEREIN 267, 406, 424, 427
ZURICH PEACE TREATY
  [1859] 356